Dorfer · Lerch

Österreich tischt auf ...

Suppen & Vorspeisen
Die besten Hauptgerichte
Desserts & Bäckereien

Zusammenstellung von Margarethe Dorfer und Erich Lerch
Umschlag von HP-Graph
Abbildungen in den Bildteilen von Foto Liesl Biber und GUSTO-ORAC
Zeitschriftenverlag Ges.m.b.H. zur Verfüngung gestellt

Satz und Repro: Der Graph, Wien
Printed in Slovenia

Inhaltsverzeichnis

Abkürzungen

EL	Esslöffel
g	Gramm
kg	Kilogramm
KL	Kaffeelöffel
l	Liter
MS	Messerspitze
Pkg.	Packung
TL	Teelöffel

Vorwort

Liebe Kochfreunde!

Die bodenständige österreichische Küche war den beiden Autoren von ÖSTERREICH TISCHT AUF – Suppen & Vorspeisen, Die besten Hauptgerichte, Desserts & Bäckereien – schon seit vielen Jahren ein besonderes Anliegen, allerdings mussten wir uns mühsam Rezepte aus allen möglichen Quellen beschaffen, die auf unsere besonders schmackhafte und gute Küche eingingen.

Mit dem nun herausgegebenen Band haben wir uns bemüht, diese Lücke am Kochbuchmarkt zu füllen.

Bei der Zusammenstellung haben wir darauf geachtet, nur österreichische Begriffe für die Speisen und Zutaten zu verwenden. Die Mengenangaben gelten immer für vier Personen.

Der Bogen der Rezepte spannt sich von der schnellen täglichen Küche bis zum festlichen Essen.

Besonders gekennzeichnete kleine Tipps erleichtern Ihnen manche Arbeit.

Sollten Sie Anregungen oder Ideen an uns weitergeben wollen, bitten wir Sie, diese an die Verlagsredaktion zu schicken.

Viel Spaß beim Nachkochen und guten Appetit wünschen

Margarethe Dorfer Erich Lerch

Tosa Verlag
Postfach 306
A-1091 Wien

Suppen & Vorspeisen

Klare Suppen
Gebundene Suppen
Kalte Suppen
Suppeneinlagen
Kalte und warme Vorspeisen

Klare Suppen

Chinakohlsuppe

200 g Chinakohl
100 g Champignons
1 EL Butter oder Margarine
1 l Rindsuppe
Salz

Zubereitungszeit: 30 Minuten

Schneiden Sie den Chinakohl feinnudelig und die Champignons feinblättrig. Erhitzen Sie dann die Butter im Topf und lassen Sie die Pilze im eigenen Saft weich dünsten. Nun wird der Chinakohl dazugegeben und 2 Minuten, unter Rühren, mitgegart. Gießen Sie dann mit der Rindsuppe auf und lassen Sie alles aufkochen.

Consommé

2 l Rindsuppe, kalt, fettfrei
600 g faschiertes Rindfleisch
1 TL Paradeismark
4 Eiklar
100 g Karotten, Lauch, Sellerie (roh faschiert)
Salz

Zubereitungszeit: 2 Stunden 30 Minuten

Das faschierte Rindfleisch und das Gemüse wird mit dem Eiklar, Salz, Paradeismark und 1/2 l Suppe verrührt, achten Sie darauf, dass das Eiklar vollständig vermengt wird. Alles eine halbe Stunde ziehen lassen, anschließend mit der restlichen, kalten Suppe aufgießen und langsam zum Kochen bringen. Die Suppe 2 Stunden mehr ziehen als kochen lassen, nach Ende der Garzeit wird die Consommé durch ein Leinentuch abgeseiht.

Eierschwammerlsuppe

500 g Eierschwammerln
2 EL Butter oder Margarine
1 1/2 l Rindsuppe
Salbeiblätter
Salz
Pfeffer

Zubereitungszeit: 30 Minuten

Die Eierschwammerln werden geputzt, fein gehackt, scharf und kurz in der Butter angebraten. Gießen Sie nun mit der Rindsuppe auf, lassen Sie alles langsam aufkochen. Nach dem ersten Aufwallen drehen Sie die Hitze sofort zurück, die Suppe 20 Minuten langsam ziehen lassen. Nach Ende der Garzeit die Suppe durch ein feines Sieb passieren und erkalten lassen. Heben Sie dann das Fett ab, die Suppe wieder erhitzen und mit Salz und Pfeffer abschmecken. In einen vorgewärmten Teller ein paar Eierschwammerln legen, mit der Suppe auffüllen und mit Salbeiblättern garnieren.

Eierschwammerlsuppe mit Erdäpfeln

1 mittlere Zwiebel
300 g Eierschwammerln
1 Knoblauchzehe
2 EL Öl
400 g mehlige Erdäpfel
1/2 Bund Petersilie
30 g glattes Mehl
1 1/4 l Rindsuppe
Salz
Pfeffer
1 Schuss Essig

Zubereitungszeit: 1Stunde

Die Eierschwammerln werden geputzt, mit wenig Wasser gewaschen und, gut abgetropft, dünnblättrig geschnitten. Zwiebel und Knoblauch schälen, fein hacken, die Erdäpfel in kleine Würfel schneiden, 1 x 1 cm. Die Petersilie waschen und fein hacken. Erhitzen Sie nun das Öl in einem Topf und rösten darin die Zwiebel und das Mehl hell an, dann den Knoblauch und die gehackte Petersilie beifügen und kurz mitrösten. Die blättrig geschnittenen Eierschwammerln dazugeben und mit Salz und Pfeffer würzen. Lassen Sie die Schwammerln im Eigensaft kurz weich dünsten, gießen Sie dann mit der Rindsuppe auf und geben Sie die Erdäpfelwürfel in die Suppe. Zugedeckt wird nun alles eine halbe Stunde weich gekocht, rühren Sie aber immer wieder um, kurz vor dem Ende der Kochzeit wird die Suppe mit dem Essig pikant gesäuert. Garnieren Sie diese herrliche Schwammerlsuppe mit gehackter Petersilie.

Tipp: Wollen Sie etwas Zeit sparen, können Sie auch tiefgekühlte, gehackte Petersilie verwenden.

Fischsuppe

1 kg verschiedene Fische
(Karpfen, Zander)
1 roter Paprika
1 gelber Paprika
1/4 kg Zwiebel
1/4 l trockener Weißwein
1 EL Öl
1 Bund Suppengrün
4 Pfefferkörner
1 Lorbeerblatt
Koriander
1 EL edelsüßes Paprikapulver
etwas Tabasco

Zubereitungszeit: 45 Minuten

Die Fische werden filetiert, anschließend stellen Sie die Gräten, das geputzte, gewaschene Suppengrün, Lorbeerblatt, Pfefferkörner und Koriander mit kaltem Wasser zu. Bringen Sie nun alles langsam zum Kochen, lasssen Sie den Fond, bei geringer Hitze, nur leicht köcheln. Nach zehn Minuten seihen Sie die Suppe durch ein Tuch ab und stellen den Fond zur Seite. Die Zwiebeln schälen, klein hacken und in dem Öl anbräunen, nehmen Sie den Topf vom Feuer und stauben Sie das Paprikapulver darüber, mit dem Weißwein ablöschen. Stellen Sie den Topf nun wieder auf den Herd und reduzieren Sie die Flüssigkeit auf die Hälfte, gießen Sie nun mit einem Liter des klaren Fischfonds auf. Der filetierte Fisch wird nun in kleine Stücke geteilt, die geschälten Paprika kleinwürfelig schneiden. Geben Sie Fischstücke und Paprika in die Suppe und lassen alles einmal aufkochen, würzen Sie mit dem Salz, Pfeffer und einem Schuss Tabascosauce.

Fisolensuppe mit Rindfleisch

1/2 kg Rindfleisch
1 1/2 l Rindsuppe
1/2 kg Sellerie
1/2 kg Fisolen
1/2 kg Erdäpfel
1 Stange Porree
5 EL Öl
Bohnenkraut
Salz
Pfeffer

Zubereitungszeit: 1 Stunde

Das Rindfleisch wird würfelig geschnitten und in heißem Öl rundherum angebraten, dann gießen Sie mit der Rindsuppe auf und lassen alles 1/2 Stunde kochen. Während dieser Zeit wird die Sellerie geschält, gewaschen und kleinwürfelig geschnitten. Die Fisolen waschen, putzen und in 2 Zentimeter große Stücke schneiden. Auch die Erdäpfel schälen, waschen und in Würfel schneiden, der Porree wird gewaschen und in Ringe geschnitten. Geben Sie nun das Gemüse und das Bohnenkraut in die Suppe und lassen alles noch weitere 30 Minuten kochen. Bevor Sie diese köstlich schmeckende Suppe servieren, schmecken Sie sie mit Salz und frisch gemahlenem Pfeffer ab.

Gemüsesuppe mit Nudeln

1 l Rindsuppe
200 g Karotten
200 g Gelbe Rüben
1 kleine Zwiebel
100 g Fisolen
1 EL Butter
100 g Nudeln (Spiralen oder Bandnudeln)
1 Bund Schnittlauch

Zubereitungszeit: 30 Minuten

Fisolen werden geputzt, gewaschen und in kleine Stücke geschnitten, Gelbe Rüben, Zwiebel und Karotten schälen, waschen und kleinwürfelig schneiden. Lassen Sie das Gemüse in der Butter anschwitzen und gießen Sie dann mit der Rindsuppe auf. Die Suppe soll 20 Minuten kochen, in der Hälfte der Kochzeit geben Sie die Nudeln dazu. Vor dem Servieren wird diese Suppe mit dem fein geschnittenen Schnittlauch bestreut.

Gemüsesuppe auf Wiener Art

1 l Rindsuppe
3 Karotten
1/2 kleiner Wirsingkohl
1 Zwiebel
100 g Reis
1/4 kg faschiertes Rindfleisch
2 EL Butter
1 EL Tomatenmark
Knoblauch
Salz
Pfeffer

Zubereitungszeit: 45 Minuten

Die Karotten putzen, waschen und in Scheiben schneiden, beim Wirsing die dicken Rippen entfernen, waschen und in feine Streifen schneiden, den Zwiebel fein hacken. Geben Sie die Butter in einen Topf und rösten Sie den Zwiebel und den Reis. Ist der Reis glasig, mischen Sie die Karotten, den Wirsing und das Faschierte darunter, lassen Sie alles kurz anrösten, gießen Sie dann mit der Suppe auf. Würzen Sie und kochen Sie die Suppe langsam, bis das Gemüse und der Reis weich sind.

Haferflockensuppe mit Porree

100 g Zwiebel
80 g Haferflocken
40 g Margarine
1 Stange Porree
1 Suppenwürfel
Salz
Pfeffer
Majoran
2 El Kresse
1 l Wasser

Zubereitungszeit: 25 Minuten

Porree waschen, putzen und in feine Ringe schneiden, Zwiebel schälen und fein hacken. Rösten Sie den Zwiebel in der Margarine glasig, dann die Haferflocken dazugeben und goldgelb rösten. Mit 1 l Wasser aufgießen, dann den Porree und den Suppenwürfel beigeben und mit Salz, Pfeffer und Majoran würzen. Die Suppe soll 15 Minuten kochen, vor dem Servieren mit der Kresse bestreuen.

Hollersuppe

1 1/2 l Hollersaft
1 1/2 l Wasser
300 g Zucker
1 EL Salbeiblätter
2 Stängel Selleriegrün
Salz

Zubereitungszeit: 5 Minuten (ohne Kühlzeit)

Hollersaft und Wasser gut vermischen, Zucker und Gewürze dazugeben, lassen Sie dann alles 3 Minuten kochen. Die Gewürze entfernen und die fertige Hollersuppe kalt stellen.

Tipp: Statt Sellerie und Salbei können Sie auch mit Oregano würzen.

Hühnerbouillon

1 Suppenhuhn mit den Innereien
2 Zwiebeln
1 Bund Suppengrün
100 g Butter
2 l Salzwasser
Salz

Zubereitungszeit: 1 Stunde 45 Minuten

Das Suppenhuhn gut innen und außen waschen, die Zwiebeln mit Schale halbieren. Geputztes, gewaschenes und klein geschnittenes Suppengrün mit der Zwiebel in Butter anrösten, mit Salzwasser aufgießen und aufkochen lassen. Das Suppenhuhn in kochendes Wasser legen, unbedingt mit Wasser bedecken, wenn es nötig ist, noch Wasser zugießen. Die Suppe soll nun 1 1/2 Stunden kochen, nach Hälfte der Garzeit das Suppengrün entfernen. Die Hühnerleber erst in den letzten 3 Minuten in den Topf geben und mitkochen lassen. Nach Ende der Kochzeit das Huhn aus der Suppe nehmen und diese abkühlen lassen, dann mit Hilfe eines Schaumlöffels entfetten.

Hühnersuppe

1/2 kg Hühnerklein
1 1/2 l Wasser
1 Bund Wurzelwerk
1 Zwiebel
3 Pfefferkörner
30 g Margarine
Salz

Zubereitungszeit: 1 Stunde

Hühnerklein, Wurzelwerk putzen, gut waschen, mit Gewürzen in reichlich Wasser zustellen und weich kochen. Nach 2/3 der Kochzeit Zwiebel und Hühnerleber mit Margarine anrösten, in die Suppe geben, mitkochen. Die Suppe fertig kochen, auskühlen lassen, entfetten und abseihen. Das Hühnerfleisch vom Knochen lösen und fein schneiden, ebenso das Wurzelwerk, beides dann als Einlage in die Suppe geben.

Klare Knoblauchsuppe

100 g Hamburger Speck
6 Knoblauchzehen
2 Zwiebeln
3 EL Margarine
1 TL Paprikapulver
1 l Rindsuppe
Pfeffer
Salz

Zubereitungszeit: 45 Minuten

Hamburger Speck in Streifen schneiden, Zwiebeln und Knoblauchzehen schälen, fein schneiden. Speck, Zwiebeln und Knoblauch in Margarine anrösten, Hitze reduzieren, mit Paprikapulver würzen und mit der Rindsuppe aufgießen und langsam kochen lassen.

Tipp*:* Wenn Sie mit dem Paprikapulver würzen, geben Sie sofort einen Esslöffel Suppe dazu. So vermeiden Sie, dass die Paprika anbrennt und bitter wird. Auch dürfen Sie den Knoblauch nicht pressen, schneiden Sie ihn nur fein, gepresster Knoblauch kann auch bitter werden.

Klare Ochsenschwanzsuppe

1 kg Ochsenschwanz
1 1/2 l Wasser
1 Karotte
1/4 Sellerieknolle
3 Zwiebeln
1 Stange Lauch
1 Petersilienwurzel
Petersilie
200 g Margarine
1 TL Thymian
1 Lorbeerblatt
Salz
Pfeffer

Zubereitungszeit: Inklusive der Kochzeit 3 Stunden

Das Gemüse putzen, waschen und kleinwürfelig schneiden. In einem Topf die Margarine erhitzen und darin den in Stücke geschnittenen Ochsenschwanz und das Gemüse anrösten. Mit dem Wasser aufgießen, Thymian, Lorbeerblatt und Petersilie beigeben, mit Salz und Pfeffer abschmecken, würzen und 3 Stunden langsam kochen lassen. Nach Ende der Garzeit die Suppe abseihen, das Fleisch vom Knochen lösen, klein schneiden und als Einlage wieder in die Suppe geben.

Klare Rote-Rüben-Suppe

1/2 kg Rote Rüben
1/2 Sellerieknolle
1/2 Stange Lauch
1 Karotte
2 EL Margarine
1 l Rindsuppe
5 Wacholderbeeren

Das Gemüse putzen, waschen und kleinwürfelig schneiden, Rote Rüben schälen, in kleine Würfel schneiden. In einem Topf die Margarine erhitzen, Gemüse und Rote Rüben kurz anrösten und mit der Rindsuppe aufgießen. Gewürze dazugeben und 1 Stunde langsam kochen lassen. Am Ende

2 Lorbeerblätter
Pfefferkörner
Saft einer 1/2 Zitrone
Salz

Zubereitungszeit: 1 Stunde 30 Minuten

das Gemüse abseihen und die Suppe mit dem Zitronensaft abschmecken.

Klare Wildsuppe

500 g Fleisch vom Wild (Reh, Hirsch, Wildschwein)
500 g Wildknochen
2 Bund Suppengrün
2 EL Öl
2 EL Butter
4 Pfefferkörner
2 Gewürznelken
1 Lorbeerblatt
einige Wacholderbeeren
1/2 cm großes Stückchen Zimtrinde
Salz

Zubereitungszeit: 5 Stunden

Das Suppengrün putzen, waschen, klein schneiden, Wildknochen und Fleischstücke anrösten, das Gemüse und die Gewürze kurz mit anschwitzen. Mit kaltem Wasser auffüllen und 4 1/2 Stunden auf kleiner Flamme ziehen lassen. Nach Ende der Kochzeit abseihen und mit Gemüse Julienne servieren.

Tipp: Gemüse Julienne ist eine besonders dekorative und wohlschmeckende Suppeneinlage. Das Feinschneiden funktioniert am besten, wenn Sie das Gemüse der Länge nach hobeln. Dann können Sie die Gemüsestifte ganz leicht mit einem scharfen Messer schneiden. Das streichholzfein geschnittene Gemüse wird nur einige Sekunden in Salzwasser blanchiert und dann in die Suppe gegeben.

Knoblauchsuppe mit gerösteten Brotscheiben

1 l Wasser
1 Salbeiblatt
2 Gewürznelken
Salz
10 Knoblauchzehen
2 Scheiben Schwarzbrot
2 EL Öl
1 Bund gehackte Petersilie
1 EL Parmesan

Zubereitungszeit: 30 Minuten

5 Knoblauchzehen schälen und in dünne Scheiben schneiden, mit dem Wasser und den Gewürzen erhitzen und 20 Minuten stark kochen lassen. Während dieser Zeit die Brotscheiben vierteln, mit Öl beträufeln und auf ein Backblech legen. Die restlichen Knoblauchzehen schälen, pressen und auf das Brot streichen, mit dem Käse bestreuen und im Backrohr bei 220 °C überkrusten. Ist die Suppe fertig gekocht, entfernen Sie das Salbeiblatt, die Brotscheiben in einer Tasse anrichten und mit der Suppe aufgießen.

Knochensuppe

1/2 kg Rindsknochen
1 Bund Suppengrün
2 l Wasser
1/3 Bund Petersilie
1 Zwiebel
3 Pfefferkörner
2 Neugewürzkörner
1 Messerspitze Muskatnusspulver
Salz
30 g Margarine
100 g Leber und Milz vom Rind

Zubereitungszeit: 1 Stunde 30 Minuten

Das Suppengrün putzen, waschen und klein schneiden. Knochen und Suppengrün in der Margarine anrösten und mit dem kalten Wasser aufgießen, Petersilienblätter und Gewürze beigeben. Die Leber und die Milz mit geschälter und gehackter Zwiebel anrösten und in die Suppe geben. Lassen Sie die Suppe 1 Stunde langsam kochen, nach dem Auskühlen mit einem Schaumlöffel entfetten und abseihen, mit der Muskatnuss abschmecken.

Tipp: Möchten Sie eine helle Suppe, dann rösten Sie Knochen und Wurzelwerk nur kurz an, für eine dunkle Suppe stark anrösten. Niemals dürfen Sie die Petersilienblätter anrösten, die Suppe wird sonst bitter.

Kräuterbouillon

1 l Rindsuppe
1 Ei
1 Bund Schnittlauch
1 Bund Petersilie
1 Bund Dille
Salz

Zubereitungszeit: 15 Minuten

Schnittlauch, Petersilie und Dille waschen und fein schneiden, mit dem Ei und Salz versprudeln. Rindsuppe erhitzen und die Kräuter-Ei-Mischung in die Suppe einlaufen lassen, kurz ziehen lassen und sofort servieren.

Kohlrabisuppe

4 Kohlrabiknollen
4 junge Kohlrabiblätter
2 Karotten
1 1/2 l Rindsuppe
2 Wacholderbeeren
1 Lorbeerblatt
4 Pfefferkörner
Salz

Zubereitungszeit: 40 Minuten

Den Kohlrabi schälen, waschen und kleinwürfelig schneiden, die Karotten ebenfalls schälen, waschen und in nicht zu dicke Scheiben schneiden. Die Kohlrabiblätter waschen und feinnudelig schneiden. Das vorbereitete Gemüse in einen Topf geben, mit der Rindsuppe aufgießen und würzen. Lassen Sie die Suppe 25 Minuten leicht kochen. Vor dem Servieren Lorbeerblatt, Wacholderbeeren und die Pfefferkörner aus der Suppe heben.

Polentanockerlsuppe mit Spinat

100 g Spinatblätter
1 Jungzwiebel
1 l Gemüsebouillon
120 g Polenta
60 g Butter
1 EL glattes Mehl
2 Eier
Liebstöckel
Muskatnuss
Salz

Zubereitungszeit: 45 Minuten

Den Jungzwiebel putzen, in Ringe schneiden, die Spinatblätter waschen, nach dem Abtropfen in kleine Stücke schneiden. Die Gemüsebouillon erhitzen und mit Liebstöckel würzen, den man vor dem Anrichten wieder herausnimmt. In die schaumig gerührte Butter die Polenta, das Mehl und die Eier einrühren, mit Salz und geriebener Muskatnuss würzen. Die Nockerlmasse 10 Minuten rasten lassen, dann mit einem kleinen Löffel Nockerln ausstechen und sofort in die leicht kochende Suppe einlegen, bei geringer Hitze 12 Minuten ziehen lassen. 2 Minuten vor dem Ende der Garzeit den Spinat in die Suppe geben und umrühren. Die angerichtete Suppe mit den Jungzwiebelringen bestreuen.

Rindsuppentopf

2–3 l Wasser
3/4 kg Rindsknochen
3/4 kg Suppenfleisch (Ochsenschlepp, Schale, Tafelspitz, Beinfleisch)
2 Karotten
1/4¼Sellerieknolle
1 Bund Jungzwiebeln
100 g Erbsenschoten
Stangensellerie
1 Bund Petersilie
4 Pfefferkörner
4 Wacholderbeeren
1 Knoblauchzehe
1 Thymianzweig
Muskatnuss
Salz

Zubereitungszeit: 1 Stunde 30 Minuten

Rindsknochen kurz in kochendes Wasser legen, überkochen, unter fließendem kalten Wasser abschwemmen. Das Gemüse putzen, waschen und in kleine Stücke schneiden. Das Fleisch und die Knochen mit den Gewürzen in kaltem Wasser zustellen und 1 Stunde langsam kochen lassen, aufsteigenden Schaum abschöpfen. Nach Ende der Kochzeit die Suppe abseihen, die Knochen entfernen, das Fleisch kleinwürfelig schneiden und mit dem Gemüse in der Suppe noch 20 Minuten leicht kochen lassen. Mit Muskatnuss, Salz und Pfeffer abschmecken.

Tipp*:* Lassen Sie den Knoblauch nur ungeschält mitkochen, sonst dominiert er den Geschmack.

Rindsuppe I

2–3 l Wasser
1 kg Rindfleisch (Beinfleisch, Brust oder Schulter)
500 g Rindsknochen
1 Bund Suppengrün
1 Zwiebel
1 Lorbeerblatt
1 TL Pfefferkörner
Liebstöckel
Salz

Zubereitungszeit: 3 Stunden

Die Rindsknochen werden gewaschen, dann kurz in kochendem Wasser überkocht, abgegossen und kalt abgeschwemmt. Das Suppengrün putzen, waschen und kleinwürfelig schneiden, die halbierte Zwiebel mit der Schale in eine beschichtete Pfanne geben und ohne Fettzugabe dunkel braten. Geben Sie nun alle Zutaten, ohne das Gemüse, in einen Topf, gießen Sie mit kaltem Wasser auf und kochen Sie die Suppe ganz langsam, bei geringer Hitze, 2 bis 3 Stunden. Mit einem Schaumlöffel den aufsteigenden Schaum abschöpfen. Das Gemüse wird eine halbe Stunde vor Ende der Kochzeit in die Suppe eingelegt. Nach Ende der Garzeit das Fleisch und die Knochen herausnehmen und die Suppe durch ein feines Sieb abseihen, mit Salz und Muskatnuss abschmecken.

Tipp*:* Pfeffer und Salz sind die Hauptgewürze einer Rindsuppe. Das Salz sollten Sie aber immer mit dem Fleisch und den Knochen zusammen in das Wasser geben. Die Eiweiß- und Aromastoffe können sich so besser lösen. Da aber Fleisch Salz enthält, sollten Sie vorsichtig würzen. Am Ende können Sie noch immer mit Salz abschmecken. Den Pfeffer ganz oder leicht zerdrückt mitkochen. So verbreitet er seine Schärfe beim Kochen und bleibt dann im Sieb zurück. Durch den Pfeffer wird Ihre Suppe auch klarer, ist die Suppe etwas fetter, wird sie durch die Pfefferkörner leichter verdaulich. Achten Sie darauf, dass die Suppe nie stark kocht, denn sonst wird sie trüb.

Rindsuppe II

2–3 l Wasser
600 g Rindfleisch (Ochsenschlepp, Schale, Tafelspitz, Beinfleisch)
1 Bund Wurzelwerk
30 g Margarine
4 Pfefferkörner
3 Neugewürzkörner
Salz
100 g Rindsleber und Milz
1 Zwiebel
30 g Margarine
Muskatnuss

Zubereitungszeit: 1 Stunde 30 Minuten

Das Wurzelwerk putzen, waschen und in kleine Stücke schneiden. Das Fleisch und das Gemüse in der erhitzten Margarine anrösten, mit dem Wasser aufgießen. Die Zwiebel schälen und hacken, dann mit der Milz und Leber anrösten und ebenfalls in die Suppe geben. Nach einer Kochzeit von einer Stunde den Topf vom Herd nehmen und die Suppe auskühlen lassen, mit einem Schaumlöffel das Fett abschöpfen, die Suppe abseihen und mit Salz und Muskatnuss abschmecken.

Tipp: Das beste Fleisch für eine gute Rindsuppe ist dunkel. Wenn Sie einige Zwiebelschalen mitkochen, erhält Ihre Suppe eine schöne Farbe. Einen besonderen Geschmack bekommt die Suppe, wenn Sie ein Blatt Liebstöckel mitkochen. Ist die Suppe einmal nicht klar, da sie vielleicht zu stark gekocht wurde, schlagen Sie in die abgekühlte, abgeseihte Flüssigkeit zwei Eiklar mit einem Schneebesen ein und kochen Sie die Suppe unter ständigem Rühren auf. Nehmen Sie die Suppe vom Herd, schöpfen sie vorsichtig ab und gießen sie durch ein Sieb. Das Eiweiß bindet die Schwebestoffe und setzt sich am Boden ab.

Ritschertsuppe

1 l Wasser
500 g Selchripperln
200 g getrocknete Erbsen oder Bohnen
200 g Rollgerste
100 g Sellerie
4 Blatt Liebstöckel
1 Blatt Salbei
Salz

Zubereitungszeit: 1 Stunde

Die Hülsenfrüchte werden über Nacht eingeweicht, die Sellerie schälen, waschen und kleinwürfelig schneiden. Geselchtes, Hülsenfrüchte und die Kräuter in einen Topf geben, mit Wasser aufgießen und eine halbe Stunde halb weich kochen. Dann die Sellerie dazugeben, lassen Sie nun die Suppe noch weitere 20 Minuten kochen, dann das Fleisch von den Knochen lösen, kleinwürfelig schneiden und als Einlage in die Suppe geben. Die Ritschertsuppe darf erst vor dem Anrichten gesalzen werden.

Selleriesuppe

1 l Rindsuppe
300 g Staudensellerie
300 g Karotten
1 Bund Petersilie
Salz
Pfeffer

Zubereitungszeit: 30 Minuten

Die Staudensellerie und die Karotten putzen, waschen und in 1/2 Zentimeter breite Scheiben schneiden. Die Rindsuppe einmal aufkochen lassen, Karotten und Sellerie dazugeben, mit Salz und Pfeffer würzen und 20 Minuten leicht kochen lassen. Vor dem Anrichten mit der gehackten Petersilie bestreuen. Als Einlage schmecken Leberknödel besonders gut dazu.

Spargelsuppe

300 g weißen Spargel
1/2 l Wasser
1/2 l Rindsuppe
40 g Butter
20 g Salz
20 g Zucker
gehackte Petersilie

Zubereitungszeit: 45 Minuten

Den Spargel mit einem Spargelschäler vom Kopf weg schälen, holziges Ende abschneiden, dann mit Zwirn zusammenbinden. Aus dem Wasser, der Suppe, Butter, Salz und Zucker einen Sud zubereiten. Den Spargel in den leicht kochenden Sud einlegen und 20 Minuten kochen lassen. Spargel wieder herausnehmen, zur Seite legen und den Sud so lange kochen, bis er auf ein Drittel reduziert ist. Mit Salz würzen, den Spargel schneiden und wieder in die Suppe legen. Zum Servieren die Spargelsuppe mit der gehackten Petersilie garnieren.

Spinatsuppe

1 l Hühnerbouillon
250 g Spinat
4 hart gekochte Eier
Pfeffer
Muskatnuss
Salz
10 g Butter

Zubereitungszeit: 30 Minuten

Der Spinat wird verlesen, gewaschen und die Stiele abgeschnitten. Spinatblätter kurze Zeit in kochendem Wasser überkochen lassen, mit kaltem Wasser abschrecken und in Streifen schneiden. Die Eier schälen und kleinwürfelig schneiden, die Hühnerbouillon erhitzen, Spinat und Eier dazugeben. Die Suppe nun mit Muskatnuss, Pfeffer und Salz abschmecken. Vor dem Anrichten die Butter in der Suppe schmelzen lassen.

Stundensuppe

250 g mageres Rindfleisch
2 Karotten
2 Zwiebeln
1 Sellerieknolle
1 Stange Lauch
50 g roher Schinken
Salz
Pfeffer
2 getrocknete Steinpilze
2 EL gehackte Kräuter (Kerbel, Petersilie, Estragon)
3/4 l Wasser

Zubereitungszeit: 1 Stunde

Das Gemüse putzen, waschen und sehr fein hacken, das Fleisch und den Schinken ebenfalls fein hacken. Sie können das Gemüse, das Fleisch und den Schinken auch im Mixer grob pürieren. Geben Sie die Steinpilze, das Gemüse, das Fleisch und den Schinken in einen Topf, bedecken Sie alles mit kaltem Wasser. Bei geringer Hitze, unter Rühren langsam zum Kochen bringen. Kurz bevor die Suppe aufkocht das restliche kalte Wasser zugießen, die Kräuter und die Gewürze dazugeben. Lassen Sie die Suppe bei geringer Hitze 30 Minuten ziehen und rühren Sie nicht mehr um. Nach Ende der Garzeit legen Sie ein Tuch in ein Sieb und seihen Sie die Suppe ab. Für diese Suppe genügt die geringe Kochzeit, weil das Gemüse und das Fleisch klein gehackt ist und daher eher ausgelaugt wird. Aus diesem Grund muss das Fleisch fettarm und vollkommen ohne Sehnen und Knochen sein.

Wirsingkohlsuppe

500 g Rindfleisch
Suppenknochen
750 g Wirsingkohl
2 Zwiebeln
250 g Erdäpfel
30 g Butter
1/2 TL Kümmel
Salz
Pfeffer

Zubereitungszeit: 2 Stunden 45 Minuten

Die Knochen und das Fleisch in 1 1/2 l Salzwasser zum Kochen bringen, 2 Stunden langsam kochen lassen, abseihen und zur Seite stellen. Den Wirsingkohl putzen, waschen, kleinwürfelig schneiden. Die Zwiebeln schälen und fein hacken, die Erdäpfel schälen, waschen und ebenfalls in kleine Würfel schneiden. Die Zwiebeln in der Butter kurz andünsten, den Wirsingkohl dazugeben und dünsten, mit der klaren Suppe aufgießen. Den Kümmel und die Erdäpfelwürfel einlegen, die Suppe 30 Minuten leicht kochen lassen. Vor dem Anrichten mit Pfeffer und Salz abschmecken.

Tipp*:* Schneiden Sie das Rindfleisch in mundgerechte Stücke und verwenden Sie es als Suppeneinlage.

Zwiebelsuppe

4 Zwiebeln
1 l klare Rindsuppe
1 EL Öl
Suppenwürze
Salz
Pfeffer

Zubereitungszeit: 30 Minuten

Die Zwiebeln schälen und in feine Ringe schneiden. In einem Topf das Öl erhitzen, die Zwiebeln darin glasig anrösten. Mit der Rindsuppe aufgießen, 20 Minuten leicht kochen lassen. Nach Ende der Kochzeit mit Suppenwürze, Salz und Pfeffer würzen.

Zwiebelsuppe Wieselburg

4 mittelgroße Zwiebeln
100 g Hamburger Speck
1/4 l Bier
1 l Rindsuppe
2 EL Kristallzucker
3 EL Margarine
1/2 TL Majoran
Salz
Pfeffer

Zubereitungszeit: 45 Minuten

Die Zwiebeln schälen, feinnudelig schneiden, den Speck in Streifen schneiden. Die Margarine in einem Topf erhitzen, den Zucker karamellisieren, nach und nach die Zwiebeln und die Speckstreifen dazugeben und anrösten. Dann mit dem Bier ablöschen und mit der Rindsuppe aufgießen. Gewürze in die Suppe geben und langsam 30 Minuten kochen lassen.

Tipp*:* Besonders gut schmecken Käsebaguettescheiben als Einlage.

Gebundene Suppen

Basilikumoberssuppe

1 Bund Frühlingszwiebel
1 Bund Suppengrün
1 l Hühnersuppe
1 EL Margarine
1 EL Mehl
2 dl Kaffeeobers
60 g Basilikum
Saft einer halben Zitrone
Salz

Zubereitungszeit: 30 Minuten

Das Suppengrün putzen, waschen und kleinwürfelig schneiden. Die Zwiebeln schälen und feinnudelig schneiden. Das Basilikum waschen und fein hacken. In einem Topf die Margarine erhitzen, die Zwiebeln glasig dünsten, dann das Suppengrün dazugeben und ein paar Minuten dünsten lassen. Mit dem Mehl stauben, anschwitzen, den Topf vom Feuer nehmen und mit der Hühnersuppe aufgießen. Mit dem Schneebesen glatt rühren und die Suppe zum Kochen bringen. 10 Minuten langsam kochen lassen, dann das Obers in die Suppe geben, mit Salz und Zitronensaft abschmecken. Das gehackte Basilikum dazugeben, 5 Minuten in der Suppe ziehen lassen und dann alles mit dem Stabmixer pürieren.

Tipp: Nach Zugabe des Obers Suppe nicht mehr aufkochen lassen.

Bärlauchsuppe

300 g Bärlauch
2 Jungzwiebeln
2 EL Margarine
1/2 l klare Gemüsesuppe
1/4 l Crème fraîche
Muskatnuss
Salz
Pfeffer

Zubereitungszeit: 30 Minuten

Die Zwiebeln schälen, in feine Ringe schneiden, den Bärlauch waschen und in schmale Streifen schneiden. Margarine in einem Topf erhitzen, die Zwiebeln und den Bärlauch darin anschwitzen und dann mit der klaren Gemüsesuppe aufgießen. Nach einer Kochzeit von 5 Minuten mit dem Stabmixer pürieren und passieren. Die Suppe würzen und die Crème fraîche dazugeben. Vor dem Servieren sollten Sie die Suppe noch einmal mit dem Stabmixer aufschäumen.

Beuschelsuppe

400 g Rindsbeuschel
1 Bund Suppengrün
5 Pfefferkörner
5 Neugewürzkörner
1 TL Thymian
2 Lorbeerblätter
1 kleine Zwiebel
2 Knoblauchzehen
50 g Margarine
50 g Mehl
1/8 l Sauerrahm
1 TL Mehl
Salz
Pfeffer
etwas Essig

Zubereitungszeit: 50 Minuten

Das Suppengrün putzen, waschen, grob schneiden, mit dem Beuschel in einem Topf mit Salzwasser zustellen, Gewürze dazugeben und weich kochen. Nach Ende der Garzeit, Beuschel aus dem Sud nehmen, erkalten lassen, feinnudelig schneiden. Knoblauch und Zwiebel schälen, fein hacken, mit dem Mehl in der erhitzten Margarine anrösten. Alles mit dem abgeseihten Kochsud aufgießen, das klein geschnittene Beuschel und das Suppengrün beigeben und verkochen lassen. Das Mehl im Sauerrahm versprudeln und am Ende der Kochzeit in die Suppe geben, einmal aufkochen, mit Salz, Pfeffer und Essig abschmecken.

Biersuppe

1 l dunkles oder helles Bier
2 EL Butter
1 Dotter
3 EL Obers
1 Prise Safran
Muskatnuss
1 Prise Zucker
Salz, Pfeffer

Zubereitungszeit: 20 Minuten

Die Butter in einem Topf flüssig machen, mit Bier auffüllen und erhitzen. Dotter mit dem Obers versprudeln und in die Suppe einrühren, würzen und sofort servieren.

Bischofssuppe

1 kg Paradeiser
3/4 l Rindsuppe
2 Gewürznelken
1 Lorbeerblatt
1 Messerspitze Thymian
1/4 l Weißwein
Saft einer halben Zitrone
1 EL Mehl
4 EL Madeirawein
1 Prise Zucker
Salz

Zubereitungszeit: 30 Minuten

Die Paradeiser waschen und halbieren, mit den Gewürzen, Zitronensaft und dem Weißwein in die Rindsuppe geben. Suppe so lange leicht kochen lassen, bis die Paradeiser weich sind. Passieren und mit dem Zucker und dem Salz abschmecken. Das Mehl mit dem Madeirawein versprudeln, in die Suppe geben und nochmals 5 Minuten kochen lassen.

Bohnensuppe

500 g weiße Bohnen aus der Dose
200 g Rauchspeck
1 Knoblauchzehe
2 Zwiebeln
1 roter Paprika
1 grüner Paprika
1 l Wasser
1 EL edelsüßes Paprikapulver
1 EL Mehl
1 El Butter
2 EL Sauerrahm
Pfeffer
Salz

Zubereitungszeit: 40 Minuten

Die Paprika putzen, waschen und kleinwürfelig schneiden, die Zwiebeln schälen, klein hacken, den Knoblauch schälen und pressen. Der Rauchspeck wird ebenfalls in kleine Würfel geschnitten. Die Butter in einem Topf erhitzen, Knoblauch, Zwiebeln und Rauchspeck darin anrösten. Mit dem Mehl stauben, etwas Wasser zugeben, das Paprikapulver einrühren und dann mit dem restlichen Wasser aufgießen. Aufkochen, Bohnen und Paprika in die Suppe geben, 20 Minuten kochen lassen. Diese köstliche Suppe wird dann am Schluss mit Salz, Pfeffer und Sauerrahm abgeschmeckt.

Brennsuppe

500 g Mehl
50 g Margarine
1 l Wasser
etwas Liebstöckel
1 TL Kümmel
1/2 TL Thymian
1/2 TL Essig
1 TL Salz
gehackte Petersilie
1 Ei

Zubereitungszeit: 30 Minuten

Die Margarine in einem Topf erhitzen, das Mehl einlaufen lassen und solange rösten, bis es eine dunkelbraune Farbe hat. Nun wird mit dem Wasser aufgegossen, geben Sie alle Gewürze und den Essig in die Suppe und lassen Sie sie 20 Minuten kochen. Nach Ende der Kochzeit wird das Ei versprudelt und langsam in die kochende Suppe eingetropft. Vor dem Anrichten mit der gehackten Petersilie bestreuen.

Brennnesselsuppe

30 g Mehl
40 g Butter
1/4 l Milch
3/4 l Rindsuppe
150 g Brennnesselblätter
4 EL Obers
1 Dotter
Pfeffer
Salz

Zubereitungszeit: 30 Minuten

Die Rindsuppe in einem Topf erhitzen, Brennnesselblätter darin 10 Minuten kochen lassen. Die Suppe abseihen und zur Seite stellen, mit einem Stabmixer die Brennnessel pürieren. Aus der Butter und dem Mehl eine helle Einmach herstellen, mit heißer Milch aufgießen, mit einem Schneebesen glatt rühren. Dann die Suppe dazugeben und weitere 10 Minuten kochen lassen. Nach Ende der Kochzeit das Brennnesselpüree in die Suppe einrühren und nochmals 5 Minuten kochen. Dotter und Obers sehr gut versprudeln, in die Suppe geben und diese erhitzen, aber nicht mehr kochen lassen. Vor dem Anrichten mit Salz und Pfeffer abschmecken.

Tipp: Kommen Brennnessel mit heißem Wasser oder Öl in Berührung, verlieren sie sofort ihre brennende Eigenschaft. Haben Sie einmal nicht genügend Brennnesselblätter zur Verfügung, können Sie auch gehackte Spinatblätter verwenden.

Brezensuppe

250 g altbackene Brezen
40 g Butter
2 EL Mehl
1/2 l Rindsuppe
1/2 l Wasser
3 EL Obers
2 Dotter
1 Prise Muskatnuss
Kümmel
2 TL Zitronensaft
Pfeffer
Salz

Zubereitungszeit: 20 Minuten

Die Zwiebel schälen, klein hacken, von den Brezen das Salz abbröseln und ebenfalls kleinwürfelig schneiden. In einem Topf die Butter erhitzen, Zwiebel und Brezenwürfel langsam, unter Rühren, anrösten. Das Mehl darüber stauben und weiterrühren, mit der Rindsuppe und dem Wasser aufgießen, würzen und aufkochen lassen. Dotter und Obers gut versprudeln, den Topf vom Herd nehmen und mit dem Dotter-Obers-Gemisch die Suppe binden. Vor dem Servieren mit Zitronensaft, Kümmel und Muskatnuss abschmecken.

Briessuppe

300 g Kalbsbries
1 l Rindsuppe
40 g Butter
40 g Mehl
Pfeffer
Salz

Zubereitungszeit: 30 Minuten

Das Bries 10 Minuten in Salzwasser kochen, abseihen und kleinwürfelig schneiden. Aus dem Mehl und der Butter eine helle Einmach zubereiten und mit der Suppe aufgießen. Salz und Pfeffer dazugeben und gut verkochen lassen. Erst vor dem Servieren das Bries in die Suppe einlegen.

Brotsuppe

150 g Schwarzbrot
40 g Butter
1 Zwiebel
1 l Rindsuppe
1 Dotter
1/8 l Sauerrahm
Pfeffer
Salz

Zubereitungszeit: 30 Minuten

Das Schwarzbrot in kleine Würfel schneiden, die Zwiebel schälen, fein schneiden. Die Butter in einem Topf erhitzen, die Zwiebel und das Brot darin anrösten, dann mit der Suppe aufgießen und 20 Minuten gut verkochen lassen. Immer wieder mit dem Schneebesen umrühren, am Ende der Kochzeit den Sauerrahm mit dem Dotter versprudeln und in die Suppe einrühren. Mit Salz und Pfeffer abschmecken und sofort servieren.

Tipp: Nachdem Sie Sauerrahm und Dotter in die Suppe gerührt haben, darf diese nicht mehr kochen.

Brunnenkressesuppe

300 g Erdäpfel
1 Bund Brunnen- oder Gartenkresse
3/4 l Rindsuppe
2 EL Zitronensaft
3 EL Crème fraîche
1 Dotter
Pfeffer
Zucker
Salz

Zubereitungszeit: 40 Minuten

Die Erdäpfel schälen, waschen und kleinwürfelig schneiden, die Kresse waschen, klein schneiden. Erdäpfelwürfel in der Suppe 20 Minuten weich kochen. Erdäpfel mit 3/4 der Kresse pürieren und dann die Suppe mit Zucker und Zitronensaft würzen. Dotter mit Crème fraîche sehr gut versprudeln, damit die Suppe legieren. Vor dem Servieren mit Salz und Pfeffer abschmecken und mit den restlichen Kresseblättern bestreuen.

Tipp: Ist die Suppe legiert, d. h. mit Dotter und Crème fraîche gebunden, darf sie nicht mehr kochen.

Buttermilchsuppe

1/2 l Buttermilch
1/2 l Wasser
40 g Mehl
2 EL gehackte Kräuter (Dille, Kerbel, Estragon, Petersilie, Schnittlauch, Kresse)
2 gekochte Erdäpfel
1 Lorbeerblatt
1 TL Kümmel
Salz

Zubereitungszeit: 35 Minuten

Die gekochten Erdäpfel schälen, kleinwürfelig schneiden. Das Wasser mit den Gewürzen einmal aufkochen lassen, die Buttermilch mit dem Mehl versprudeln, in das kochende Wasser geben und alles gut verkochen. Nach 20 Minuten die Erdäpfelwürfel und die Kräuter in die Suppe geben und alles nochmals 5 Minuten ziehen lassen. Vor dem Anrichten mit Salz abschmecken.

Champignonsuppe

200 g Champignons
100 g Butter
30 g Mehl
1 1/2 l Rindsuppe
2 EL gehackte Petersilie
Pfeffer
Salz

Zubereitungszeit: 45 Minuten

Champignons waschen und feinblättrig schneiden. In einer Pfanne die Hälfte der Butter erhitzen, Petersilie kurz anschwitzen, dann die Champignons dazugeben, im eigenen Saft weich dünsten. In einem Topf aus restlicher Butter und Mehl eine helle Einmach zubereiten, Champignons einlegen und mit Rindsuppe aufgießen. Die Suppe mit Salz und Pfeffer abschmecken und gut verkochen lassen.

Champignoncremesuppe

250 g Champignons
2 El Mehl
50 g Butter
1/2 l Milch
70 g Doppelrahmkäse mit Kräutern
1 EL in Röllchen geschnittener Schnittlauch
2 TL Zitronensaft
Pfeffer
Salz

Zubereitungszeit: 25 Minuten

Die Champignons putzen, waschen, bis auf ein paar Pilze zum Garnieren, kleinwürfelig schneiden. Geschnittene Champignons mit der Hälfte der Butter weich dünsten. Die restliche Butter in einem Topf erhitzen, das Mehl darin 2 Minuten anschwitzen, dann mit der heißen Milch aufgießen. Unter oftmaligem Rühren leicht kochen lassen. Ist alles cremig, den Topf vom Herd nehmen, den Frischkäse in kleinen Stücken unterrühren. Den Zitronensaft und die gedünsteten Champignons dazugeben, nochmals 3 Minuten leicht kochen lassen. Die beiseite gelegten Pilze blättrig schneiden, in einen Suppenteller legen und mit der Suppe auffüllen, mit Schnittlauchröllchen garnieren.

Chinakohl-Paradeis-Suppe

1 mittlerer Chinakohl
3 Paradeiser
3 Karotten
6 Erdäpfel
1 Zwiebel
4 Knoblauchzehen
30 g Margarine
1 l klare Gemüsesuppe
3 TL Paradeismark
1 EL Obers
Kümmel
Petersilie
Pfeffer
Salz

Zubereitungszeit: 50 Minuten

Zwiebel und Knoblauchzehen schälen, klein hacken. Vom Chinakohl Strunk abschneiden, in Blätter teilen, feinnudelig schneiden. Paradeiser waschen, in Würfel schneiden, Karotten putzen, waschen, in Scheiben schneiden. Die Erdäpfel schälen, waschen und kleinwürfelig schneiden. Knoblauch und Zwiebel in der Margarine andünsten, das Gemüse dazugeben, kurz mitdünsten, würzen und mit der Gemüsesuppe aufgießen. Nach Ende der Kochzeit Paradeismark mit dem Obers versprudeln, in die Suppe geben und mit Salz und Pfeffer abschmecken.

Eingebrannte Selchsuppe

1 l Selchsuppe
50 g Mehl
50 g Schmalz
1 Zwiebel
Pfeffer
Salz nach Bedarf

Zubereitungszeit: 20 Minuten

Zwiebel schälen, klein hacken. Zwiebel in dem Schmalz kurz anschwitzen, Mehl dazugeben und eine helle Einbrenn zubereiten. Mit Selchsuppe aufgießen und gut verkochen lassen. Vor dem Anrichten eventuell mit Pfeffer und Salz abschmecken.

Einmachsuppe

1 l Wasser
40 g Mehl
40 g Margarine
Kümmel
Muskatnuss
1 Bund gehackte Petersilie
Salz

Zubereitungszeit: 25 Minuten

Petersilie waschen und fein hacken. Margarine in einem Topf erhitzen, Mehl hineinstauben und goldgelb anrösten. Mit dem Wasser aufgießen, mit Kümmel, Muskatnuss und Salz würzen und unter Rühren gut verkochen lassen. Vor dem Anrichten nochmals abschmecken und mit der gehackten Petersilie bestreuen.

Endiviencremesuppe

2 Häupel Endiviensalat
2 Zwiebeln
2 Knoblauchzehen
2 EL Margarine
2 EL Zitronensaft
2 EL Zucker
1 gekochter Erdapfel
1/2 l Hühnersuppe
1/8 l Obers
Pfeffer
Muskatnuss
Salz

Zubereitungszeit: 30 Minuten

Zwiebeln und Knoblauch schälen, Zwiebeln kleinwürfelig und den Knoblauch in dünne Scheiben schneiden. Endiviensalat putzen, in Streifen schneiden, waschen, trocknen, am besten in einer Salatschleuder. Den gekochten Erdapfel schälen, fein reiben. In einen Topf mit Wasser Zucker, Zitronensaft und Salz beifügen, zum Kochen bringen. Die Endiviensalatstreifen einlegen und 2 Minuten blanchieren, gut abtropfen lassen. In einem Topf die Margarine erhitzen, die Zwiebeln und Knoblauchzehen hell anrösten, mit der Hühnersuppe aufgießen und 3 Minuten kochen lassen. Endiviensalat dazugeben und einmal aufkochen lassen, die Suppe pürieren und durch ein Sieb streichen. Mit geriebenem Erdapfel binden, Obers zugeben und nochmals aufkochen lassen. Vor dem Anrichten mit Muskatnuss, Pfeffer und Salz würzen.

Erbsensuppe

300 g tiefgekühlte Erbsen
1 Zwiebel
1 EL Butter
3/4 l Rindsuppe
1/4 l Obers
1 EL gehackte Kräuter (Petersilie, Dille, Schnittlauch, Kerbel)
Zitronensaft
Pfeffer
Salz

Zubereitungszeit: 25 Minuten

Zwiebel schälen, fein hacken, Butter erhitzen, Zwiebel und Erbsen kurz anschwitzen lassen und mit der Suppe aufgießen. Bei geringer Hitze 10 Minuten leicht kochen lassen. Nach Ende der Kochzeit die Suppe mit einem Stabmixer pürieren, dann durch ein feines Sieb gestrichen. Geben Sie nun das Obers dazu, würzen Sie mit Zitronensaft, Salz und Pfeffer und lassen alles nochmals aufkochen. Vor dem Servieren mit den gehackten Kräutern garnieren.

Erdäpfelcremesuppe mit Pilzen

300 g mehlige Erdäpfel
1 Karotte
1 Zwiebel
3 EL Butter
1 l Rindsuppe
150 g Pilze (Herrenpilze, Champignons)
50 g Hamburger Speck
2 EL Butter
1/2 Bund Petersilie
Muskatnuss
Majoran
Pfeffer
Salz

Zubereitunszeit: 50 Minuten

Zwiebel schälen, kleinwürfelig schneiden, Karotten putzen, waschen, grob raspeln. Erdäpfel schälen, waschen, in Würfel schneiden, Hamburger Speck kleinwürfelig schneiden, die Pilze putzen, vorsichtig waschen, in feine Streifen schneiden. Petersilie waschen und fein hacken. 1 EL Butter erhitzen, Zwiebel und Karotten kurz anrösten, Erdäpfel dazugeben und mitrösten, mit der Suppe aufgießen, mit Muskatnuss, Majoran, Pfeffer und Salz würzen, 20 Minuten leicht kochen lassen. Inzwischen Speck und Pilze in Butter anrösten, in eigenem Saft weich dünsten. Sind die Erdäpfel weich, Suppe pürieren, Pilze dazugeben und kurz aufkochen lassen. Die Erdäpfelcremesuppe mit Petersilie bestreut servieren.

Tipp: Pilze können sich sehr schnell verfärben, daher sollten sie immer schnell verarbeitet werden.

Erdäpfel-Karotten-Suppe

250 g Karotten
250 g mehlige Erdäpfel
30 g Margarine
1 l Rindsuppe
1/2 Bund Petersilie
Pfeffer
Salz

Zubereitungszeit: 40 Minuten

Petersilie waschen, fein hacken, Erdäpfel schälen, waschen, in kleine Würfel schneiden, die Karotten putzen, waschen und in feine Scheiben schneiden. In der erhitzten Margarine Karotten und Erdäpfel kurz anrösten, mit der Suppe aufgießen und 20 Minuten kochen. Nach Ende der Garzeit die Suppe mit Pfeffer und Salz abschmecken, mit dem Stabmixer pürieren und einmal aufkochen lassen. Vor dem Anrichten mit der gehackten Petersilie garnieren.

Tipp: Ist die Suppe nach dem Pürieren zu dick, können Sie sie mit etwas Milch verdünnen.

Erdäpfelcremesuppe mit Curry und Speck

600 g speckige Erdäpfel
200 g Hamburger Speck
2 Zwiebeln
1 l Rindsuppe
2 EL Curry
1 EL Schnittlauch
1 EL Kerbel
4 EL Schlagobers
Salz

Zubereitungszeit: 35 Minuten

Zwiebel schälen, klein hacken, den Hamburger Speck kleinwürfelig schneiden. Die Erdäpfel schälen, waschen, in größere Würfel schneiden. Kerbel waschen, klein hacken, Schnittlauch waschen und in Röllchen schneiden. Den Hamburger Speck in einem Topf auslassen, Zwiebel dazugeben und kurz anrösten, ebenso die Erdäpfelwürfel kurz mitrösten. Mit der Suppe aufgießen, Curry dazugeben und 20 Minuten kochen lassen. Vor dem Servieren mit Schnittlauch und Kerbel bestreuen, mit dem geschlagenen Obers garnieren.

Fastensuppe

40 g Mehl
40 g Butter
1 Zwiebel
1 l Wasser
Kräuteressig
1 Lorbeerblatt
Pfeffer
Salz

Zubereitungszeit: 20 Minuten

Butter erhitzen, Zwiebel darin anschwitzen, dann das Mehl dazugeben und eine dunkle Einmach zubereiten. Mit dem Kräuteressig ablöschen und mit Wasser aufgießen, mit Salz und Pfeffer würzen, das Lorbeerblatt dazugeben und unter mehrmaligen Umrühren gut verkochen lassen. Vor dem Servieren das Lorbeerblatt entfernen.

Fenchelcremesuppe

2 Knollen Fenchel
4 EL Butter
2 EL Weißwein
1/2 l Rindsuppe
2 EL Obers
3 EL Olivenöl
Pfeffer
Salz

Zubereitungszeit: 25 Minuten

Fenchel waschen und schälen, dies gelingt am besten mit einem Schäler, das Fenchelgrün waschen und klein schneiden. Fäden abziehen und die Knollen halbieren, alles feinnudelig schneiden. Olivenöl erhitzen, den Fenchel darin leicht anschwitzen, mit Salz und Pfeffer würzen und mit Weißwein ablöschen, mit der Suppe aufgießen und 15 Minuten weich kochen lassen. Am Ende der Garzeit das Obers zugeben, ebenso die kalte Butter, die Suppe in einem Mixer fein pürieren. Vor dem Anrichten mit dem fein geschnittenen Fenchelgrün garnieren.

Fischbeuschelsuppe

300 g Flossen, Gräten und Kopf vom Karpfen
200 g Fischbeuschel
6 Pfefferkörner
1 Lorbeerblatt
2 EL Essig
1 1/2 l Salzwasser
200 g Wurzelwerk
1 Zwiebel
4 EL Margarine
4 EL Mehl
1/16 l geschlagenes Obers
1 EL Rotwein
Salz

Zubereitungszeit: 1 Stunde 15 Minuten

Fischabschnitte in einem Topf mit Salzwasser geben, mit Essig, Pfefferkörnern und Lorbeerblatt würzen, weich kochen. Am Ende der Kochzeit abseihen, klaren Fischsud beiseite stellen. Das Wurzelwerk putzen, waschen, fein reiben. Die Zwiebel schälen und fein hacken. Margarine erhitzen, Zwiebel und Wurzelwerk darin anrösten, alles würzen und dann mit dem Mehl stauben. Bis alles braun geröstet ist, mit dem Fischsud aufgießen, das Fischbeuschel dazugeben und verkochen lassen. Vor dem Servieren wird die Suppe mit dem geschlagenen Obers und dem Rotwein abgeschmeckt.

Fleckerlsuppe

300 g Teigwaren
4 EL Butter
4 EL Mehl
1 l Rindsuppe
1/8 l Obers

Petersilie waschen und fein hacken. Die Butter erhitzen, Petersilie anschwitzen lassen, Teigwaren dazugeben, umrühren, mit dem Mehl stauben und mit der Suppe aufgießen. Nach einer

1/2 Bund Petersilie
Pfeffer
Salz

Zubereitungszeit: 30 Minuten

Kochzeit von 20 Minuten mit Obers, Pfeffer und Salz abschmecken.

Frühlingssuppe

400 g Gemüse und Kräuter (Spinat, Löwenzahn, Lauch, Kresse, Dille, Petersilie, Kerbel, Sauerampfer)
1 Zwiebel
30 g Butter
30 g Mehl
2 l Rindsuppe
2 EL Sauerrahm
Salz

Zubereitungszeit: 50 Minuten

Die Zwiebel schälen, kleinwürfelig schneiden, das Gemüse und die Kräuter waschen, klein hacken. Die Butter erhitzen, Zwiebel darin kurz anschwitzen, mit Mehl stauben und eine helle Einmach zubereiten. Die gehackten Kräuter und das Gemüse dazugeben und 10 Minuten dünsten. Dann mit der Suppe aufgießen, alles 30 Minuten leicht kochen lassen. Vor dem Servieren mit Salz abschmecken und den Sauerrahm unterziehen.

Ganslsuppe

Gansljunges (Magen, Flügel, Leber, Kragen und Herz)
2 Karotten
1/2 Zwiebel
1/2 Sellerieknolle
1/2 Bund Petersilie
3 Pfefferkörner
2 EL Obers
50 g Butter
30 g Mehl
Salz

Zubereitungszeit: 50 Minuten

Die Zwiebel schälen, kleinwürfelig schneiden, Karotten putzen, waschen, in Scheiben schneiden, Sellerieknolle schälen, klein schneiden. Petersilie waschen und klein hacken. Gemüse und Gansljunges, außer der Leber, mit 2 Liter Wasser zum Kochen bringen, ist alles halb weich, die Leber in die Suppe geben und fertig kochen. Nach Ende der Garzeit das Gemüse und die Innereien aus der Suppe schöpfen, diese dann abseihen, das Fleisch klein schneiden. Aus dem Mehl und der Butter eine helle Einmach zubereiten, mit der Suppe aufgießen und mit dem Obers verfeinern. Am Schluss das Gemüse und die Innereien in die Suppe einlegen. Vor dem Servieren mit Salz abschmecken und mit der Petersilie bestreuen.

Gelbe Suppe

250 g Rindfleisch
250 g Lammfleisch
250 g Hühnerfleisch
250 g Schweinefleisch
1 Bund Suppengrün
1 1/2 l Wasser
1/4 l Sauerrahm
1/4 l Schlagobers
4 Dotter
3 EL Mehl
Safran
Salz

Zubereitungszeit: 1 Stunde 15 Minuten

Suppengrün putzen, waschen, kleinwürfelig schneiden, Gemüse mit dem Wasser zustellen. Nach dem ersten Aufkochen das Rindfleisch einlegen und 30 Minuten kochen. Dann das Lammfleisch und das Schweinefleisch, erst zuletzt das Hühnerfleisch. Nach einer Kochzeit von 1 Stunde Suppe abseihen und das Fleisch überkühlen lassen, dann in mundgerechte Stücke schneiden. Das Fleisch wieder in die Suppe geben, den Safran darunter mischen und einmal aufkochen. Sauerrahm, Schlagobers, Mehl und Dotter versprudeln, in die Suppe rühren und nicht mehr aufkochen lassen, mit Salz abschmecken.

Gemüsesuppe

1 Stange Lauch
1 Karotte
1 Gelbe Rübe
100 g Sellerieknolle
1 l Hühnersuppe
1 Zwiebel
2 EL Butter
1/8 l Weißwein
1/4 l Schlagobers
1 EL gehackte Petersilie
Zitronensaft
Muskatnuss
Pfeffer
Salz

Zubereitungszeit: 40 Minuten

Karotte, Gelbe Rübe und die Sellerie putzen, schälen und waschen. Vom Lauch die Wurzeln und die grünen Blattenden wegschneiden, längs aufschneiden und ebenfalls gut waschen. Das ganze Gemüse fein raffeln. 1 EL Butter erhitzen, die Zwiebel anschwitzen lassen und mit dem Weißwein ablöschen. Die ganze Flüssigkeit auf ein Minimum einkochen lassen, mit der Suppe auffüllen, um ein Drittel einkochen. Nun das Schlagobers dazugeben und nochmals 3 Minuten leicht kochen lassen. Den zweiten EL Butter erhitzen, das Gemüse darin kurz anschwitzen lassen, mit Salz würzen und mit wenig Wasser weich dünsten. Wenn das Gemüse gar ist, mit der Cremesuppe aufgießen, umrühren und einmal aufkochen. Suppe mit dem Zitronensaft, Muskatnuss, Salz und Pfeffer abschmecken, vor dem Servieren die gehackte Petersilie unterrühren.

Germsuppe

1 Zwiebel
1 Würfel Germ
50 g Butter
2 EL Mehl
1 l Rindsuppe
1 EL gehackte Petersilie
Kümmel
Pfeffer
Salz

Zubereitungszeit: 30 Minuten

Zwiebel schälen, klein hacken, die Butter erhitzen, die Zwiebel darin kurz anrösten. Das Mehl dazugeben und eine helle Einmach zubereiten, Kümmel und Petersilie beifügen. Die Germ zerbröseln und unter die Einmach rühren, gut durchmischen, dann mit der Rindsuppe aufgießen. Die Suppe kurz aufkochen lassen und mit Salz und Pfeffer abschmecken.

Gerstensuppe

250 g Selchfleisch
200 g Suppengrün
1/2 Tasse weiße Bohnen
1/2 Tasse Rollgerste
1 Würfel Suppenwürze
Petersilie
Muskatnuss
Salz

Zubereitungszeit: 40 Minuten (ohne das Einweichen der Bohnen)

Das Suppengrün putzen, waschen und klein schneiden. Die über Nacht eingeweichten Bohnen mit dem Selchfleisch und der Gerste weich kochen, würzen, das klein geschnittene Gemüse erst nach der Hälfte der Kochzeit beigeben. Mit Muskatnuss und Salz abschmecken und mit gehackter Petersilie bestreuen.

Grammelsuppe

4 Zehen Knoblauch
3/4 l Wasser
2 EL Essig
1/8 l Wasser
1/8 l Sauerrahm
30 g Mehl
3 EL Grammelschmalz
1 TL Salz
Schnittlauch
Petersilie

Zubereitungszeit: 25 Minuten

Die Knoblauchzehen werden geschält und gepresst, Schnittlauch und Petersilie waschen, Schnittlauch in kleine Röllchen schneiden, Petersilie fein hacken. Das Wasser mit Essig, Salz und gepresstem Knoblauch einmal aufkochen lassen. Während dieser Zeit das 1/8 l Wasser mit Sauerrahm und Mehl gut versprudeln, dann in die kochende Suppe langsam einlaufen lassen, fünf Minuten auf kleiner Flamme leicht kochen. In einer kleinen Pfanne das Grammelschmalz erhitzen, vor dem Servieren in die Suppe geben, die Suppe mit Schnittlauch und Petersilie garnieren.

Grießsuppe mit Ei

60 g Weizengrieß
40 g Butter
1 l Rindsuppe
2 Eier
Petersilie
Muskatnuss
Pfeffer
Salz

Zubereitungszeit: 40 Minuten

Die Butter in einem Topf erhitzen, den Grieß dazugeben und leicht anrösten, mit der Rindsuppe aufgießen und eine halbe Stunde langsam kochen lassen. Nach Ende der Kochzeit mit Salz, Pfeffer und Muskatnuss würzen, die Eier versprudeln und in die Suppe geben, nochmals kurz köcheln lassen. Vor dem Anrichten mit der gehackten Petersilie bestreuen.

Gulaschsuppe

300 g Rindfleisch vom Wadschinken
3 Zwiebeln
100 g Margarine
1 1/4 l Wasser
4 Erdäpfel
1 EL Paprika
1 EL Paradeismark
1 Schuss Essig
Kümmel
Majoran
Salz

Zubereitungszeit: 50 Minuten

Die Zwiebeln schälen, fein hacken, das Rindfleisch in kleine Würfel schneiden, die Erdäpfel schälen und auch in kleine Würfel schneiden. In einem Topf die Margarine erhitzen, die Zwiebeln darin goldgelb anrösten, rühren Sie dabei aber ständig um. Mit einem Schuss Essig ablöschen, dann den Paprika beifügen. Jetzt das Fleisch dazugeben und Farbe annehmen lassen, würzen und mit etwas Wasser halb weich dünsten lassen. Ist das Fleisch halb weich, die würfelig geschnittenen Erdäpfel dazugeben, das Paradeismark einrühren und mit dem Wasser aufgießen. Lassen Sie die Suppe nun so lange kochen, bis die Erdäpfel und das Fleisch weich sind.

Tipp: Nachdem Sie die Erdäpfel geschält haben, legen Sie sie in eine Schüssel mit kaltem Wasser, so können sie sich nicht verfärben. Damit der Paprika nicht bitter wird, können Sie ihn erst nach der Beigabe des Fleisches dazugeben.

Gurkensuppe

50 g Mehl
60 g Butter
3/4 l Rindsuppe
1 Salatgurke
30 g Butter
1/4 l Sauerrahm
2 EL Dille
Muskatnuss
Pfeffer

Zubereitungszeit: 35 Minuten

Die Gurke schälen, der Länge nach halbieren und mit einem Dessertlöffel entkernen und kleinwürfelig schneiden, die Dillzweige waschen, fein hacken. In einem Topf die Butter erhitzen, das Mehl anschwitzen lassen und mit der Rindsuppe aufgießen, mit Pfeffer und Muskatnuss würzen, die Gurkenschalen in der Suppe weich kochen. Während dieser Zeit die Gurkenwürfel mit der gehackten Dille in der Butter weich dünsten lassen. Sind die Gurkenschalen weich, wird die Suppe passiert, nun den Sauerrahm einrühren, nochmals erhitzen. Vor dem Servieren die Gurkenwürfel in die Suppe einlegen.

Hühnercremesuppe

1 geputztes Huhn
1 Bund Suppengrün
1/2 Zwiebel
1 1/2 l Wasser
1 Fleischparadeiser
200 g Obers
1 EL Mehl
5 Pfefferkörner
4 Blätter Liebstöckel
1/2 Bund Petersilie
Salz

Zubereitungszeit: 1 Stunde 15 Minuten

Das Huhn sehr gut waschen und vierteln, das Suppengrün putzen, waschen, kleinwürfelig schneiden, die Zwiebel schälen, klein schneiden, die Petersilie waschen und fein hacken, den Paradeiser vierteln. Nun wird das geviertelte Huhn und das Gemüse im kalten Wasser zugestellt, mit Pfeffer, Liebstöckel und Salz gewürzt und so lange gekocht, bis das Huhn weich ist. Nach Ende der Kochzeit die Suppe abseihen, das Obers mit dem Mehl versprudeln und in die wieder kochende Suppe mit dem Schneebesen einrühren. Das gekochte Huhn von den Knochen lösen, das Fleisch kleinwürfelig schneiden, in die Suppe geben und 5 Minuten leicht kochen lassen. Vor dem Servieren die Suppe mit Petersilie garnieren.

Hühnereinmachsuppe

1 1/4 l Wasser
1/2 Huhn
1 Bund Suppengrün
1 Zwiebel
2 EL Margarine
1 EL Mehl
1/16 l Obers
3 Pfefferkörner
1 Lorbeerblatt
Salz

Zubereitungszeit: 1 Stunde 20 Minuten

Das Suppengrün putzen, waschen, grob schneiden. Die Zwiebel nur halbieren. Das Huhn putzen und sehr gut waschen. Geschnittenes Suppengrün, die zwei Zwiebelhälften und die Gewürze in das kalte Wasser geben und aufkochen. Wenn das Wasser heiß ist, das Huhn dazugeben und 45 Minuten kochen lassen. Nach Ende der Kochzeit die Suppe abseihen, das Huhn auslösen, dann das Fleisch in mundgerechte Stücke schneiden. Mit dem Mehl und der Margarine eine helle Einmach zubereiten, mit der heißen Suppe aufgießen, kurz kochen lassen. Vor dem Servieren dem Hühnerfleisch das Gemüse beifügen, mit dem Obers verfeinern und mit Salz abschmecken.

Jägersuppe

2 Stangen Porree
3 Zwiebeln
1/2 Sellerieknolle
250 g Eierschwämme
1 1/4 l Wasser oder Rindsuppe
80 g Butter
1 EL Mehl
3 Eidotter
2 Gewürznelken
1 Lorbeerblatt
1 Knoblauchzehe
Thymian
Petersilie
Salz

Zubereitungszeit: 40 Minuten

Die Zwiebeln schälen, fein hacken, die Sellerie putzen, waschen, klein schneiden, die Porreestangen putzen, waschen, in Ringe schneiden. Die Eierschwämme putzen, sparsam waschen, in Scheiben schneiden, die Petersilie ebenfalls waschen und grob hacken. Die Butter erhitzen, die Zwiebeln darin glasig dünsten, mit dem Wasser oder der Rindsuppe aufgießen. Eierschwämme, Gewürze und das Gemüse dazugeben, so lange kochen, bis alles weich ist. Das Mehl mit etwas Wasser glatt verrühren, dann mit den Eidottern gut versprudeln, nach Ende der Garzeit die Mehl-Eidotter-Mischung in die kochende Suppe einrühren, nochmals aufkochen lassen. Vor dem Anrichten mit der Petersilie garnieren und mit Salz abschmecken.

Jungzwiebelcremesuppe

200 g Jungzwiebel
150 g Butter
4 Champignons
1/8 l Weißwein
1 l klare Hühnersuppe
1/4 l Obers
Pfeffer
Salz

Zubereitungszeit: 20 Minuten

Champignons putzen, waschen, feinblättrig schneiden, die Jungzwiebeln schälen und ebenfalls fein schneiden. Die Hälfte der Buttermenge erhitzen, Jungzwiebeln glasig andünsten, Champignons mitdünsten, dann mit dem Weißwein ablöschen und mit der Hühnersuppe aufgießen, einmal aufkochen lassen. Die Suppe mit Salz und Pfeffer würzen, 1/8 l Obers einrühren und 10 Minuten leicht kochen lassen. Während der Kochzeit das restliche Obers steif schlagen, dann die Suppe pürieren, die restliche Butter und das geschlagene Obers unterziehen und sofort servieren.

Kalbseinmachsuppe

3/4 l Kalbssuppe
1/2 kleine Zwiebel
50 g Butter
40 g Mehl
1/8 l Weißwein
1/8 l Obers
2 Dotter
Muskatnuss
Salz

Zubereitungszeit: 30 Minuten

Zwiebel schälen und fein hacken, die Butter erhitzen, das Mehl und die Zwiebel darin kurz anschwitzen. Dann mit dem Weißwein ablöschen und der Suppe aufgießen, alles mit dem Schneebesen gut verrühren, 20 Minuten leicht köcheln lassen. Am Ende der Kochzeit das Obers mit den Dottern versprudeln und in die Suppe einfließen lassen, aber nicht mehr kochen. Die Suppe mit dem Stabmixer pürieren, mit Muskat und Salz abschmecken.

Kalbspüreesuppe

250 g Kalbsschulter
1 1/4 l Kalbsknochensuppe
1/2 Zwiebel
1 Bund Suppengrün
40 g Mehl
50 g Butter
1/8 l Obers
2 Dotter
Petersilie
Salz

Zubereitungszeit: 55 Minuten

Suppengrün putzen, waschen, grob hacken, die Zwiebel schälen und sehr fein hacken, Petersilie waschen und ebenfalls fein hacken. Kalbsknochensuppe mit dem geschnittenen Suppengrün aufkochen, dann die Kalbsschulter dazugeben und alles weich kochen lassen. Nach Ende der Garzeit die Suppe abseihen, beiseite stellen und das Fleisch feinst faschieren. Aus der Butter, Mehl, Zwiebel und Petersilie eine lichte Einmach zubereiten, mit der Suppe aufgießen und 20 Minuten leicht kochen lassen. Gegen Ende das faschierte Kalbfleisch beifügen und alles einmal aufkochen lassen, Obers und Dotter gut versprudeln und in die nicht mehr kochende Suppe einrühren, mit Salz abschmecken.

Karfiolcremesuppe

1/2 kg Karfiol
1 Zwiebel
1 EL Butter
1/2 EL Mehl
3/4 l Rindsuppe
1/4 l Sauerrahm
1/8 l Crème fraîche
2 Dotter
Petersilie
Muskatnuss
Pfeffer
Salz

Zubereitungszeit: 35 Minuten

Die Zwiebel schälen, fein hacken, Petersilie waschen und ebenfalls klein hacken. Karfiol putzen, waschen und in Röschen teilen. Die Butter in einem Topf erhitzen, Zwiebel darin anschwitzen lassen, das Mehl kurz mitrösten und mit der Rindsuppe aufgießen. Mit einem Schneebesen alles glatt verrühren, aufkochen, dann den Karfiol beigeben, würzen und leicht kochen lassen. Wenn der Karfiol weich ist, den Sauerrahm versprudeln, in die Suppe geben und diese dann mit dem Mixer pürieren. Anschließend durch ein Sieb streichen, einmal aufkochen und mit Salz, Pfeffer und Muskatnuss abschmecken. Den Topf vom Herd nehmen, Crème fraîche mit den Dottern versprudeln und in die Suppe einrühren, sofort, mit Petersilie garniert, servieren.

Karottensuppe

1/2 kg Karotten
1/2 l Rindsuppe
1 EL Butter
1 EL Crème fraîche
Pfeffer
Salz

Zubereitungszeit: 30 Minuten

Die Karotten putzen, waschen und in Scheiben schneiden. Die Butter erhitzen, Karottenscheiben anschwitzen, mit der Rindsuppe aufgießen und weich kochen. Die Suppe pürieren, mit Pfeffer und Salz abschmecken, mit der Crème fraîche den Geschmack verfeinern.

Käsesuppe

1 kleine Zwiebel
60 g Butter
30 g Mehl
1/2 l Rindsuppe
1/4 l Weißwein
1/4 l Obers
150 g Käse
1 EL gehackte Petersilie
Muskatnuss
Pfeffer
Salz

Zubereitungszeit: 30 Minuten

Zwiebel schälen, fein hacken, den Käse reiben. Die Butter erhitzen, die Zwiebel und das Mehl darin hell anschwitzen lassen, mit dem Weißwein ablöschen und mit der Rindsuppe aufgießen. Einmal aufkochen lassen, dann das Obers dazugießen und alles 10 Minuten auf kleiner Flamme kochen. Nach Ende der Kochzeit den geriebenen Käse unterrühren, mit Muskatnuss, Pfeffer und Salz abschmecken. Vor dem Servieren mit der gehackten Petersilie bestreuen.

Kirchtagssuppe

1/2 kg Wildfleisch (Reh, Hirsch)
1 1/2 l Wasser
3 Pfefferkörner
2 Wacholderbeeren
2 Lorbeerblätter
1 Zwiebel
3 Nelken
1 TL Salz
50 g Selchspeck
1/2 Bund Suppengrün
2 EL Butter
40 g Mehl
1/4 l Rotwein

Zwiebel schälen, fein hacken, das Suppengrün putzen, waschen, feinnudelig schneiden und den Speck in Würfel schneiden. Das Fleisch wird im Salzwasser mit den Gewürzen weich gekocht, dann den Sud abseihen, das Fleisch von den Knochen lösen und in mundgerechte Stücke schneiden. Die Butter in einem Topf erhitzen, Zwiebel, Speck und Suppengrün kurz anrösten, dann das Mehl dazugeben und alles braun rösten. Mit dem Sud aufgießen, Rotwein, Preiselbeeren und Sauerrahm dazugeben, alles 20 Minuten kochen lassen. Dann wird die Suppe

1/8 l Sauerrahm
1 TL Zitronensaft
2 EL Preiselbeeren

Zubereitungszeit: 1 Stunde 15 Minuten

passiert und mit Zitronensaft abgeschmeckt, geben Sie vor dem Anrichten das klein geschnittene Fleisch als Einlage in die Suppe.

Klachlsuppe

2 Schweinshaxerln
Schweineschwarten
1 1/4 l Wasser
1/2 Bund Suppengrün
1 TL Majoran
2 Lorbeerblätter
2 Knoblauchzehen
5 Pfefferkörner
1 EL Essig
1 EL Mehl
1 TL Salz

Zubereitungszeit: 1 Stunde 15 Minuten

Das Suppengrün putzen, waschen und feinnudelig schneiden. Schweinshaxerln, Schwarten, Gemüse und Gewürze mit dem Wasser zustellen, gar kochen. Wenn das Fleisch weich ist, ungefähr nach 50 Minuten, aus der Suppe nehmen, ablösen und klein schneiden, anschließend kommt es wieder in die Suppe. Den Essig mit etwas Wasser vermischen, mit dem Mehl versprudeln, in die Suppe einfließen lassen und gut verkochen. Vor dem Anrichten die Suppe mit Salz abschmecken, bei Bedarf nachwürzen.

Knoblauchsuppe

2 l Rindsuppe
4 Knollen Knoblauch
60 g Butter
60 g Mehl
30 g Öl
1/8 l Weißwein
1 Bund Schnittlauch
Pfeffer
Salz

Zubereitungszeit: 40 Minuten

Knoblauch schälen, in Scheiben schneiden, Schnittlauch waschen und in Röllchen schneiden. Das Öl erhitzen, den Knoblauch darin hellbraun anrösten, mit etwas Suppe aufgießen und im Mixer pürieren. Rindsuppe erhitzen und das Knoblauchpüree einrühren. Aus der Butter und dem Mehl eine helle Einmach zubereiten, mit der Suppe aufgießen und kurz aufkochen lassen. Mit dem Wein, Salz und Pfeffer abschmecken, vor dem Servieren den Schnittlauch, als Einlage, in die Suppe geben.

Knoblauchcremesuppe

5 Knoblauchzehen
1 Zwiebel
2 EL Mehl
2 EL Margarine
1/2 l Rindsuppe
1/2 l Milch
1/16 l Obers
1/2 Bund Petersilie
Pfeffer
Salz

Zubereitungszeit: 40 Minuten

Knoblauchzehen schälen, feinblättrig schneiden, Zwiebel schälen und klein hacken. Petersilie waschen und fein hacken. Die Butter in einem Topf erhitzen, Zwiebel darin kurz anschwitzen, dann den Knoblauch dazugeben und kurz mitrösten. Mit Mehl stauben, mit Milch aufgießen und kurz leicht kochen lassen. Die Hälfte der Suppe beigeben und alles im Mixer pürieren. Dann die restliche Suppe und die Gewürze einrühren, nochmals aufkochen und mit dem Obers verfeinern. Vor dem Servieren mit der gehackten Petersilie garnieren.

Kohlcremesuppe

300 g Kohl
100 g Champignons
1 Zwiebel
3/4 l Rindsuppe
1/4 l Sauerrahm
2 EL Butter
2 EL Mehl
5 Knoblauchzehen
1 EL gehackte Kräuter (Petersilie, Schnittlauch, Dille etc.)
Essig
Pfeffer
Salz

Zubereitungszeit: 45 Minuten

Beim Kohl den Strunk ausschneiden, Blätter feinnudelig schneiden, die Zwiebel schälen, fein hacken, Knoblauchzehen schälen und pressen. Die Champignons putzen, kurz waschen und in Scheiben schneiden. Die Butter erhitzen, Kohl, Champignons und Zwiebel kurz anschwitzen, mit der Suppe aufgießen und 10 Minuten leicht kochen lassen. Sauerrahm mit dem Mehl versprudeln, in die Suppe einfließen lassen, dann aufkochen. Zuletzt wird die Suppe mit dem gepressten Knoblauch, etwas Essig, Salz und Pfeffer gewürzt. Vor dem Servieren mit den gehackten Kräutern garnieren.

Foto: Foto Liesl Biber

Rindsuppe

(siehe Rezept Seite 21)

Foto: Foto Liesl Biber

Zwiebelsuppe

(siehe Rezept Seite 25)

Foto: GUSTO / Eisenhut & Mayer

Brennnesselsuppe

(siehe Rezept Seite 30)

Foto: Foto Liesl Biber

Fischbeuschelsuppe

(siehe Rezept Seite 37)

Foto: GUSTO / Trizeps

Gulaschsuppe

(siehe Rezept Seite 41)

Foto: Foto Liesl Biber

Gurkensuppe

(siehe Rezept Seite 42)

Foto: Foto Liesl Biber

Karottensuppe

(siehe Rezept Seite 46)

Foto: Foto Liesl Biber

Käsesuppe

(siehe Rezept Seite 46)

Kohlrabicremesuppe

2 Kohlrabiknollen
2 Jungzwiebeln
1 Gemüsezwiebel
20 g Speisestärke
30 g Öl
1 l Hühnersuppe
1/4 l Obers
2 Dotter
Muskatnuss
Pfeffer
Salz

Zubereitungszeit: 40 Minuten

Die Gemüsezwiebel schälen, fein hacken, die Jungzwiebeln putzen, waschen und in feine Ringe schneiden. Kohlrabi schälen, waschen, kleinwürfelig schneiden. Dotter mit dem Obers gut verrühren und mit der Muskatnuss würzen. Das Öl in einem Topf erhitzen, Jung- und Gemüsezwiebeln anschwitzen lassen, Kohlrabiwürfel dazugeben, kurz mitrösten, mit der Speisestärke stauben. Gut durchrühren, mit der Hühnersuppe aufgießen, mit Pfeffer und Salz würzen, alles kochen lassen, bis der Kohlrabi weich ist, das dauert ungefähr 20–25 Minuten. Suppe dann im Mixer fein pürieren, nochmals aufkochen. Topf vom Herd nehmen und das Obers-Dotter-Gemisch einfließen lassen, umrühren. Vor dem Servieren wird die Suppe mit dem fein geschnittenen Jungzwiebelgrün garniert.

Tipp: Haben Sie die Suppe mit dem Obers-Dotter-Gemisch legiert, darf sie nicht mehr kochen, sonst flocken die Dotter aus.

Kohlrabischaumsuppe

2–3 Kohlrabi
1/2 l Rindsuppe
1/16 l Obers
50 g Butter
Pfeffer
Salz

Zubereitungszeit: 30 Minuten

Kohlrabi schälen, waschen und kleinwürfelig schneiden. Die Butter erhitzen, Kohlrabiwürfel darin kurz durchrösten, mit Suppe und Obers aufgießen, mit Salz und Pfeffer würzen, bei geringer Hitze 20 Minuten kochen lassen. Anschließend die Suppe mit dem Stabmixer pürieren und sofort anrichten.

Kohlsprossensuppe

400 g Kohlsprossen
150 g Hamburger Speck
1 Zwiebel
3/4 l Rindsuppe
4 EL Butter
4 EL Mehl
6 EL Obers
1 Bund Petersilie
2 Knoblauchzehen
1 TL Kümmel
Pfeffer
Salz

Zubereitungszeit: 30 Minuten

Zwiebel und Knoblauchzehen schälen, fein hacken, Kohlsprossen putzen, waschen, größere Sprossen halbieren. Petersilie waschen und feinst hacken. Vom Speck die Schwarte abschneiden und diesen sodann kleinwürfelig schneiden. In einem Topf Speck anrösten, Zwiebel dazugeben und mitrösten, dann die Kohlsprossen, Kümmel, Petersilie und Knoblauch beifügen und kurz anschwitzen lassen. Mit der Rindsuppe aufgießen und 20 Minuten alles weich kochen. In dieser Zeit aus dem Mehl und der Butter eine helle Einmach zubereiten, nach Ende der Kochzeit die Kohlsprossensuppe damit binden. Den Topf vom Herd nehmen, das Obers einrühren und die Suppe mit Salz und Pfeffer abschmecken.

Tipp: Speck können Sie ganz leicht schneiden, wenn Sie vorher das Messer in heißes Wasser eintauchen.

Krautsuppe

1 Kopf Weißkraut
1 Zwiebel
100 g Selchspeck
3 Zehen Knoblauch
1 EL Paprika
2 EL Schmalz
1 l Rindsuppe
1 Lorbeerblatt
1 TL Majoran
1/2 TL Kümmel
etwas Essig
Pfeffer
Salz

Zubereitungszeit: 1 Stunde

Zwiebel und Knoblauch schälen, fein schneiden, den Speck in kleine Würfel schneiden. Die äußeren Blätter des Krautes entfernen und in kurze Streifen schneiden. Das Schmalz erhitzen, den Speck dazugeben und gut durchrösten, dann die Zwiebel beigeben und anschwitzen lassen. Nun den Knoblauch, Kraut und Majoran in den Topf geben, alles gut durchrühren und bei mittlerer Hitze 10 Minuten dünsten. Den Topf vom Herd nehmen, überkühlen lassen, Essig und Paprikapulver einrühren, wieder auf das Feuer stellen und mit der Rindsuppe aufgießen. Nach dem ersten Aufkochen mit Lorbeerblatt, Kümmel, Pfeffer und Salz würzen, bei geringer Hitze 30 Minuten leicht kochen lassen. Vor dem Servieren nochmals abschmecken.

Kräuterschaumsuppe

1/2 l Rindsuppe
1/4 l Obers
200 g Zwiebeln
2 EL Butter
1 Bund Kerbel
1 Bund Dille
1 Bund Petersilie
1 Bund Basilikum
1/2 Knoblauchzehe
1/2 KL Mehl
Pfeffer
Salz

Zubereitungszeit: 30 Minuten

Zwiebeln schälen, fein schneiden, Knoblauch schälen und pressen. Die Kräuter waschen, fein hacken. Butter erhitzen, Knoblauch und Zwiebel kurz anschwitzen lassen, mit dem Mehl stauben und mit der Suppe und dem Obers aufgießen. Lassen Sie nun die Suppe 10 Minuten leicht kochen. Kurz vor dem Ende der Kochzeit die frischen, gehackten Kräuter einrühren. Vor dem Servieren die Suppe mit dem Stabmixer schaumig aufschlagen, mit Salz und Pfeffer abschmecken.

Tipp: Haben Sie einmal keine frischen Kräuter zur Hand, können Sie natürlich auch tiefgekühlte verwenden. Frische Kräuter sollten Sie immer auf einem befeuchteten Holzbrett hacken, so gehen die Aromastoffe nicht verloren.

Krensuppe

2 Zwiebeln
2 EL Butter
3/4 l Hühnersuppe
1/4 l Weißwein
3 EL gerissener Kren
1/8 l Crème fraîche
1 Prise Zucker
Pfeffer
Salz

Zubereitungszeit: 35 Minuten

Zwiebeln schälen, fein hacken, die Butter in einem Topf erhitzen, Zwiebeln darin kurz anschwitzen lassen. Den Zucker dazugeben und kurz mitrösten, mit dem Weißwein ablöschen und mit der Suppe aufgießen. Bei geringer Hitze die Suppe 15 Minuten kochen, dann den Topf vom Herd nehmen, den Kren beifügen und zugedeckt 10 Minuten ziehen lassen. Anschließend die Suppe durch ein feines Sieb gießen, Crème fraîche einrühren und mit dem Stabmixer aufschlagen, mit Pfeffer und Salz abschmecken und sofort servieren.

Tipp: Haben Sie den Kren in die Suppe gegeben, darf sie nicht mehr aufkochen.

Kressegemüsesuppe

1 l Hühnersuppe
250 g Karotten
150 g Sellerie
150 g Petersilienwurzel
1 Stange Lauch
1/8 l Schlagobers
1–2 Beete Kresse
Pfeffer
Salz

Zubereitungszeit: 45 Minuten

Karotten putzen, waschen, in Scheiben schneiden, Sellerie und Petersilienwurzel putzen, waschen, grob schneiden, Lauch putzen, in Ringe schneiden. Schlagobers steif schlagen. Hühnersuppe erhitzen, Gemüse darin 30 Minuten kochen, mit etwas Suppe fein pürieren, durch ein feines Sieb streichen. Das Gemüsepüree mit restlicher Suppe aufgießen, erhitzen, Topf vom Herd nehmen, mit Salz und Pfeffer würzen. Kresse locker unter das Schlagobers ziehen, in die Suppe einrühren, sofort servieren.

Kümmelsuppe

1 1/4 l Rindsuppe
3 EL Butter
40 g Mehl
1/2 EL Kümmel
1 Karotte
50 g Sellerie
1 Ei
1 TL gehackte Petersilie
Salz

Zubereitungszeit: 25 Minuten

Karotte und Sellerie putzen, waschen und feinnudelig schneiden. Aus der Butter und dem Mehl eine goldbraune Einmach zubereiten, mit der Suppe aufgießen, die geschnittene Karotte und Sellerie darin nicht zu weich kochen. Mit Kümmel und Salz abschmecken, das verquirlte Ei in die kochende Suppe einrühren und diese mit Petersilie bestreut servieren.

Kürbissuppe

500 g Kürbis
2 EL Margarine
2 EL Zucker
2 Zwiebeln
1 1/4 l Rindsuppe
1/8 l Weißwein
1/8 l Schlagobers
Pfeffer
Kürbiskernöl
Salz

Zubereitungszeit: 50 Minuten

Zwiebeln schälen, in feine Ringe schneiden, Kürbis schälen, aushöhlen, feinblättrig schneiden, die Hälfte des Obers steif schlagen. Margarine erhitzen, Zucker darin karamellisieren, aber darauf achten, dass er nicht zu braun wird. Zwiebeln dazugeben, anschwitzen, den geschnittenen Kürbis in den Topf geben, andünsten, würzen. Alles mit Wein ablöschen und Rindsuppe aufgießen, die Suppe 20 Minuten kochen. Ist der Kürbis weich, Suppe mit dem Mixer pürieren, mit nicht geschlagenem Obers binden. Kurz vor dem Servieren mit Salz und Pfeffer abschmecken, geschlagenes Obers vorsichtig unterheben, mit Kürbiskernöl beträufeln.

Kürbiscremesuppe

1 kg Kürbis
1 l Rindsuppe
2 Paradeiser
2 Zwiebeln
2 Knoblauchzehen
50 g Butter
1/4 l Crème fraîche
1 TL Paprikapulver
Kümmel
Pfeffer
Salz

Zubereitungszeit: 45 Minuten

Zwiebeln schälen, fein schneiden, Knoblauch schälen und pressen. Die Paradeiser kurz in kochendes Wasser legen, mit kaltem Wasser abschrecken, schälen, entkernen und grob schneiden. Den Kürbis vierteln, die Kerne entfernen, schälen, in grobe Stücke schneiden. Die Butter in einem Topf erhitzen, die Zwiebeln kurz anschwitzen, dann das Kürbisfleisch einlegen, bei geringer Hitze weich dünsten. Ist der Kürbis weich, Paradeiser, Gewürze und Knoblauch einrühren und mit der Rindsuppe aufgießen. Aufkochen lassen, anschließend im Mixer fein pürieren und die Crème fraîche ebenfalls einmixen, sehr heiß servieren.

Kürbisrahmsuppe

1 kg Kürbis
1 Zwiebel
1 Karotte
1 Erdapfel
1 EL Öl
1/2 TL Muskatnuss
1 Messerspitze Korianderpulver
1/2 l Gemüsebouillon
2 EL Zitronensaft
1/8 l Sauerrahm
1 Bund Dille
Pfeffer
Salz

Zubereitungszeit: 45 Minuten

Zwiebel schälen, klein schneiden, Karotte und Erdapfel schälen, waschen und ebenfalls klein schneiden. Kürbis schälen, vierteln, entkernen und in kleine Stücke schneiden. Die Dille waschen und klein hacken. Das Öl erhitzen, Gewürze darin kurz anrösten, Zwiebel dazugeben und glasig anschwitzen. Kürbis, Karotte und Erdapfel in den Topf geben, umrühren, mit geschlossenem Deckel 20 Minuten weich dünsten. Dann die Gemüsebouillon aufgießen, Suppe mit Salz und Pfeffer abschmecken und nochmals 15 Minuten leicht kochen lassen. Sodann die Suppe mit dem Mixer pürieren und den Sauerrahm unterheben. Vor dem Anrichten die Suppe mit der gehackten Dille bestreuen.

Lauchsuppe mit Erdäpfeln

1 l Rindsuppe
200 g Erdäpfel
120 g Lauch
1 Zwiebel
40 g Butter
1/16 l Weißwein
Muskatnuss
Pfeffer
Salz

Zubereitungszeit: 30 Minuten

Zwiebel schälen, kleinwürfelig schneiden, Lauch putzen, feinnudelig schneiden, die Erdäpfel schälen, waschen und in kleine Würfel schneiden. Die Butter erhitzen, Lauch, Erdäpfel und Zwiebel anschwitzen lassen, mit dem Weißwein ablöschen und der Rindsuppe aufgießen. Suppe mit Muskatnuss, Pfeffer und Salz würzen, so lange kochen lassen, bis die Erdäpfel kernig weich sind.

Linsensuppe

300 g Linsen
1 Speckschwarte
1 l Rindsuppe
1 Zwiebel
1 Knoblauchzehe
100 g Selchspeck
1 EL Butter
1 EL Mehl
1/8 l Weißwein
Kümmel
Majoran
Salz

Zubereitungszeit: 50 Minuten (ohne Einweichzeit für die Linsen)

Die Linsen werden über Nacht eingeweicht. Zwiebel schälen, klein hacken, Knoblauchzehe schälen, pressen, den Selchspeck würfeln. Die eingeweichten Linsen werden mit der Speckschwarte und dem Kümmel in der Rindsuppe weich gekocht. Während dieser Zeit Butter erhitzen, Speckwürfel darin zerlassen, die klein gehackte Zwiebel und den Knoblauch darin anrösten, Majoran, Kümmel und Mehl dazugeben und mitrösten. Sind die Linsen weich, geben Sie den gerösteten Speck, Zwiebel und Gewürze in die Suppe, lassen alles nochmals kurz kochen, vor dem Anrichten mit dem Weißwein und Salz abschmecken.

Linsenpüreesuppe

1 l Rindsuppe
200 g Linsen
1 Zwiebel
50 g Selchspeck
1 Lorbeerblatt
1 Zweig Thymian
1/2 Bund Petersilie
Schale einer halben Zitrone
20 g Mehl
Essig
Zucker
Pfeffer
Salz

Zubereitungszeit: 50 Minuten (ohne Einweichzeit der Linsen)

Linsen über Nacht einweichen, abseihen. Zwiebel schälen, fein hacken, Selchspeck kleinwürfelig schneiden, Petersilie waschen, grob hacken. Die Linsen in der Rindsuppe, mit dem Lorbeerblatt, Thymian, Petersilie und Zitronenschale weich kochen. In dieser Zeit den gewürfelten Speck mit der gehackten Zwiebel anschwitzen lassen, mit dem Mehl stauben und goldbraun rösten. Dann mit der Linsensuppe aufgießen, mit Salz und Pfeffer würzen und nochmals 30 Minuten kochen. Suppe im Mixer pürieren, vor dem Servieren mit Essig, Zitronensaft und etwas Zucker abschmecken.

Mehlsuppe

40 g Butter
50 g Maismehl
1 1/4 l kalte Rindsuppe
3 EL Obers
1 EL Kümmel
Pfeffer
Salz

Zubereitungszeit: 35 Minuten

Die Butter in einem Topf erhitzen, mit dem Maismehl stauben und hell anrösten. Etwas überkühlen lassen, die kalte Rindsuppe unter Rühren langsam einfließen lassen. Aufkochen lassen, mit Salz, Pfeffer und Kümmel würzen und bei geringer Hitze 30 Minuten kochen. Öfters mit dem Kochlöffel durchrühren. Vor dem Servieren mit dem Obers verfeinern.

Tipp: Anstelle des Obers können Sie die Suppe auch mit Weiß- oder Rotwein verfeinern.

Mostsuppe

3/8 l Most
1/2 l Rindsuppe
2 Dotter
1/8 l Obers
Pfeffer
Salz
1 Karotte
1/2 Sellerieknolle

Karotten und Sellerie putzen, waschen und grob würfeln. Karotten und Sellerie in Most und Wasser weich dünsten, als Einlage für die Suppe verwenden. Most und Rindsuppe in einem Topf aufkochen, Dotter mit dem Obers versprudeln, Suppe vom Herd nehmen, das Obers-Dotter-Gemisch in die Suppe einrühren. Vor dem Anrichten das

1/8 l Most
1/8 l Wasser
1 EL gehackte Petersilie

Zubereitungszeit: 20 Minuten

Gemüse in die Suppe einlegen und mit der Petersilie garnieren, mit Salz und Pfeffer abschmecken.

Tipp: Haben Sie die Obers-Dotter-Mischung in die Suppe gegeben, darf diese nicht mehr kochen.

Panadelsuppe

1 l Rindsuppe
5 Semmeln
2 Eier
2 EL gehackter Liebstöckel
Salz

Zubereitungszeit: 25 Minuten

Die Semmeln werden entrindet und dünnblättrig geschnitten. Die Rindsuppe erhitzen, die Semmelschnitten mit der kochenden Suppe aufgießen, gut verkochen lassen. Mit dem Schneebesen immer wieder die Semmeln gut aufschlagen. Eier mit etwas Wasser und Salz versprudeln und in die kochende Suppe einlaufen lassen. Die Suppe vor dem Servieren nochmals mit dem Schneebesen gut versprudeln, mit dem gehackten Liebstöckel verfeinern.

Paprikacremesuppe

3/4 l Gemüsesuppe
4 rote Paprika
4 Fleischparadeiser
2 EL Butter
1 KL Paprikapulver
1/8 l Schlagobers
Pfeffer
Prise Zucker
Salz

Zubereitungszeit: 30 Minuten

Paprika waschen, kleinwürfelig schneiden, Paradeiser waschen, in grobe Würfel schneiden, Schlagobers halb steif schlagen. Butter in einem Topf erhitzen, Paprikawürfel darin kurz anrösten, mit dem Paprikapulver würzen und sofort mit der Suppe aufgießen. Paradeiswürfel ebenso in die Suppe geben und alles 20 Minuten leicht kochen lassen. Nach Ende der Kochzeit wird die Suppe püriert, durch ein Sieb gestrichen, mit Salz, Pfeffer und Zucker gewürzt und nochmals abgeschmeckt. Vor dem Servieren die Suppe kurz aufkochen lassen und dann das geschlagene Obers unterziehen.

Paradeissuppe

1 kg Paradeiser
1 Zwiebel
2 EL Butter
2 EL Mehl
1 l Rindsuppe
Zucker
Salz

Zubereitungszeit: 35 Minuten

Die Zwiebel schälen, fein hacken, die Paradeiser kurz in kochendes Wasser legen, mit kaltem Wasser abschrecken, schälen und kleinwürfelig schneiden. Die Butter erhitzen, Zwiebel darin anschwitzen, mit dem Mehl stauben, goldgelb anrösten. Mit der Rindsuppe aufgießen, 10 Minuten kochen lassen, dann die Paradeiswürfel dazugeben und weitere 10 Minuten kochen. Sodann die Suppe pürieren, mit dem Zucker und dem Salz würzen.

Tipp: Da in der Schale der Paradeiser viel Säure gespeichert ist, welche beim Kochen frei wird, dürfen Sie für die Paradeissuppe nur geschälte Früchte verwenden. Möchten Sie diese köstliche Suppe im Winter zubereiten, nehmen Sie Paradeiser aus der Dose.

Petersilsuppe

3 Bund Petersilie
3/4 l Rindsuppe
3 EL Butter
1 Zwiebel
Muskatnuss
Pfeffer
Salz

Zubereitungszeit: 25 Minuten

Zwiebel schälen, in feine Ringe schneiden, die Petersilie waschen und fein hacken. 1 EL Butter erhitzen, Zwiebel darin anrösten, gehackte Petersilie dazugeben, bei geringer Hitze kurz mitdünsten, dann mit der Rindsuppe aufgießen und 10 Minuten leicht kochen lassen. Nach Ende der Kochzeit 2 EL kalte Butter einrühren und die Suppe mit dem Pürierstab aufmixen. Vor dem Anrichten mit Muskatnuss, Pfeffer und Salz abschmecken.

Polentasuppe

100 g Polenta
1 l Rindsuppe
1/2 Bund Petersilie
40 g Butter
100 g Maiskörner aus der Dose
Pfeffer
Salz

Zubereitungszeit: 40 Minuten

Petersilie waschen, fein hacken, die Maiskörner mit kaltem Wasser abspülen und abtropfen lassen. Butter in einem Topf erhitzen, Polenta kurz anschwitzen, ohne dass der Grieß Farbe nimmt, mit der Rindsuppe aufgießen, bei geringer Hitze 30 Minuten kochen. Nach Ende der Kochzeit die Suppe mit Pfeffer und Salz abschmecken, die Maiskörner und die gehackte Petersilie beifügen, umrühren und sofort servieren.

Porreesuppe

500 g Porree
250 g Erdäpfel
1 l Rindsuppe
80 g Butter
50 g Mehl
Pfeffer
Salz

Zubereitungszeit: 40 Minuten

Porree putzen, waschen und fein schneiden, die Erdäpfel schälen, waschen, kleinwürfelig schneiden. Die Rindsuppe erhitzen, den fein geschnittenen Porree halb gar kochen, dann die Erdäpfelwürfel beigeben und so lange kochen, bis alles weich ist. Die Butter erhitzen, das Mehl darin anrösten, mit etwas Suppe aufgießen. Mit der Einmach die Porreesuppe binden, vor dem Anrichten mit Pfeffer und Salz abschmecken.

Radieschencremesuppe

1 Bund Radieschen
2 Erdäpfel
1 Karotte
1 Zwiebel
1 Knoblauchzehe
1 EL Butter
1/2 l klare Gemüsesuppe
1/4 l Obers
Muskatnuss
Pfeffer
Salz

Zwiebel und Knoblauch schälen, fein hacken, die Karotten und die Erdäpfel schälen, waschen, kleinwürfelig schneiden. Radieschen waschen, Blätter abschneiden und feinnudelig schneiden, die Radieschen in kleine Würfel schneiden. Die Karottenwürfel werden nun kurz in Salzwasser blanchiert. Die Butter erhitzen, Zwiebel, Knoblauch und Erdäpfelwürfel anschwitzen lassen, mit der Gemüsesuppe und dem Obers aufgießen, die Radieschenblätter dazugeben. So

Zubereitungszeit: 40 Minuten

lange kochen, bis die Erdäpfelwürfel weich sind, dann die Suppe mit dem Mixer pürieren, mit Muskatnuss, Salz und Pfeffer abschmecken, die Karotten- und Radieschenwürfel beigeben und nochmals ein paar Minuten kochen lassen.

Rahmsuppe

1/2 l Sauerrahm
3/4 l Rindsuppe
3 EL Mehl
300 g Erdäpfel
1 EL gehackte Petersilie
1 TL Kümmel
Essig
Pfeffer
Salz

Zubereitungszeit: 40 Minuten

Die Erdäpfel schälen, waschen und in 1 cm große Würfel schneiden, in leicht gesalzenem Wasser bissfest kochen. Dann abseihen, abschrecken und gut abtropfen lassen. Den Sauerrahm mit dem Mehl und 1/8 l kalter Suppe glatt rühren. Die restliche Suppe mit etwas Essig, Kümmel, Pfeffer und Salz würzen, aufkochen lassen. Den Rahm einrühren, nochmals aufkochen und dann die gekochten Erdäpfelwürfel einlegen. Vor dem Servieren mit der gehackten Petersilie bestreuen.

Rehgulaschsuppe

500 g Rehfleisch
2 Zwiebeln
1 Bund Suppengrün
1 l Rindsuppe
80 g Hamburger Speck
1 EL Öl
1 EL Mehl
1/4 l Rotwein
1 Knoblauchzehe
1 EL Paprikapulver
1 Lorbeerblatt
5 Wacholderbeeren
4 EL Crème fraîche
1 TL Preiselbeeren
Pfeffer
Salz

Zubereitungszeit: 1 Stunde 15 Minuten

Die Zwiebeln schälen, kleinwürfelig schneiden, Knoblauch schälen und pressen. Suppengrün putzen, waschen, klein schneiden, den Speck ebenfalls kleinwürfelig schneiden. Das Rehfleisch zuputzen und in 1 cm große Würfel schneiden. In einem Topf das Öl erhitzen, die Zwiebel dazugeben und anschwitzen, dann das Suppengrün und die Speckwürfel beifügen und mitrösten. Ist alles gelb angeröstet, das Mehl und den Paprika unterrühren, mit der Suppe und etwas Rotwein ablöschen. Geben Sie nun das Rehfleisch, die Gewürze und den Knoblauch in die Suppe, lassen Sie alles, bei geringer Hitze, 30 Minuten kochen. Kurz vor Ende der Kochzeit den restlichen Rotwein in die Suppe geben und alles gut durchkochen. Ist die Suppe fertig, in warme Suppentassen füllen und mit Crème fraîche und Preiselbeeren garnieren.

Rieslingsuppe

1/4 l trockener Riesling
10 Gewürznelken
1 Zimtstange
1 l Rindsuppe
1/2 l Schlagobers
4 EL Butter
Pfeffer
Salz

Zubereitungszeit: 30 Minuten

Den Wein mit dem Zimt und den Nelken aufkochen, bei geringer Hitze 5 Minuten kochen. Dann mit der Rindsuppe aufgießen, nochmals 5 Minuten kochen, zuletzt das Schlagobers einfließen lassen. Die fertige Suppe durch ein feines Sieb abseihen, die kalte Butter mit dem Stabmixer einrühren. Mit Pfeffer und Salz abschmecken, vor dem Servieren wird die Suppe schaumig aufgemixt.

Rollgerstlsuppe

1 l Selchsuppe
150 g Rollgerste
100 g Sellerie
1 Zwiebel
1 Karotte
1 Bund Petersilie
1 Blatt Salbei
1 EL Butter
150 g mageres Selchfleisch
etwas Essig
Pfeffer
Salz

Zubereitungszeit: 40 Minuten (ohne Einweichzeit)

Die Rollgerste wird am Vortag in kaltem Wasser eingeweicht, vor dem Kochen gut abtropfen lassen. Die Zwiebel schälen, klein schneiden, Sellerie und Karotte putzen, waschen, kleinwürfelig schneiden. Petersilie waschen und klein hacken, das Selchfleisch kleinwürfelig schneiden. Butter erhitzen, Zwiebel darin anschwitzen, die Karotten- und Selleriewürfel mitdünsten, dann die abgetropfte Rollgerste beifügen und mit der Suppe aufgießen. Die Suppe mit Salz, Pfeffer und Essig würzen und alles weich kochen lassen. Kurz vor Ende der Garzeit das geschnittene Selchfleisch und die Petersilie in die Suppe geben und kurz ziehen lassen.

Rotkrautsuppe

250 g tiefgekühltes Rotkraut
50 g Butter
40 g Mehl
1/2 Zwiebel
3/4 l Hühnersuppe
2 Gewürznelken
1 Stange Zimt
1/4 l Schlagobers
Thymian
Pfeffer
Salz

Zubereitungszeit: 20 Minuten (ohne Auftauzeit)

Zwiebel schälen, klein hacken. Die Butter erhitzen, das Mehl darin anschwitzen lassen, die Zwiebel kurz mitrösten, dann mit der Suppe aufgießen und alles mit einem Schneebesen gut verrühren und 3 Minuten bei mittlerer Hitze kochen, dabei ständig umrühren. Vom aufgetauten Rotkraut 2–3 EL beiseite legen, das restliche Kraut mit dem Zimt und den Nelken in die Suppe einlegen. Die Suppe 4 Minuten kochen lassen, dann das Obers dazugeben und nochmals aufkochen. Die Gewürze nun entfernen, die Suppe mit dem Mixer pürieren und durch ein feines Sieb streichen. Legen Sie nun das reservierte Rotkraut, als Einlage, in die Suppe, erwärmen Sie diese nochmals und würzen mit Pfeffer, Salz und Thymian.

Tipp: Um die Zimtstange und die Nelken mühelos aus der Suppe entfernen zu können, füllen Sie sie in ein Tee-Ei, das Sie mitkochen.

Rote-Rüben-Suppe

1/2 kg Rote Rüben
1 l Rindsuppe
1/8 l Obers
1 Lorbeerblatt
1 TL Kümmel
etwas Essig
Zitronensaft
Pfeffer
Salz

Zubereitungszeit: 1 Stunde 30 Minuten

Die Roten Rüben werden gewaschen, dann in 1 l Salzwasser, gewürzt mit Kümmel, Lorbeerblatt und dem Essig, eine 3/4 Stunde weich gekocht. Heben Sie dann die Rüben aus dem Wasser, schrecken sie ab und schälen sie. Das Fruchtfleisch kleinwürfelig schneiden, mit 1/4 l Suppe verrühren und mit dem Mixer fein pürieren. Die Roten Rüben mit dem Obers und der restlichen Suppe aufgießen und aufkochen lassen. Würzen Sie nun die Suppe mit wenig Zitronensaft, Pfeffer und Salz, vor dem Servieren schlagen Sie die Suppe nochmals mit dem Stabmixer auf.

Sauerampfersuppe

200 g Sauerampfer
20 g Mehl
50 g Butter
3/4 l Rindsuppe
1/8 l Obers
2 Dotter
Muskatnuss
Pfeffer
Salz

Zubereitungszeit: 25 Minuten

Sauerampfer waschen, Blätter sorgfältig abzupfen und klein hacken. Die Butter in einem Topf erhitzen, Sauerampfer dazugeben, mit dem Mehl stauben, alles 2 Minuten dünsten lassen, dann mit der Rindsuppe aufgießen und mit Pfeffer und Muskatnuss würzen. Die Suppe aufkochen, dabei ständig umrühren, dann bei geringer Hitze 10 Minuten kochen lassen. In der Zwischenzeit das Obers mit den Dottern gut verquirlen, nach Ende der Kochzeit den Topf vom Herd nehmen und das Obers-Dotter-Gemisch einrühren, vor dem Servieren nochmals abschmecken.

Sauerkrautsuppe

500 g Sauerkraut
80 g Speck
1 Zwiebel
1 l Rindsuppe
1 TL Paprikapulver
1/8 l Sauerrahm
Pfeffer
Salz

Zubereitungszeit: 1 Stunde 15 Minuten

Zwiebel schälen, kleinwürfelig schneiden, den Speck ebenfalls in kleine Würfel schneiden. Den Speck und die Zwiebel in einem Topf anrösten, dann vom Herd nehmen, mit dem Paprikapulver stauben, umrühren und das klein geschnittene Sauerkraut beifügen. Mit der Suppe aufgießen und 1 Stunde kochen lassen. Am Ende der Kochzeit den versprudelten Sauerrahm einrühren und die Suppe mit Salz und Pfeffer abschmecken.

Tipp: Um diese Suppe zu verfeinern, können Sie auch geschnittenes Selchfleisch oder Schinken mitkochen.

Saure Suppe

1/2 l Wasser
1 TL Salz
1 TL Kümmel
2 EL Mehl
3 EL Sauerrahm
1/2 l Buttermilch
etwas Essig
Salz

Zubereitungszeit: 25 Minuten

Das Mehl mit etwas kaltem Wasser abrühren, die Buttermilch mit dem Sauerrahm gut versprudeln. Das Salzwasser mit dem Kümmel aufkochen, die Mehl-Wasser-Mischung einrühren und gut verkochen lassen. Nun die versprudelte Buttermilch und den Essig in die Suppe einrühren, nur mehr wärmen und nicht mehr kochen lassen. Vor dem Anrichten nochmals mit Salz abschmecken.

Schilchersuppe

3/4 l Rindsuppe
1/8 l Schilcher oder ein anderer Rosé-Wein
40 g Butter
40 g Mehl
2 EL Obers
2 Dotter
1 EL Zucker
Muskatnuss
Zimt
Salz

Zubereitungszeit: 20 Minuten

Die Dotter mit dem Obers sehr gut versprudeln, Die Butter in einem Topf erhitzen, das Mehl darin kurz aufschäumen lassen und mit der Suppe aufgießen. Die Suppe 10 Minuten kochen, den Wein mit dem Zucker so lange verrühren, bis dieser sich aufgelöst hat. Nach Ende der Kochzeit den Wein in die Suppe einrühren, den Topf vom Herd nehmen. Mit dem Obers und Dotter die Suppe binden, vor dem Anrichten mit Salz und Zimt würzen und sofort servieren.

Schinkencremesuppe

1/2 l Milch
50 g Mehl
100 g Speck
150 g Schinken
1/8 l Milch
1/2 l Rindsuppe
1/8 l Obers
1 Bund Schnittlauch
Paprika
Pfeffer
Salz

Zubereitungszeit: 35 Minuten

Den Schnittlauch waschen und fein schneiden, den Schinken klein schneiden und mit 1/8 l Milch im Mixer fein pürieren. Den Speck kleinwürfelig schneiden, in einem Topf auslassen, das Mehl dazugeben und alles hell anrösten. Mit der Milch aufgießen und zu einer dickeren Einmach einkochen lassen. Das Schinkenpüree und die Suppe in die Einmach einrühren und mit dem Schneebesen gut aufschlagen, Gewürze und das Obers dazugeben, umrühren, vor dem Anrichten die Suppe mit dem Schnittlauch bestreuen.

Schwammerlsuppe

3/4 l Rindsuppe
250 g Champignons
3 EL Butter
3 EL Mehl
1 kleine Zwiebel
1 Bund Petersilie
Zitronensaft
Pfeffer
Salz

Zubereitungszeit: 30 Minuten

Zwiebel schälen, fein hacken, Petersilie waschen und ebenfalls klein hacken. Die Champignons putzen, sparsam waschen, feinblättrig schneiden. In einem Topf 2 EL Butter erhitzen, das Mehl einrühren und eine helle Einmach zubereiten, mit der Rindsuppe aufgießen und alles gut verkochen lassen. In der Zwischenzeit 1 EL Butter in einer Pfanne erhitzen, Zwiebel und Petersilie anschwitzen, Champignons dazugeben und weich dünsten, mit Salz, Pfeffer und Zitronensaft würzen. Sind die Schwammerl fertig gedünstet, in die Suppe geben, abschmecken und nochmals kurz kochen.

Schwarzbrotsuppe

1 l Rindsuppe
4 Scheiben Schwarzbrot
4 Erdäpfel
1 Zwiebel
60 g Butter
150 g Schinken
1 Bund Schnittlauch
Pfeffer
Salz

Zubereitungszeit: 35 Minuten

Zwiebel schälen, klein hacken, die Erdäpfel schälen, waschen, in kleine Würfel schneiden. Das Schwarzbrot kleinwürfelig schneiden, den Schnittlauch waschen, in feine Röllchen schneiden. Butter erhitzen, Schwarzbrot und Zwiebel darin anrösten, mit der Suppe aufgießen und die Erdäpfelwürfel dazugeben. Suppe so lange kochen, bis die Erdäpfel weich sind, Schinkenwürfel beifügen und nochmals kurz kochen lassen. Vor dem Servieren mit Pfeffer und Salz abschmecken, mit dem Schnittlauch bestreuen.

Tipp: Mit dieser Suppe können Sie Ihre Brotreste sehr gut verwerten.

Schwarzwurzelcremesuppe

300 g Schwarzwurzeln
1/2 Zwiebel
40 g Butter
1/2 l Gemüsesuppe
1/4 l Obers
4 TL Sauerrahm
Kerbelblätter
Pfeffer
Salz

Zubereitungszeit: 40 Minuten

Zwiebel schälen, fein hacken, die Schwarzwurzeln waschen, schälen, in dünne Scheiben schneiden. Die Butter erhitzen, Zwiebel und Schwarzwurzeln kurz andünsten lassen, mit der Gemüsesuppe aufgießen und 20 Minuten leicht kochen. Mit Salz und Pfeffer würzen, das Obers dazugeben und die Suppe im Mixer fein pürieren. Vor dem Servieren den Sauerrahm unterrühren und mit den Kerbelblättern bestreuen.

Tipp: Zum Putzen der Schwarzwurzeln ziehen Sie am besten Gummihandschuhe an, bürsten Sie die Wurzeln unter fließendem Wasser kräftig ab, und schälen Sie sie anschließend mit einem Spargelschäler, ebenfalls unter fließendem Wasser. Dann nochmals gründlich abspülen und in Stücke schneiden.

Selleriecremesuppe

1 l Rindsuppe
1 Sellerieknolle
Saft einer halben Zitrone
30 g Butter
2 gekochte Dotter
Pfeffer
Salz

Zubereitungszeit: 40 Minuten

Die Sellerieknolle schälen, waschen, blättrig schneiden. Sodann in der Rindsuppe unter Zugabe des Zitronensaftes weich kochen. Die Suppe im Mixer pürieren, die kalte Butter gut unterrühren. Vor dem Servieren die gekochten Dotter sehr klein hacken und in die Suppe einrühren, mit Salz und Pfeffer abschmecken.

Spargelcremesuppe

500 g weißer Spargel
1 l Wasser
1 TL Zucker
1 TL Salz
40 g Mehl
50 g Butter
1 Dotter
1/8 l Obers
1/2 Bund Petersilie
Pfeffer
Salz

Zubereitungszeit: 1 Stunde

Petersilie waschen und fein hacken. Spargel waschen, holzige Enden abschneiden, dünn schälen und in gleichmäßige Stücke schneiden. Das Wasser zusammen mit dem Zucker und Salz zum Kochen bringen, Spargelschalen einlegen und 15 Minuten ziehen lassen. Den Spargelsud durch ein Haarsieb abseihen, darin die Spargelstücke 15 Minuten weich kochen. Ist der Spargel weich, Sud abseihen und überkühlen lassen, Spargelstücke, als Einlage, zur Seite stellen. Die Butter erhitzen und mit dem Mehl eine helle Einmach zubereiten, mit dem Spargelsud aufgießen und 10 Minuten kochen. Den Dotter mit Obers gut versprudeln, die Suppe vom Herd nehmen, mit dem Schneebesen das Dotter-Obers-Gemisch unterrühren, achten Sie darauf, dass die Suppe jetzt nicht mehr kochen darf. Die gekochten Spargelstücke in die Suppe legen und mit Pfeffer und Salz abschmecken. Vor dem Servieren mit der gehackten Petersilie garnieren.

Tipp: Schälen Sie den Spargel immer nur von oben nach unten.

Spinat-Knoblauch-Suppe

1/2 kg Blattspinat
200 g Erdäpfel
10 Zehen Knoblauch
1 l Gemüsesuppe
1 EL Zitronensaft
1 EL Öl
Muskatnuss
1/2 TL Basilikum
1/4 TL Thymian
Pfeffer
Salz

Zubereitungszeit: 50 Minuten

Knoblauch schälen, in Scheiben schneiden, Erdäpfel schälen, waschen und kleinwürfelig schneiden. Die Suppe erhitzen, Knoblauch, Erdäpfelwürfel, Muskatnuss, Thymian und Basilikum dazugeben, alles zugedeckt 20 Minuten bei geringer Hitze kochen lassen. In dieser Zeit den Spinat putzen, waschen, gut abtropfen lassen und in feine Streifen schneiden. Nach Ende der Kochzeit den Spinat in die Suppe geben und nochmals 3 Minuten kochen lassen. Die Suppe im Mixer fein pürieren, einmal aufkochen und mit Zitronensaft, Pfeffer und Salz abschmecken.

Steinpilz-Rahm-Suppe

150 g Steinpilze
1 Jungzwiebel
1/2 l Rindsuppe
1/2 l Schlagobers
1 Dotter
1/16 l Obers
1/2 Bund Petersilie
1 KL Thymian
Pfeffer
Salz

Zubereitungszeit: 30 Minuten

Jungzwiebel schälen, in feine Ringe schneiden, Steinpilze putzen, sparsam waschen und feinblättrig schneiden. Petersilie waschen, fein hacken. Butter erhitzen, Zwiebel darin kurz aufschäumen lassen, Petersilie, Thymian und Steinpilze dazugeben und mitrösten. Mit der Suppe ablöschen, Obers beifügen, mit Pfeffer und Salz würzen und nochmals aufkochen lassen. Das Schlagobers mit dem Dotter gut verquirlen und mit dem Schneebesen in die Suppe einrühren.

Stoßsuppe

1/2 l Sauerrahm
1/2 l saure Milch
1/2 l Wasser
1 EL Mehl
400 g Erdäpfel
1/2 Bund Schnittlauch
1 TL Kümmel
Salz

Zubereitungszeit: 30 Minuten

Die Erdäpfel schälen, waschen, in Würfel schneiden. Schnittlauch waschen, in feine Röllchen schneiden. Die saure Milch mit dem Mehl gut versprudeln. Die Erdäpfelwürfel in Salzwasser bissfest kochen, dann abseihen und zur Seite stellen. Das Wasser mit Salz und Kümmel zum Kochen bringen, die versprudelte saure Milch unterrühren und aufkochen lassen. Erdäpfelwürfel und Sauerrahm in die Suppe rühren und einige Minuten ziehen lassen, mit Salz abschmecken. Vor dem Servieren mit Schnittlauch bestreuen.

Weinsuppe

1/2 l Rindsuppe
1/8 l trockener Weißwein
1/8 l Obers
3 Dotter
Zimt
Salz

Zubereitungszeit: 15 Minuten

Die kalte Rindsuppe mit dem Weißwein und den Gewürzen gut versprudeln und unter ständigem Rühren zum Kochen bringen. Obers und Dotter sehr gut versprudeln und in die nicht mehr kochende Suppe einrühren.

Wurzelsuppe

1/2 Knolle Sellerie
3 Petersilienwurzeln
2 Karotten
1 Gelbe Rübe
1 Stange Lauch
3/4 l Rindsuppe
2 EL Öl
2 Knoblauchzehen
1/2 Bund Petersilie
Liebstöckel
4 EL Crème fraîche
Pfeffer
Salz

Zubereitungszeit: 30 Minuten

Liebstöckel waschen, fein hacken, die Petersilie waschen und klein schneiden. Sellerie, Petersilienwurzeln, Karotten, Gelbe Rübe putzen, waschen und kleinwürfelig schneiden, Lauch putzen, waschen und in feine Ringe schneiden. Knoblauch schälen, in Scheiben schneiden. Das Öl wird in einem Topf erhitzt, geschnittenes Wurzelgemüse und Knoblauch darin anrösten, mit der Rindsuppe aufgießen, gehackten Liebstöckel dazugeben und alles weich kochen. Dann die Suppe pürieren, mit der Petersilie, Salz und Pfeffer würzen und mit der Crème fraîche verfeinern.

Zucchinisuppe

500 g Zucchini
250 g Erdäpfel
3/4 l Rindsuppe
200 g Hamburger Speck
1 Zwiebel
7 Knoblauchzehen
1/4 l Obers
1/2 Bund Petersilie
2 EL Öl
Majoran
Pfeffer
Salz

Zubereitungszeit: 45 Minuten

Zwiebel schälen, fein hacken, Knoblauch schälen, pressen, Zucchini waschen, die Enden abschneiden und in kleine Würfel schneiden. Die Erdäpfel schälen, waschen, kleinwürfelig schneiden, den Speck ebenfalls in Würfel schneiden. Die Petersilie waschen und klein hacken. Das Öl erhitzen, Zwiebel und Knoblauch anschwitzen lassen, dann die Hälfte der Zucchiniwürfel dazugeben und mitrösten, mit der Suppe aufgießen, ein paar Minuten kochen lassen. Dann das Obers zugießen, die Suppe etwas einkochen lassen und im Mixer pürieren. Erdäpfelwürfel in die Suppe einlegen und weich kochen, dann die restlichen Zucchiniwürfel dazugeben, kurz mitkochen lassen, mit Pfeffer, Salz und Majoran würzen. Vor dem Servieren Petersilie und Speck mit wenig Öl anrösten, gut abtropfen lassen und die Suppe damit bestreuen.

Kalte Suppen

Bouillon mit Paradeisern

1 l kräftige Rindsuppe
3 Paradeiser
1/8 l Paradeissaft
Zitronensaft
Zitronenmelissenblätter

Zubereitungszeit: 20 Minuten

Die Paradeiser blanchieren, abschälen, halbieren, entkernen und in kleine Würfel schneiden. In die fertige, gut abgeschmeckte, kalte Rindsuppe geben, den Paradeissaft einrühren und mit dem Zitronensaft abschmecken. In eisgekühlte Suppentassen geben und mit Zitronenmelissenblättern garnieren.

Currysuppe

1 l Hühnersuppe
2 TL Curry
1/8 l Obers
3 Eier
1 EL gehackte Petersilie
Pfeffer
Salz

Zubereitungszeit: 20 Minuten

Das Obers mit den Eiern sehr gut verquirlen, die Hühnersuppe aufkochen, Curry einrühren, dann den Topf vom Herd nehmen. Mit einem Schneebesen das Obers-Ei-Gemisch in die Suppe einschlagen, die gehackte Petersilie unterrühren, mit Pfeffer und Salz abschmecken, dann die Suppe gut erkalten lassen.

Erdäpfel-Lauch-Suppe

200 g Lauch
250 g Erdäpfel
2 EL Butter
1 l klare Hühnersuppe
1/4 l Schlagobers
1 Bund Schnittlauch
1 Lorbeerblatt
Majoran
Pfeffer
Salz

Zubereitungszeit: 30 Minuten

Die Erdäpfel schälen, waschen, in Scheiben schneiden, den Lauch putzen, in feine Ringe schneiden. Den Schnittlauch waschen und klein schneiden. Die Butter in einem Topf erhitzen, sie darf aber nicht braun werden, Lauch anschwitzen, dann die Erdäpfelscheiben und das Lorbeerblatt dazugeben und alles mit Salz, Pfeffer und Majoran würzen. Mit der Hühnersuppe aufgießen und bei geringer Hitze 20 Minuten kochen. Die Suppe im Mixer pürieren, mit Pfeffer und Salz abschmecken, dann erkalten lassen. Vor dem Anrichten 2/3 des Obers in die Suppe einrühren, das restliche Obers halb steif schlagen, unterziehen, Suppe in Tassen füllen und mit dem Schnittlauch garnieren.

Fenchelsuppe

1/2 kg Fenchel
1 Zwiebel
1 EL Butter
1/2 l Rindsuppe
1/4 l Weißwein
1/4 l Schlagobers
Pfeffer
Salz

Zubereitungszeit: 45 Minuten

Zwiebel schälen, kleinwürfelig schneiden, Fenchel waschen, schälen, halbieren und die Strünke ausschneiden. Dann den Fenchel in feine Streifen schneiden. Das Schlagobers steif schlagen und kalt stellen. Die Butter erhitzen, Zwiebel und Fenchel darin anschwitzen, mit der Suppe und dem Wein aufgießen und 12 Minuten kochen lassen. Wenn alles weich ist, wird die Suppe vom Herd genommen und mit dem Mixer püriert, dann das Schlagobers mit dem Schneebesen unterziehen und mit Pfeffer und Salz würzen. Die fertige Suppe zum Erkalten in den Kühlschrank stellen.

Tipp: Um die Suppe zu verfeinern, können Sie sie mit Räucherlachsscheiben garnieren.

Gemüsesuppe

1 gelber Paprika
1 grüner Paprika
1 Gurke
2 Paradeiser
1 Zwiebel
3 EL Öl
1 Knoblauchzehe
2 EL Essig
2 EL gehackte Kräuter (Petersilie, Dille, Schnittlauch)
3/8 l Joghurt
1/8 l Obers
Pfeffer
Salz

Zubereitungszeit: 20 Minuten

Zwiebel schälen, fein hacken, Knoblauch schälen und pressen. Die Paprika und Paradeiser waschen, kleinwürfelig schneiden. Die Gurke schälen und auch in kleine Würfel schneiden. Das so vorbereitete Gemüse mit Öl, Kräutern, Essig, Knoblauch und Gewürzen vermischen und 2 Stunden kalt stellen. Das Joghurt und das Obers verquirlen und vor dem Anrichten unter das Gemüse rühren.

Gurkensuppe mit Dille

2 Salatgurken
1/4 l Joghurt
1/8 l Sauerrahm
1/16 l Obers
Zitronensaft
2 EL gehackte Dille
Pfeffer
Salz

Zubereitungszeit: 20 Minuten

Die Gurken schälen, der Länge nach halbieren, entkernen und in Scheiben schneiden. Gurkenscheiben im Mixer pürieren, Joghurt, Sauerrahm und Obers unterrühren, mit Zitronensaft, Pfeffer und Salz würzen. Die fein gehackte Dille einrühren und die Suppe kalt stellen.

Kräutersuppe

150 g Spinat
250 g Erdäpfel
1 Zwiebel
2 EL Öl
1 l heiße Rindsuppe
1/2 Bund Petersilie
1/2 Bund Dille
1/2 Bund Pfefferminze
1/4 l Joghurt
1 TL Zitronensaft
1 Knoblauchzehe
1 Prise Zucker
Pfeffer
Salz

Zubereitungszeit: 40 Minuten

Zwiebel schälen, kleinwürfelig schneiden, Knoblauchzehe schälen und pressen. Spinat waschen, gut abtropfen lassen und grob hacken. Die Erdäpfel schälen, waschen, in dünne Scheiben schneiden. Die Kräuter waschen und feinst hacken. Das Öl erhitzen, Zwiebel darin hellgelb dünsten, Erdäpfelscheiben und Spinat dazugeben und kurz mitdünsten lassen, mit der heißen Suppe aufgießen und 15 Minuten, bei geringer Hitze, zugedeckt kochen. Suppe mit Pfeffer und Salz würzen, erkalten lassen und dann 20 Minuten in den Kühlschrank stellen. Vor dem Anrichten Kräuter, Joghurt, Zitronensaft, Knoblauch und Zucker gut verquirlen und in die Suppe einrühren.

Kressesuppe mit Paprikawürfeln

3/4 l Rindsuppe
1/8 l Weißwein
1/8 l Crème fraîche
1/4 l Schlagobers
1 roter Paprika
150 g Gartenkresse
1 EL Zitronensaft
Pfeffer
Salz

Zubereitungszeit: 30 Minuten

Paprika waschen, entkernen und kleinwürfelig schneiden. Kurz in kochendes Wasser geben, abseihen und kalt abschrecken. Kresseblätter waschen, entstielen, einen kleinen Teil der Blätter, für die Garnitur, beiseite legen. Die Suppe und den Wein aufkochen, Crème fraîche und Schlagobers dazugeben und etwas einkochen lassen. Kresseblätter in die Suppe geben, mit dem Mixer pürieren, mit Zitronensaft, Pfeffer und Salz würzen, dann kalt stellen. Die Suppe vor dem Servieren mit den Paprikawürfeln und den reservierten Kresseblättchen bestreuen.

Lauchsuppe

400 g Lauchstange
1/2 l klare Hühnersuppe
50 g Butter
1 EL Zitronensaft
Pfeffer
Salz

Zubereitungszeit: 20 Minuten

Lauchstange putzen, waschen, in feine Ringe schneiden, die grünen Stücke abschneiden und nicht für diese Suppe verwenden. 50 g der Lauchringe für die Einlage beiseite legen. Butter erhitzen, Lauchringe darin glasig dünsten, würzen und mit der Hühnersuppe aufgießen. Die Suppe 10 Minuten kochen lassen, mit dem Stabmixer pürieren und mit Zitronensaft, Pfeffer und Salz abschmecken, reservierte Lauchringe dazugeben und dann kalt stellen.

Tipp: Besonders gut schmecken zu dieser Suppe schmale Lachsstreifen, die man vor dem Servieren dazugibt.

Paprikasuppe

4 rote Paprika
150 g Zwiebel
200 g Paradeiser
3 Knoblauchzehen
7 EL Olivenöl
1 EL Paprikapulver
1/4 l Gemüsesuppe
1/2 l Paradeissaft
Salz

Zubereitungszeit: 35 Minuten

Zwiebel schälen, kleinwürfelig schneiden, Knoblauch schälen und in feine Scheiben schneiden. Die Paradeiser waschen und in grobe Würfel schneiden. Die Paprikaschoten putzen, waschen und vierteln. Auf ein Backblech legen, so lange unter dem Grill rösten, bis die Haut der Schoten Blasen bildet, kurz unter ein feuchtes Tuch legen. Von 5 der Vierteln die Haut abziehen, kleinwürfelig schneiden und als Garnierung beiseite legen. Die anderen Paprikaschoten ebenfalls in grobe Würfel schneiden. 4 EL Öl erhitzen, Paprikawürfel, Paradeisstücke, Zwiebel und Knoblauch darin kurz dünsten, mit dem Paprikapulver stauben. Mit der Gemüsesuppe und Paradeissaft aufgießen und 15 Minuten, bei geringer Hitze, kochen. Die Suppe dann salzen, im Mixer pürieren und durch ein feines Sieb gießen, kalt stellen. Vor dem Servieren die beiseite gelegten Paprikawürfel in die Suppe einlegen und mit dem restlichen Öl beträufeln.

Paradeissuppe

1/2 l passierte Paradeiser, sehr kalt
1/4 l kalte Rindsuppe
5 Knoblauchzehen
1/4 l Joghurt
2 EL Essig
2 EL Öl
Pfeffer
Salz

Zubereitungszeit: 20 Minuten

Die Knoblauchzehen schälen und pressen. Kalte Rindsuppe, passierte Paradeiser und 2 EL Öl gut vermischen. Suppe mit Knoblauch, Salz, Pfeffer und Essig würzen. Vor dem Servieren das Joghurt unterziehen.

Rote-Rüben-Suppe

1 Rote Rübe
1/4 Salatgurke
3/4 l saure Milch
1/4 Bund Dille
Kümmel
Salz

Zubereitungszeit: 30 Minuten

Die Gurke schälen, der Länge nach halbieren, entkernen und in feine Streifen schneiden. Gurkenstreifen salzen und nach 10 Minuten die Flüssigkeit ausdrücken. Die Rote Rübe waschen, schälen und ebenfalls feinstreifig schneiden. Die Roten-Rüben-Streifen werden dann in Salzwasser, mit Kümmel gewürzt, weich gekocht. Für die Garnierung ein paar Rote-Rüben- und Gurkenstreifen beiseite legen. Die Dille waschen und fein hacken. Für die Suppe die saure Milch glatt rühren, Rote-Rüben-Streifen, Dille und Gurkenstreifen einlegen und über Nacht kalt stellen. Vor dem Servieren die kalte Rote-Rüben-Suppe mit Gurkenstreifen und Rübenstreifen garnieren.

Salatsuppe

16 große Salatblätter
40 g Butter
1 Zwiebel
1/2 l Hühnersuppe
2 Dotter
1/8 l Obers
Pfeffer
Salz

Zubereitungszeit: 20 Minuten

Zwiebel schälen, fein hacken, die Salatblätter waschen und gut abtropfen lassen. Butter in einem Topf erhitzen, Zwiebel dazugeben und goldbraun anrösten. Salatblätter hinzufügen, unter ständigem Rühren 5 Minuten mitdünsten. Mit der Hühnersuppe aufgießen, würzen, einmal aufkochen, dann die Suppe 5 Minuten, bei sehr geringer Hitze, mehr ziehen als kochen lassen. Während die Suppe abkühlt, werden die Dotter mit dem Obers gut versprudelt. Dann die Suppe im Mixer pürieren, wieder in den Topf geben und langsam erhitzen, aber nicht mehr kochen, die Obers-Dotter-Mischung unterrühren und mit Pfeffer und Salz abschmecken. Die fertige Suppe 2 Stunden kalt stellen.

Saure Milchsuppe

1/2 l saure Milch
1/4 l Hühnersuppe
1 Blatt Gelatine
1 Zehe Knoblauch
1/4 l Schlagobers
Pfeffer
Salz

Zubereitungszeit: 30 Minuten

Den Knoblauch schälen, pressen, das Schlagobers steif schlagen, die Gelatine in kaltem Wasser einweichen. Die Hühnersuppe erhitzen, ausgedrückte Gelatine darin auflösen, alles mit der sauren Milch gut verrühren. Mit Knoblauch, Salz und Pfeffer würzen. Das Schlagobers vorsichtig unterheben und die Suppe eine Stunde kalt stellen.

Schnittlauchsuppe

3/4 l Rindsuppe
4 Bund Schnittlauch
2 hart gekochte Eier
1/8 l Crème fraîche
1/2 Glas Weißwein
1 TL Speisestärke
Zitronensaft
Dillkraut
Muskatnuss

Schnittlauch waschen und in feine Röllchen schneiden, die gekochten Eier fein hacken. Die Rindsuppe aufkochen, gewaschenes Dillkraut beifügen und mitkochen. Die Speisestärke im Weißwein auflösen und in die kochende Suppe einrühren. Alles nochmals aufkochen, die Crème fraîche unterrühren. Die Suppe vom Herd nehmen und durch ein feines Sieb seihen und über-

Pfeffer
Salz

Zubereitungszeit: 30 Minuten

kühlen lassen. Erst dann 3/4 des geschnittenen Schnittlauchs dazugeben. Würzig mit Salz, Pfeffer und Muskatnuss abschmecken und kalt stellen. Vor dem Anrichten wird die Suppe mit dem restlichen Schnittlauch und gehackten Eiern bestreut.

Thunfischcremesuppe

2 Dosen Thunfisch
1/2 l Rindsuppe
1/4 l Weißwein
1/4 l Schlagobers
1 Zwiebel
1 EL Butter
1/2 Bund Basilikum
Zitronensaft
Pfeffer
Salz

Zubereitungszeit: 20 Minuten

Zwiebel schälen, fein hacken, Basilikumblätter waschen und in feine Streifen schneiden, Thunfisch gut abtropfen lassen. Butter erhitzen, Zwiebel darin anschwitzen, Thunfisch dazugeben und mit der Suppe, Obers und dem Wein aufgießen. Die Suppe aufkochen lassen, mit Zitronensaft, Pfeffer und Salz würzen. Den Topf vom Herd nehmen und die Suppe mit dem Mixer fein pürieren, dann kalt stellen. Vor dem Servieren die Basilikumblätter in die Suppe einrühren.

Suppen-einlagen

Backerbsen

1 Ei
1/16 l Milch
60 g Mehl
1 KL Öl
Fett zum Ausbacken
Salz

Zubereitungszeit: 25 Minuten

Aus Milch, Ei, Mehl, Öl und Salz wird ein glatter, tropffähiger Teig zubereitet, lassen Sie dann den Teig 15 Minuten rasten. Erhitzen Sie nun das Fett, der Teig wird noch einmal umgerührt und durch ein grobes Sieb in das Fett getropft. Teigerbsen goldgelb backen und auf Küchenpapier gut abtropfen lassen.

Biskuitschöberln

2 KL Mehl
2 Eier
Muskatnuss
Pfeffer
Salz

Zubereitungszeit: 20 Minuten

Die Eier trennen, Dotter mit Salz, Pfeffer und Muskatnuss würzen und versprudeln, das Eiklar zu einem festen Schnee schlagen. Das Mehl und den Schnee unter die Dotter ziehen. In eine gefettete, gebröselte Form, 1 cm hoch, einfüllen. Bei mittlerer Hitze zu hellbrauner Farbe backen, die fertigen Schöberln werden dann in kleine Rhomben geschnitten.

Brandteigkrapfen

1/8 l Wasser
125 g Mehl
30 g Butter
2 Eier
Fett zum Ausbacken
Salz

Zubereitungszeit: 25 Minuten

Das Wasser mit der Butter und Salz aufkochen lassen, das Mehl dazugeben, solange rühren, bis sich der Teig vom Kochlöffel löst. Den Teig überkühlen lassen und dann die Eier nach und nach einarbeiten. Das Fett erhitzen, kleine Knödel formen und im heißen Fett ausbacken, gut abtropfen lassen.

Tipp: Käsebrandteigkrapfen erhalten Sie, indem Sie in den überkühlten Brandteig 80 g geriebenen Emmentaler einarbeiten, die Masse in einen Spritzsack füllen und auf ein befettetes Backblech kleine Kugeln dressieren. Diese werden dann bei 220 °C im Rohr goldbraun gebacken.

Briesknödel

1 kleine Zwiebel
250 g Bries
30 g Butter
3 Semmeln
2 Eier
1/16 l Obers
2 EL gehackte Petersilie
Muskatnuss
Mehl nach Bedarf
Pfeffer
Salz

Zubereitungszeit: 30 Minuten

Zwiebel schälen, fein hacken, das Bries in kochendem Wasser kurz blanchieren und dann in kleine Würfel schneiden. Die Semmeln entrinden und ebenfalls kleinwürfelig schneiden, mit den Eiern und dem Obers einweichen und mit Salz, Pfeffer und Muskatnuss würzen. Die Butter erhitzen, Zwiebel darin kurz anrösten, mit dem Bries, den eingeweichten Semmelwürfeln und der gehackten Petersilie gut vermischen. Das Mehl unterrühren, kleine Knödel formen und diese dann in Salzwasser langsam kochen.

Tipp: Statt Semmeln können Sie auch fertige Semmelwürfel verwenden.

Bröselknödel

2 Semmeln
40 g Butter
1 Ei
1 Bund Petersilie
50 g Brösel
Pfeffer
Salz

Zubereitungszeit: 30 Minuten

Petersilie waschen, klein hacken, die Semmeln in warmem Wasser einweichen, ausdrücken und passieren. Die Butter schaumig rühren, Brösel, Ei, Petersilie und die passierten Semmeln dazugeben und alles gut durchrühren, 15 Minuten ziehen lassen. Salzwasser zum Kochen bringen, kleine Knödel formen und diese dann 5 Minuten leicht kochen lassen.

Tipp: Sie können die Knödel auch in heißem Fett herausbacken.

Butternockerln

100 g Butter
100 g Mehl
2 Eier
Muskatnuss
Pfeffer
Salz

Zubereitungszeit: 30 Minuten

Die Eier trennen, die Eiklar mit einer Prise Salz zu steifem Schnee schlagen. Die Butter mit Muskatnuss, Pfeffer und Salz würzen, cremig schlagen, die Dotter nach und nach einrühren. Das Mehl einrühren und den Schnee vorsichtig unterheben. Die Masse dann 15 Minuten rasten lassen. Salzwasser erhitzen, mit Hilfe zweier Löffel gleich große Nockerln formen, bei geringer Hitze 8 Minuten gar ziehen lassen.

Eistich

4 Dotter
2 Eier
1/4 l Obers
Muskatnuss
Salz

Zubereitungszeit: 45 Minuten

Die Eier, Dotter und das Obers sehr gut versprudeln, durch ein feines Sieb passieren, mit Muskatnuss und Salz würzen. Backrohr auf 120–140 °C vorheizen, eine feuerfeste, flache Form ausfetten. Die Eiermischung einfüllen, in ein Wasserbad stellen und im Backrohr 35–40 Minuten stocken lassen. Nach dem Auskühlen den Eistich mit einem Messer vorsichtig vom Rand lösen, stürzen und in kleine Rhomben schneiden.

Tipp: Sieht sehr dekorativ aus, wenn Sie den Eistich mit verschiedenen Motiven ausstechen.

Eingetropftes

200 g Mehl
2 Eier
Wasser nach Bedarf
Salz

Zubereitungszeit: 30 Minuten

Eier, Mehl, Salz und etwas Wasser zu einem dünnflüssigen Teig verrühren, diese Masse dann 15 Minuten lang abschlagen. Den Teig in ein Gefäß mit einem Schnabel füllen, hoch über die kochende Suppe halten und einfließen lassen. Ist die Oberfläche mit dem Eingetropften bedeckt, mit Hilfe eines Schaumlöffels abschöpfen. Diesen Vorgang so lange wiederholen, bis der Teig verbraucht ist.

Erbsenschöberln

1/4 kg frische Zuckererbsen
4 Eier
140 g Mehl
20 g Speisestärke
1 Prise Backpulver
Salz

Zubereitungszeit: 40 Minuten

Die Eier trennen, Dotter mit etwas Salz schaumig rühren, Eiklar zu steifem Schnee schlagen. Das Mehl mit der Speisestärke und dem Backpulver versieben, diese Mischung mit den Zuckererbsen in die Dottermasse einrühren, den Schnee vorsichtig unterheben. Backrohr auf 200 °C vorheizen, eine Form mit Backpapier auslegen und die Schöberlmasse einfüllen, 30 Minuten lang backen. Nach kurzem Überkühlen aus der Form lösen und in Stücke schneiden.

Farfeln

150 g Mehl
2 EL Wasser
1/2 TL Salz

Zubereitungszeit: 15 Minuten

Mehl mit dem Salz vermischen, das Wasser nun tropfenweise dazugeben, mit den Fingern abbröseln. Es sollen lockere, kleine Teigklümpchen entstehen. Die Rindsuppe aufkochen, die Farfeln hineingeben und kurz aufkochen lassen.

Tipp: Wollen Sie einmal zur Abwechslung Käsefarfeln zubereiten, mischen Sie 100 g geriebenen Käse dazu.

Fleischbällchen

200 g Faschiertes
1 Knoblauchzehe
Majoran
Pfeffer
1 Prise Suppenwürze
Salz

Zubereitungszeit: 25 Minuten

Knoblauchzehe schälen, pressen, das Faschierte mit Pfeffer, Suppenwürze, Majoran, Knoblauch und Salz gut vermischen, 15 Minuten rasten lassen. Kleine Kugerln formen, diese dann 2–3 Minuten in der heißen, aber nicht kochenden Suppe ziehen lassen.

Fleischstrudel

120 g Mehl
1/2 TL Salz
1/2 EL Öl
1/16 l lauwarmes Wasser
1/2 Ei
200 g Faschiertes
2 Semmeln
40 g Butter
1 Zwiebel
1/2 Bund Petersilie
2 Eier
1 Knoblauchzehe
Milch
Majoran
Pfeffer
Salz

Zubereitungszeit: 50 Minuten

Zwiebel schälen, fein hacken, Knoblauch schälen, pressen, Petersilie waschen und fein hacken. Für die Zubereitung des Teiges Mehl, Salz, Wasser, Ei zu einem seidigen Teig verkneten, mit dem Öl bestreichen und 30 Minuten rasten lassen. Während dieser Zeit die Semmeln in Milch einweichen, gut ausdrücken und passieren. Die Butter erhitzen, Zwiebel und das Faschierte darin anrösten, auskühlen lassen. Passierte Semmeln, Faschiertes und die Eier gut vermischen, mit Majoran, Pfeffer, Petersilie, Knoblauch und Salz würzen. Den Teig dünn ausrollen, 2/3 mit der Fülle bestreichen und fest einrollen. Backrohr auf 200 °C vorheizen, Strudel mit flüssiger Butter bestreichen und 30 Minuten goldgelb backen. Nach dem Auskühlen in schräge, 1 cm starke Stücke schneiden.

Frittaten

1/8 l Milch
3 EL Mehl
1 Ei
Fett zum Ausbacken
Salz

Zubereitungszeit: 20 Minuten

Aus Milch, Mehl, Ei und Salz wird ein dünnflüssiger Teig zubereitet. Fett in einer Pfanne erhitzen, den Teig dünn einfließen lassen und auf beiden Seiten goldbraun backen. Nach dem Auskühlen fest zusammenrollen und feinnudelig aufschneiden.

Grießnockerln

1 Ei
60 g Butter
120 g Grieß
Muskatnuss
Salz

Zubereitungszeit: 40 Minuten

Die Butter mit einem Schneebesen cremig schlagen, das Ei langsam einschlagen, dann den Grieß dazugeben und mit Muskatnuss und Salz würzen. Die Masse 15 Minuten lang an einem kühlen Ort rasten lassen. Zwei Kaffeelöffel in Wasser tauchen und kleine Nockerln formen. Salzwasser aufkochen, Nockerln einlegen und bei geringer Hitze 6 Minuten kochen lassen. Mit einem Schaumlöffel Nockerln herausheben, mit kaltem Wasser abschrecken und nochmals zugedeckt 20 Minuten ziehen lassen.

Tipp: Die Butter und das Ei müssen die gleiche Temperatur, immer zimmerwarm, haben.

Himpofesen

1/2 Kalbshirn
20 g Butter
1/4 Zwiebel
1 Dotter
2 Semmeln
Pfeffer
Salz
1/8 l Milch
1 Ei
Mehl nach Bedarf
Salz

Zubereitungszeit: 30 Minuten

Aus Milch, Ei, Salz und Mehl einen Palatschinkenteig zubereiten. Die Semmeln entrinden, in Scheiben schneiden, Zwiebel klein hacken. Das Hirn enthäuten und ebenfalls klein schneiden. Die Butter erhitzen, Zwiebel anschwitzen lassen, das fein gehackte Hirn dazugeben und gut verrühren. Alles mit dem Dotter gut abtreiben und mit Pfeffer und Salz würzen. Die Masse auf die Semmelscheiben streichen, zwei zusammenlegen, in den Palatschinkenteig tauchen, in heißem Fett herausbacken. Vor dem Anrichten werden die Pofesen in Scheiben geschnitten.

Hochzeitsknödel

200 g faschierte Leber
1–2 Semmeln
Milch zum Einweichen
1 Dotter
1 Ei
70 g Butter
1 Zwiebel
1 Knoblauchzehe
4 EL Semmelbrösel
Öl zum Ausbacken
Majoran
Pfeffer
Salz

Zubereitungszeit: 50 Minuten

Zwiebel schälen, fein hacken, Knoblauchzehe schälen und pressen. Die Semmeln in Milch einweichen, gut ausdrücken und passieren. Aus 50 g Butter, Ei und Dotter einen schaumigen Abtrieb rühren, die Semmeln dazugeben. Die restliche Butter erhitzen, die Zwiebel glasig dünsten, faschierte Leber und die Gewürze kurz mitrösten. Den Abtrieb und die Leber vermischen, die Semmelbrösel dazugeben und alles 30 Minuten lang rasten lassen. Dann kleine Knödel formen und schwimmend in heißem Fett herausbacken. Gut abtropfen lassen und in die kochende Suppe einlegen.

Tipp: Diese Knödel eignen sich sehr gut zum Einfrieren, legen Sie sie nach dem Auftauen in kochendes Salzwasser, lassen es einmal aufkochen und servieren dann die Knödel in der Rindsuppe.

Kaiserschöberln

4 Eier
80 g Butter
2 EL Obers
100 g Mehl
Salz

Zubereitungszeit: 30 Minuten

Die Eier werden getrennt, Eiklar zu steifem Schnee schlagen, aus der Butter und den Dottern einen cremigen Abtrieb zubereiten. Mit Salz sparsam würzen, das Obers einrühren, Mehl und Eischnee vorsichtig unterheben. Eine Form gut ausfetten, mit Bröseln bestreuen und die Masse einfüllen. Backrohr auf 200 °C vorheizen, den Schöberlteig zu hellgelber Farbe backen, überkühlen lassen und in beliebige Stücke schneiden.

Käsepressknödel

250 g Semmelwürfel
2 Eier
300 g Hartkäse
1 Zwiebel
1 Knoblauchzehe
20 g Butter
2 EL Mehl
Milch nach Bedarf
Majoran
3 EL gehackte Petersilie
Pfeffer
Salz
Öl zum Ausbacken

Zubereitungszeit: 35 Minuten

Zwiebel und Knoblauchzehe schälen, fein hacken, den Käse kleinwürfelig schneiden. Die Eier gut versprudeln und mit den Semmelwürfeln vermischen, mit Pfeffer und Salz würzen. Den geschnittenen Käse, Majoran, gehackte Petersilie und das Mehl dazugeben, alles gut vermischen, ist die Masse zu fest, geben Sie etwas Milch dazu. Die Butter erhitzen, Zwiebel und Knoblauch anrösten und in die Knödelmasse einrühren. Lassen Sie alles 15 Minuten rasten, dann kleine Knödel formen, das Öl erhitzen und die Knödel darin ausbacken.

Kohlschöberln

100 g Kohl
2 Eier
40 g Butter
80 g gekochtes Selchfleisch
1 Semmel
Milch zum Einweichen
1 Zwiebel
1 EL Öl
1 Bund Petersilie
60 g Mehl
Pfeffer
Salz

Zubereitungszeit: 50 Minuten

Zwiebel schälen, fein hacken, Petersilie waschen und ebenfalls klein hacken. Die Semmel in der Milch einweichen, gut ausdrücken und passieren. Das Selchfleisch sehr fein hacken, den Kohl putzen, waschen und in kleine feine Streifen schneiden. Die Eier trennen, das Eiklar zu steifem Schnee schlagen. Das Öl erhitzen, Zwiebel darin goldgelb anrösten, dann das Selchfleisch, Kohl und Petersilie dazugeben und dünsten. Ist das Kohlgemisch abgekühlt, Butter abtreiben, Semmelmasse und Dotter unterrühren, dann den Kohl beifügen. Das Mehl und den Schnee nun vorsichtig unter die Schöberlmasse ziehen, mit Pfeffer und Salz würzen. Ein Backblech mit Papier auslegen, die Masse aufstreichen, Backrohr auf 200 °C vorheizen und die Schöberln 12 Minuten lang backen. Vor dem Servieren werden die Schöberln in Rhomben oder andere beliebige Stücke geschnitten.

Kräuterfrittaten

3 Eier
1/4 l Milch
50 g flüssige Butter
100 g Mehl
1 TL Schnittlauch
1 TL Petersilie
1 TL Kerbel
Muskatnuss
Salz

Zubereitungszeit: 30 Minuten

Aus Eiern, Milch, Mehl und flüssiger Butter einen glatten Teig zubereiten, mit Muskatnuss und Salz würzen. Fein geschnittene Kräuter unterrühren. Eine beschichtete Pfanne erhitzen, wenig Butter dazugeben und dünne Palatschinken backen. Nach dem Abkühlen Palatschinken fest zusammenrollen und in dünne Streifen schneiden.

Kräutertaler

250 g Butter
1 EL gehackte Kräuter (Schnittlauch, Petersilie, Kerbel, Dille)
1 Knoblauchzehe
2 Scheiben Toastbrot
Salz

Zubereitungszeit: 20 Minuten

Knoblauchzehe schälen, pressen, die handwarme Butter mit Salz, Kräutern und Knoblauch sehr gut verrühren. Das Toastbrot hell toasten, runde Taler, mit einem Durchmesser von 2 cm, ausstechen. Mit der Kräuterbutter bestreichen und 5 Minuten in einer Pfanne hell rösten.

Kremser Nockerln

2 Eier
2 EL Butter
50 g Mehl
Muskatnuss
Pfeffer
Salz
Öl zum Ausbacken

Zubereitungszeit: 30 Minuten

Die Eier trennen, das Eiklar zu steifem Schnee schlagen. Die handwarme Butter mit den Dottern, Mehl, Pfeffer, Muskatnuss und Salz schaumig rühren. Das geschlagene Eiklar vorsichtig unter den Abtrieb heben. In einer Pfanne Öl erhitzen, mit Hilfe zweier Teelöffel kleine Nockerln ausstechen und im heißen Öl 10 Minuten ausbacken. Nach Hälfte der Backzeit die Nockerln einmal wenden, auf Küchenpapier gut abtropfen lassen.

Krennockerln

100 g Hühnerfleisch (Brust)
1 Scheibe Weißbrot
1 1/2 EL geriebener Kren
Milch zum Einweichen
1/16 l Schlagobers
Pfeffer
Salz

Zubereitungszeit: 30 Minuten (ohne Kühlzeit)

Ungefähr 2 EL vom Schlagobers steif schlagen, das Hühnerfleisch kleinwürfelig schneiden, mit Salz würzen und 1 Stunde kalt stellen. Das Weißbrot entrinden, kurz in Milch einweichen, gut ausdrücken. Das Hühnerfleisch, Brot und das restliche Schlagobers fein pürieren, mit Kren, Pfeffer und Salz würzen, geschlagenes Obers vorsichtig unterheben. Mit Hilfe von 2 Teelöffeln kleine Nockerln abstechen, diese dann in kochender Hühnersuppe 5 Minuten lang pochieren, mit kaltem Wasser abschrecken, auf Küchenpapier gut abtropfen lassen.

Leberknödel

250 g geschabte Leber
3 Semmeln
1/16 l Milch
2 Eier
1 Zwiebel
2 EL gehackte Petersilie
1 Knoblauchzehe
50 g Semmelbrösel
1 EL Butter
Majoran
Pfeffer
Salz

Zubereitungszeit: 35 Minuten

Zwiebel und Knoblauch schälen, fein hacken, die Semmeln in Milch einweichen und gut ausdrücken. Die geschabte Leber mit den Semmeln vermischen, Butter erhitzen, Knoblauch, Zwiebel und Petersilie kurz darin anschwitzen lassen, dann unter die Leber-Semmel-Masse rühren. Mit Salz, Pfeffer und Majoran würzen, die Eier einrühren und mit den Semmelbröseln die Masse festigen. Im Kühlschrank 10 Minuten anziehen lassen. Kleine Knödel formen, Salzwasser zum Kochen bringen, Knödel darin 10 Minuten langsam kochen.

Leberkrapfen

200 g faschierte Leber
1 kg Erdäpfel
1 Ei
Pfeffer
Salz
Öl zum Ausbacken

Zubereitungszeit: 40 Minuten

Die Erdäpfel werden geschält und roh gerieben, anschließend gut ausgedrückt. Die faschierte Leber mit der Erdäpfelmasse, Ei und Gewürzen gut vermischen. Öl erhitzen, mit Hilfe eines Löffels Nockerln aus der Masse ausstechen, diese dann im heißen Öl herausbacken, Nockerln auf Küchenpapier gut abtropfen lassen.

Leberreis

120 g geschabte Leber
50 g Milz
1 Zwiebel
1/2 Bund Petersilie
30 g Butter
2 Knoblauchzehen
2 Semmeln
Milch zum Einweichen
2 EL Mehl
1 Ei
Majoran
Pfeffer
Salz

Zubereitunszeit: 30 Minuten (ohne Kühlzeit)

Zwiebel schälen, fein hacken, Knoblauch schälen und pressen. Petersilie waschen, fein hacken, Semmeln in Milch einweichen, gut ausdrücken, passieren. Die Milz mit Hilfe eines Messers aus der Haut schaben. Butter erhitzen, Zwiebel und Petersilie anschwitzen lassen, mit Knoblauch, Majoran, Pfeffer und Salz würzen, überkühlen lassen. Dann die Milz und geschabte Leber unterrühren, Semmeln, Ei und Mehl dazugeben und zu einem festen Teig verkneten. Masse 1 Stunde im Kühlschrank anziehen lassen. Rindsuppe aufkochen, Leber-Milz-Masse mit einer Spätzlereibe in die Suppe streichen und kurz ziehen lassen.

Lungenstrudel

250 g Kalbsbeuschel
1 Strudelteig
1 Zwiebel
3 EL gehackte Petersilie
1 Ei
1 EL Öl
1 Lorbeerblatt
5 Pfefferkörner
Majoran
Pfeffer
Salz

Zubereitungszeit: 50 Minuten

Das Kalbsbeuschel mit dem Lorbeerblatt, Pfefferkörner und einer halben Zwiebel mit wenig Salzwasser weich kochen, nach Ende der Kochzeit abseihen und das Beuschel fein faschieren. Restliche halbe Zwiebel schälen, fein hacken, Öl erhitzen, Zwiebel und Petersilie kurz anschwitzen, mit dem Ei in die Lungenmasse einrühren und alles mit Salz, Pfeffer und Majoran gut abschmecken. Ein fertiges Strudelblatt auflegen, mit etwas flüssiger Butter bestreichen, dann ein zweites Strudelblatt darauf legen. Die fertige Lungenmasse auf 2/3 des Strudelteiges streichen, fest einrollen. Mit Hilfe eines bemehlten Kochlöffels Strudel in kleine Stücke teilen, anschließend mit einem Messer vollständig teilen und die Teigränder fest andrücken. Salzwasser zum Kochen bringen, Strudelstücke darin 15 Minuten ziehen lassen.

Tipp: Für einen Fleischstrudel verwenden Sie statt des Beuschels gekochtes, faschiertes Rindfleisch.

Markknödel

50 g Rindermark
2 Semmeln
Milch zum Einweichen
1 Dotter
1 Ei
1 EL gehackte Petersilie
2 EL Semmelbrösel
Muskatnuss
Salz

Zubereitungszeit: 50 Minuten

Das Rindermark bei geringer Hitze schmelzen lassen, durch ein Sieb streichen und erkalten lassen. Entrindete Semmeln in Milch einweichen, gut ausdrücken und pürieren. Rindermark mit 1 Dotter und 1 Ei schaumig rühren, Semmelmasse einrühren, mit Petersilie, Muskatnuss und Salz würzen. Die Semmelbrösel darunter rühren, alles 30 Minuten rasten lassen. Kleine Knödel formen, Salzwasser aufkochen und die Knödel darin 15 Minuten ziehen lassen.

Milzschnitten

100 g geschabte Rindermilz
20 g Butter
1 Zwiebel
1 KL gehackte Petersilie
2 Eier
1 Knoblauchzehe
4 Weißbrotschnitten
Majoran
Pfeffer
Salz

Zubereitungszeit: 40 Minuten

Zwiebel schälen, fein hacken, Knoblauchzehe schälen und pressen. Butter erhitzen, Zwiebel darin anrösten, dann die geschabte Milz dazugeben, kurz mitrösten. Das Ei und gehackte Petersilie einrühren, ziehen lassen, mit Pfeffer und Salz abschmecken, nochmals umrühren und auskühlen lassen. Ein Backblech einfetten, Milzmasse auf die Weißbrotscheiben streichen und im Rohr bei 200 °C kurz überbacken.

Pilzschöberln

100 g Pilze (Champignons, Steinpilze, Eierschwammerl etc.)
1 Zwiebel
40 g Butter
1 EL gehackte Petersilie
3 Semmeln
1/8 l Milch
2 Eier
Salz

Zubereitungszeit: 45 Minuten

Zwiebel schälen, fein hacken, die Pilze putzen, sparsam waschen und ebenfalls klein hacken. Die Semmeln kleinwürfelig schneiden, die Eier trennen, die Eiklar zu steifem Schnee schlagen. Butter erhitzen, Zwiebel kurz anrösten, dann die Pilze und Petersilie dazugeben, mitrösten. Die geschnittenen Semmeln mit Milch, Pilzen und Dotter sehr gut vermischen, den Schnee vorsichtig unterheben und die Masse salzen. Backrohr auf 200 °C vorheizen, eine befettete Form mit Bröseln bestreuen, die Schöberlmasse einfüllen und 30 Minuten backen. Schöberln überkühlen lassen, aus der Form stürzen und in beliebige Stücke schneiden.

Polentanockerln

1 1/2 l Salzwasser
1/2 l Polenta
2 EL Butter

Zubereitungszeit: 45 Minuten

Das Salzwasser aufkochen, Polenta langsam, unter ständigem Rühren, einrieseln lassen. Die Butter dazugeben, so lange rühren, bis das ganze Wasser eingekocht ist. Die Masse 45 Minuten, bei geschlossenem Topf und mit geringer Hitze, dämpfen. Nach Ende der Garzeit mit Hilfe eines Löffels kleine Nockerln ausstechen.

Reisknödel

200 g gekochter Reis
100 g Pressschinken
50 g Butter
1 Ei
50 g Mehl
1 EL gehackte Petersilie
Muskatnuss
Pfeffer
Salz

Zubereitungszeit: 30 Minuten

Das Ei trennen, das Eiklar zu steifem Schnee schlagen, Schinken sehr fein hacken. Die Butter schaumig rühren, Dotter dazugeben und umrühren, dann den Schinken, Reis und Petersilie in den Abtrieb einarbeiten, die Masse gut mit Pfeffer und Salz würzen. Das Mehl einrühren und den Schnee vorsichtig unterheben. Kleine Knödel formen, Salzwasser zum Kochen bringen und die Knödel darin 10 Minuten ziehen lassen.

Schinkenroulade

4 Eier
80 g Mehl
Salz
200 g Schinken
1 Zwiebel
1 EL Butter
1 Ei
1 EL gehackte Petersilie
2 EL Brösel
Salz

Zubereitungszeit: 45 Minuten

Die Eier trennen, die Eiklar zu steifem Schnee schlagen. Abwechselnd Mehl und Dotter vorsichtig unterheben. Backrohr auf 220 °C vorheizen, das Backblech mit einem Backpapier auslegen, die Masse aufstreichen und rasch backen. Noch heiß, unter Auflage eines zweiten Backpapiers, fest einrollen und auskühlen lassen. Während dieser Zeit können Sie die Fülle zubereiten. Die Zwiebel schälen, fein hacken, den Schinken faschieren. Butter erhitzen, Zwiebel darin anrösten und mit dem Schinken, Petersilie, Ei und Böseln gut vermischen, mit Salz abschmecken. Ist die Roulade abgekühlt, wird sie aufgerollt, ziehen Sie das Papier ab und bestreichen Sie sie mit der Fülle, dann wieder eng einrollen und in Stücke schneiden.

Schlickkrapfen

200 g Mehl
3 Eier
1 TL Öl
Salz
150 g Bratenreste
30 g Butter
1 Zwiebel
2 EL gehackte Petersilie
1 Eiklar
1 EL Semmelbrösel
Majoran
Pfeffer
Salz

Zubereitungszeit: 45 Minuten

Für den Nudelteig sieben Sie Mehl auf die Arbeitsfläche, machen Sie in der Mitte eine Grube und geben Eier und Salz hinein, vermischen alles gut und kneten mit der Hand einen glatten Teig. Dann den Teig zu einer Kugel formen, mit dem Öl bestreichen und 30 Minuten rasten lassen. Während dieser Zeit können Sie die Fülle zubereiten. Bratenreste fein faschieren, Zwiebel schälen, klein hacken. Butter erhitzen, Zwiebel, Petersilie und das Faschierte darin anrösten, mit Majoran, Pfeffer und Salz würzen. Das Ei und die Semmelbrösel einrühren, alles gut vermengen und auskühlen lassen. Nun den Teig dünn ausrollen und in 4 cm große Vierecke schneiden. Auf jedes Viereck kommt ein Teelöffel Fülle, die Teigränder mit etwas Eiklar bestreichen und zu einem Dreieck zusammenschlagen, Ränder fest andrücken. Salzwasser zum Kochen bringen und die Schlickkrapfen 15 Minuten, bei geringer Hitze, kochen lassen. Nach Ende der Kochzeit mit dem Schaumlöffel herausheben und in die Suppe einlegen.

Tiroler Speckknödel

100 g geräucherte Wurst
400 g Bauernspeck
500 g Semmelwürfel
5 Eier
1/4 l Milch
1 EL gehackte Petersilie
Mehl nach Bedarf
Salz

Zubereitungszeit: 30 Minuten

Die Wurst und den Speck kleinwürfelig schneiden und mit den Semmelwürfeln vermischen. Die Eier mit der Milch aufschlagen, gehackte Petersilie dazugeben und alles über die Semmel-Speck-Masse gießen. Gut durchmischen und 10 Minuten ziehen lassen, salzen, falls notwendig mit etwas Mehl binden. Mit nassen Händen kleine Knödel formen, Salzwasser aufkochen und die Knödel darin 15 Minuten langsam kochen.

Tipp: Machen Sie einen Probeknödel, ist die Masse zu locker, geben Sie noch etwas Mehl oder Semmelwürfel dazu. Ist sie zu fest, dann rühren Sie etwas Milch darunter.

Kalte und warme Vorspeisen

Apfel-Sellerie-Salat

3 Äpfel
1/2 kg Stangensellerie
60 g Haselnüsse
100 g Schafkäse
3 EL Öl
1/8 l Schlagobers
1/8 l Sauerrahm
2 EL Zitronensaft
Pfeffer
Salz

Zubereitungszeit: 20 Minuten

Die Äpfel waschen, schälen, vierteln, das Kerngehäuse ausschneiden, dann in dünne Spalten schneiden. Damit die Äpfel nicht braun werden, müssen Sie sie sofort mit Zitronensaft beträufeln. Die Selleriestangen putzen, waschen und in kleine Stücke schneiden. Die Haselnüsse werden grob gehackt. Äpfel, Sellerie und die Hälfte der Haselnüsse vorsichtig vermengen. Für das Dressing Schafkäse mit einer Gabel zerdrücken. Schlagobers, Sauerrahm und das Öl unter den Käse rühren, restliche Haselnüsse dazugeben und mit Pfeffer und Salz würzen. Der Salat wird auf Tellern angerichtet und dann wird das Dressing darüber geträufelt.

Bauernsalat

4 Paradeiser
1 Salatgurke
1 Zwiebel
3 Paprika
1 gekochtes Ei
200 g Schafkäse
1 EL Kräuteressig
3 EL Öl
1/2 Bund Schnittlauch
Oregano
Salz

Zubereitungszeit: 20 Minuten

Zwiebel schälen, in feine Ringe schneiden, Paradeiser und Paprika waschen, in Streifen schneiden. Schnittlauch waschen, in kleine Röllchen schneiden. Die Salatgurke schälen und kleinwürfelig schneiden. Den Schafkäse in kleine Würfel und die Eier in Scheiben schneiden. Alle Zutaten in einer Salatschüssel vorsichtig vermischen, aus Öl, Essig, Salz, Zucker und Oregano eine Marinade zubereiten, über den Salat gießen und gut durchmischen. Vor dem Servieren mit Schnittlauch bestreuen.

Beef tatare

500 g mageres, faschiertes Rindfleisch (Lungenbraten, schwarzes Scherzel)
2 Essiggurken
2 Dotter
1/2 Zwiebel
1 Sardellenfilet
1 TL gehackte Kapern
2 EL Öl
1 Bund Petersilie
1/2 Bund Schnittlauch
1 TL Estragonsenf
Paprika
Pfeffer
Salz

Zubereitungszeit: 20 Minuten

Zwiebel schälen, fein hacken, Petersilie und Schnittlauch waschen, Petersilie klein hacken, Schnittlauch fein schneiden. Essiggurken und Sardellenfilet ebenfalls klein hacken. Alle Gewürze werden mit dem Dotter und dem Öl glatt gerührt, vermengen Sie dann diese Masse mit dem faschierten Rindfleisch. Servieren Sie dazu frischen Toast und Butter.

Tipp: Nehmen Sie für das Beef tatare nur unabgelegtes, farbschönes Fleisch.

Brandteigkrapfen gefüllt

1/4 l Wasser
60 g Butter
150 g Mehl
4 Eier
Salz
250 g Topfen
1/8 l Crème fraîche
1/2 Jungzwiebel
3 Knoblauchzehen
1 Bund Schnittlauch
Pfeffer
Salz

Zubereitungszeit: 45 Minuten

Für den Teig, Salzwasser und Butter aufkochen, so lange kochen, bis die Butter ganz zergangen ist. Dann das Mehl rasch einlaufen lassen, nun den Teig, rühren, bis er sich ballt und vom Topf und Kochlöffel leicht löst. Überkühlen lassen und dann nach und nach die Eier einrühren. Backrohr auf 220 °C vorheizen, Backblech mit Backpapier auslegen, mit einem Spritzsack kleine Krapfen auf das Papier spritzen. Zuerst 15 Minuten lang zu goldgelber Farbe backen, dann Hitze auf 150 °C zurückschalten und die Krapfen 30 Minuten ausbacken und dann auskühlen lassen. Für die Fülle Jungzwiebel und Knoblauch schälen, fein hacken, Schnittlauch waschen und fein schneiden. Alles mit dem Topfen, Crème fraîche und Salz gut verrühren. Die ausgekühlten Krapfen halbieren und füllen.

Tipp: Statt dem Knoblauch und Zwiebel können Sie auch fein faschierten Schinken verwenden. Sind die Eier sehr groß, genügen für den Brandteig vielleicht auch 3 Eier.

Broccoli mit Käsesauce

500 g Broccoli
2 EL Butter
Pfeffer
Salz
40 g Butter
30 g Mehl
1/4 l Milch
2 EL Obers
1 Dotter
50 g Parmesan
Muskatnuss
Salz

Zubereitungszeit: 25 Minuten

Broccoli putzen, waschen, in Salzwasser nicht zu weich kochen. Abseihen und abgetropft in der heißen Butter erhitzen. Für die Sauce Butter erhitzen, das Mehl einrühren, mit warmer Milch aufgießen und bei geringer Hitze langsam kochen lassen, dann den Käse einrühren und mit Salz und Muskatnuss würzen. Zuletzt den Dotter und das Obers unterrühren und dann die Sauce über das Gemüse gießen, sofort servieren.

Carpaccio mit Champignons und Parmesan

300 g Rindslungenbraten
250 g Champignons
2 EL Öl
50 g gehobelter Parmesan
3 EL klare Suppe
2 EL Öl
1 EL Essig
Pfeffer
Salz

Zubereitungszeit: 20 Minuten

Die Champignons putzen, sparsam waschen und gut abtropfen lassen, feinblättrig schneiden. Das Öl erhitzen, Champignons kurz darin braten, aus der Pfanne heben, auskühlen lassen. Das Fleisch putzen und in ganz dünne Scheiben schneiden, auf einem gekühlten Teller anrichten. Für die Marinade die Suppe, den Essig, Salz und Pfeffer gut verrühren, das Öl langsam, unter ständigem Rühren, dazugießen. Das Fleisch mit der Marinade gleichmäßig bestreichen, mit den Champignons belegen und mit dem Parmesan bestreuen.

Champignons gebacken

400 g Champignons
200 g Mehl
1 KL Salz
2 Eier
1 KL Öl
1/4 l Wein
Öl zum Ausbacken

Zubereitungszeit: 40 Minuten

Die Champignons putzen, Stiele entfernen, waschen und gut abtropfen lassen. Bereiten Sie aus dem Mehl, Salz, Eiern, Wein und Öl einen Backteig zu. Das Öl zum Ausbacken erhitzen, Champignonköpfe in den Backteig tauchen, kurz abtropfen lassen und, in dem heißen Fett schwimmend, hellbraun backen. Auf einem Küchenpapier abtropfen lassen und mit Sauce tatare servieren.

Emmentaler gebacken

4 Scheiben Emmentaler, 1 cm dick
2 Eier
Mehl
Brösel
Paprikapulver
Pfeffer
Salz
Öl zum Ausbacken

Zubereitungszeit: 25 Minuten

Die Eier gut verquirlen, Emmentaler mit Paprikapulver, Pfeffer und Salz würzen. Zuerst in Mehl, dann in den Eiern und den Bröseln wenden. Das Öl stark erhitzen, panierte Käsescheiben darin rasch goldbraun backen. Auf einem Küchenpapier abtropfen lassen und sofort servieren.

Tipp: Damit der heiße Käse nicht auslaufen kann, panieren Sie doppelt. Das heißt, den Käse in Mehl, Eier, Brösel wenden und dann nochmals in Eier und in Brösel legen.

Endiviensalat mit Salami und Käse

1 Endiviensalat
200 g Salami, dünn geschnitten
300 g Edamer Käse
300 g Paradeiser
1 Bund Petersilie
6 EL Öl
4 EL Essig
Oregano
Pfeffer
Salz

Zubereitungszeit: 30 Minuten

Die geschnittenen Salami in Streifen schneiden, Käse ebenfalls in feine Streifen schneiden. Die Paradeiser waschen, in kochendes Wasser tauchen, abschrecken, die Haut abziehen und in nicht zu starke Spalten schneiden. Die Petersilie waschen und fein hacken. Aus Öl, Essig, Salz, Pfeffer und Oregano eine Marinade zubereiten, Käse, Wurst, Paradeiser und Petersilie mit der Marinade vermengen und kalt stellen. Endiviensalat putzen, waschen und in Streifen schneiden, vor dem Anrichten mit den anderen Salatzutaten vermengen.

Erdäpfel gefüllt mit Lauch

500 g Erdäpfel
200 g Lauch
1/2 rote Paprika
2 EL Öl
Majoran
Pfeffer
Salz

Zubereitungszeit: 30 Minuten

Den Lauch waschen, halbieren und quer in Streifen schneiden, Paprika putzen, waschen und in dünne Streifen schneiden. Die Erdäpfel sehr gut waschen, im Backrohr bei 200 °C backen, bis sie weich sind. Überkühlen lassen, ein Drittel abschneiden und aushöhlen. 1 EL Öl erhitzen, die Paprikastreifen darin weich dünsten, im restlichen Öl den Lauch weich dünsten. Erdäpfel und den gedünsteten Lauch gut vermischen, mit Majoran, Pfeffer und Salz würzen. Die Masse in die ausgehöhlten Erdäpfel füllen, im Backrohr bei 200 °C 10 Minuten lang erhitzen. Vor dem Servieren mit den Paprikastreifen garnieren.

Fleisch-Gemüse-Sulz

400 g Gelbe Rüben
400 g Karotten
300 g Broccoli
250 g gekochtes Rindfleisch
1/2 l Rindsuppe
8 Blatt Gelatine
2 Zwiebeln
1 Bund Schnittlauch
1 EL Essig
3 EL Öl
Pfeffer
Salz

Zubereitungszeit: 45 Minuten (ohne Kühlzeit)

Gelbe Rüben und Karotten schälen, waschen, kleinwürfelig schneiden. Die Broccoli in kleine Röschen teilen, das gekochte Rindfleisch in 1/2-cm-Würfel schneiden. Das Gemüse in Salzwasser, nicht zu weich, kochen, abseihen, kalt abschrecken und gut abtropfen lassen. Die Gelatine in kaltem Wasser einweichen. Die Suppe erhitzen, aber nicht kochen lassen. Unter ständigem Rühren die gut ausgedrückte Gelatine in der Suppe auflösen, etwas überkühlen lassen. Gemüse und Fleisch vorsichtig unterrühren. Eine Kastenform mit Öl ausstreichen und mit Frischhaltefolie auslegen. Die Suppenmischung in die Form füllen, zum Erstarren, am besten über Nacht, in den Kühlschrank stellen. Für die Marinade Schnittlauch waschen, fein schneiden, Zwiebeln schälen, fein hacken. Öl, Essig, etwas Wasser, Salz und Pfeffer gut vermischen, Schnittlauch und Zwiebeln dazugeben. Vor dem Servieren die Sulz aus der Form stürzen, in Scheiben schneiden, auf einer Platte anrichten und die Marinade darüber gießen.

Forellenmousse

300 g Räucherforellenfilet
1/8 l Schlagobers
2 Blatt Gelatine
weißer Pfeffer
Salz

Zubereitungszeit: 25 Minuten (ohne Kühlzeit)

Das Schlagobers steif schlagen, Gelatine in Wasser einweichen, gut ausdrücken und in wenig heißem Wasser auflösen. Die Forelle passieren, mit der Gelatine vermischen und das Schlagobers unterziehen, mit Salz und weißem Pfeffer gut abschmecken. In kleine Formen füllen, 2 Stunden im Kühlschrank fest werden lassen.

Foto: GUSTO / Das Foto

Klachlsuppe

(siehe Rezept Seite 47)

Foto: Foto Liesl Biber

Knoblauchcremesuppe

(siehe Rezept Seite 48)

Foto: Foto Liesl Biber

Krautsuppe

(siehe Rezept Seite 50)

Foto: Foto Liesl Biber

Kürbiscremesuppe

(siehe Rezept Seite 53)

Foto: GUSTO / Stefan Liewehr

Rahmsuppe

(siehe Rezept Seite 59)

Foto: Foto Liesl Biber

Paradeissuppe

(siehe Rezept Seite 57)

Foto: GUSTO / Stefan Liewehr

Farfeln

(siehe Rezept Seite 81)

Foto: Foto Liesl Biber

Leberknödel

(siehe Rezept Seite 86)

Forellensalat

5 Räucherforellenfilets ohne Haut
2 kleine Orangen
2 Avocados
12 schwarze Oliven
Blattsalat
1/4 l Joghurt
2 EL Mayonnaise
1 Zitrone
3 EL Öl
Pfeffer
Salz

Zubereitungszeit: 30 Minuten

Forellenfilets in gleich große Stücke schneiden, falls Gräten vorhanden sind, diese mit einer Pinzette herauszupfen. Orangen schälen und filetieren. Für die Marinade Mayonnaise, Joghurt und Zitronensaft gut verrühren und mit Pfeffer und Salz abschmecken. Avocados schälen, in 1 cm große Würfel schneiden und sofort mit der Marinade vermischen. Oliven, Forellenstücke und Orangenfilets vorsichtig unterziehen. Forellensalat auf einer Platte anrichten und mit mariniertem Blattsalat garnieren.

Frühlingssalat

200 g Wildkräuter (Sauerampfer, Löwenzahn, Wildkresse, Gänseblümchen)
2 kleine Zwiebeln
2 Äpfel
1 Bund Radieschen
4 hart gekochte Eier
2 EL Essig
4 EL Öl
1 Prise Zucker
Pfeffer
Salz

Zubereitungszeit: 30 Minuten

Zwiebeln schälen, klein hacken, Wildkräuter waschen, grob schneiden. Aus Öl, Essig, Pfeffer, Salz, Zucker und den Zwiebeln eine Marinade zubereiten, Wildkräuter dazugeben und alles 15 Minuten ziehen lassen. In dieser Zeit Eier in Scheiben schneiden, Radieschen waschen, in kleine Stifte schneiden, Äpfel schälen und in kleine Stücke schneiden. Alle Zutaten mit den Wildkräutern vorsichtig vermischen, vor dem Anrichten mit Kresse bestreuen.

Gefüllte Eier

8 hart gekochte Eier
150 g Mayonnaise
Pfeffer
Salz
8 kleine Salatblätter
2 Radieschen
Dille
Schnittlauch
eingelegte Paprikastreifen

Zubereitungszeit: 25 Minuten

Die gekochten Eier schälen, der Länge nach halbieren. Mit einem Löffel den Dotter herausheben und fein passieren. Mit Mayonnaise verrühren und mit Salz und Pfeffer abschmecken. Die Masse in einen Spritzsack geben und die Eihälften damit füllen. Auf eine Platte die gewaschenen, abgetrockneten Salatblätter legen, Eihälften darauf setzen. Für die Garnierung Radieschen waschen, feinblättrig schneiden, Dille und Schnittlauch waschen und fein schneiden, Paprikastreifen abtropfen lassen. Die gefüllten Eier mit den verschiedenen Zutaten garnieren.

Tipp: Variieren können Sie die Garnierung mit gehackter Petersilie, gehackten Kapern, Sardellenfilets oder gewürfeltem Rohschinken.

Gefüllte Eier im Kressebeet

4 hart gekochte Eier
1 Becher Kresse
2 Schalotten
3 Essiggurken
1/2 TL gehackte Kapern
2 EL Crème fraîche
1 Karotte
Senf
1/2 Bund Schnittlauch
Pfeffer
Salz

Zubereitungszeit: 30 Minuten

Diese Zubereitung ist besonders geeignet für Ihr Osterfest. Essiggurken schneiden und fein hacken, Schalotten schälen, ebenso klein hacken, Schnittlauch waschen, in feine Röllchen schneiden. Eier schälen, oberes Drittel abschneiden, Dotter vorsichtig herauslösen und fein passieren. Dotter mit Crème fraîche, gehackten Schalotten, gehackten Kapern und Schnittlauch gut verrühren, mit Senf, Pfeffer und Salz abschmecken. Die Masse in einen Spritzsack geben und die Eier damit füllen, Deckel wieder aufsetzen. Aus dünnen Karottenscheiben kleine Hasenohren ausschneiden, in den Eideckel kleine Einschnitte machen und die Karottenohren hineinstecken. Vor dem Anrichten die Eierhasen in das Kressebeet setzen.

Tipp: Gekochte Eier können Sie leichter schälen, wenn Sie sie nach dem Kochen sofort mit kaltem Wasser abschrecken. Oder Sie klopfen das Ei an einer Stelle auf und blasen hinein, auch dann geht die Schale leicht ab.

Gemüsesalat mit Käse

1 roter Paprika
1 grüner Paprika
100 g Champignons
1 Salatgurke
1 Knolle Fenchel
1 Bund Petersilie
3 EL Zitronensaft
120 g Camembert
6 EL Öl
4 EL Essig
1 Prise Zucker
Pfeffer
Salz

Zubereitungszeit: 30 Minuten

Gurke schälen, halbieren, in kleine Stücke schneiden, Paprika waschen, putzen und in feine Streifen schneiden. Fenchel putzen, waschen, in Salzwasser blanchieren und in mundgerechte Stücke schneiden. Für die Marinade Öl, Essig, Salz, Pfeffer und Zucker verrühren und über das Gemüse gießen, ziehen lassen. Champignons putzen, sparsam waschen, trockentupfen und in Scheiben schneiden, sofort mit Zitronensaft beträufeln. Vorsichtig unter das marinierte Gemüse mischen. Petersilie waschen, klein hacken, den Käse in Scheiben schneiden. Salat in einer Schüssel anrichten, mit den Käsescheiben belegen und der Petersilie bestreuen.

Gemüsestrudel mit Schnittlauchsauce

200 g Karotten
200 g Kohlrabi
200 g Gelbe Rüben
1 EL Butter
50 g Mehl
1/8 l Milch
1 Dotter
1 Paket Strudelteig
Butter zum Bestreichen
Muskatnuss
Pfeffer
Salz
1/8 l Weißwein
1/8 l Hühnersuppe
1/4 l Obers
1 Bund Schnittlauch

Zubereitungszeit: 50 Minuten

Karotten, Gelbe Rüben, Kohlrabi schälen, waschen, kleinwürfelig schneiden und in Salzwasser bissfest kochen. Aus Butter, Mehl und warmer Milch eine Béchamel zubereiten. Die Gewürze und Dotter unterrühren, die Béchamel mit dem gut abgetropften Gemüse vermischen und überkühlen lassen. Ein Strudelblatt auflegen, mit flüssiger Butter bestreichen, dann das zweite Blatt darauf legen, die Gemüsemasse aufstreichen und fest einrollen. Backrohr auf 180 °C aufheizen, Strudel mit Butter bestreichen und 25 Minuten backen. Für die Sauce Schnittlauch waschen, klein schneiden. Hühnersuppe und Weißwein auf ein Drittel einkochen, Obers einrühren, mit Salz und Pfeffer würzen und dann den Schnittlauch beimengen.

Gemüseterrine

200 g Wurzelgemüse (Sellerie, Gelbe Rübe, Karotten)
1 kleine Zucchini
1/4 l Obers
3 Eier
3 Dotter
20 Broccoliröschen
Muskatnuss
Pfeffer
Salz

Zubereitungszeit: 1 Stunde 30 Minuten

Gelbe Rüben, Karotten, Sellerie schälen, waschen und kleinwürfelig schneiden. Die Zucchini waschen und auch in kleine Würfel schneiden. Broccoliröschen kurz überkochen. Das Wurzelgemüse kurz kochen, abseihen und dann mit dem Obers aufkochen. Zucchini, Dotter und Eier unter die Gemüsemasse rühren und würzen. Eine Kastenform zuerst mit Alufolie und dann mit einer Klarsichtfolie auslegen, die Gemüsemasse einfüllen, in die Mitte Broccoliröschen setzen, mit Folie abdecken und mit einem Deckel schließen. Das Backrohr auf 140 °C vorheizen, Terrine in ein Wasserbad setzen und 1 Stunde und 15 Minuten garen. Nach der Garzeit Terrine aus dem Rohr nehmen, erkalten lassen, stürzen und in Scheiben schneiden.

Gurke gefüllt mit Thunfisch

3 Salatgurken
150 g Thunfisch
40 g Reis
1/2 roter Paprika
2 EL Frischkäse
1 EL Sauerrahm
Zitronensaft
Pfeffer
Salz

Zubereitungszeit: 30 Minuten (ohne Kühlzeit)

Thunfisch abtropfen lassen, Paprika waschen, kleinwürfelig schneiden. Den Reis weich kochen, abseihen und kalt abschrecken. Frischkäse und Sauerrahm cremig rühren. Die Gurken der Länge nach halbieren, mit einem Messer aushöhlen, aber 1 cm Rand belassen. Den Thunfisch grob passieren, mit Paprikawürfel, Reis und Frischkäse gut vermischen, mit Pfeffer, Salz und Zitronensaft würzen. Die Masse in einen Spritzsack ohne Tülle geben und die Gurkenhälften füllen. Gurken in eine Frischhaltefolie wickeln und eine Stunde im Kühlschrank kalt stellen. Vor dem Servieren Gurken in Scheiben schneiden, auf einer Platte mit Paradeiserspalten und grünem Salat anrichten.

Tipp: Verwenden Sie zum Aushöhlen der Gurken ein scharfes Messer mit einer schmalen Klinge, stechen Sie das Messer bis an das Ende der Gurke. Drehen Sie nun die Gurke um das Messer und schneiden Sie so das Mittelstück heraus.

Heringsterrine

14 Heringsfilets
9 Blatt Gelatine
1/4 l Joghurt
150 g Sauerkraut
400 g gekochte Erdäpfel
100 g Apfel
150 g Salatgurke
1 EL gehackte Kräuter
2 EL Zitronensaft
Öl zum Ausstreichen
Pfeffer
Salz

Zubereitungszeit: 45 Minuten (ohne Kühlzeit)

Gurke, Apfel und Erdäpfel schälen, kleinwürfelig schneiden und sofort mit Zitronensaft vermischen. Sauerkraut ausdrücken, grob schneiden. Gelatine in kaltem Wasser einweichen. Eine Kastenform mit Öl ausstreichen und mit Frischhaltefolie auslegen. Gelatine ausdrücken, mit etwas Joghurt über Wasserdampf schmelzen lassen. Dann mit restlichem Joghurt verrühren, Erdäpfel, Apfel, Gurke, Sauerkraut und Kräuter unterrühren und mit Pfeffer und Salz würzen. 11 Heringsfilets auf den Boden der Kastenform legen, die Masse einfüllen, mit den restlichen Filets abschließen. Die Terrine mit Frischhaltefolie abdecken, im Kühlschrank, am besten über Nacht, erstarren lassen. Vor dem Anrichten Terrine stürzen, Folie abziehen und in Scheiben schneiden.

Hörnchensalat

200 g Hörnchen
200 g Fisolen
200 g gekochtes Kalbfleisch
2 rote Paprika
1 Zwiebel
100 g Mayonnaise
3 EL Essig
1 TL Senf
Paprikapulver
Salz

Zubereitungszeit: 30 Minuten

Zwiebel schälen, klein hacken, Fisolen putzen, waschen, in kleine Stücke schneiden. Paprika waschen, Kalbfleisch und Paprika in feine Streifen schneiden. Hörnchen in Salzwasser weich kochen, die Fisolen ebenfalls weich dünsten. Für die Sauce Mayonnaise, Essig, Senf, Paprikapulver und Salz gut verrühren und mit den vorbereiteten Zutaten vermischen.

Huhn in Thunfischsauce

1 kg Hühnerfilets
1 Bund Suppengrün
3/4 l Hühnersuppe
1/8 l Weißwein
4 Sardellenfilets
150 g Thunfisch
1 Zwiebel
1 EL Kapern
1/4 l Mayonnaise
1/8 l Obers
1 Lorbeerblatt
Pfefferkörner
3 gepresste Knoblauchzehen
Pfeffer
Salz
1/2 Glas schwarze Oliven

Zubereitungszeit: 1 Stunde 15 Minuten (ohne Kühlzeit)

Zwiebel schälen, grob schneiden, Suppengrün schälen, waschen, kleinwürfelig schneiden. Die Suppe mit dem Wein verrühren, Zwiebel, Pfefferkörner, Lorbeerblatt und das Suppengrün dazugeben und aufkochen. Hühnerfilets einlegen, bei geringer Hitze 15 Minuten kochen, dann im Kochfond auskühlen lassen. Thunfisch abtropfen lassen, mit einem 1/8 l vom kalten Fond, Obers, Kapern und Sardellenfilets im Mixer pürieren, mit Pfeffer, Salz und gepressten Knoblauchzehen würzen, Mayonnaise untermischen. Hühnerfilets in Scheiben schneiden, den Boden einer länglichen Form mit etwas Thunfischsauce ausgießen, Hühnerfilets einlegen und mit der restlichen Sauce begießen. Mit einer Frischhaltefolie abdecken, über Nacht im Kühlschrank ziehen lassen. Vor dem Servieren mit schwarzen Oliven garnieren.

Huhn in Aspik

4 Hühnerkeulen ohne Haut
1/2 l Weißwein
1/2 l Wasser
2 Lorbeerblätter
4 Pfefferkörner
1 Wurzelgemüse
1/2 Bund Petersilie
6 Blatt Gelatine
5 EL Öl
5 EL Essig
1/2 Bund Petersilie
1/2 Bund Schnittlauch
1 Karotte
Pfeffer
Salbeiblätter
Salz

Zubereitungszeit: 1 Stunde 15 Minuten

Das Wurzelgemüse schälen und waschen. Petersilie waschen, klein hacken, in einem Topf den Weißwein und 1/2 l Wasser erhitzen, enthäutete Hühnerkeulen, Wurzelgemüse, Pfefferkörner, Lorbeerblatt und Salz dazugeben, bei geringer Hitze eine Stunde kochen lassen. Nach Ende der Kochzeit Hühnerkeulen aus dem Sud nehmen, das Fleisch von den Knochen lösen und klein schneiden, Gelatine in kaltem Wasser einweichen. Wurzelgemüse herausnehmen und kleinwürfelig schneiden. Hühnersud durch ein feines Sieb passieren, mit Essig und Salz abschmecken, die eingeweichte Gelatine darin auflösen. Hühnerfleisch, Gemüse und die gehackte Petersilie wieder dazugeben und gut umrühren. Diese Masse dann in eine Puddingform füllen und im Kühlschrank, am besten über Nacht oder mindestens für 6 Stunden, stocken lassen. Für die

Kräutermarinade, Petersilie, Schnittlauch, Salbeiblätter waschen, fein hacken, die Karotte schälen und grob raspeln. Öl, Essig, Kräuter, Karotte, Pfeffer und Salz gut verrühren, falls notwendig etwas Wasser dazugeben. Vor dem Anrichten Puddingform kurz in heißes Wasser tauchen, Hühneraspik auf eine vorbereitete Platte stürzen, gemeinsam mit der Kräutermarinade servieren.

Hühnerlebermousse mit Preiselbeeren

250 g Hühnerleber
1 Zwiebel
1 EL Butter
2 EL Weinbrand
30 g Butter
30 g Mehl
1/4 l Milch
1 Blatt Gelatine
1/8 l Schlagobers
Majoran
Thymian
Pfeffer
Salz

Zubereitungszeit: 30 Minuten

Zwiebel schälen, fein hacken, das Schlagobers steif schlagen. Aus 30 g Butter, 30 g Mehl und 1/4 l warmer Milch eine Béchamel zubereiten. Butter erhitzen, das Mehl kurz anschwitzen lassen und mit der Milch aufgießen, bei geringer Hitze 15 Minuten kochen lassen. Hühnerleber in kleine Stücke schneiden, 1 EL Butter erhitzen, Zwiebel darin anlaufen lassen, die Leber dazugeben und alles gut durchrösten, mit 1 EL Weinbrand ablöschen und mit Salz, Pfeffer, Majoran und Thymian würzen. Die geröstete Hühnerleber mit der Béchamelsauce pürieren. Die Gelatine 5 Minuten in kaltem Wasser einweichen, gut ausdrücken, im erwärmten Weinbrand auflösen. Gelatine unter die Hühnermasse rühren, das Schlagobers vorsichtig unterheben. Hühnermousse in Formen füllen, zum Festwerden in den Kühlschrank, am besten über Nacht, stellen.

Hühnerleberpüree

300 g Hühnerleber
2 EL Öl
1/2 Bund Petersilie
2 Knoblauchzehen
1 Apfel
1/2 l Weißwein
2 EL Zitronensaft
1 Sardellenfilet
30 g Kapern
Pfeffer
Salz

Zubereitungszeit: 25 Minuten

Knoblauch schälen, fein hacken, ebenso das Sardellenfilet und die Kapern fein hacken. Petersilie waschen, fein hacken. Das Öl erhitzen, Hühnerleber und Knoblauch darin anrösten, 2 Minuten dünsten lassen. Mit dem Weißwein ablöschen, 5 Minuten dünsten. Den Apfel schälen, direkt in die Pfanne reiben, umrühren, Petersilie dazugeben und alles nochmals 5 Minuten weiter dünsten. Dann die Kapern und Sardellen beifügen, mit Salz und Pfeffer würzen und alle Zutaten durch ein feines Sieb passieren.

Hühnersalat

400 g Hühnerbrustfilet
1 roter Apfel
Öl zum Braten
100 g dunkle Trauben
200 g Melone
50 g helle Trauben
1 Avocado
1 Fleischparadeiser
2 Champignons
1 roter Paprika
1 gelber Paprika
1/2 Becher Joghurt
1 TL Zitronensaft
2 EL Öl
Pfeffer
Salz

Zubereitungszeit: 40 Minuten

Öl erhitzen, das enthäutete Hühnerbrustfilet salzen und auf beiden Seiten kurz anbraten, überkühlen lassen. Die Trauben halbieren, Melone entkernen, kleinwürfelig schneiden. Avocado schälen, entkernen, klein schneiden. Paradeiser kurz in kochendes Wasser legen, mit kaltem Wasser abschrecken, die Haut abziehen und kleinwürflig schneiden. Die Paprika waschen, putzen, feinnudelig schneiden, die Champignons in sehr feine Scheiben schneiden. Einen Teller mit Salatblättern auslegen, das in schräge Scheiben geschnittene Brustfleisch, abwechselnd mit allen geschnittenen Zutaten, darauf anrichten. Joghurt mit Salz, Pfeffer, Zitronensaft und Öl gut verrühren und über den Hühnersalat gießen.

Tipp: Frisches Geflügel erkennen Sie am weichen Brustbein, das Fleisch sollte hell sein. Unbedingt sollten Sie vor der Zubereitung aller Geflügelarten diese gründlich mit heißem Wasser abwaschen und anschließend mit Küchenpapier trockentupfen.

Kalter gefüllter Braten

6 Scheiben kalter Schweinsbraten
150 g Topfen
2 EL Kren
1/8 l Schlagobers
Zucker
Salz

Zubereitungszeit: 15 Minuten

Das Schlagobers steif schlagen, Topfen, Gewürze und den Kren vorsichtig einrühren. Die kalten Bratenscheiben auflegen, Masse in einen Spritzsack füllen und auf den Braten aufdressieren, dann einrollen.

Karfiol gratiniert

1 Karfiolrose
200 g Schinken
200 g Emmentaler
1/4 l Sauerrahm
2 Eier
Pfeffer
Salz

Zubereitungszeit: 40 Minuten

Karfiol in Röschen teilen, waschen, in Salzwasser bissfest kochen. In dieser Zeit den Schinken kleinwürfelig schneiden und den Käse grob reiben. Nach Ende der Kochzeit Karfiol abseihen, gut abtropfen lassen. Sauerrahm mit den Eiern gut versprudeln, mit Salz und Pfeffer würzen, Schinken und Käse einrühren, zuletzt die Karfiolröschen unterheben. Backrohr auf 180 °C vorheizen, eine Form einfetten und die Masse einfüllen, mit Butterflocken belegen und 30 Minuten im Rohr bei 200 °C überbacken.

Karfiolmus

500 g Karfiol
1/8 l Schlagobers
1/8 l Sauerrahm
6 Blatt Gelatine
1 Becher Crème fraîche
3 EL Kürbiskernöl
4 EL Rindsuppe
Salatblätter zum Garnieren
Muskatnuss
Pfeffer
Salz

Zubereitungszeit: 40 Minuten (ohne Kühlzeit)

Karfiol in Röschen teilen, in Salzwasser weich kochen, abseihen und gut abtropfen lassen. Auflaufformen mit kaltem Wasser ausspülen und kalt stellen, Gelatine einweichen. Schlagobers steif schlagen, Karfiolröschen mit dem Sauerrahm gut verrühren, im Mixer pürieren, mit Muskatnuss, Pfeffer und Salz würzen. Etwas von der Karfiolmasse im Wasserbad erwärmen, Gelatine gut ausdrücken und darin auflösen. Dann die restliche Masse einrühren und das Schlagobers vorsichtig unterziehen. Die kalten Förmchen mit der Karfiolcreme füllen, mit Frischhaltefolie abdecken und zum Festwerden mindestens 3 Stunden in den Kühlschrank stellen. Vor dem Anrichten Formen kurz in heißes Wasser tauchen und auf Teller stürzen, mit marinierten Salatblättern garnieren. Dazu passt sehr gut eine Kernölsauce. Verrühren Sie die Crème fraîche mit Kürbiskernöl und Rindsuppe, mit Salz und Pfeffer würzen.

Karfiolpudding

1 Rose Karfiol
3/8 l Milch
100 g Grieß
40 g Butter
2 Dotter
1 Ei
2 Bund Schnittlauch
Muskatnuss
Pfeffer
Salz

Zubereitungszeit: 1 Stunde 45 Minuten

Schnittlauch waschen, fein schneiden, den Karfiol putzen, waschen und in kleine Stücke schneiden, verwenden Sie auch den Stiel mit. Salzwasser erhitzen, Karfiol weich kochen, abseihen und gut abtropfen lassen, mit dem Mixer feinst pürieren. Die Milch mit der Butter aufkochen, Grieß dazugeben und unter ständigem Rühren zu einer dicken Masse einkochen, überkühlen lassen. Dann das Ei und die Dotter gut untermischen, mit Muskatnuss, Pfeffer und Salz würzen. Kleine feuerfeste Formen mit etwas zerlassener Butter ausstreichen, Grießmasse mit dem passierten Karfiol verrühren, den Schnittlauch untermischen. Nun das Backrohr auf 130 °C vorheizen. Karfiolpudding in die Formen füllen, auf ein Backblech mit hohem Rand stellen und so viel heißes Wasser einfüllen, dass die Förmchen im Wasserbad stehen. Den Pudding eine Stunde im Rohr gar ziehen lassen. Nach Ende der Garzeit Auflaufformen aus dem Rohr nehmen, Pudding mit einem Messer vom Rand lösen und auf einen Teller stürzen.

Karfiolsülzchen mit Schwammerln und Broccoli

250 g geputzter Karfiol
250 g geputzte Broccoli
150 g Schwammerln
6 Knoblauchzehen
1 Zwiebel
8 Blatt Gelatine
1/2 l Rindsuppe
Essig
Öl
Pfeffer
Salz

Zubereitungszeit: 1 Stunde

Zwiebel schälen, fein hacken, Knoblauchzehen schälen und pressen, Schwammerl putzen, sparsam waschen, in kleine Stücke schneiden. Karfiol und Broccoli in Röschen teilen, in Salzwasser bissfest kochen, abseihen, mit kaltem Wasser abschrecken und gut abtropfen lassen. Öl erhitzen, Zwiebel und Schwammerl kurz anrösten, mit Knoblauch, Pfeffer und Salz würzen, so lange dünsten, bis die komplette Flüssigkeit verdampft ist, auskühlen lassen. Gelatine in kaltem Wasser 5 Minuten einweichen. Die Suppe erhitzen, aber nicht kochen lassen, gut ausgedrückte Gelatine darin auflösen. Nachdem die Suppe etwas abgekühlt ist, das ganze Gemüse einrühren. Auflaufformen mit kaltem Wasser ausspülen, die Hälfte des Gemüses mit einem Schaumlöffel aus der Suppe heben und in die Formen legen, mit Suppe bedecken. Das restliche Gemüse einlegen und mit der Suppe bis zum Rand auffüllen. Mit Frischhaltefolie abdecken, im Kühlschrank über Nacht erstarren lassen. Vor dem Anrichten Formen kurz in heißes Wasser tauchen und auf einen Teller stürzen.

Karotten gefüllt

4 große Karotten
1 Apfel
200 g Schinken
4 Maiskolben (aus dem Glas)
6 Essiggurken
1/2 Bund Petersilie
2 EL Mayonnaise
2 EL Sauerrahm
1 EL Zitronensaft
1 TL Zucker
Pfeffer
Salz

Zubereitunszeit: 40 Minuten

Die Karotten schälen, waschen, der Länge nach halbieren. Salzwasser mit einem 1 TL Zucker erhitzen, Karotten darin 20 Minuten weich kochen. In dieser Zeit den Apfel waschen, das Kerngehäuse ausstechen, mit der Schale kleinwürfelig schneiden. Schinken, Essiggurken und die Maiskolben ebenfalls in kleine Würfel schneiden. Petersilie waschen, fein hacken. Nach Ende der Kochzeit die Karotten abseihen, mit kaltem Wasser abschrecken, überkühlen lassen. Mit einem Teelöffel vorsichtig aushöhlen. Schinken, Essiggurken, Apfel und Maiskolben gut vermischen, mit Zitronensaft, Pfeffer und Salz würzen. Dann den Sauerrahm und die Mayonnaise verrühren und unterrühren. Den Salat 15 Minuten im Kühlschrank ziehen lassen, dann in die ausgehöhlten Karotten füllen. Vor dem Servieren werden die Karotten mit der Petersilie bestreut.

Käse-Eier-Salat

6 hart gekochte Eier
200 g Käse (Gouda, Emmentaler, Trappistenkäse)
2 Kohlrabi
3 Karotten
50 g Erbsen
4 EL Essig
4 EL Öl
1 TL Senf
Kerbel
1 zerdrückte Knoblauchzehe
Pfeffer
Salz

Zubereitungszeit: 25 Minuten (ohne Kühlzeit)

Die Erbsen weich dünsten, Käse und Karotten in feine Streifen schneiden, Kohlrabi kleinwürfelig schneiden. Die Eier schälen, achteln, alle Zutaten vorsichtig vermengen. Aus Essig, Öl, Salz, Senf, Pfeffer, etwas Kerbel und der zerdrückten Knoblauchzehe bereitet man eine Marinade, die man dann über den Salat gießt. Lassen Sie den Salat dann mindestens 2 Stunden im Kühlschrank ziehen.

Käse-Kräuter-Terrine

500 g Frischkäse
1/4 l Rindsuppe
7 Blatt Gelatine
2 Paradeiser
1 EL gemischte Kräuter
Öl
Pfeffer
Salz

Zubereitungszeit: 45 Minuten

Paradeiser kurz in kochendes Wasser legen, mit kaltem Wasser abschrecken, schälen. Geschälte Paradeiser vierteln, entkernen und kleinwürfelig schneiden. Gelatine in kaltem Wasser einweichen. Eine Terrinenform mit Öl ausstreichen, mit Frischhaltefolie auslegen. Suppe erhitzen, gut ausgedrückte Gelatine darin auflösen, etwas überkühlen lassen. Frischkäse mit der Suppe glatt rühren, Kräuter und Paradeiser dazugeben, mit Pfeffer und Salz würzen. Diese Masse in die Terrine füllen, mit Frischhaltefolie abdecken, über Nacht im Kühlschrank fest werden lassen. Vor dem Anrichten Terrine stürzen und in nicht zu dünne Scheiben schneiden.

Tipp: Nehmen Sie die Terrine rechtzeitig aus dem Kühlschrank, damit sie nicht zu kalt ist. Der Geschmack ist am besten, wenn die Terrine temperiert ist. Hübsch sieht es aus, wenn Sie die Terrine vor dem Anschneiden mit gehackten Kräutern bestreuen.

Käse-Wurst-Salat

400 g Extrawurst
400 g Hartkäse (Edamer, Emmentaler)
1 Bund Radieschen
4 Paradeiser
1 grüner Paprika
1 Zwiebel
1/2 Bund Petersilie
Salatblätter zum Auslegen
1 Knoblauchzehe
1 EL Essig
3 EL Öl
Pfeffer
Salz

Zubereitungszeit: 30 Minuten

Zwiebel schälen, klein hacken, Knoblauch schälen und pressen. Paprika, Radieschen und Paradeiser waschen und in gleich große Stücke schneiden. Wurst und Käse in Stifte schneiden, alle Zutaten gut vermischen. Petersilie waschen, grob hacken, Salatblätter waschen, gut abtropfen lassen. Aus Essig, Öl, Pfeffer, Salz und gepresstem Knoblauch eine Marinade zubereiten, über den Käse-Wurst-Salat gießen und ziehen lassen. Vor dem Servieren eine Schüssel mit Salatblättern auslegen, den Salat einfüllen und mit Petersilie bestreuen.

Kohlrabi mit Erbsenmus

12 kleine Kohlrabi
1/16 l Rindsuppe
300 g tiefgekühlte Erbsen
0,1 l Milch
1 EL Butter
3 EL Grieß
Muskatnuss
Pfeffer
Salz

Zubereitungszeit: 1 Stunde

Die Kohlrabi schälen und mit einem Kugelausstecher aushöhlen, lassen Sie einen Rand von 1 Zentimeter. Ausgehöhlte Kohlrabi im Salzwasser weich kochen, abschrecken, gut abtropfen, am besten auf einem Küchentuch mit der Öffnung nach unten. Während die Kohlrabi kochen, die Butter erhitzen, Erbsen darin anschwitzen, mit Milch aufgießen, weich kochen, öfters umrühren. Die Erbsen dann im Mixer pürieren, mit Muskatnuss, Pfeffer und Salz würzen. Nun Grieß in das Püree einrühren, bei geringer Hitze 1 Minute einkochen. Das Backrohr auf 180 °C vorheizen. Die Kohlrabi mit dem Erbsenpüree füllen, in eine Auflaufform die Rindsuppe gießen, die Kohlrabi darauf setzen, 20 Minuten im Rohr garen lassen.

Kräutererdäpfel

1 1/4 kg Erdäpfel
1 TL Basilikum
1 TL Thymian
1 TL Majoran
40 g Butter
40 g Mehl
1/8 l Weißwein
1/8 l Milch
1/4 l Wasser
1 Würfel Suppenwürze
Muskatnuss
Pfeffer
Salz

Zubereitungszeit: 1 Stunde 20 Minuten

Erdäpfel schälen, in 1/2 cm dicke Scheiben schneiden, in Salzwasser einmal aufkochen und dann abtropfen lassen. Butter erhitzen, Mehl kurz anschwitzen lassen, mit Weißwein, Milch und Wasser aufgießen, einkochen lassen. Diese Einmach mit den Kräutern, Suppenwürze, Muskatnuss, Pfeffer und Salz würzen. Eine Auflaufform ausfetten, Erdäpfelscheiben einlegen, die Sauce darüber gießen und mit Butterflocken belegen. Backrohr auf 180 °C vorheizen, Erdäpfel darin eine Stunde garen lassen. Kurz vor Ende der Garzeit 2 EL geriebenen Käse auf die Erdäpfel geben und mitbacken.

Kräutertaschen

400 g tiefgekühlter Blätterteig
50 g Brennnesselblätter
20 g Bärlauchblätter
1/2 l Wasser
50 g Schinken
3 EL geriebener Käse
3 EL Obers
1 TL Speisestärke
1 Ei
Pfeffer
Salz

Zubereitungszeit: 35 Minuten (ohne Auftauzeit)

Bärlauch- und Brennnesselblätter waschen, in 1/2 l Wasser kurz überkochen, abgießen und grob hacken. Schinken fein hacken, das Ei trennen. Die gehackten Blätter mit Schinken, Käse, Obers und Speisestärke gut vermischen, mit Pfeffer und Salz würzen. Aufgetauten Blätterteig in Quadrate schneiden, 10 x 10 cm, aus restlichem Teig kleine Kreise ausstechen. Die Fülle auf den Teigquadraten verteilen, Ecken umschlagen. Die ausgestochenen Teigkreise mit Eiweiß bestreichen und in der Mitte auf die umgeschlagenen Ecken fest andrücken. Das Backrohr auf 225 °C vorheizen, Teigtaschen mit Dotter bestreichen und 20 Minuten backen.

Kümmelerdäpfel

8 mittelgroße Erdäpfel
2 EL Kümmel
40 g Butter
Salz

Zubereitungszeit: 45 Minuten

Erdäpfel gründlich waschen, halbieren, die Schnittflächen salzen und mit dem Kümmel bestreuen. Backrohr auf 200 °C vorheizen, ein Backblech mit Butter bestreichen, die Erdäpfel auf das Blech, mit der Schnittfläche nach oben, setzen. Die restliche Butter zergehen lassen und über die Erdäpfel gießen, 40 Minuten fertig garen. Mit frischem Blattsalat anrichten.

Lachsterrine mit Gemüsefülle

200 g geschnittener Räucherlachs
200 g Gervais
1/4 l Sauerrahm
3 Blatt Gelatine
3 EL Zitronensaft
100 g Karotten
100 g Gelbe Rüben
100 g Lauch
1 EL gehackte Dille
Öl zum Ausstreichen
Pfeffer
Salz

Zubereitungszeit: 30 Minuten

Karotten und Gelbe Rüben schälen, waschen, Lauch putzen, waschen, alles kleinwürfelig schneiden. In Salzwasser weich kochen, abseihen, mit kaltem Wasser abschrecken und gut abtropfen lassen. Eine kleine Terrinenform mit Öl ausstreichen und mit Frischhaltefolie belegen. Gelatine in kaltem Wasser einweichen. Sauerrahm, Gervais, Gemüse, Dille, Zitronensaft, Pfeffer und Salz glatt verrühren. Die Gelatine gut ausdrücken, mit etwas Gemüsemasse mischen, über Wasserdampf auflösen dann die restliche Gervais-Gemüse-Mischung zügig unterrühren. Zwei Drittel der Lachsscheiben auf den Boden der Terrinenform legen, die Masse in die Form füllen und gut verstreichen. Eine Stunde lang im Kühlschrank kalt stellen, dann den restlichen Lachs auflegen, mit der Frischhaltefolie zudecken. Terrine über Nacht im Kühlschrank fest werden lassen. Vor dem Servieren stürzen, Frischhaltefolie abziehen und in nicht zu dünne Scheiben schneiden.

Löwenzahnsalat mit Erdäpfeln

300 g Löwenzahnblätter
200 g durchzogener Speck
400 g Kipfler
4 Eier
2 EL Essig
3 EL Kernöl
Pfeffer
Salz

Zubereitungszeit: 35 Minuten

Die Eier hart kochen und schälen, Erdäpfel waschen, in Salzwasser weich kochen, mit kaltem Wasser abschrecken, schälen, feinblättrig schneiden. Löwenzahnblätter waschen und gut abtropfen lassen. Den Speck kleinwürfelig schneiden, in einer Pfanne erhitzen, wenn das Fett austritt, die geschnittenen Erdäpfel dazugeben, kurz durchmischen, mit Pfeffer und Salz würzen. Dann den Essig und das Kernöl dazugeben. In einer Schüssel Löwenzahn und Erdäpfel gut vermischen. Vor dem Anrichten die gekochten Eier in Scheiben schneiden und den Salat damit garnieren.

Maissalat mit Schinken

300 g Maiskörner (aus der Dose)
300 g Fisolen
250 g Champignons
2 rote Paprika
2 Tassen Kresse
300 g Schinken
Salatblätter
1 EL Essig
3 EL Öl
Pfeffer
Salz

Zubereitungszeit: 40 Minuten

Die Fisolen putzen, waschen, in Stücke schneiden. In Salzwasser weich kochen, abseihen, kalt abschrecken und gut abtropfen lassen. Paprika putzen, waschen, kleinwürfelig schneiden. Champignons putzen, sparsam waschen, gut abtropfen lassen und feinblättrig schneiden, den Schinken in feine Streifen schneiden. Die Maiskörner gut abtropfen lassen, falls notwendig kurz mit Wasser abspülen, die Kresse von den Stielen schneiden. Salatblätter ebenfalls waschen und abtropfen lassen. Maiskörner, Fisolen, Schinken, Champignons, Paprika und Kresse gut vermischen. Eine Marinade aus Essig, Öl, Pfeffer, Salz und etwas Wasser zubereiten, über den Salat gießen, gut durchmischen. Salatblätter ebenfalls marinieren, eine Schüssel damit auslegen und den Maissalat einfüllen.

Nudelsalat

500 g Nudeln (Spaghetti, Bandnudeln)
300 g faschiertes Kalbfleisch
2 grüne Paprika
3 Paradeiser
1 EL Essig
3 EL Öl
Pfeffer
Salz

Zubereitungszeit: 30 Minuten

Nudeln in Salzwasser weich kochen, abseihen und auskühlen lassen. Inzwischen das faschierte Kalbfleisch in etwas Öl anbraten, die Paprika putzen, waschen, feinnudelig schneiden. Paradeiser kurz in kochendes Wasser legen, mit kaltem Wasser abschrecken, schälen, entkernen und klein schneiden. Eine Marinade aus Essig, Öl, Salz und Pfeffer zubereiten, alle Zutaten gut vermischen und marinieren.

Tipp: Geben Sie gegen Ende der Kochzeit etwas Öl in das Salzwasser, damit die Nudeln nicht kleben. Beim Marinieren sparsam mit der Flüssigkeit umgehen, der Salat sollte trocken bleiben.

Olivensulz

1/2 l Rindsuppe
8 Blatt Gelatine
3 hart gekochte Eier
100 g Erbsen
100 g eingelegte Champignons
3 EL eingelegte Paprikastreifen
15 mit Paprika gefüllte Oliven
1 TL Essig
1/2 Bund Petersilie
Pfeffer
Salz

Zubereitungszeit: 1 Stunde (ohne Kühlzeit)

Erbsen in Salzwasser weich kochen, abseihen, gut abtropfen lassen, Eier in Scheiben schneiden. Petersilie waschen und die Blätter von den Stielen zupfen. Champignons, Paprikastreifen und Oliven abtropfen lassen, Champignons und Oliven in Scheiben schneiden. Gelatine in kaltem Wasser einweichen, Suppe erhitzen, gut ausgedrückte Gelatine darin auflösen. Suppe mit Pfeffer, Salz und Essig abschmecken. Kleine Formen oder Teetassen mit kaltem Wasser ausspülen, etwas von der Suppe in die Tassen gießen, Petersilienblätter darauf legen und erstarren lassen. Dann alle Zutaten schichtweise einlegen, zuletzt die restliche Suppe einfüllen. Formen in den Kühlschrank, am besten über Nacht, zum Erstarren stellen. Vor dem Anrichten den Rand der Sulz mit einem Messer lösen, Formen kurz in heißes Wasser tauchen und auf einen Teller stürzen.

Paprikamus

600 g rote Paprika
300 g grüne Paprika
2 EL Butter
3/4 l Rindsuppe
9 Blatt Gelatine
Thymian
Pfeffer
Salz

Zubereitungszeit: 45 Minuten (ohne Kühlzeit)

Paprika putzen, waschen, kleinwürfelig schneiden, trennen Sie die Paprikawürfel nach der Farbe. 1 EL Butter erhitzen, grüne Paprika darin anschwitzen lassen, mit 1/4 l Suppe aufgießen und weich kochen, anschließend pürieren. 3 Blatt Gelatine in kaltem Wasser einweichen. Vier Formen mit kaltem Wasser ausspülen. Eingeweichte Gelatine im grünen Paprikamus auflösen, mit Salz, Pfeffer und Thymian würzen, in die vorbereiteten Formen füllen, 30 Minuten in den Kühlschrank stellen. In dieser Zeit die roten Paprika in Butter anschwitzen lassen, mit restlicher Suppe aufgießen und wie bei grünem Mus beschrieben, vorgehen. Rotes Mus auf das grüne Mus füllen und zum Festwerden, das dauert 4 Stunden, in den Kühlschrank stellen. Vor dem Anrichten Formen kurz in heißes Wasser tauchen und auf Teller stürzen.

Paradeiser gefüllt

8 Paradeiser
500 g Gervais
75 g gehackte, gemischte Kräuter
4 Blatt Gelatine
1 MS Senf
2 TL gerissener Kren
Zitronensaft
Pfeffer
Salz

Zubereitungszeit: 45 Minuten

Gelatine 5 Minuten in kaltem Wasser einweichen, Kräuter waschen, fein hacken. Den Gervais cremig rühren, mit Kren, Senf, Zitronensaft, Pfeffer und Salz würzen. Gervais und Kräuter gut vermischen, Gelatine ausdrücken und über Wasserdampf schmelzen, dann zügig in den Kräutergervais einrühren. Paradeiser waschen, die Kappe gegenüber dem Stielansatz abschneiden, zur Garnierung beiseite legen. Paradeiser aushöhlen, den Kräutergervais einfüllen und glatt streichen. Zum Festwerden die gefüllten Paradeiser mindestens 3 Stunden in den Kühlschrank stellen. Paradeiserkappen in Streifen schneiden, vor dem Anrichten die Paradeiser damit garnieren.

Paradeiser gefüllt mit Eiern

4 Fleischparadeiser
1 EL Öl
4 Eier
2 EL geriebener Emmentaler
1 EL gehackte Petersilie
Pfeffer
Salz

Zubereitungszeit: 30 Minuten

Paradeiser waschen, abtrocknen, Kappe gegenüber des Stielansatzes abschneiden. Die Paradeiser aushöhlen, abtropfen lassen, mit Pfeffer und Salz würzen. Backrohr auf 220 °C vorheizen, Paradeiser rundherum mit etwas Öl bepinseln. In jede Frucht ein Ei schlagen, mit einem Tropfen Öl beträufeln, mit geriebenem Emmentaler bestreuen und im vorgeheizten Backrohr 10–15 Minuten stocken lassen. Vor dem Anrichten mit Petersilie bestreuen und eventuell noch nachwürzen.

Tipp: Würzen Sie das Ei niemals vorher, da es sonst hart wird.

Paradeiser mit Mozzarella

6 Paradeiser
200 g Mozzarella
6 EL Öl
2 EL Essig
25 Basilikumblätter
Pfeffer
Salz

Zubereitungszeit: 20 Minuten

Basilikumblätter waschen, abtrocknen, die Paradeiser waschen und in Scheiben schneiden. Mozzarella gut abtropfen lassen, in Scheiben schneiden. In eine tiefe Platte abwechselnd Paradeiser und Mozzarella schichten, auf jede Käsescheibe ein Basilikumblatt legen. Für die Marinade Essig, Öl, Salz, Pfeffer, und falls notwendig etwas Wasser, gut vermischen, über Paradeiser und Mozzarella gießen, im Kühlschrank kurz ziehen lassen.

Pochierte Eier in Schnittlauchcreme

4 Eier
1 EL Essig
3/4 l Wasser
250 g Mayonnaise
1/4 l Schlagobers
1 Bund Schnittlauch
Pfeffer
Salz

Zubereitungszeit: 20 Minuten

Schnittlauch waschen, in feine Röllchen schneiden. Das Schlagobers steif schlagen. Das Wasser mit dem Essig aufkochen, jedes Ei einzeln aus einer Tasse vorsichtig in das kochende Essigwasser einlegen, 3–4 Minuten leicht wallen lassen, aus dem Wasser heben, auf einem Tuch abtropfen lassen, die Ränder sauber abschneiden. Für die Schnittlauchcreme Schlagobers, Mayonnaise und den geschnittenen Schnittlauch gut vermengen, salzen und pfeffern. Vor dem Servieren die pochierten Eier in die Creme legen.

Tipp: Nur einige Beispiele, wie Sie pochierte Eier noch servieren können: Eier in eine Paradeismayonnaise legen, mit gehacktem Schnittlauch bestreuen. Eier in eine Senfsauce legen, mit klein geschnittenen Gurken garnieren, oder auf eine geröstete Weißbrotscheibe legen und mit pikant abgeschmecktem, gehacktem Spinat servieren. Toastbrot sollten Sie übrigens immer in den Kühlschrank legen, dann wird sich kein Schimmel bilden.

Rindfleisch in Aspik

150 g gekochtes Rindfleisch
150 g gekochte Karottenscheiben
150 g Gurkenscheiben
100 g gekochte Erbsen
2 Gewürzgurken
1/2 Bund Schnittlauch
1/2 l Gemüsesuppe
5 Blatt Gelatine
Essig
Pfeffer
Salz

Zubereitungszeit: 30 Minuten (ohne Kühlzeit)

Kleine Formen mit kaltem Wasser ausspülen, Gelatine in kaltem Wasser einweichen, die Gemüsesuppe erhitzen, gut ausgedrückte Gelatine darin auflösen, mit Essig, Pfeffer und Salz abschmecken, überkühlen lassen. Rindfleisch in feine Streifen schneiden, Schnittlauch waschen, klein schneiden, Gewürzgurken in Scheiben schneiden. Fleisch mit Gurken- und Karottenscheiben, Erbsen, Gewürzgurken und Schnittlauch in die Formen füllen, mit dem Aspik übergießen. Mit Frischhaltefolie abdecken, zum Erstarren, am besten über Nacht, in den Kühlschrank stellen. Vor dem Servieren kurz in heißes Wasser tauchen, dann auf Teller stürzen.

Rindfleisch in Eiersauce

300 g gekochtes, kaltes Rindfleisch
2 EL Mehl
100 g Butter
1/8 l Milch
1/4 l Sauerrahm
3 hart gekochte Eier
1/2 Bund Schnittlauch
1 KL Kren
Essig
Salz

Zubereitungszeit: 25 Minuten

Die Eier klein hacken, Schnittlauch waschen, fein schneiden, das kalte Rindfleisch in dünne Scheiben schneiden. Die Butter erhitzen, Mehl kurz anschwitzen lassen, mit warmer Milch aufgießen, verkochen, anschließend abkühlen. Sauerrahm, gehackte Eier und den Schnittlauch in die abgekühlte Béchamel rühren, mit Essig, Salz und Kren abschmecken. Das Fleisch ziegelartig in eine flache Schüssel legen und die Eiersauce darüber gießen.

Rindfleischsalat

200 g gekochtes Rindfleisch
100 g Gurke
3 Radieschen
1 grüner Paprika
2 Jungzwiebeln
2 Stangensellerie
1 Kopfsalat
3 EL Essig
6 EL Öl
5 EL kalte Rindsuppe
1 TL Senf
Salz

Zubereitungszeit: 20 Minuten

Paprika, Stangensellerie und Radieschen, waschen, in feine Streifen schneiden, Jungzwiebeln schälen, in dünne Ringe schneiden. Die Gurke schälen, der Länge nach halbieren, entkernen und ebenfalls in dünne Streifen schneiden. Den Salat waschen und gut abtropfen lassen, das Rindfleisch in dünne Scheiben schneiden. Für die Marinade Senf, Essig, Öl, Rindsuppe und Salz gut vermischen, das Fleisch vorsichtig mit dem Gemüse mischen und die Marinade darüber gießen. Etwas ziehen lassen, vor dem Anrichten eine Schüssel mit den Salatblättern auslegen, dann den Rindfleischsalat einfüllen.

Tipp: Als Fleisch eignet sich mageres Meisel, Schulterscherzel oder Tafelspitz. Achten Sie darauf, das Fleisch immer quer zur Faser zu schneiden.

Sandwichwecken gefüllt

1 Sandwichwecken
200 g Butter
250 g Wurst
200 g Edamer
150 g Gewürzgurken
5 hart gekochte Eier
1 Bund Petersilie
150 g Gervais
Sardellenpasta
Senf
Salz

Zubereitungszeit: 35 Minuten (ohne Kühlzeit)

Petersilie waschen, fein hacken, die Eier schälen, grob hacken. Die Wurst, Käse und Gewürzgurken kleinwürfelig schneiden. Die beiden Enden des Sandwichweckens abschneiden, aushöhlen, 1/2 cm Rand belassen. Gervais mit Butter cremig rühren, vorbereitete Zutaten und die zerzupfte Schmollen gut untermischen. Sandwichwecken mit der Masse von beiden Seiten füllen, in eine Alufolie wickeln und über Nacht in den Kühlschrank legen. Vor dem Anrichten in Scheiben schneiden.

Tipp: Schneiden Sie nicht den ganzen Wecken auf, sondern nur, so viel Sie brauchen, er hält sich im Kühlschrank einige Tage frisch.

Schinkenbombe

250 g Faschiertes
250 g Schinken
1 Zwiebel
3 EL Semmelbrösel
1 Ei
1 EL gehackte Petersilie
1/8 l Weißwein
200 g Pastetenspeck
Curry
Pfeffer
Salz

Zubereitungszeit: 1 Stunde 20 Minuten

Zwiebel schälen, fein hacken, Schinken mit der Zwiebel faschieren. Das Faschierte mit dem Schinken und allen anderen Gewürzen und Zutaten gut verrühren und durchkneten. Eine Bombenform oder eine andere geeignete Form mit dem Pastetenspeck auslegen, die Fleischmasse einfüllen. Backrohr auf 180 °C vorheizen, die Bombe 1 Stunde braten. Nach Ende der Garzeit auf eine Platte stürzen, eventuell mit Salatblättern und Paradeisspalten garnieren.

Schinkenrolle mit Gervaisfülle

12 Scheiben Schinken
500 g Gervais
1 Apfel
1 Stangensellerie
1 Karotte
1 Bund Petersilie
1 Bund Schnittlauch
3 EL Zitronensaft
3 Paradeiser
1 grüner Salat
2 hart gekochte Eier
1 TL Senf
1 EL Essig
3 EL Öl
Pfeffer
Salz

Zubereitungszeit: 35 Minuten

Schnittlauch waschen, fein schneiden, Petersilie waschen, fein hacken. Karotte, Stangensellerie und Apfel schälen, kleinwürfelig schneiden. Apfelstücke mit Zitronensaft beträufeln. Sellerie- und Karottenwürfel in Salzwasser weich kochen, abseihen, abschrecken und gut abtropfen lassen. Apfel-Karotten- und Selleriestücke gut vermischen. Gervais mit Salz, Pfeffer und 1 TL scharfem Senf glatt rühren, mit Schnittlauch, Petersilie und der Apfel-Gemüse-Mischung gut vermischen. Schinkenscheiben auflegen, mit der Gervaisfülle gleichmäßig bestreichen und fest einrollen, im Kühlschrank kalt stellen. Paradeiser waschen, vierteln und entkernen, die gekochten Eier schälen und in Scheiben schneiden. Salat waschen, gut abtropfen lassen, in nicht zu feine Streifen schneiden. Aus Essig, Öl, Pfeffer und Salz eine Marinade zubereiten, den Salat marinieren. Salat auf einem Teller anrichten, Schinkenrollen darauf setzen und mit den Paradeisvierteln und Eierscheiben garnieren.

Schinkenterrine

250 g Schinken
1/8 l Schlagobers
1/8 l Milch
4 Blatt Gelatine
10 g Mehl
10 g Butter
6 EL gerissenen Kren
2 EL gehackte Petersilie
Öl zum Ausstreichen
Pfeffer
Salz

Zubereitungszeit: 30 Minuten (ohne Kühlzeit)

Schinken kleinwürfelig schneiden, Butter erhitzen, Mehl darin anschwitzen, mit der warmen Milch aufgießen. Mit dem Schneebesen gut verrühren und ein paar Minuten kochen lassen, dann mit Pfeffer und Salz würzen. Das Schlagobers steif schlagen und kalt stellen, die Gelatine in kaltem Wasser einweichen. Schinken mit der Béchamel im Mixer feinst pürieren. Die ausgedrückte Gelatine mit etwas Schinkenmus über Wasserdampf schmelzen. Dann das restliche Mus zügig einrühren, mit Pfeffer und Salz würzen. Die Hälfte des Schlagobers in das Mus einrühren, restliches Obers vorsichtig unterheben. Terrinenform mit Öl ausstreichen und mit einer Frischhaltefolie auslegen, Mus in die Form füllen und mit der Folie abdecken. Zum Festwerden über Nacht in den Kühlschrank stellen. Vor dem Anrichten aus der Form stürzen, Folie abziehen. Die Terrine mit etwas Öl bestreichen, mit dem Kren und Petersilie bestreuen und in Scheiben schneiden.

Schwammerlsalat

250 g Schwammerl
1 Eichblattsalat
1/2 Kopf Eisbergsalat
100 g Vorgerlsalat
1 rote Zwiebel
1 Karotte
1 EL Butter
1 EL Öl
1/2 Bund Petersilie
6 EL Öl
6 EL Essig
4 EL Wasser
Thymian
Pfeffer
Salz

Zubereitungszeit: 30 Minuten

Zwiebel schälen, fein hacken, Petersilie waschen und ebenfalls fein hacken. Karotte schälen, in feine Streifen schneiden. Die Schwammerl gut putzen und vierteln. 1 EL Butter, 1 EL Öl erhitzen, Zwiebel und Schwammerl darin anbraten, mit Petersilie, Thymian, Pfeffer und Salz würzen, überkühlen lassen. Die Salate waschen und gut abtropfen lassen. Eine Marinade aus Essig, Öl, Pfeffer, Salz und, wenn notwendig, Wasser zubereiten. Salat und Karotten marinieren, Schwammerl darauf legen.

Schwarzwurzelsalat

1 1/4 kg Schwarzwurzeln (aus der Dose oder Glas)
1 Bund Schnittlauch
Salatblätter
1/4 l Mayonnaise
1/4 l Sauerrahm
1 Knoblauchzehe
1/2 Zwiebel
2 Paprika
100 g Champignons
1 EL Essig
Pfeffer
Salz

Zubereitungszeit: 1 Stunde

Zwiebel schälen, fein hacken, Knoblauchzehe schälen und pressen. Schwarzwurzeln mit kaltem Wasser abspülen, gut abtropfen lassen. Die Paprika waschen, entkernen und in Streifen schneiden. Schnittlauch waschen, fein schneiden, die Champignons putzen, sparsam waschen, abtrocknen und in Scheiben schneiden. Sauerrahm mit der Mayonnaise und 1 EL Essig gut verrühren, Zwiebel, Champignons, Schnittlauch und die Paprika einrühren, mit Pfeffer, Salz und Knoblauch abschmecken. Die Schwarzwurzeln dazugeben und alles mischen. Eine Schüssel mit gewaschenen Salatblättern auslegen, Schwarzwurzelsalat einfüllen.

Sellerie gebacken

2 Sellerieknollen
200 g Mehl
2 Eier
1 KL Öl
1/4 l Wein

Zubereitungszeit: 30 Minuten

Die Sellerieknollen waschen, schälen, in Salzwasser, dem eine Prise Zucker zugegeben wurde, halb weich kochen. Einen Backteig aus Mehl, Eier, Öl, Wein und einer Prise Salz zubereiten. Ausgekühlte Sellerie in Scheiben schneiden. Öl erhitzen, Scheiben in den Teig tauchen und im Öl goldbraun backen. Auf Küchenpapier abtropfen lassen. Sehr gut schmeckt zur gebackenen Sellerie eine Sauce tatare.

Sellerie-Rohkost

200 g Sellerieknolle
200 g Apfel
400 g Topfen
40 g gehackte Nüsse
12 EL Milch
4 EL Öl
2 EL Zitronensaft

Zubereitungszeit: 20 Minuten

Sellerie und Apfel sehr gut waschen, Sellerie schälen, Apfel und Sellerie fein raspeln, sofort mit dem Zitronensaft beträufeln. Topfen mit Öl und Milch gut verrühren, Sellerie- und Apfelraspel unter die Masse rühren. In eine Schüssel geben und mit gehackten Nüssen garnieren.

Semmelknödelcarpaccio

2 kalte Semmelködel
1 Zwiebel
2 EL Öl
2 EL Kernöl
4 EL Essig
4 Kirschparadeiser
verschiedene Blattsalate zum Garnieren
Pfeffer
Salz

Zubereitungszeit: 10 Minuten

Zwiebel schälen, in dünne Ringe schneiden, Semmelknödel in dünne Scheiben schneiden. Salat waschen, gut abtropfen lassen. Semmelknödelscheiben fächerförmig auf einen Teller legen, Zwiebelringe darauf verteilen, in die Mitte des Tellers den Salat setzen. Für die Marinade Essig, Öl gut vermischen, mit Pfeffer und Salz würzen, auf die Knödel und den Salat träufeln. Vor dem Servieren mit den Kirschparadeisern garnieren.

Tipp: Wenn Sie die Semmelknödel kochen, halten Sie den Knödel mit dem Kochlöffel kurz in das kochende Wasser, bevor Sie ihn einlegen, so wird er schon ein wenig fest und wird sich nicht am Topfboden anlegen. Um das Zerfallen der Knödel zu verhindern, geben Sie einen Esslöffel Mehl in das Kochwasser.

Spargel mit gehackten Eiern

1 kg Spargel
3 hart gekochte Eier
1 EL Butter
2 Scheiben Weißbrot
1 Tasse Öl
Saft einer Zitrone
Salz

Zubereitungszeit: 40 Minuten

Spargel schälen, in Salzwasser mit Zitrone, Butter und den Weißbrotscheiben weich kochen, abseihen. Die hart gekochten Eier fein hacken. Öl mit dem Zitronensaft kräftig schlagen. Spargel auf einer Platte anrichten, das Öl darüber gießen und darauf die gehackten Eier streuen.

Tipp: Frisch gestochenen Spargel erkennt man an den noch leicht feuchten Schnittenden, den nicht verfärbten Spitzen und den festen, geraden und unverletzten Stangen.

Spargelpastete

300 g tiefgekühlter Blätterteig
1 kg weißer Spargel
300 g Hühnerfleisch
2 EL Butter
1/8 l Obers
50 g Parmesan
2 Dotter
Pfeffer
Salz

Zubereitungszeit: 1 Stunde 10 Minuten

Butter erhitzen, Hühnerfleisch darin anbraten, mit Pfeffer und Salz würzen, anschließend fein hacken. Den aufgetauten Blätterteig in eine Form legen, den gekochten Spargel, im Ganzen, schichtweise mit dem Hühnerfleisch aufeinander legen. Mit Obers beträufeln und mit dem Käse bestreuen. Mit Blätterteig abdecken und mit dem Dotter bestreichen. Backrohr auf 200 °C vorheizen, Pastete darin 50 Minuten backen, auskühlen lassen und servieren.

Spargelsalat mit Rohschinken

400 g Spargel
3 EL Butter
2 EL Zucker
2 Weißbrotscheiben
150 g Rohschinken
1 Zwiebel
30 g gemischte, gehackte Kräuter (Petersilie, Kerbel, Schnittlauch, Basilikum)
2 EL Essig
2 EL Öl
3 EL Spargelsud
Pfeffer
Salz

Zubereitungszeit: 30 Minuten

Spargel waschen, schälen, holzige Enden wegschneiden, Salzwasser mit Butter, Zucker und Weißbrotscheiben aufkochen, Spargel einlegen und 20 Minuten weich kochen. Mit einem Schaumlöffel aus dem Sud nehmen und in 3 cm lange Stücke schneiden. Die Zwiebel schälen, kleinwürfelig schneiden, den Rohschinken in Streifen schneiden. In einer Schüssel Zwiebel, Spargel, Rohschinkenstreifen und Kräuter gut verrühren. Eine Marinade aus Essig, Öl, Spargelsud, Pfeffer und Salz zubereiten, den Salat marinieren, anschließend 30 Minuten ziehen lassen.

Spargelstrudel

1 Paket Strudelteigblätter
2 EL Butter zum Bestreichen
250 g weißen Spargel
250 g grünen Spargel
500 g Topfen
1/2 Bund Petersilie
1 Ei
1 Dotter
1 EL Zucker
2 Weißbrotscheiben
Pfeffer
Salz

Zubereitungszeit: 45 Minuten

Spargel waschen, holzige Enden wegschneiden, den weißen Spargel ganz schälen, den grünen Spargel nur an den Enden schälen. Salzwasser mit Butter, Zucker und den Weißbrotscheiben aufkochen, Spargel einlegen und 10 Minuten kochen lassen. Mit einem Schaumlöffel herausnehmen und gut abtropfen lassen. Petersilie waschen, fein hacken, den Topfen mit dem Ei, Eidotter, Petersilie, Pfeffer und Salz glatt rühren. Ein Blatt der Strudelblätter auf ein befeuchtetes Tuch legen, mit flüssiger Butter bestreichen, dann das zweite Blatt darauf geben und ebenfalls mit Butter bestreichen. Die Topfenmasse auf ein Drittel der Strudelblätter streichen, die Spargelstangen auflegen, mit den Farben abwechseln. Die Teigränder dann seitlich einschlagen, mit Hilfe des Tuches den Strudel aufrollen. Backrohr auf 220 °C vorheizen, Backblech mit Backpapier auslegen, Strudel darauf setzen, mit einem versprudelten Ei bestreichen und 20 Minuten backen.

Spargelterrine

1 kg Spargel
1/4 l Sauerrahm
3/8 l Schlagobers
9 Blatt Gelatine
3 EL Zitronensaft
1 TL Zucker
1 EL Butter
2 Weißbrotscheiben
Pfeffer
Salz
Öl zum Ausstreichen

Zubereitungszeit: 1 Stunde (ohne Kühlzeit)

Spargel waschen, schälen, holzige Enden wegschneiden. Salzwasser mit Zucker, Butter und den Weißbrotscheiben aufkochen, Spargel einlegen und 20 Minuten weich kochen. Abschrecken, gut abtropfen lassen, die Gelatine nun in kaltem Wasser einweichen. Den Spargel im Mixer feinst pürieren, anschließend durch ein Sieb streichen. Das Schlagobers steif schlagen, Spargelmus mit Sauerrahm verrühren und mit Zucker, Zitronensaft, Pfeffer und Salz würzen. Etwas von dem Mus über Wasserdampf erhitzen, die gut ausgedrückte Gelatine darin auflösen, dann das restliche Mus zügig einrühren und das Schlagobers unterheben. Eine Terrinenform mit Öl ausstreichen, mit Frischhaltefolie auslegen, Spargelmus einfüllen, glatt streichen und mit der

Folie abdecken. Die Terrine, am besten über Nacht, zum Festwerden in den Kühlschrank stellen. Vor dem Anrichten aus der Form stürzen, die Folie abziehen, das Spargelmus in Scheiben schneiden.

Tipp: Besonders dekorativ sieht die Spargelterrine aus, wenn Sie sie vor dem Servieren mit gehackten Kräutern bestreuen.

Steinpilze paniert

400 g Steinpilze
2 Eier
Brösel
Mehl
Salz
Öl zum Ausbacken

Zubereitungszeit: 35 Minuten

Die Steinpilze putzen, sparsam waschen und in 1/2 cm dicke Scheiben schneiden. Die Pilzscheiben salzen, die Eier gut versprudeln, dann die Pilze in Mehl, Ei und zuletzt in Brösel wenden. Die Panier fest andrücken, Öl erhitzen und die Steinpilzscheiben darin goldgelb backen. Auf Küchenpapier gut abtropfen lassen und sofort, mit Sauce tatare, servieren.

Spinatauflauf

300 g tiefgekühlter Blattspinat
500 g Erdäpfel
100 g Schafkäse
50 g geriebener Emmentaler
1/2 Zwiebel
4 Eier
1 Becher Crème fraîche
1 EL Butter
Pfeffer
Salz

Zubereitungszeit: 1 Stunde

Die Erdäpfel kochen, abschrecken, schälen und in Scheiben schneiden. Schafkäse kleinwürfelig schneiden, die Zwiebel schälen und fein hacken. Butter erhitzen, Zwiebel kurz anschwitzen dann den aufgetauten Blattspinat dazugeben und andünsten, zuletzt mit Pfeffer und Salz würzen, überkühlen lassen. Eine Auflaufform mit Butter ausstreichen, nun abwechselnd Erdäpfelscheiben, Spinat und Käsewürfel einfüllen. Die Eier gut versprudeln, mit der Crème fraîche verrühren, salzen und über die Masse gießen. Backrohr auf 180 ° C vorheizen, geriebenen Käse über den Auflauf streuen und dann 20-25 Minuten backen.

Spinatpudding

300 g tiefgekühlter, passierter Spinat
1/8 l Milch
2 Semmeln
80 g Butter
2 Eier
1/8 l Sauerrahm
1 EL gehackte Petersilie
50 g Brösel
Salz

Zubereitungszeit: 1 Stunde

Die Eier trennen, das Eiklar zu steifem Schnee schlagen, die Semmeln in der Milch einweichen. Gut ausdrücken und passieren. Die Butter cremig rühren, aufgetauten Spinat, Dotter, Semmeln, Sauerrahm, Petersilie und Salz nach und nach einrühren. Den steifen Schnee abwechselnd mit den Bröseln unterheben. Eine Puddingform einfetten, mit Bröseln bestreuen und die Spinatmasse einfüllen, im Wasserbad 30–45 Minuten kochen. Vor dem Servieren stürzen und mit gerösteten Bröseln bestreuen.

Tipp: Achten Sie immer darauf, dass das Wasser so hoch ist wie der Pudding in der Form.

Thunfischsalat

450 g Thunfisch aus der Dose
1 Bund Jungzwiebeln
2 gelbe Paprika
1 Glas schwarze Oliven
4 hart gekochte Eier
1 EL Kapern
2 EL Essig
3 EL Öl
Pfeffer
Salz

Zubereitungszeit: 30 Minuten

Thunfisch abtropfen lassen und mit einer Gabel zerpflücken, die hart gekochten Eier schälen und in Spalten schneiden. Paprika waschen, putzen und in dünne Streifen schneiden, Jungzwiebeln schälen, in Ringe schneiden. Alle Zutaten locker vermischen. Eine Marinade aus Öl, Essig, Pfeffer und Salz zubereiten, über den Salat gießen und 15 Minuten ziehen lassen.

Schwarzbrot überbacken mit Camembert

4 Scheiben Schwarzbrot
1 Knoblauchzehe
1 EL Butter
4 Ecken Camembert
2 Paradeiser
Basilikum
Pfeffer
Salz

Zubereitungszeit: 25 Minuten

Knoblauchzehe schälen, pressen, mit der Butter gut verrühren. Die Schwarzbrotscheiben mit der Knoblauchbutter bestreichen, in einer Pfanne beidseitig etwas anrösten. Paradeiser waschen, Camembert und Paradeiser in Scheiben schneiden. Geröstete Brotscheiben zuerst mit Paradeiser, dann mit Camembertscheiben belegen, mit Basilikum, Pfeffer und Salz würzen. Backrohr auf 180 °C vorheizen, Schwarzbrotscheiben 4 Minuten im Rohr überbacken.

Tipp: Bewahren Sie Brot nie in einem Plastiksack auf, sondern in einem Leinenbrotsack. Die Schnittfläche eines angeschnittenen Brotes bleibt länger frisch, wenn Sie sie mit einem angefeuchteten Pergamentpapier bedecken.

Weincamembert

250 g Camembert
150 ml trockener Weißwein
100 g Butter
2 EL Weinbrand
30 g geröstete Semmelbrösel
1/2 Bund Petersilie
Pfeffer

Zubereitungszeit: 20 Minuten

Vom Camembert die Rinde entfernen, den Käse vierteln und über Nacht im Weißwein marinieren. Vor der Weiterverarbeitung den Käse trockentupfen. Petersilie waschen, fein hacken. Butter mit dem Camembert schaumig rühren, mit Pfeffer und Weinbrand würzen. Die Käsemasse mit Hilfe einer Spachtel in eine schöne runde Form bringen, den Seitenrand mit gehackter Petersilie, die Oberfläche mit den gerösteten Semmelbröseln bestreuen. Mindestens 2 Stunden in Kühlschrank kalt stellen.

Wildkräutersalat

1/2 Radicchio
1/2 Lollo Rosso
1/2 Friseesalat
6 Löwenzahnblätter
2 Tassen Kräuter (Sauerampfer, Spitzwegerich, Brunnenkresse)
4 Radieschen
8 kleine Karotten
1/4 l Sauerrahm
2 EL Essig
2 EL Öl
2 Knoblauchzehen
1 EL Zucker
1/2 Bund Schnittlauch
Kerbel
Basilikum
Salz

Zubereitungszeit: 25 Minuten

Schnittlauch waschen, in feine Röllchen schneiden, alle anderen Kräuter waschen und fein hacken. Die verschiedenen Salate waschen, abtropfen lassen. Die Karotten schälen, waschen, in dünne Scheiben schneiden. Radieschen putzen, waschen und halbieren. In eine große Schüssel Salat, Kräuter, Radieschen und Karotten geben, alles gut durchmischen. Knoblauch schälen, pressen, eine Marinade aus Essig, Öl, Sauerrahm, Zucker, Knoblauch und Salz zubereiten und über den Salat gießen und vorsichtig vermischen. Den Salat kurze Zeit ziehen lassen.

Tipp: Knoblauch müssen Sie nicht immer pressen, Sie können ihn auch mit dem Reibeisen reiben. Hacken Sie frische Kräuter immer auf einem befeuchteten Holzbrett, so gehen die Aromastoffe nicht verloren.

Wurstsalat mit Gemüse

200 g Extrawurst
200 g Wiener Wurst
100 g Zucchini
1 Bund Radieschen
1 gelber Paprika
1 roter Paprika
1 Bund Schnittlauch
1 Bund Petersilie
1 Zwiebel
1/16 l Öl
1/16 l Essig
4 EL Wasser
1 MS Senf
Pfeffer
Salz

Zubereitungszeit: 45 Minuten

Zwiebel schälen, kleinwürfelig schneiden, Petersilie und Schnittlauch waschen, Schnittlauch fein schneiden, Petersilie hacken. Radieschen putzen, waschen in Vierteln schneiden. Die Paprika waschen, putzen, die Zucchini waschen und die Enden abschneiden. Wurst, Paprika und Zucchini zuerst in Scheiben und dann in Stifte schneiden. Aus Öl, Essig, Wasser, Senf, Pfeffer und Salz eine Marinade zubereiten. Alle Zutaten in eine Schüssel geben und marinieren, vorsichtig durchmischen. Den Salat 15 Minuten zum Ziehen in den Kühlschrank stellen.

Foto: Foto Liesl Biber

Gemüseterrine

(siehe Rezept Seite 100)

Foto: Foto Liesl Biber

Karfiol gratiniert

(siehe Rezept Seite 105)

Foto: Foto Liesl Biber

Kräutererdäpfel

(siehe Rezept Seite 110)

Foto: Foto Liesl Biber

Wildkräutersalat

(siehe Rezept Seite 128)

Foto: GUSTO / Stefan Liewehr

Esterházy Rostbraten

(siehe Rezept Seite 136)

Foto: Foto Liesl Biber

Mostbraten

(siehe Rezept Seite 142)

Foto: Foto Liesl Biber

Rostbraten gratiniert

(siehe Rezept Seite 152)

Foto: Foto Liesl Biber

Rindsrouladen

(siehe Rezept Seite 149)

Wurstsalat mit Speck und Erdäpfeln

600 g Erdäpfel
1 rote Zwiebel
50 g Speck
100 g Extrawurst
100 g Vogerlsalat
1/16 l Essig
1/8 l Rindsuppe
1 TL Senf
5 EL Öl
1 EL gehackte Petersilie
Pfeffer
Salz

Zubereitungszeit: 1 Stunde 15 Minuten

Erdäpfel waschen, in Salzwasser bissfest kochen, abseihen und zugedeckt ausdampfen lassen. Zwiebel schälen, in dünne Ringe schneiden. Wurst in 1 cm große Würfel schneiden. Speck in Streifen schneiden, etwas Öl erhitzen, Speckstreifen darin knusprig braten, herausheben und auf Küchenpapier abtropfen lassen. Vogerlsalat putzen, waschen und gut abtropfen lassen. Die Erdäpfel schälen, in Scheiben schneiden. Zwiebel, Wurst und Erdäpfel in eine Schüssel geben, eine Marinade aus Suppe, Essig, Senf, Pfeffer und Salz zubereiten, gehackte Petersilie untermischen. Den Salat marinieren und 30 Minuten ziehen lassen. Vor dem Anrichten Vogerlsalat und Speck unter den Salat mischen.

Tipp: Wenn Sie Erdäpfel von unterschiedlicher Größe kochen, durchstechen Sie die großen Erdäpfel mit einer Stricknadel, so werden alle gleichzeitig gar.

Die besten Hauptgerichte

Rindfleisch
Kalbfleisch
Schweinefleisch
Kaninchen, Kitz, Lamm
Faschiertes
Innereien
Geflügel
Wild
Fisch
Vegetarische Kost

Rindfleisch

Alt-Wiener Lungenbraten

1 1/2 kg Rindslungenbraten
150 g faschiertes Schweinefleisch
150 g faschiertes Kalbfleisch
1 Semmel
Milch zum Einweichen
1 EL Butter
1 Zwiebel
1/2 Bund Petersilie
1 TL Paprikapulver
1 Ei
1/8 l Obers
Öl zum Braten
Pfeffer
Salz
40 g Öl
2 EL gehackte Zwiebel
40 g Mehl
3/8 l Rindsuppe
1/4 l Obers

Zubereitungszeit: 1 Stunde 40 Minuten

Zwiebel schälen, fein hacken, die Petersilie waschen und ebenfalls fein hacken. Die Semmel in der Milch einweichen. Die Butter erhitzen, Zwiebel darin leicht anrösten. Das faschierte Fleisch mit der ausgedrückten Semmel, gerösteten Zwiebel, Petersilie, Paprikapulver, Ei, Obers und Salz gut durchmischen. Lassen Sie sich von Ihrem Fleischhauer den Lungenbraten zu einem großen Schnitzel aufschneiden. Legen Sie nun das Schnitzel auf und bestreichen Sie es mit der Fülle. Das Fleisch dann zu einer Roulade einrollen, mit einem Faden binden und mit Pfeffer und Salz würzen. Öl in einer geeigneten Pfanne erhitzen, das Fleisch darin rundherum braun anbraten. Herausnehmen und zur Seite legen. Im Bratenrückstand die 2 EL Zwiebel anrösten, mit dem Mehl stauben, anschließend mit der Rindsuppe und dem Obers aufgießen und einmal aufkochen lassen. Das Fleisch wieder einlegen und unter häufigem Begießen 1 Stunde bis 1 1/2 Stunden weich dünsten.

Beiried gedünstet in Steinpilz-Obers-Sauce

4 Beiriedscheiben
2 Zwiebeln
100 g Butter
400 g Steinpilze
1/2 Bund Petersilie
1/4 l Rindsuppe
1/8 l Obers
50 g Butter
Mehl zum Andrücken
Pfeffer
Salz

Zubereitungszeit: 45 Minuten

Zwiebeln schälen, klein hacken, die Petersilie waschen und ebenfalls klein hacken. Die Steinpilze putzen, sparsam waschen und feinblättrig schneiden. Die Beiriedscheiben am Rand etwas einschneiden, leicht klopfen und mit Pfeffer und Salz würzen, anschließend etwas in Mehl andrücken. 50 g Butter in einer Pfanne erhitzen, Rindfleisch auf beiden Seiten braun anbraten, dann herausnehmen und zur Seite stellen. Im Bratenrückstand 100 g Butter erhitzen, die Zwiebeln darin goldgelb anrösten, Steinpilze dazugeben, kurz durchrösten, mit der Rindsuppe aufgießen. Die gehackte Petersilie beifügen und alles einmal aufkochen lassen. Die Beiriedscheiben wieder in die Pfanne geben, falls notwendig, noch etwas Rindsuppe dazugeben, zugedeckt weich dünsten. Nach Ende der Garzeit das Obers einrühren, mit Pfeffer und Salz abschmecken und kurz aufkochen lassen.

Champignonrostbraten

4 Scheiben Rostbraten
300 g Champignons
2 Zwiebeln
1/2 Bund Petersilie
2 EL Rotwein
2 EL Butter
1/2 l Rindsuppe
2 EL Sauerrahm
1/8 l Obers
1 KL Senf Dijon
Öl zum Anbraten
Pfeffer
Salz

Zubereitungszeit: 1 Stunde

Zwiebeln schälen, klein hacken, Champignons putzen, sparsam waschen und feinblättrig schneiden. Die Rostbratenscheiben vorsichtig klopfen, mit Senf bestreichen und mit Pfeffer und Salz würzen. In einer Pfanne das Öl erhitzen, das Fleisch rasch auf beiden Seiten anbraten, aus der Pfanne nehmen und beiseite legen, das überschüssige Fett abgießen. Im Bratenrückstand die Butter aufschäumen lassen, die gehackten Zwiebeln anschwitzen lassen, dann die Champignons dazugeben und kurz durchrösten. Mit Salz würzen und mit dem Rotwein ablöschen. Etwas einkochen lassen und dann mit der Rindsuppe aufgießen. Das Fleisch wieder einlegen, bei geringer Hitze 40 Minuten dünsten, wenn zu viel Flüssigkeit verdampft, mit Rindsuppe aufgießen. Am Ende der Garzeit Obers mit dem Sauerrahm gut verrühren, Petersilie waschen und fein hacken. Rostbraten aus der Sauce heben, das Rahm-Obers-Gemisch einrühren, Fleisch wieder einlegen und die Petersilie unterrühren. Vor dem Servieren nochmals mit Pfeffer und Salz abschmecken.

Tipp: Nehmen Sie statt Rostbraten ein Beiried, dann ersparen Sie sich das Dünsten. Das Fleisch wird auf beiden Seiten angebraten und nur einige Minuten in der Sauce gedünstet. In diesem Fall dürfen Sie aber nur mit weniger Flüssigkeit aufgießen.

Esterházy-Rostbraten

4 Scheiben Rostbraten
2 EL Mehl
60 g Butter
1 Bund Suppengrün
1 Zwiebel
1 EL gehackte Kapern
1/8 l Rindsuppe
1/8 l Sauerrahm
2 EL Zitronensaft
Pfeffer
Salz

Zubereitungszeit: 40 Minuten

Zwiebel schälen, fein hacken, Suppengrün putzen, waschen und feinnudelig schneiden. Die Rostbratenscheiben vorsichtig klopfen, die Ränder etwas einschneiden, mit Salz und Pfeffer würzen und auf einer Seite Mehl andrücken. In einer Pfanne Butter erhitzen, das Fleisch mit der bemehlten Seite einlegen, bei starker Hitze beidseitig kräftig anbraten. Rostbratenscheiben herausnehmen und in einen Topf legen. Im Bratenrückstand die gehackte Zwiebel und das geschnittene Suppengrün dünsten, mit Mehl stauben und mit der Rindsuppe aufgießen. Alles kurz aufkochen lassen und Kapern unterrühren, dann die Sauce über das Fleisch gießen. Bei geringer Hitze und mit geschlossenem Topf 20 Minuten dünsten lassen. Nach Ende der Garzeit Fleisch herausheben, Sauerrahm in die Sauce einrühren und mit Zitronensaft, Pfeffer und Salz abschmecken. Alles nochmals kurz erhitzen, die Rostbratenscheiben in der Sauce servieren.

Falscher Lungenbraten

800 g Hüferscherzel
100 g Hamburger Speck
Kräuteröl zum Marinieren
2 EL Butter
Kräuterbutter zum Garnieren
Salz

Zubereitungszeit: 30 Minuten (ohne der Zeit zum Marinieren)

Das Hüferscherzel der Länge nach in drei Stücke schneiden, damit sie wie ein Lungenbraten aussehen. Nun von diesen Teilen 3 cm starke Scheiben abschneiden. Jede Scheibe mit dem Hamburger Speck umwickeln und mit einem Zahnstocher feststecken. Das Fleisch mit Kräuteröl marinieren und einige Stunden ziehen lassen. Die Butter in einer Pfanne erhitzen, Fleischscheiben einlegen und beidseitig 4 Minuten braten. Nach Ende der Bratzeit den falschen Lungenbraten 10 Minuten rasten lassen. Vor dem Servieren jedes Stück mit einer Scheibe Kräuterbutter belegen.

Tipp: Damit Sie schöne Scheiben von der Kräuterbutter schneiden können, tauchen Sie das Messer kurz in heißes Wasser.

Filetsteaks mit Rotwein-Senf-Sauce

4 Filetsteaks vom Rind
2 Knoblauchzehen
4 EL Öl
1 TL Mehl
2 EL Senf
1/16 l Rindsuppe
1/16 l Obers
1/16 l Rotwein
Pfeffer
Salz

Zubereitungszeit: 20 Minuten

Knoblauchzehen schälen und pressen, die Filetsteaks mit Pfeffer, Salz und Knoblauch würzen. Das Backrohr auf 180 ° C vorheizen, Öl in einer Pfanne sehr stark erhitzen und die Steaks darin rasch beidseitig anbraten. Dann die Steaks auf einen Teller legen, mit Alufolie abdecken und in das vorgeheizte Rohr geben. In den Bratenrückstand den Senf einrühren, das Mehl dazugeben und gut durchrösten, mit dem Rotwein ablöschen. Nun das Obers und die Rindsuppe dazugießen und alles so lange einkochen lassen, bis die Sauce cremig ist. Die Steaks auf Tellern anrichten, den ausgetretenen Fleischsaft in die Sauce einrühren und diese mit dem Fleisch servieren.

Tipp: Möchten Sie die Steaks „englisch“, nicht ganz durchgebraten, haben, dürfen sie nicht länger als 5 Minuten im Backrohr sein.

Gefüllter Rostbraten

4 Scheiben Rostbraten
4 Kalbsschnitzel
4 EL Senf
1 EL gehackte Petersilie
10 Salzkapern
80 g Hamburger Speck
Rindsuppe zum Aufgießen
Öl zum Anbraten
Pfeffer
Salz

Zubereitungszeit: 45 Minuten

Hamburger Speck kleinwürfelig schneiden, Kapern fein hacken. Die Rostbratenscheiben und die Kalbsschnitzel leicht klopfen. In einer Pfanne etwas Öl erhitzen und den Speck darin anrösten und dann auskühlen lassen. Speck, Kapern, Senf und Petersilie gut vermengen und mit Pfeffer und Salz würzen. Nun die Rostbratenscheiben auflegen, mit Pfeffer und Salz würzen, die Kalbsschnitzel darauf legen und mit der Senfmischung bestreichen. Rostbraten eng einrollen und mit einem Spagat binden, mit Pfeffer und Salz würzen. Das Backrohr auf 200 ° C vorheizen, in einer passenden Form etwas Öl erhitzen und den Rostbraten kurz anbraten, in das Rohr schieben und unter mehrmaligem Begießen 30 Minuten braten. Vor dem Servieren den Spagat entfernen und den gefüllten Rostbraten in Scheiben schneiden.

Gerollter Lungenbraten

4 Scheiben vom Rindslungenbraten
100 g Hamburger Speck
6 Sardellen
50 g Brösel
1/4 l Sauerrahm
1/8 l Rindsuppe zum Dünsten
50 g Butter
1 TL Majoran
Salz

Zubereitungszeit: 30 Minuten

Sardellen und Speck klein hacken. Speck, Sardellen, Brösel und Majoran gut vermischen. Rindslungenbraten so dünn wie möglich klopfen und salzen, dann die Speck-Sardellen-Mischung aufstreichen und das Fleisch eng einrollen, mit einem Spagat binden. In einem Topf die Butter erhitzen, Lungenbraten rundherum anbraten, mit Rindsuppe aufgießen und 10 Minuten dünsten lassen. Den Spagat ablösen, gerollten Lungenbraten mit dem Sauerrahm begießen und fertig braten. Vor dem Servieren quer in Scheiben schneiden.

Girardi-Rostbraten

4 Scheiben Rostbraten
4 EL Öl
Mehl zum Bestauben
120 g Champignons
1 Zwiebel
8 Salzkapern
1 EL Mehl
1/8 l Sauerrahm
1/4 l Rindsuppe
1 TL geriebene Zitronenschale
1 Bund Petersilie
1 hart gekochtes Ei
Pfeffer
Salz

Zubereitungszeit: 40 Minuten

Zwiebel schälen, fein hacken, Petersilie waschen, klein hacken, Kapern ebenfalls klein hacken. Champignons putzen, sparsam waschen, gut abtropfen lassen und grob hacken. Rostbraten leicht klopfen, mit Pfeffer und Salz würzen und eine Seite mit Mehl bestauben. In einer Pfanne das Öl erhitzen, Rostbraten mit der bemehlten Seite einlegen und beide Seiten braun braten, Fleisch aus der Pfanne heben und zur Seite stellen. Im Bratenrückstand die Zwiebel kurz anschwitzen lassen und mit der Rindsuppe ablöschen, aufkochen. Zitronenschale und die gehackten Kapern dazugeben, das Fleisch wieder in die Sauce legen und 10 Minuten dünsten. Nach dieser Zeit die Champignons in die Pfanne geben, den Rostbraten wieder herausnehmen, zur Seite legen. Sauerrahm mit dem Mehl glatt verrühren und in die Sauce gießen. Kurz aufkochen lassen, mit Salz und Pfeffer abschmecken, den Rostbraten einlegen und kurz ziehen lassen. Vor dem Servieren Rostbraten auf Tellern anrichten, mit der Sauce begießen und mit dem gehackten Ei bestreuen.

Grenadiermarsch

500 g gekochtes Rindfleisch (Schulter, Beinfleisch)
2 Zwiebeln
250 g gekochte Teigwaren (Hörnchen, Fleckerl, Spiralen)
4 gekochte Erdäpfel
1 Bund Petersilie
Öl zum Anbraten
Majoran
Pfeffer
Salz

Zubereitungszeit: 30 Minuten

Zwiebeln schälen, klein schneiden, das Rindfleisch in gleich große Würfel schneiden, die Erdäpfel blättrig schneiden. Petersilie waschen und fein hacken. In einer Pfanne das Öl erhitzen, Erdäpfelscheiben darin knusprig braten, Teigwaren und Fleisch dazugeben und scharf anbraten, mit Majoran, Pfeffer und Salz würzen. Vor dem Servieren die Petersilie unterrühren.

Tipp: Besonders gut schmeckt der Grenadiermarsch, wenn Sie ihn mit Spiegeleiern belegen.

Harlekin-Roulade

500 g Rindslungenbraten
200 g faschiertes Schweinefleisch
1/2 Semmel
Milch zum Einweichen
1 Zwiebel
1/2 Bund Petersilie
2 Essiggurken
2 Sardellenringe
2 Champignons
1 Bund Suppengrün
3 EL Butter
1 Ei
1/8 l Sauerrahm
5 Kapern
1 EL Mehl
Pfeffer
Salz

Zubereitungszeit: 1 Stunde 15 Minuten

Zwiebel schälen, fein hacken, Champignons putzen, sparsam waschen und feinblättrig schneiden. Suppengrün putzen, waschen, klein hacken, ebenso die Essiggurken, Kapern und Sardellenringe klein hacken. Die halbe Semmel in Milch einweichen, dann gut ausdrücken, Petersilie waschen und fein hacken. Das Faschierte mit halber gehackter Zwiebel, Petersilie, Kapern, Essiggurken, Sardellen, Champignons und Salz gut vermischen. In einer Pfanne 1 EL Butter erhitzen und das Faschierte kurz durchrösten, nach dem Abkühlen das Ei einrühren. Der Lungenbraten wird nun so aufgeschnitten, dass eine zusammenhängende, schwach fingerdicke Fleischplatte entsteht, diese Platte dünn ausklopfen, mit Salz und Pfeffer würzen und mit dem vorbereiteten faschierten Fleisch bestreichen. Den Lungenbraten zusammenrollen und mit einem dünnen Spagat, wie ein Rollschinken, zusammenbinden. Restliche Butter erhitzen, Fleischrolle darin rundum anbraten, herausnehmen und zur Seite stellen. Im Bratenrückstand die zweite Hälfte der Zwiebel und das Suppengrün hell anrösten, mit 1 EL Mehl stauben und nochmals kurz durchrösten. Den Sauerrahm dazugeben, die Fleischrolle wieder einlegen und alles 45 Minuten weich dünsten. Nach Ende der Garzeit den Lungenbraten herausheben, den Spagat lösen und das Fleisch in Scheiben schneiden. Die Sauce passieren, nochmals aufkochen und mit Salz und Pfeffer abschmecken.

Kesselgulasch

1 kg Rindfleisch (Wadschinken)
1 kg Zwiebeln
100 g Schmalz
5 EL Paprikapulver
1 kg Erdäpfel
1/2 kg Paradeiser
4 grüne Paprika
1 l Wasser
1 TL Kümmel
Pfeffer
Salz

Zubereitungszeit: 2 Stunden 30 Minuten

Zwiebeln schälen, in Ringe schneiden, das Rindfleisch in gleich große Würfel schneiden, ungefähr 2 cm. In einem passenden Topf das Schmalz kräftig erhitzen, Zwiebeln dazugeben und unter Rühren hell anrösten. Den Topf vom Herd nehmen, Paprikapulver einrühren und sofort mit etwas Wasser ablöschen, dann die Fleischwürfel einlegen, den Topf wieder auf das Feuer stellen und das Fleisch kurz anbraten. Mit Salz und Kümmel würzen und mit dem restlichen Wasser aufgießen, aufkochen. Zugedeckt, bei geringer Hitze, 30 Minuten garen. In dieser Zeit die Erdäpfel schälen, wenn sie zu groß sind, werden sie halbiert. Die Erdäpfel dazugeben und alles nochmals 1 Stunde und 30 Minuten, bis die Erdäpfel weich sind, garen. Die Paradeiser kurz in kochendes Wasser tauchen, mit kaltem Wasser abschrecken, dann schälen, entkernen und klein hacken. Grüne Paprika waschen, ebenfalls klein hacken, nach Ende der Garzeit Paradeiser und Paprika in das Kesselgulasch einlegen, nochmals 30 Minuten leicht kochen lassen. Vor dem Anrichten mit Pfeffer und Salz abschmecken.

Tipp: Das Paprikapulver darf nicht lange im heißen Fett mitgeröstet werden, da dadurch der Zuckergehalt des Paprikas gebrannt und bitter wird. Deshalb nach Beigabe des Paprikas sofort ablöschen.

Lungenbraten mit Markfülle

800 g Rindslungenbraten
100 g ausgelöstes Mark
8 Spinatblätter
1/8 l Rindsuppe
1/2 kleine Zwiebel
1 EL Butter
etwas Rotwein
Öl zum Anbraten
Pfeffer
Salz

Zubereitungszeit: 1 Stunde (ohne Kühlzeit)

Spinatblätter kurz blanchieren, auf einem Küchentuch auflegen und mit Pfeffer und Salz würzen, Markstücke darin einrollen. Markrolle in eine leicht befettete Alufolie einwickeln und 3 Stunden im Tiefkühlfach einfrieren. Zwiebel schälen und klein hacken, den Lungenbraten der Länge nach mit einem spitzen Messer durchstechen und mit einem Kochlöffelstiel erweitern, um damit einen Raum für die Markrolle schaffen. Nach der Kühlzeit Markrolle aus der Folie wickel und in die vorbereitete Öffnung im Lungenbraten stecken, das Fleisch pfeffern und salzen. Backrohr auf 220 °C vorheizen, Öl in einer Pfanne erhitzen, Lungen-braten von allen Seiten gut anbraten und dann in das Backrohr geben. Nach 10 Minuten Temperatur auf 100 °C reduzieren. Nach Ende der Bratzeit, ungefähr 35 Minuten, Lungenbraten herausnehmen und auf einer vorgewärmten Platte 15 Minuten ruhen lassen. In dieser Zeit überschüssiges Fett aus der Pfanne gießen, die gehackte Zwiebel im Bratenrückstand anrösten, mit Rotwein ablöschen und einkochen lassen. Dann mit der Suppe aufgießen und nochmals gut durchkochen. Vor dem Anrichten die kalte Butter in die Sauce einrühren, den Lungenbraten in Scheiben schneiden und mit dem Saft servieren.

Majoranfleisch

1 kg Rindfleisch (Schulter, Zapfen)
400 g Zwiebel
2 EL Schmalz oder Öl
1/8 l Sauerrahm
1 EL Majoran
1 Lorbeerblatt
1 Suppenwürfel
1 TL Senf
2 EL Mehl
etwas Essig
Pfeffer
Salz

Zubereitungszeit: 2 Stunden 30 Minuten

Zwiebel schälen, feinnudelig schneiden, das Fleisch dickblättrig schneiden. In einem Topf das Fett erhitzen, Zwiebel darin hell anrösten, mit einem Spritzer Essig ablöschen. Das Fleisch dazugeben, mit Majoran, Lorbeerblatt, zerbröseltem Suppenwürfel, Pfeffer und Salz würzen. Bei geringer Hitze 1 1/2 bis 2 Stunden garen lassen, dabei öfters umrühren und so viel Wasser zugießen, dass sich immer 2 Finger hoch Flüssigkeit im Topf befindet. Vor dem Ende der Garzeit Sauerrahm mit dem Senf und dem Mehl glatt rühren, mit dem Fleisch vermengen und einige Minuten kochen lassen. Vor dem Servieren wird das Lorbeerblatt entfernt und mit Pfeffer und Salz abgeschmeckt.

Mostbraten

1 kg Rindfleisch (Schulterscherzel)
1 Zwiebel
2 Bund Suppengrün
100 g Selchspeck
1/2 l Most
1 Lorbeerblatt
5 Pfefferkörner
3 EL Öl
1 EL Butter
etwas Essig
Pfeffer
Salz

Zubereitungszeit: 2 Stunden 40 Minuten

Zwiebel schälen, klein hacken, das Suppengrün putzen, waschen, klein schneiden. Den Speck kleinwürfelig schneiden, das Rindfleisch mit Pfeffer und Salz würzen. Die Hälfte des Öls in einer Pfanne erhitzen, das Fleisch darin von allen Seiten gut anbraten, herausheben und zur Seite stellen. Nun wird das Öl abgegossen und restliches Öl in die Pfanne gegeben, geschnittenen Speck anbraten, dann die Zwiebel und das Suppengrün mitrösten. Mit einem Spritzer Essig ablöschen. Das Fleisch wieder in die Pfanne legen, mit der Hälfte des Mostes aufgießen und das Lorbeerblatt und die Pfefferkörner dazugeben. Das Backrohr auf 200 °C vorheizen, den Braten eine halbe Stunde dünsten, dann die Hitze auf 100 °C reduzieren und weitere 2 Stunden, unter mehrmaligem Begießen, fertig dünsten. Den Mostbraten herausheben und rasten lassen. Die Sauce abseihen und mit kalter Butter binden. Vor dem Anrichten den Braten aufschneiden und mit der Sauce servieren.

Rahmrindsschnitzel

1 kg Rindsschnitzel
50 g Butter
Mehl zum Anstauben
8 Kapern
2 Sardellen
60 g Zwiebel
2 Essiggurken
20 g Mehl
1/4 l Rindsuppe
1/8 l Sauerrahm
Pfeffer
Salz

Zubereitungszeit: 40 Minuten

Zwiebel schälen, fein hacken, Kapern, Essiggurken und Sardellen ebenso fein hacken. Rindsschnitzel klopfen, die Ränder einschneiden, mit Salz und Pfeffer würzen und mit einer Seite in etwas Mehl tauchen. Butter in einer Pfanne erhitzen, Schnitzel mit der bemehlten Seite einlegen und beidseitig kurz anbraten. Rindsschnitzel aus der Pfanne heben und zur Seite stellen. Im Bratenrückstand Zwiebel, Kapern, Essiggurken und Sardellen anrösten, mit Mehl stauben und mit der Rindsuppe aufgießen. Schnitzel in die Sauce legen und weich dünsten. Vor dem Anrichten die Sauce mit dem Sauerrahm verfeinern und mit Salz und Pfeffer abschmecken.

Reindlrostbraten

800 g Rostbratenschnitzel
100 g Butter
1/2 kg Erdäpfel
1/2 Zwiebel
1/4 l Rindsuppe
1 EL Paradeismark
1 TL Majoran
Paprikapulver
1/2 TL Kümmel
1/2 TL Pfeffer
Salz

Zubereitungszeit: 50 Minuten

Zwiebel schälen, fein hacken, Rostbraten klopfen, Ränder einschneiden und mit Salz würzen. Butter erhitzen, den Rostbraten auf beiden Seiten 3 Minuten abbraten, aus der Pfanne heben und auf einem vorgewärmten Teller zur Seite stellen. Im Bratenrückstand die Zwiebel anrösten, mit Majoran, Kümmel, Paprikapulver und Paradeismark würzen und mit der Rindsuppe aufgießen. Die Schnitzel wieder einlegen und in der Sauce weich dünsten. Erdäpfel schälen, waschen und in Scheiben schneiden, sobald die Rostbratenschnitzel halb weich sind, die Erdäpfel einlegen und nochmals 20 Minuten dünsten lassen. Vor dem Servieren mit Pfeffer und Salz abschmecken.

Tipp: Legen Sie die geschälten Erdäpfel immer in kaltes Wasser, so behalten sie ihre Farbe und werden nicht braun.

Rinderhaxenscheiben

4 Scheiben Rinderhaxen
1/2 kg Champignons
1 Zwiebel
1/2 Bund Petersilie
1/8 l helles Bier
3/4 l Rindsuppe
1/8 l Crème fraîche
3 Knoblauchzehen
1 EL Butter
Mehl zum wenden
Öl zum Anbraten
Majoran
Pfeffer
Salz

Zubereitungszeit: 2 Stunden 30 Minuten

Die Rinderhaxenscheiben mit Pfeffer und Salz würzen, in etwas Mehl wenden. Das Öl erhitzen und das Fleisch darin auf beiden Seiten abbraten, mit der Suppe aufgießen und im geschlossenen Topf 2 Stunden dünsten lassen. In dieser Zeit Zwiebel schälen, fein hacken, Champignons putzen, sparsam waschen, vierteln oder halbieren je nach Größe. Knoblauchzehen schälen und pressen, Petersilie waschen, fein hacken. Nach Ende der Kochzeit das Fleisch aus dem Kochfond heben und zur Seite stellen. Butter erhitzen, Zwiebel und Champignons anbraten, mit Bier ablöschen und mit dem Kochfond aufgießen, dann die Crème fraîche unterrühren, die Sauce cremig einkochen lassen. Sauce mit Pfeffer, Salz, gepresstem Knoblauch und Majoran würzen. Das Fleisch in die Sauce legen und erwärmen, vor dem Servieren nochmals mit Pfeffer und Salz abschmecken und mit der gehackten Petersilie bestreuen.

Tipp: Geben Sie die Petersilie immer erst am Schluss in die Speise, ein Mitkochen würde das Aroma zerstören. Knoblauch müssen Sie nicht immer pressen, Sie können ihn auch mit dem Reibeisen reiben.

Rindsragout Grasl

1 kg Rindfleisch (Zapfen, Tafelstück, mageres Meisel, Schulter)
2 EL Öl
2 Zwiebeln
3/8 l Rindsuppe
1/8 l Rotwein
200 g Champignons
200 g roter Paprika
150 g Gewürzgurken
1 TL Senf
1/8 l Sauerrahm
1 EL Mehl
1/2 Bund Petersilie
Pfeffer
Salz

Zubereitungszeit: 50 Minuten

Zwiebeln schälen, fein hacken, Champignons putzen, sparsam waschen, achteln. Paprika waschen, grobwürfelig schneiden, Rindfleisch in 3 cm große Würfel schneiden. Das Öl in einer großen Pfanne erhitzen, die Fleischwürfel einlegen und von allen Seiten kräftig anbraten, ist das Fleisch braun gebraten, mit Pfeffer und Salz würzen. Gehackte Zwiebeln dazugeben und alles gut durchrösten, mit dem Rotwein ablöschen und mit der Rindsuppe aufgießen. Paprika und Champignons zum Fleisch geben und alles 40 Minuten dünsten. Kurz vor dem Ende der Garzeit Sauerrahm mit Mehl, etwas Wasser und Senf glatt rühren und den Saft damit binden. Gewürzgurken blättrig schneiden, Petersilie waschen und fein hacken. Vor dem Anrichten die Gewürzgurken dazugeben, mit Salz und Pfeffer abschmecken und mit der gehackten Petersilie bestreuen.

Tipp: Übergießen Sie sofort nach dem Waschen die Champignons mit Zitronensaft, so bleiben sie schön weiß.

Rindsbraten

800 g Rindfleisch (mageres Meisel, hinteres Ausgelöstes)
60 g Speck
2 Essiggurken
5 EL Öl
1 Zwiebel
1 Gelbe Rübe
1 Stange Lauch
2 Karotten
1/2 Sellerieknolle
1/8 l Sauerrahm
1/4 l Rotwein
1 TL Paradeismark
Rindsuppe zum Aufgießen
1/2 TL Thymian
Pfeffer
Salz

Zubereitungszeit: 1 Stunde 45 Minuten

Zwiebel schälen, in feine Ringe schneiden, den Lauch waschen und ebenfalls in Ringe schneiden, Gelbe Rüben, Karotten und die Sellerieknolle schälen, waschen und in feine Scheiben schneiden. Speck und Essiggurken in Streifen schneiden. Mit Hilfe eines spitzen Messers wird das Fleisch mit den Essiggurken und dem Speck gespickt, anschließend mit Pfeffer und Salz gewürzt. Öl in einer Pfanne erhitzen, das Fleisch einlegen und von allen Seiten gut anbraten, aus der Pfanne heben und auf einem vorgewärmten Teller zur Seite stellen. Im Bratenrückstand das Gemüse, Lauch, Zwiebel und Paradeismark anrösten, mit etwas Rindsuppe aufgießen. Das Backrohr auf 200 °C vorheizen, den Rindsbraten wieder in die Pfanne legen, zugedeckt, unter mehrmaligem Begießen mit dem eigenen Saft, 90 Minuten weich dünsten. Nach dem Ende der Garzeit Braten aus der Pfanne heben und warm stellen. Bratenrückstand mit dem Rotwein einkochen, mit Salz, Pfeffer und Thymian würzen. Am Schluss die Sauce mit dem glatt verrührten Sauerrahm verfeinern. Vor dem Anrichten den Rindsbraten in Scheiben schneiden und mit der Sauce servieren.

Tipp: Servieren Sie niemals den Rindsbraten sofort, lassen Sie ihn erst einige Zeit ruhen, das Fleisch wird mürber und die Säfte können sich verteilen. Legen Sie den Speck, bevor Sie ihn schneiden, kurze Zeit in das Tiefkühlfach. Sie können dann das Fleisch leichter damit spicken.

Rindsschnitzel mit Eierschwammerln überbacken

4 Rindsschnitzel (Schale)
1/2 Zwiebel
50 g Öl
300 g Eierschwammerln
100 g Hamburger Speck
1/2 Bund Petersilie
4 Scheiben Schmelzkäse
2 EL Bratensaft
Pfeffer
Salz

Zubereitungszeit: 45 Minuten

Zwiebel schälen, fein hacken, Petersilie waschen, ebenfalls fein hacken. Speck kleinwürfelig schneiden, die Eierschwammerln putzen, so sparsam wie möglich waschen, feinblättrig schneiden. Rindsschnitzel mit Pfeffer und Salz würzen. Ein Backblech mit Backpapier auslegen, das Öl in einer Pfanne erhitzen, die Schnitzel darin auf beiden Seiten braten, herausheben und auf das Backblech legen. Im Bratenrückstand die Zwiebel und die Eierschwammerln kräftig durchrösten. Speck dazugeben und alles so lange rösten, bis die ganze Flüssigkeit verdampft ist. Dann wird der Bratensaft und die Petersilie untergerührt, alles einkochen lassen, mit dieser Masse werden dann die Schnitzel bestrichen. Auf jedes Schnitzel wird eine Käsescheibe gelegt, das Backrohr auf 220 °C vorheizen und die pikanten Rindsschnitzel im Rohr 20 Minuten lang überbacken.

Tipp: Waschen Sie die Eierschwammerln nur kurz unter fließendem Wasser, sonst saugen diese zu viel Flüssigkeit auf.

Rindsgeschnetzeltes

750 g Rindsfilet
1/8 l Rindsuppe
1/4 l Bratensaft
1/8 l Sauerrahm
100 g Frühstücksspeck
1 Zwiebel
1/2 Bund Petersilie
8 Essiggurken
1 EL Mehl
1 TL Senf
Öl zum Anbraten
2 EL Butter

Zwiebel schälen, kleinwürfelig schneiden, Petersilie waschen, grob hacken, Speck in Streifen schneiden. Essiggurken zuerst in Scheiben und dann in Streifen schneiden. Rindslungenbraten in 2 cm dicke Scheiben schneiden und mit Pfeffer und Salz würzen. In einer Pfanne das Öl kräftig erhitzen, das Fleisch beidseitig anbraten, aus der Pfanne nehmen und zur Seite stellen, dabei den austretenden Saft auffangen. Im Bratenrückstand Butter erhitzen, Speck und Zwiebel dazugeben und durchrösten, mit Suppe, Bratensaft und

Pfeffer
Salz

Zubereitungszeit: 30 Minuten

Fleischsaft aufgießen, aufkochen und mit Senf, Pfeffer und Salz würzen. Sauerrahm mit dem Mehl glatt verrühren und die Sauce damit binden. Fleisch, Petersilie und die Essiggurken einlegen und alles nochmals kurz aufkochen lassen. Vor dem Servieren mit Pfeffer und Salz abschmecken.

Rindsgulasch

1 kg Rindfleisch (Wadschinken)
150 g Schmalz
1 kg Zwiebeln
50 g Paprikapulver
Spritzer Essig
1/16 l Wasser
2 Knoblauchzehen
1 TL Majoran
1 TL gehackter Kümmel
1 EL Paradeismark
Salz

Zubereitungszeit: 2 Stunden

Zwiebeln schälen, blättrig schneiden, Knoblauch schälen, pressen, Essig mit Wasser verdünnen, das Fleisch würfelig schneiden. Schmalz in einem Topf erhitzen, Zwiebeln darin goldgelb rösten, Paprikapulver dazugeben, kurz umrühren und sofort mit dem Essigwasser ablöschen und kurz dünsten. Die Fleischwürfel dazugeben, mit Salz, Kümmel, Knoblauch, Majoran und Paradeismark würzen und im eigenen Saft dünsten. Das Gulaschfleisch muss im eigenen Saft dünsten, nur dadurch erhält man den typisch braunen Saft.

Tipp: Paprikapulver ist Würze und Farbstoff des Gulaschs und darf nicht lange im heißen Fett mitgeröstet werden, da dadurch der Zuckergehalt des Paprikas gebrannt und bitter wird. Deshalb nach Beigabe des Paprika sofort ablöschen oder bereits vor dem Paprizieren Essigwasser beigeben.

Rindsragout nach Jägerart

600 g Rindfleisch (Schulter oder Wadschinken)
120 g Selchspeck
150 g Wurzelwerk
2 Zwiebeln
2 Essiggurken
8 Kapern
1 TL Paradeismark
1/8 l Rotwein
1/2 l Rindsuppe
30 g Butter
200 g Champignons
4 EL Zuckererbsen
2 EL Preiselbeerenkompott
1 EL Mehl
1/4 l Sauerrahm
Saft einer halben Zitrone
1 Lorbeerblatt
1 TL Thymian
5 Pfefferkörner
1/2 Bund Petersilie
1 TL Senf
Zucker zum Abschmecken
Pfeffer
Salz

Zubereitungszeit: 1 Stunde

Zwiebeln schälen, klein hacken, Wurzelwerk putzen, waschen, klein schneiden, Essiggurken und Kapern ebenfalls klein hacken. Den Speck kleinwürfelig schneiden, das Rindfleisch in Würfel schneiden. Champignons putzen, sparsam waschen und feinblättrig schneiden. Petersilie waschen, klein hacken. Den Speck in einem Topf glasig anschwitzen lassen, Zwiebeln, Wurzelwerk, Essiggurken, Kapern darin anrösten, Rindfleischwürfel dazugeben, rundherum braun anrösten, mit Paradeismark, Pfeffer und Salz würzen und mit Rotwein und Suppe aufgießen. Thymian, Lorbeerblatt und Pfefferkörner dazugeben, alles gut verrühren und fast gar dünsten. In dieser Zeit die Butter erhitzen, Champignons anrösten und dann die Petersilie beigeben. Kurz vor dem Ende der Garzeit Champignons, Zuckererbsen, Preiselbeeren und den Senf unter das Ragout mischen und einige Minuten kochen lassen. Sauerrahm mit dem Mehl versprudeln und unterrühren. Vor dem Servieren das Lorbeerblatt entfernen und mit Zucker, Salz und Zitronensaft abschmecken.

Rindsrouladen

4 dünne Rindsschnitzel
1 Zwiebel
100 g Frühstücksspeck
2 Gewürzgurken
4 EL Senf
1/4 l Sauerrahm
1 TL Mehl
Öl zum Anbraten
Rindssuppe zum Aufgießen
Pfeffer
Salz

Zubereitungszeit: 1 Stunde 15 Minuten

Zwiebel schälen, fein hacken, Speck kleinwürfelig schneiden, Essiggurken in Streifen schneiden. In einer Schüssel Zwiebel und Speck gut vermengen und pfeffern, Rindsschnitzel klopfen, mit Pfeffer und Salz würzen und mit dem Senf bestreichen. Die Speck-Zwiebel-Mischung auf den Schnitzeln verteilen und mit den Gurkenstreifen belegen. Schnitzel einrollen und mit einem Zwirn binden oder mit einem Spieß zusammenstecken. In einem Topf etwas Öl erhitzen, Rouladen von allen Seiten kräftig anbraten, zugedeckt im eigenen Saft weich dünsten, falls notwendig, mit etwas

Rindsuppe aufgießen. Nach Ende der Garzeit Rouladen herausnehmen, den Zwirn ablösen und auf einem vorgewärmten Teller zur Seite stellen. Sauerrahm mit dem Mehl versprudeln, den Saft mit Pfeffer, Salz und Senf abschmecken, Sauerrahm unterrühren und einmal aufkochen. Rindsrouladen wieder in die Sauce legen und nochmals kurz dünsten lassen.

Rindsschnitzel gedünstet

4 Rindsschnitzel
250 g Zwiebeln
50 g Petersilienwurzeln
1/8 l Rotwein
1/4 l Wasser
1 TL Paradeismark
1 Lorbeerblatt
Öl zum Anbraten
Pfeffer
Salz

Zubereitungszeit: 45 Minuten

Zwiebeln schälen, in dünne Ringe schneiden, Petersilienwurzeln putzen, waschen und kleinwürfelig schneiden. Rindsschnitzel klopfen, mit Pfeffer und Salz würzen, in etwas Mehl wenden. Öl in einer Pfanne erhitzen, die Schnitzel von beiden Seiten kräftig anbraten, herausheben und zur Seite stellen. Im Bratenrückstand Zwiebeln und Petersilienwurzeln anschwitzen lassen, das Paradeismark dazugeben und mitrösten. Mit dem Wein ablöschen, Wasser zugießen und kurz aufkochen lassen. Dann das Lorbeerblatt in die Sauce geben und die Rindsschnitzel wieder einlegen. Bei geringer Hitze, zugedeckt, 20 Minuten dünsten. Vor dem Anrichten das Lorbeerblatt aus der Sauce entfernen und, falls notwendig, mit Salz und Pfeffer abschmecken.

Tipp: Damit Sie beim Schneiden der Zwiebeln nicht weinen müssen, legen Sie die geschälten Zwiebel 5–10 Minuten in den Kühlschrank oder in eiskaltes Wasser.

Roastbeef Wellington

1 1/2 kg Beiried
Öl zum Bepinseln
1/2 kg faschiertes Kalbfleisch
1 Semmel
Milch zum Einweichen
1 Zwiebel
3 EL Obers
1 Ei
2 Eidotter
2 tiefgekühlte Blätterteige
1/2 Bund Petersilie
1 EL Butter
1 TL Paprikapulver
Pfeffer
Salz

Zubereitungszeit: 1 Stunde 20 Minuten (ohne Auskühlzeit)

Das Roastbeef zuputzen und zu einer länglich-runden Form zusammenbinden. Mit etwas Öl bepinseln und im vorgeheizten Rohr bei 200 °C 3/4 Stunde braten, aber nicht durchbraten. Fleisch aus dem Rohr nehmen, mit Pfeffer und Salz würzen und ganz auskühlen lassen. In dieser Zeit Zwiebel schälen, klein hacken, Petersilie waschen und ebenfalls klein hacken. Die Semmel in Milch einweichen. Butter erhitzen, Zwiebel darin kurz anrösten. Das faschierte Kalbfleisch mit der ausgedrückten Semmel, Zwiebel, Petersilie, Salz, Pfeffer, Paprikapulver, Obers und Ei gut vermengen. Den aufgetauten Blätterteig zu zwei Teigplatten ausrollen, eine mit Wasser bestreichen, die zweite darauflegen. Das ausgekühlte Roastbeef rundherum mit der Kalbfleischmischung bestreichen, auf den Teig legen und vollkommen einhüllen. Mit Teigresten verzieren, mit den Eidottern bestreichen und 2–3 Dampflöcher stechen. Das Backrohr auf 220 °C vorheizen, Roastbeef 30 Minuten lang goldbraun backen.

Rostbraten gebacken

4 Schnitzel vom Rostbraten
1 Bund Petersilie
2 Eier
Mehl und Brösel zum Panieren
Öl zum Ausbacken
Pfeffer
Salz

Zubereitungszeit: 30 Minuten

Petersilie waschen, sehr fein hacken und mit den Eiern versprudeln. Rostbraten klopfen, Ränder einschneiden und mit Salz und Pfeffer würzen. Den Rostbraten wie Wiener Schnitzel panieren. Zuerst in Mehl tauchen, dann in die Petersilien-Eier-Mischung und zuletzt in den Bröseln wenden. Öl erhitzen und die Rostbratenschnitzel backen.

Rostbraten gratiniert

4 Scheiben Rostbraten
50 g Butter
6 grüne Paprika
1 Zwiebel
100 g dünn geschnittener Speck
1/2 kg gekochte Erdäpfel
2 Paradeiser
1 Ei
1/8 l Sauerrahm
Pfeffer
Salz

Zubereitungszeit: 50 Minuten

Zwiebel schälen, in Ringe schneiden, Paprika putzen, waschen, der Länge nach vierteln. Paradeiser kurz in kochendes Wasser legen, mit kaltem Wasser abschrecken, enthäuten und dann vierteln. Die gekochten Erdäpfel schälen und ebenfalls vierteln. Rostbraten klopfen, die Ränder einschneiden und mit Salz und Pfeffer würzen. Butter in einer Pfanne erhitzen, Zwiebel und Paprika darin anlaufen lassen, dann in eine feuerfeste Backform umgießen. In der Pfanne den Rostbraten von beiden Seiten abbraten, jede Seite 4 Minuten, und dann auf die Zwiebel und Paprika legen. Im restlichen Bratensaft die Erdäpfel kurz schwenken und um das Fleisch legen. Paradeiservierteln in die Mitte legen und alles mit Salz und Pfeffer gut würzen. Das Ei mit dem Rahm versprudeln, über die Paradeiser gießen. Backrohr auf 200 °C vorheizen, Rostbraten 10 Minuten gratinieren.

Sauerbraten

1 kg Rindfleisch (Dicke Schulter)
2 Karotten
1 Sellerieknolle
1 Zwiebel
5 Pfefferkörner
3 Neugewürzkörner
1 Lorbeerblatt
Muskatnuss
1/8 l Essig
1/2 l Wasser
3 EL Öl
1 TL Zucker
1 EL Mehl
1/8 l Weißwein
Pfeffer
Salz

Zubereitungszeit: 1 Stunde 40 Minuten (ohne Marinierzeit)

Zwiebel schälen, klein schneiden, Sellerie und Karotte schälen, waschen und ebenfalls klein schneiden. Das geschnittene Gemüse und die Gewürze mit Essig und Wasser 1/4 Stunde leicht kochen lassen, dann kalt stellen. Das Fleisch in eine Schüssel legen, mit der Marinade übergießen und 3–4 Tage im Kühlschrank ziehen lassen. Vor der Zubereitung das Fleisch abtrocknen, mit Pfeffer und Salz würzen. In einer Pfanne das Öl erhitzen, Fleisch darin anbraten, das Gemüse dazugeben und mit dem Zucker kurz rösten lassen, mit etwas Marinade ablöschen. Backrohr auf 200 °C vorheizen, den Sauerbraten zugedeckt 1 1/2 Stunden braten. Nach Ende der Garzeit das Fleisch aus der Pfanne heben und auf einem vorgewärmten Teller zur Seite stellen. Die Sauce passieren, mit dem Weißwein aufgießen und nochmals alles gut verkochen lassen. Vor dem Anrichten das Fleisch in Scheiben schneiden und mit der Sauce servieren.

Schulterscherzel gekocht

1 kg Schulterscherzel
1 1/2 l Wasser
1 Zwiebel
1 Bund Suppengrün
1 Lorbeerblatt
3 Neugewürzkörner
5 Pfefferkörner
1 MS Muskatnuss
Pfeffer
Salz

Zubereitungszeit: 2 Stunden 45 Minuten

Suppengrün putzen, waschen, grob schneiden. Die ungeschälte Zwiebel halbieren, in einer Pfanne mit der Schnittfläche nach unten stark bräunen. In einem Topf Wasser aufkochen, das Fleisch einlegen und das Gemüse und die Zwiebel dazugeben, bei geringer Hitze, offen, 2 1/2 Stunden weich kochen. Nach 1/2 Stunde Lorbeerblatt, Neugewürzkörner und Pfefferkörner dazugeben. Nach Ende der Kochzeit das Fleisch aus der Suppe heben und in Scheiben schneiden. Servieren Sie das Schulterscherzel mit wenig Suppe, die Sie mit Salz, Pfeffer und Muskatnuss gewürzt haben.

Tipp: Das Fleisch muss mit Wasser gut bedeckt sein und schöpfen Sie den aufsteigenden Schaum immer wieder ab.

Tafelspitz

600 g Tafelspitz
600 g Markknochen
2 l Wasser
1 Sellerieknolle
1 Stange Lauch
2 Karotten
1 Petersilienwurzel
1 Zwiebel
1 Lorbeerblatt
5 Pfefferkörner
Muskatnuss
Salz

Zubereitungszeit: 3 Stunden 15 Minuten

Sellerieknolle, Karotten und Petersilienwurzel schälen, waschen und grob schneiden. Lauch waschen und in Ringe schneiden. Das Fleisch und die Knochen mit kaltem Wasser gut abwaschen. Wasser mit Wurzelwerk, Knochen, Lauch, Pfefferkörnern, Lorbeerblatt, Muskatnuss und Salz zum Kochen bringen, dann erst das Fleisch einlegen. Die Zwiebel halbieren und in einer trockenen Pfanne, mit der Schnittfläche nach unten, anbräunen, dann in die Suppe geben. Den Tafelspitz bei geringer Hitze 3 Stunden weich kochen. Vor dem Anrichten das Fleisch, quer zur Faser, in Scheiben schneiden, auf einem Teller mit Markscheiben anrichten und mit etwas Rindsuppe übergießen.

Tiroler Rostbraten

4 Scheiben Rostbraten
50 g Öl
250 g Zwiebeln
100 g Öl
1/8 l Rindsuppe
1/8 l Rotwein
1/4 l Obers
50 g geriebener Emmentaler
1 KL Mehl
1 KL Salbei
1 KL Kerbel
1 KL Liebstöckel
Pfeffer
Salz

Zubereitungszeit: 40 Minuten

Zwiebeln schälen, in feine Ringe schneiden, Kräuter waschen, fein hacken. Rostbraten mit Pfeffer und Salz würzen, in einer Pfanne Öl erhitzen, das Fleisch von beiden Seiten scharf anbraten, mit Suppe und Rotwein aufgießen, die Kräuter beifügen und alles kurz dünsten lassen. In dieser Zeit in einer zweiten Pfanne Öl erhitzen und die Zwiebel darin goldgelb rösten. Den Rostbraten in eine feuerfeste Form legen, die Zwiebelringe darauf verteilen. Obers mit Mehl und Käse gut versprudeln und über den Rostbraten gießen. Das Backrohr auf 225 °C vorheizen und den Rostbraten darin 15 Minuten überbacken.

Vanillerostbraten

4 Scheiben Rostbraten
10 Knoblauchzehen
4 EL Butter
1/4 l Rindsuppe
Öl zum Anbraten
Mehl zum Stauben
Pfeffer
Salz

Zubereitungszeit: 30 Minuten

Knoblauch schälen und pressen. Rostbraten klopfen, die Ränder einschneiden, mit Pfeffer und Salz würzen und mit der Hälfte des Knoblauchs bestreichen, anschließend auf beiden Seiten in Mehl wenden. In einer Pfanne das Öl stark erhitzen, Rostbraten beidseitig scharf anbraten, dann das Fleisch herausheben und auf einem vorgewärmten Teller zur Seite stellen, das Bratenfett abgießen. In der gleichen Pfanne 2 EL Butter aufschäumen lassen und den restlichen Knoblauch, bei geringer Hitze, andünsten. Mit der Rindsuppe aufgießen und aufkochen lassen, das Fleisch wieder einlegen und kurz mitdünsten. Die restlichen 2 EL Butter in die Sauce einrühren. Vor dem Servieren mit Pfeffer und Salz abschmecken.

Tipp: Knoblauch müssen Sie nicht immer pressen, Sie können ihn auch mit dem Reibeisen reiben. Verwenden Sie eine Knoblauchpresse, dann pressen Sie nach dem Knoblauch noch ein kleines Stück Gurke nach, so wird der ganze Knoblauch gepresst, und Ihre Presse lässt sich danach leichter reinigen.

Wurzelrahmbraten

1 kg schwarzes Scherzel
100 g Frühstücksspeck
2 Zwiebeln
1 Bund Suppengrün
3/4 l Rindsuppe
1/4 l Rotwein
1/4 l Sauerrahm
2 EL Mehl
1 TL Paradeismark
5 Pfefferkörner
1 Lorbeerblatt
1 TL Senf
1/2 KL Thymian
Spritzer Essig
Öl zum Anbraten
Pfeffer
Salz

Zubereitungszeit: 2 Stunden

Zwiebeln schälen, das Suppengrün putzen, waschen, Zwiebeln, Speck und Suppengrün in gleich große Stücke schneiden. Rindfleisch mit Pfeffer und Salz würzen, mit Senf bestreichen. In einem Topf wenig Öl erhitzen und das Fleisch von allen Seiten rasch anbraten, dann herausheben und zur Seite stellen. Im Bratenrückstand Suppengrün, Speck und Zwiebeln anrösten, mit 1 EL Mehl stauben, das Paradeismark einrühren und alles gut durchrösten. Mit dem Wein und einem Spritzer Essig ablöschen und einkochen lassen. Die Rindsuppe dazugeben, ebenso die Pfefferkörner, Lorbeerblatt und Thymian, alles aufkochen lassen. Das Fleisch wieder einlegen und zugedeckt 1 1/2 Stunden leicht kochen lassen. Nach Ende der Kochzeit Fleisch herausheben, auf einem vorgewärmten Teller zur Seite stellen. Die Sauce abseihen, Sauerrahm mit dem restlichen Mehl versprudeln und in die Sauce gießen, nochmals aufkochen. Vor dem Anrichten Braten in Scheiben schneiden und mit der Sauce servieren.

Tipp: Reste von Wurzelrahmbraten lassen sich sehr gut einfrieren. Sauce aufkochen, Fleischscheiben darin erwärmen, in ein Tiefkühlgeschirr umfüllen und gut abkühlen lassen. Geschirr verschließen und in den Tiefkühler stellen. Vor der Verwendung am besten über Nacht im Kühlschrank auftauen lassen.

Zwiebelrostbraten gedünstet

4 Scheiben Rostbraten
2 EL Senf
3 EL Mehl
2 EL Öl
2 EL Butter
4 Zwiebeln
1/2 l Rindsuppe
1/8 l Sauerrahm

Zubereitungszeit: 2 Stunden

Zwiebeln schälen, klein schneiden, die Rindsuppe erwärmen. Butter erhitzen und die Zwiebeln darin anrösten, anschließend in die Suppe geben. Rostbraten klopfen, pfeffern und salzen, eine Seite mit Senf bestreichen, die andere Seite in Mehl tauchen. Öl in einer Pfanne stark erhitzen, Rostbraten von beiden Seiten scharf anbraten, aber zuerst mit der bemehlten Seite einlegen. Fleisch herausheben und in die Suppe geben. Mit etwas Suppe den Bratenrückstand aus der Pfanne lösen und ebenfalls in die Flüssigkeit gießen. Rostbraten nun in der Suppe weich dünsten, falls es notwendig ist, noch etwas Suppe nachgießen. Sauerrahm mit 1 EL Mehl glatt rühren. Nach Ende der Garzeit Fleisch herausheben und auf einem vorgewärmten Teller zur Seite stellen. Saft mit dem Sauerrahm binden, Rostbraten wieder einlegen und kurze Zeit ziehen lassen. Vor dem Servieren den Saft mit Pfeffer und Salz abschmecken.

Tipp: Lassen sich die Zwiebeln nur sehr schwer schälen, dann legen Sie sie ein paar Minuten in warmes Wasser, die braune Haut wird zäh und lässt sich leicht abziehen.

Kalbfleisch

Champignonschnitzel

4 Kalbsschnitzel (Nuss oder Schale)
1 Zwiebel
150 g Champignons
1/8 l Rindsuppe
1/16 l Weißwein
1/4 l Obers
1 EL Öl
1 EL Butter
Öl zum Anbraten
Pfeffer
Salz

Zubereitungszeit: 30 Minuten

Zwiebel schälen, fein hacken, die Champignons putzen, sparsam waschen und in nicht zu dünne Scheiben schneiden. Die Schnitzel vorsichtig klopfen, mit Pfeffer und Salz würzen. In einer Pfanne etwas Öl erhitzen, das Fleisch von beiden Seiten anbraten, dann die Hitze reduzieren und die Schnitzel fertigbraten. Das Fleisch aus der Pfanne heben und auf einem vorgewärmten Teller zur Seite stellen. Im Bratenrückstand Butter und Öl erhitzen, Champignons und Zwiebel darin anschwitzen, mit Suppe und Weißwein ablöschen. Das Obers zugießen, mit Salz und Pfeffer würzen und die Sauce cremig einkochen lassen. Das Fleisch in die Sauce legen und nochmals kurz ziehen lassen.

Tipp: Die Schnitzel niemals längs der Faser schneiden, sie sind sonst nach der Zubereitung zäh und trocken, sondern immer quer zur Faser. Zum Klopfen sollten Sie nicht die gerippte Oberfläche verwenden, die Kanten verletzen die Fasern, der Saft kann austreten und das Fleisch wird trocken. Klopfen Sie die Schnitzel immer zwischen 2 Frischhaltefolien mit der glatten Seite des Fleischklopfers.

Eingemachtes Kalbfleisch

800 g Kalbfleisch
1 Bund Petersilie
60 g Butter
30 g Mehl
etwas Suppe zum Aufgießen
Pfeffer
Salz

Zubereitungszeit: 45 Minuten

Petersilie waschen, fein hacken, das Kalbfleisch in Würfel schneiden. In einem Topf die Butter erhitzen, das Fleisch dazugeben und von allen Seiten anbraten, dann mit Pfeffer und Salz würzen. Im Eigensaft mit gehackter Petersilie weich dünsten, falls notwendig, etwas Suppe zugießen. Nach Ende der Garzeit, ungefähr 1 Stunde 30 Minuten, mit Mehl stauben, anlaufen lassen, mit der Suppe aufgießen und verkochen lassen. Vor dem Servieren mit Pfeffer und Salz abschmecken.

Fächerbraten

1 kg Kalbsnuss im Ganzen
100 g Butter
200 g blanchierter Blattspinat
1 gekochte Karotte
5 Scheiben Schinken
100 g Schweinsbauchnetz
1/4 l Weißwein
Pfeffer
Salz

Zubereitungszeit: 1 Stunde 30 Minuten

Die Kalbsnuss der Länge nach 5-mal zu 2/3 der Höhe einschneiden, Einschnitte salzen und pfeffern. Die Karotte in eine Scheibe Schinken wickeln, den Spinat in die restlichen Schinkenscheiben. Einschnitte nun mit Spinat und Karotte füllen, mit dem Schweinsnetz umhüllen und mit Spagat fest binden. Das Backrohr auf 200° C vorheizen, Butter erhitzen, das Fleisch von allen Seiten gut anbraten, mit dem Weißwein und etwas Wasser ablöschen. Fächerbraten 1 Stunde 15 Minuten braten, immer wieder begießen. Nach Ende der Bratzeit das Fleisch 10 Minuten ruhen lassen, dann den Spagat entfernen und in Scheiben schneiden. Den Bratensaft extra dazu servieren.

Herrengröstl

1 kg Kalbsschnitzelfleisch (Schale oder Nuss)
1 1/2 kg Erdäpfel
100 g Öl
160 g Butter
1 Zwiebel
1/2 Bund Petersilie
1 TL Majoran
etwas fertigen Bratensaft
Pfeffer
Salz

Zubereitungszeit: 45 Minuten

Zwiebel schälen, fein hacken, Erdäpfel weich kochen, schälen und blättrig schneiden, die Kalbsschnitzel schnetzeln. In einer Pfanne 50 g Butter erhitzen, die Erdäpfelscheiben gut anrösten. Das Öl und die restliche Butter in einer zweiten Pfanne erhitzen, Zwiebel darin hellgelb anschwitzen lassen, nun das geschnittene Fleisch dazugeben und schnell abbraten. Geröstete Erdäpfel dazugeben, mit Majoran, Pfeffer und Salz würzen, alles gut vermischen und mit etwas Bratensaft angießen. Vor dem Servieren Petersilie waschen, fein hacken und das fertige Herrengröstl damit bestreuen.

Tipp: Wenn Sie Erdäpfel von unterschiedlicher Größe kochen, durchstechen Sie die großen Erdäpfel mit einer Stricknadel, so werden alle gleichzeitig weich.

Kalbsbraten

1 kg Kalbfleisch (Nuss, Schlussbraten oder ausgelöstes Rückenfilet)
300 g gehackte Kalbsknochen
1 Bund Suppengrün
1 Zwiebel
1/8 l Weißwein
1/2 l Rindsuppe
Öl zum Anbraten
etwas Butter für die Flocken
Pfeffer
Salz

Zubereitungszeit: 1 Stunde 45 Minuten

Das Kalbfleisch mit Pfeffer und Salz würzen und mit einem Spagat binden, so kann es sich beim Braten nicht verformen. In einer Bratform etwas Öl erhitzen, das Fleisch von allen Seiten anbraten, dann herausheben und warm stellen. Im Bratenrückstand die Knochen anbraten, das Fleisch mit der schöneren Seite nach unten einlegen, mit Butterflocken belegen und etwas Rindsuppe angießen. Das Backrohr auf 180° C vorheizen, den Kalbsbraten 1 1/2 Stunden, unter mehrmaligem Begießen mit dem Bratensaft, fertig braten. Nach der Hälfte der Bratzeit wird das Fleisch umgedreht, falls nötig, etwas Rindsuppe nachgießen. Während dieser Zeit Zwiebel schälen, kleinwürfelig schneiden. Das Suppengrün putzen, waschen und ebenfalls in kleine Würfel schneiden. Nach dem Ende der Garzeit den Braten warm stellen, die Knochen auf dem Herd bei starker Hitze weiterbraten, Suppengrün und Zwiebel dazugeben und mitrösten. Mit Wein ablöschen und mit der Rindsuppe aufgießen. Den Saft 2 Minuten kochen lassen, anschließend durch ein feines Sieb gießen und mit Pfeffer und Salz abschmecken. Vor dem Anrichten Kalbsbraten in Scheiben schneiden und mit dem Saft servieren.

Kalbsbrust gefüllt

1 1/2 kg Kalbsbrust (ausgelöst und untergriffen)
ausgelöste Rippenknochen
3/8 l Rindsuppe
Semmelwürfel von 5 Semmeln
50 g Butter
1 kleine Zwiebel
1 Bund Petersilie
3 Eier
1/16 l Milch
200 g Erbsen
100 g Kalbsleber
Öl zum Anbraten
Butterflocken
1 MS Muskatnuss
Pfeffer
Salz

Zubereitungszeit: 2 Stunden 30 Minuten

Für die Fülle Zwiebel schälen, klein hacken, Petersilie waschen und klein schneiden. Zwiebel in etwas Butter anschwitzen lassen, Petersilie dazugeben und kurz mitbraten, mit der Milch aufgießen. Alles über die Semmelwürfel gießen, gut verrühren und überkühlen lassen. Die Eier gut versprudeln, mit Pfeffer, Salz und Muskat würzen und unter die Semmelmasse rühren, ziehen lassen. In dieser Zeit die Kalbsleber schaben und die Erbsen blanchieren, zum Verfeinern in die Fülle mengen. Backrohr auf 180 °C vorheizen, die vorbereitete Kalbsbrust außen und innen salzen und pfeffern, die Fülle in die Tasche geben und mit ein paar Stichen zunähen oder mit einem Metallspieß verschließen. Gehackte Rippenknochen in eine Bratform legen, Kalbsbrust darauf legen, mit Butterflocken belegen und mit der Rindsuppe untergießen. 1/2 Stunde im Rohr braten lassen, dann die Kalbsbrust wenden und 1 1/2 Stunden fertig braten, dabei ständig mit dem Bratensaft begießen, damit das Fleisch saftig bleibt. Nach dem Ende der Bratzeit die Kalbsbrust aus der Pfanne heben, warm stellen und rasten lassen. Den Bratensaft reduzieren, mit etwas Mehl stauben, mit wenig Wasser aufgießen, gut verkochen lassen, abseihen und mit Pfeffer und Salz abschmecken. Vor dem Anrichten die Kalbsbrust in Scheiben schneiden und mit dem Saft servieren.

Tipp: Lassen Sie sich die Kalbsbrust von Ihrem Fleischhauer richtig vorbereiten. Er trennt die fleischige Oberseite von der durchwachsenen Unterseite, dadurch entsteht die Tasche für Ihre Fülle. Die Rippen werden ausgelöst und das Brustbein wird eingehackt. Die ausgelösten Rippen grob zerhacken lassen und mit dem Braten mitbraten, dadurch wird der Saft noch schmackhafter.

Kalbsfilet im Kohlmantel

600 g Kalbsfilet
4 EL Öl
4 EL Weinbrand
1 TL Pfefferkörner
1/8 l Obers
2 EL Brösel
1 Ei
2 Bratwürste
8 Kohlblätter
1 EL gemischte Kräuter (Petersilie, Schnittlauch, Dille, Kerbel)
1/16 l Weißwein
1/8 l Rindsuppe
Pfeffer
Salz

Zubereitungszeit: 50 Minuten

Die Kohlblätter blanchieren, überkühlen und die Rippen flach klopfen. Bratwurstfülle mit Ei, Brösel, Obers und den Kräutern gut vermischen. Pfefferkörner zerdrücken, mit Öl und Weinbrand verrühren und das Kalbsfilet damit einreiben. Die Kohlblätter zu einem Rechteck auflegen, mit Bratwurstfülle bestreichen und das Filet darauf legen, fest zu einer Roulade einrollen. Eine Pfanne einfetten, den Braten einlegen, das Backrohr auf 180 °C vorheizen, Kalbsfilet 30 Minuten, unter mehrmaligem Begießen mit Suppe und Wein, fertig braten. Vor dem Anrichten den Braten rasten lassen, in Scheiben schneiden und mit dem Saft servieren.

Kalbsgeschnetzeltes mit Eierschwammerln

800 g Kalbfleisch (Schale)
80 g Zwiebeln
150 g Eierschwammerln
40 g Butter
1/8 l Obers
1/8 l Rindsuppe
1/16 l Madeirawein
1 TL Estragon
Pfeffer
Salz

Zubereitungszeit: 40 Minuten

Zwiebeln schälen, fein hacken, die Eierschwammerln putzen, sparsam waschen und feinblättrig schneiden. Das Kalbfleisch in Streifen schneiden. In einer Pfanne Butter erhitzen, Zwiebeln hell anrösten, dann das Fleisch dazugeben, mit Pfeffer und Salz würzen, bei starker Hitze kurz braun rösten. Aus der Pfanne heben und warm halten. Im Bratenrückstand die Eierschwammerln kurz anschwitzen, mit Wein ablöschen, die Rindsuppe dazugießen, anschließend die Flüssigkeit auf die Hälfte einkochen. Das Obers dazugeben, nochmals aufkochen, bis die Sauce cremig ist, Estragon beigeben, mit Pfeffer und Salz abschmecken, gut verrühren. Das Fleisch wieder in die Sauce legen und kurze Zeit gut durchziehen lassen.

Tipp: Waschen Sie die Eierschwammerln nur ganz kurz unter fließendem Wasser, sonst saugen sie zu viel Flüssigkeit auf.

Kalbsgulasch

800 g Kalbfleisch (Schulter)
5 EL Öl
4 Zwiebeln
1 EL Paprikapulver
Spritzer Essig mit etwas Wasser verdünnt
3/8 l Wasser
2 EL Zitronensaft
1/8 l Sauerrahm
1 EL Mehl
Salz

Zubereitungszeit: 2 Stunden

Zwiebeln schälen, in dünne Ringe schneiden, das Kalbfleisch in Würfel schneiden. In einem Topf Öl erhitzen, Zwiebeln darin goldgelb anrösten, Paprikapulver dazugeben, kurz umrühren und sofort mit dem Essigwasser ablöschen, dann das Fleisch hinzufügen und von allen Seiten gut anrösten lassen. Mit Wasser aufgießen, mit Salz und Zitronensaft würzen und bei geschlossenem Deckel weich dünsten. Nach dem Ende der Garzeit Sauerrahm mit dem Mehl gut versprudeln, Fleisch aus dem Saft heben und warm stellen. Saft mit Sauerrahm binden und mit Salz abschmecken, dann passieren und das Fleisch wieder einlegen.

Tipp: Rösten Sie das Paprikapulver zu lange in heißem Fett, wird es bitter, daher sofort mit Essigwasser ablöschen.

Kalbskoteletts überbacken

4 Kalbskoteletts
30 g Butter
4 Scheiben Schinken
2 EL Butter
2 EL Mehl
1/8 l Obers
30 g Brösel
30 g geriebener Käse
1 MS Muskatnuss
Pfeffer
Salz

Zubereitungszeit: 35 Minuten

Koteletts vorsichtig klopfen, mit Pfeffer und Salz würzen. In einer Pfanne die Butter erhitzen, das Fleisch auf beiden Seiten braun anbraten, herausheben und in eine befettete Bratform legen. Für die Béchamel, Butter erhitzen, Mehl darin kurz anschwitzen lassen, mit dem nicht zu kalten Obers aufgießen, verkochen lassen, mit Salz, Pfeffer und Muskatnuss würzen. Das Backrohr auf 220 °C vorheizen, Koteletts mit je einer Scheibe Schinken belegen und mit der Béchamel überziehen. Mit Bröseln und geriebenem Käse bestreuen, 1/4 Stunde im vorgeheizten Rohr überbacken.

Kalbsnierenbraten

1 kg Kalbsnierenbraten (mit der Niere)
100 g Butter
1 KL Mehl
etwas Suppenwürze
Salz

Zubereitungszeit: 1 Stunde 40 Minuten

Die Niere putzen, längs halbieren und in das ausgelöste Kalbskarree einlegen. Fest einrollen, mit einem Spagat binden und mit Salz würzen. Das Backrohr auf 180 °C vorheizen, in einer Bratpfanne 60 g Butter erhitzen, das Fleisch von allen Seiten braun anbraten, etwas heißes Wasser beifügen und unter oftmaligem Begießen mit dem entstehenden Saft 1 Stunde 15 Minuten fertig braten. Nach dem Ende der Bratzeit Fleisch herausheben und an einem warmen Ort ruhen lassen. Restliche Butter mit dem Mehl zu einer Kugel formen, in den Bratensaft geben und gut verkochen lassen. Gebundenen Saft mit Salz abschmecken und abseihen. Vor dem Anrichten Spagat entfernen und den Braten in Scheiben schneiden, mit dem Saft servieren.

Tipp: Lassen Sie den Kalbsnierenbraten von Ihrem Fleischhauer vorbereiten. Begießen Sie den Braten nur mit heißer Flüssigkeit, denn kalte Flüssigkeit kann das Fleisch zäh machen.

Kalbsragout

800 g Kalbsfleisch (Schulter)
2 Zwiebeln
3 EL Öl
1/8 l Sauerrahm
1/2 l Rindsuppe
1 EL Mehl
150 g Zuckererbsen
1 MS Muskatnuss
Pfeffer
Salz

Zubereitungszeit: 50 Minuten

Zwiebeln schälen, fein schneiden, Zuckererbsen kurz in Salzwasser überkochen, das Fleisch in 3-cm-Würfel schneiden. Die Fleischwürfel mit Pfeffer, Muskatnuss und Salz würzen, in einem Topf Öl erhitzen, das Fleisch scharf anbraten dann herausheben und warm stellen. Im Bratenrückstand Zwiebeln anrösten, mit Suppe aufgießen und einmal aufkochen. Die Fleischwürfel wieder dazugeben, zugedeckt, langsam weich dünsten. Nach Ende der Garzeit das Fleisch aus dem Saft heben, zur Seite stellen, Sauerrahm mit Mehl gut versprudeln und den Saft damit binden, er darf aber jetzt nicht mehr kochen. Die Erbsen und das Fleisch dazugeben und alles 5 Minuten ziehen lassen.

Kalbsrolle gefüllt

600 g Kalbfleisch (Nuss oder Schale)
200 g faschiertes Rindfleisch
1 Zwiebel
1 Ei
2 EL gehackte Petersilie
2 EL Brösel
50 g Butter
1/4 l Rindsuppe
1/8 l Sauerrahm
1 TL Mehl
Salz

Zubereitungszeit: 1 Stunde 30 Minuten

Zwiebel schälen, fein hacken, die Petersilie waschen und ebenfalls fein hacken. Das Faschierte mit Ei, Zwiebel, Brösel, Petersilie und Salz gut vermischen. Das Kalbfleisch schneiden, aufklappen und flach klopfen, mit Salz würzen. Das Faschierte auf das Fleisch streichen, einrollen und mit einem Spagat umwickeln. Das Backrohr auf 180 °C vorheizen, in einer Bratpfanne die Butter erhitzen, die Kalbsrolle von allen Seiten scharf anbraten, unter oftmaligem Begießen im Rohr 1 Stunde 20 Minuten fertig braten. Am Ende der Bratzeit das Fleisch herausheben, den Spagat abnehmen, den Braten an einem warmen Ort ruhen lassen. Mehl mit dem Sauerrahm gut versprudeln, zum Bratensaft gießen und alles einmal aufkochen lassen, mit Salz abschmecken. Vor dem Anrichten die Kalbsrolle in Scheiben schneiden und mit der Sauce servieren.

Kalbsroulade mit Champignons und Blattspinat

4 Kalbsschnitzel
100 g Champignons
20 g Zwiebel
50 g Kräuter (Schnittlauch, Kerbel, Dille, Basilikum, Petersilie)
250 g Blattspinat
4 EL Butter
Öl zum Anbraten
Pfeffer
Salz

Zubereitungszeit: 1 Stunde

Zwiebel schälen, fein schneiden, die Champignons putzen, sparsam waschen und kleinwürfelig schneiden, die Kräuter waschen, fein hacken. Blattspinat putzen, waschen, in Salzwasser kochen, anschließend mit eiskaltem Wasser abschrecken, damit er seine Farbe behält, gut abtropfen lassen. In einer Pfanne 1 EL Butter erhitzen, Zwiebel und Champignons anschwitzen lassen, mit Salz und Pfeffer würzen und mit den gehackten Kräutern verfeinern. Die Kalbsschnitzel dünn ausklopfen, salzen und pfeffern. In einem Topf 1 EL Butter erhitzen, Spinat darin erwärmen und mit den Champignons vermischen, auf die Schnitzel verteilen. Dann das Fleisch einrollen und mit einem Spagat binden. Das Backrohr auf

180 °C vorheizen, Öl in einer Pfanne erhitzen, die Rouladen von allen Seiten anbraten, mit etwas Wasser untergießen, 1 EL Butter beifügen und im Rohr 10 bis 12 Minuten fertig braten. Dabei das Fleisch häufig mit dem Bratensaft übergießen. Nach dem Ende der Bratzeit die Rouladen aus der Pfanne heben, den Saft etwas einkochen lassen, mit Pfeffer und Salz abschmecken, mit 1 EL Butter verfeinern und abseihen. Rouladen mit dem Saft servieren.

Kalbsrückenfilet mit Polentafülle

1 1/4 kg Kalbsrückenfilet ausgelöst
1/2 l Rindsuppe
250 g Polenta
3/8 l Milch
40 g Butter
1 Eidotter
2 EL Kürbiskerne
1 TL Kürbiskernöl
Öl zum Anbraten
Pfeffer
Salz

Zubereitungszeit: 1 Stunde 45 Minuten

Für die Fülle Kürbiskerne grob hacken, in einer Pfanne ohne Fett kurz anrösten. Die Milch mit Butter und Salz aufkochen, Polenta dazugeben bei geringer Hitze unter ständigem Rühren so lange kochen, bis der Grieß eingedickt ist. Topf vom Feuer nehmen und überkühlen lassen, dann die Kürbiskerne, Eidotter und 1 TL Kürbiskernöl unterrühren. In das dickere Ende des ausgelösten Kalbsrückenfilets eine 4 cm große Öffnung schneiden, diesen Schnitt bis fast zum Ende des Fleischstückes verlängern, eventuell mit Hilfe eines Kochlöffels die Öffnung erweitern. Polentafülle in einen Dressiersack, ohne Tülle, geben und damit das Fleisch füllen, mit Holzspießen verschließen. Das Backrohr auf 180 °C vorheizen, gefülltes Rückenfilet mit Pfeffer und Salz würzen. In einer Bratpfanne das Öl erhitzen, Fleisch von allen Seiten darin anbraten, im Backrohr auf der mittleren Schiene 1 Stunde fertig braten. Mit einem Drittel der Suppe den Braten nach ungefähr 20 Minuten begießen, die restliche Suppe nach und nach dazugeben. Nach dem Ende der Bratzeit das Fleisch aus der Pfanne heben, in Alufolie eingewickelt 10 Minuten warm gestellt rasten lassen. Den Bratensaft aufkochen, abseihen und mit Pfeffer und Salz abschmecken. Vor dem Anrichten das Fleisch in Scheiben schneiden und mit dem Saft servieren.

Kalbsschnitzel gefüllt

4 Kalbsschnitzel (Nuss oder Schale)
200 g rohe Bratwurstfülle
50 g geriebenen Emmentaler
2 Eier
Mehl und Brösel zum Panieren
1 TL grebelte Salbeiblätter
Pfeffer
Salz

Zubereitungszeit: 30 Minuten

Salbeiblätter waschen und klein schneiden, die Bratwurstfülle mit dem geriebenen Emmentaler gut verrühren. Die Schnitzel klopfen, mit Pfeffer, Salz und den Salbeiblättern würzen und anschließend mit der Bratwurst-Käse-Mischung bestreichen. Das Fleisch zusammenklappen und mit Zahnstochern 3 Seiten schließen. Die gefüllten Kalbsschnitzel in Mehl wenden, dann durch die versprudelten Eier ziehen und zum Schluss die Brösel andrücken. In einer Pfanne das Öl erhitzen, die Schnitzel auf beiden Seiten goldgelb backen, herausheben und auf Küchenpapier abtropfen lassen.

Kalbsschnitzel in Blätterteig

4 dicke Kalbsschnitzel (Nuss oder Schale)
250 g Blätterteig
400 g Champignons
1 Zwiebel
1 Knoblauchzehe
2 Eier hart gekocht
2 Eidotter
1/2 Bund Petersilie
Pfeffer
Salz

Zubereitungszeit: 50 Minuten

Zwiebel und Knoblauchzehe schälen, fein hacken, die Champignons putzen, sparsam waschen und klein hacken. In jedes Kalbsschnitzel eine Tasche schneiden, mit Pfeffer und Salz würzen. Für die Fülle Butter erhitzen, Zwiebel und Knoblauchzehe anrösten, klein gehackte Champignons dazugeben und mitrösten, mit Petersilie, Pfeffer und Salz würzen. Die hart gekochten Eier schälen und halbieren, in jede Fleischtasche Fülle und eine Eihälfte geben, jedes gefüllte Kalbsschnitzel auf eine Blätterteigscheibe legen in der Größe von 20 x 18 cm, Schnitzel einwickeln und mit der Naht nach unten auf ein mit Backpapier ausgelegtes Blech legen. Mit restlichem Teil verzieren und mit dem versprudelten Dotter bestreichen. Das Backrohr auf 220 °C vorheizen, die Kalbsschnitzel darin 30 Minuten zu einer goldbraunen Farbe backen.

Kalbsschulter gefüllt mit Dörrzwetschken

1 kg Kalbsschulter
150 g Dörrzwetschken
1/8 l Obers
3 EL Weinbrand
1 EL Butter
Öl zum Anbraten
Pfeffer
Salz

Zubereitungszeit: 1 Stunde 20 Minuten

Dörrzwetschken etwas zerkleinern und mit 1 EL Weinbrand beträufeln, Kalbsschulter auf beiden Seiten mit Pfeffer und Salz einreiben und mit den Dörrzwetschken füllen, zusammenrollen und mit einem Spagat binden. In einer Pfanne etwas Öl erhitzen, das Fleisch von allen Seiten anbraten, mit etwas Wasser untergießen und 1 EL Butter beigeben. Das Backrohr auf 220 °C vorheizen, Kalbsschulter darin 1 Stunde fertig braten. Nach dem Ende der Bratzeit das Fleisch aus der Pfanne heben und warm stellen. Bratensaft mit Weinbrand und Obers verfeinern und mit Pfeffer und Salz abschmecken. Vor dem Anrichten den Braten in Scheiben schneiden und mit dem Saft servieren.

Kalbsstelze gebraten

1 hintere Kalbsstelze
120 g Selchspeck
4 EL Öl
1/2 TL Mehl
Wasser zum Untergießen
Pfeffer
Salz

Zubereitungszeit: 2 Stunden

Selchspeck in dicke Streifen schneiden und die Stelze damit spicken. Das Fleisch kräftig mit Pfeffer und Salz würzen. Das Backrohr auf 220 °C vorheizen, Stelze in eine Pfanne legen und mit dem Öl begießen, unter ständigem Begießen fertig braten. Falls es notwendig ist, etwas Wasser untergießen, aber niemals über den Braten gießen. Nach der Hälfte der Bratzeit die Stelze umdrehen. Ist die Stelze fertig gebraten, Fleisch aus der Pfanne heben und warm stellen, Saft mit Mehl stauben, etwas Wasser zugießen, Bodensatz lösen und einkochen lassen, mit Pfeffer und Salz abschmecken, dann abseihen. Vor dem Anrichten das Fleisch vom Knochen lösen, in Scheiben schneiden und mit dem Bratensaft servieren.

Tipp: Speck können Sie ganz leicht schneiden, wenn Sie vorher das Messer in heißes Wasser eintauchen. Legen Sie die Speckstreifen kurz in das Tiefkühlfach, Sie können dann leichter spicken.

Kalbsvögerl gefüllt

4 ausgelöste Kalbsvögerl
2 TL Wein
1 TL Maisstärke
1/2 l Bratensaft
1 EL gehackte Petersilie
150 g Zucchini
4 EL Senf
1 EL gehackte Kräuter (Dille, Kerbel, Schnittlauch, Petersilie)
3 EL Brösel
4 Schinkenscheiben
Öl zum Anbraten
1 TL Zitronensaft
1/2 TL Majoran
Pfeffer
Salz

Zubereitungszeit: 2 Stunden

Die Kalbsvögerl längs aufschneiden, aufklappen und vorsichtig klopfen. Zucchini waschen, die Enden abschneiden und mittelfein raspeln, dann gut ausdrücken, mit Bröseln, Kräutern und Senf vermischen. Jedes Fleischstück mit einer Scheibe Schinken belegen und die Fülle aufstreichen, einrollen, mit einem Spagat binden, mit Majoran, Pfeffer und Salz würzen. In einer Pfanne etwas Öl erhitzen, die Kalbsvögerl von allen Seiten gut anbraten, aus der Pfanne heben und zur Seite stellen. Den Bratenrückstand mit dem fertigen Bratensaft aufgießen und einmal aufkochen lassen, Fleischrouladen wieder einlegen, zugedeckt, bei geringer Hitze 1 Stunde 30 Minuten weich dünsten. Nach dem Ende der Garzeit das Fleisch aus der Sauce nehmen, in Alufolie gewickelt warm stellen. Die Sauce abseihen, mit Zitronensaft, Pfeffer und Salz abschmecken und kurz aufkochen lassen. Wein und Maisstärke gut verrühren und in die Sauce einrühren, bei geringer Hitze kurz einkochen lassen, zuletzt die gehackte Petersilie dazugeben. Vor dem Anrichten die Kalbsvögerl in Scheiben schneiden und mit der Sauce servieren.

Kapuzinerfleisch

4 Scheiben Kalbsbraten
4 Scheiben Kalbsnieren
1/8 l Weißwein
2 EL Öl
4 Scheiben Hamburger Speck
1 Knoblauchzehe
2 EL gehacktes Basilikum
Pfeffer
Salz

Zubereitungszeit: 45 Minuten

Knoblauchzehe schälen und pressen, die Kalbsbratenscheiben auflegen, auf jedes Stück Fleisch eine Nierenscheibe legen und mit einem Zahnstocher fixieren. Mit Pfeffer und Salz würzen und mit etwas Öl bestreichen. Eine Pfanne erhitzen, Kalbfleisch von beiden Seiten gut anbraten, dann herausheben und in einen Topf mit 2 EL Öl und 1/8 l Weißwein legen. Basilikum, Knoblauch und die Speckscheiben auf das Fleisch verteilen, zugedeckt, bei geringer Hitze, 30 Minuten weich dünsten.

Katzngschroa

600 g Kalbfleisch (Schulter)
80 g Butter
150 g Zwiebeln
1 TL Essig
1/4 l Sauerrahm
1 EL Mehl
1/4 TL Kümmel
1/4 TL geriebene Zitronenschale
Salz

Zubereitungszeit: 40 Minuten

Zwiebeln schälen, feinnudelig schneiden, die Kalbsschulter feinblättrig schneiden. In einem Topf die Butter erhitzen, Zwiebeln kurz anschwitzen lassen, dann das Fleisch dazugeben und alles gut anrösten. Würzen und im geschlossenen Topf, im eigenen Saft, 15 Minuten lang weich dünsten. Sauerrahm mit dem Mehl gut versprudeln und einrühren, nochmals kurz aufkochen lassen. Vor dem Servieren mit Salz abschmecken.

Tipp: Damit Sie das Kalbfleisch besser schneiden können, legen Sie es kurz in das Tiefkühlfach.

Krautfleisch

750 g Kalbsvögerl
300 g Zwiebeln
5 Knoblauchzehen
50 g Hamburger Speck
500 g Sauerkraut
1 Paar Klobasse
1/8 l Sauerrahm
3/4 l Wasser
1 EL Paprikapulver
1 Lorbeerblatt
1/4 TL Kümmel gemahlen
Öl zum Anbraten
Pfeffer
Salz

Zubereitungszeit: 2 Stunden 30 Minuten

Zwiebeln schälen, fein hacken, die Knoblauchzehen schälen und pressen. Das Sauerkraut gut abtropfen lassen, falls es notwendig ist, kurz wässern. Speck kleinwürfelig schneiden, das Fleisch in mundgerechte Würfel schneiden. In einem Topf etwas Öl erhitzen, Speck kurz anschwitzen lassen, dann die Zwiebeln dazugeben und alles gut durchrösten. Paprikapulver einrühren und sofort mit dem Wasser aufgießen. Mit Kümmel, Knoblauch, Pfeffer und Salz würzen, dann das Lorbeerblatt und das würfelig geschnittene Fleisch dazugeben. Bei geringer Hitze 1 Stunde 30 Minuten dünsten, dann das Sauerkraut beifügen, gut verrühren und alles nochmals 30 Minuten dünsten lassen. Kurz vor dem Ende der Garzeit die Klobasse in Scheiben schneiden und unter das Kraut mischen. Vor dem Anrichten das Krautfleisch mit Pfeffer und Salz abschmecken, das Lorbeerblatt entfernen und mit dem Sauerrahm garniert servieren.

Tipp: Krautfleisch können Sie sehr gut vorbereiten, denn je öfter Sie es aufwärmen, desto besser schmeckt es.

Naturschnitzel

4 Kalbsschnitzel (Nuss)
40 g Butter
30 g Mehl
Saft einer halben Zitrone
etwas Butter für den Saft
Salz

Zubereitungszeit: 30 Minuten

Die Schnitzel vorsichtig klopfen, Ränder einschneiden, mit Salz würzen und eine Seite bemehlen. In einer Pfanne Butter erhitzen, die Schnitzel mit der bemehlten Seite einlegen und anbraten, dann jede Seite 5 Minuten braten. Das Fleisch aus der Pfanne heben und warm stellen. Im Bratenrückstand etwas Butter aufschäumen, mit heißem Wasser aufgießen und mit Zitronensaft und Salz abschmecken, aufkochen und dann abseihen. Die Naturschnitzel auf einem vorgewärmten Teller anrichten, mit dem Saft begießen und sofort servieren.

Pariser Schnitzel

4 Kalbsschnitzel (Schale, Frikandeau, Nuss)
3 Eier
1 EL Öl
50 g Mehl
Öl zum Ausbacken
Salz

Zubereitungszeit: 20 Minuten

Die Schnitzel vorsichtig klopfen, Ränder einschneiden und mit Salz würzen. Die Eier mit einem Esslöffel Öl gut abschlagen, die Schnitzel zuerst im Mehl wenden und dann in die Eier legen. In einer Pfanne das Öl erhitzen, Schnitzel beidseitig goldgelb backen.

Rahmgeschnetzeltes

800 g Kalbfleisch (Schulter, Schale)
1 Zwiebel
1/2 l Rindsuppe
1/16 l Weißwein
250 g Champignons
1/16 l Obers
3 EL Butter
1 TL Rosmarin
Pfeffer
Salz

Zubereitungszeit: 45 Minuten

Zwiebel schälen, klein schneiden, das Kalbfleisch klein schnetzeln, Champignons putzen, sparsam waschen und feinblättrig schneiden. In einer Pfanne 2 EL Butter erhitzen, Zwiebel darin anschwitzen, dann das geschnittene Kalbfleisch dazugeben, scharf anbraten, mit Pfeffer, Salz und Rosmarin würzen. Mit Weißwein ablöschen, einmal aufkochen, dann die Rindsuppe zugießen und das Fleisch weich dünsten. Kurz vor dem Ende der Garzeit restliche Butter in einer Pfanne erhitzen, Champignons kurz anrösten und zum gedünsteten Kalbfleisch geben. Vor dem Servieren Obers zugießen und mit Pfeffer und Salz abschmecken.

Reisfleisch

600 g Kalbfleisch (Schulter)
250 g Rundkornreis
100 g durchzogener Speck
150 g Zwiebel
80 g Butter
1/2 l Rindsuppe
1 KL Paprikapulver
1/2 roter Paprika
1/2 grüner Paprika
Pfeffer
Salz

Zubereitungszeit: 50 Minuten

Zwiebeln schälen, klein schneiden, Speck kleinwürfelig schneiden. Das Kalbfleisch in 2 cm große Würfel schneiden. In einer Pfanne Butter erhitzen, Speck und Zwiebeln goldgelb anrösten, dann das Kalbfleisch dazugeben und von allen Seiten durchrösten. Mit Pfeffer und Salz würzen, dann Paprikapulver dazugeben, umrühren und sofort mit etwas Rindsuppe aufgießen. Ist das Fleisch halb weich, den Reis und so viel Suppe dazugeben, bis der Reis gut überdeckt ist. Bei geringer Hitze zugedeckt langsam ausdünsten lassen. Vor dem Servieren roten und grünen Paprika waschen und in Streifen schneiden, das Reisfleisch damit garnieren.

Wiener Schnitzel

4 Kalbsschnitzel (Nuss)
50 g Mehl
3 Eier
1 EL Öl
120 g Brösel
Öl zum Ausbacken
Salz

Zubereitungszeit: 30 Minuten

Schnitzel vorsichtig klopfen, Ränder einschneiden und mit Salz würzen. Eier mit 1 EL Öl gut versprudeln. Schnitzel zuerst in Mehl wenden, gut abschütteln, dann in die versprudelten Eier tauchen und am Schluss in die Brösel drücken. In einer Pfanne das Öl erhitzen, die panierten Schnitzel darin goldgelb backen, herausheben und auf einem Küchenpapier abtropfen lassen.

Tipp: Erhitzen Sie immer die Pfanne, bevor Sie Öl oder Butter hineingeben. Legen Sie die panierten Schnitzel immer nur nebeneinander, sonst kann sich beim Backen die Panier lösen.

Schweinefleisch

Bauchfleisch gefüllt

1 1/2 kg Bauchfleisch
300 g Schweinsknochen
3 Semmeln
2 Eier
6 EL Schlagobers
1/8 l lauwarme Milch
2 EL gehackte Zwiebel
2 EL gehackte Petersilie
80 g Butter
1 roter Paprika
3 EL Semmelbrösel
1 Zwiebel
1 Karotte
1/2 l Rindsuppe
5 EL Weißwein
1 Prise Muskatnuss
Pfeffer
Salz

Zubereitungszeit: 2 Stunden 45 Minuten

Zwiebel schälen, fein hacken, die Karotte putzen, waschen und kleinwürfelig schneiden. Paprika waschen und ebenfalls kleinwürfelig schneiden. Die Semmeln in kleine Würfel schneiden, für die Fülle Eier, 3 EL Schlagobers, Milch, Muskatnuss, Pfeffer und Salz gut verschlagen und über die Semmeln gießen. In einer Pfanne 30 g Butter erhitzen 2 EL klein gehackte Zwiebel und 2 EL gehackte Petersilie darin andünsten, mit der Paprika zur Semmelmasse geben und 30 Minuten gut durchziehen lassen, falls es notwendig ist, mit Semmelbröseln festigen. In dieser Zeit das Bauchfleisch, das vom Fleischhauer eingeschnitten wurde, innen und außen kräftig mit Salz und Pfeffer würzen, mit einem scharfen Messer die Schwarte kreuzweise einschneiden. Bauch-fleisch mit der Semmelmasse füllen und zubinden. Das Backrohr auf 200 °C vorheizen, in einer großen Bratform die restliche Butter erhitzen, die Knochen, gehackte Zwiebel, Karotte und das Fleisch darin kurz anbraten, mit 1/4 l Rindsuppe aufgießen, in das Rohr schieben und 2 Stunden unter mehrmaligem Begießen fertig braten. Am Ende der Bratzeit das Fleisch aus der Form heben, den Fond aufkochen lassen, passieren und mit dem Wein, 3 EL Obers abrunden, mit Salz und Pfeffer abschmecken. Vor dem Anrichten die Naht entfernen, den Braten in Scheiben schneiden und mit der Sauce separat dazu servieren.

Bierstelze

1 hintere Stelze
2 Knoblauchzehen
3 EL Öl
1/4 l helles Bier
1 TL Kümmel
Pfeffer
Salz

Zubereitungszeit: 2 Stunden

Die Stelze in einem großem Topf mit genügend Wasser bei geringer Hitze 15 Minuten vorkochen. Knoblauch schälen und pressen, die Stelze aus dem Wasser heben und gut abtropfen lassen. Mit Pfeffer, Salz, Kümmel und Knoblauch würzen und mit dem Öl beträufeln. Das Backrohr auf 180 °C vorheizen, in einer Bratpfanne die Stelze 1 Stunde 45 Minuten braten. Dabei öfters mit wenig Wasser untergießen und mit dem Bratensaft begießen. Wenn gegen Ende der Bratzeit, bei der Nadelprobe, weißer Saft austritt, die Stelze mit dem Bier begießen und bei 220 °C 5 bis 10 Minuten braten. Dadurch wird die Schwarte besonders knusprig.

Jungschweinsbraten

1 kg ausgelöstes Schweinskarree mit Schwarte
2 Knoblauchzehen
2 TL Kümmel
1/16 l Rindsuppe
1/8 l Weißwein
100 g Schmalz
Pfeffer
Salz

Zubereitungszeit: 1 Stunde 40 Minuten

Knoblauch schälen, pressen, die Schwarte des Fleisches einschneiden. Jungschweinsbraten mit Kümmel, Salz und Knoblauch gut einreiben. Das Backrohr auf 220 °C vorheizen, das Fleisch kurz im heißen Rohr anbraten, die Hitze auf 180 °C reduzieren, den Braten mit Schmalz einstreichen und Rindsuppe zugießen, 1 Stunde 30 Minuten fertig braten. 10 Minuten vor dem Ende der Bratzeit den gewärmten Wein zugießen. Vor dem Anrichten den Braten in Scheiben schneiden und mit dem Saft servieren.

Kotelett mit Käse überbacken

4 Schweinskoteletts
50 g geriebener Käse
1/4 l Sauerrahm
Butter zum Einfetten
Pfeffer
Salz

Zubereitungszeit: 40 Minuten

Eine flache feuerfeste Form mit Butter gut einfetten, die Koteletts klopfen und mit Pfeffer und Salz würzen. Das Fleisch in die Form legen, mit dem geriebenen Käse bestreuen und mit Sauerrahm begießen. Das Backrohr auf 180 °C vorheizen, Koteletts 30 Minuten backen und dann sofort servieren.

Krenfleisch

1 kg Schweinefleisch mit Schwarte (ausgelöstes Karree, Bauchfleisch)
1 kg Erdäpfel
1 l Wasser
1/8 l Essig
1 Zwiebel
1 Lorbeerblatt
1 Bund Suppengrün
150 g Kren
5 Pfefferkörner
3 Wacholderbeeren
Salz

Zubereitungszeit: 1 Stunde

Zwiebel schälen, klein hacken, das Suppengrün putzen, waschen und ebenfalls klein schneiden. Die Erdäpfel schälen, waschen, in 2-cm-Würfel schneiden, das Fleisch in Scheiben schneiden. Das Wasser aufkochen, Suppengrün, Essig und Gewürze einmal darin aufkochen lassen. Dann das Fleisch und die Erdäpfelwürfel dazugeben, zugedeckt weich kochen. In dieser Zeit den frischen Kren schälen und reißen. Nach dem Ende der Kochzeit das Fleisch auf einer vorgewärmten Platte anrichten, Suppengrün um die Fleischscheiben legen und mit dem gerissenen Kren bestreuen.

Kümmelbraten

1 1/2 kg geschröpftes Bauchfleisch
1 EL Kümmel
6 Knoblauchzehen
Öl zum Anbraten
Schmalz zum Bestreichen
Pfeffer
Salz

Zubereitungszeit: 2 Stunden

Knoblauchzehen schälen, pressen, das Fleisch mit Knoblauch, Kümmel, Salz und Pfeffer gut einreiben. In einer Pfanne das Öl erhitzen, das Fleisch beidseitig anbraten. Das Backrohr auf 200 °C vorheizen, das Fleisch mit der Schwarte nach oben in das Rohr schieben, mit etwas Wasser untergießen und mit Schmalz bestreichen, Kümmelbraten in 1 Stunde 45 Minuten fertig braten. In den ersten 45 Minuten das Fleischstück mehrmals mit dem Eigensaft übergießen und mit etwas Wasser untergießen. Während der restlichen Bratzeit soll das Fleisch nicht mehr übergossen werden, da der entstehende Dampf verhindert, dass die Schwarte knusprig wird. Vor dem Anrichten den Kümmelbraten in Scheiben schneiden.

Tipp: Die Schwarte des Kümmelbratens wird besonders schön und saftig, wenn Sie das Fleisch vor dem Würzen mit der Schwarte nach unten in kochendes Wasser legen und kurz kochen lassen, abtrocknen, würzen und anbraten. Möchten Sie Ihren Kümmelbraten besonders würzig, reiben Sie ihn bereits am Vortag mit Knoblauch, Kümmel und Pfeffer ein und stellen ihn kühl. Salzen Sie den Braten erst vor der Zubereitung, er würde sonst zu viel Saft verlieren.

Foto: Foto Liesl Biber

Tafelspitz

(siehe Rezept Seite 153)

Foto: GUSTO / Stefan Liewehr

Kalbsbrust gefüllt

(siehe Rezept Seite 161)

Foto: Foto Liesl Biber

Kalbsrouladen mit Champignons und Blattspinat

(siehe Rezept Seite 165)

Foto: Foto Liesl Biber

Schweinslungenbraten im Blätterteig

(siehe Rezept Seite 185)

Foto: GUSTO / Barcí

Szegediner Gulasch

(siehe Rezept Seite 188)

Foto: Foto Liesl Biber

Lammrücken glaciert

(siehe Rezept Seite 198)

Foto: GUSTO / Stefan Liewehr

Gefüllte Paprika

(siehe Rezept Seite 205)

Foto: Foto Liesl Biber

Kalbsniere gebraten

(siehe Rezept Seite 213)

Medaillons überbacken mit Gemüse

600 g Schweinslungenbraten
30 g Butter
4 EL Öl
1 Knoblauchzehe
1 große Dose geschälte Paradeiser
500 g Zwiebeln
500 g Zucchini
1 grüner Paprika
1 Bund Basilikum
250 g geriebener Käse
1/4 l Sauerrahm
Pfeffer
Salz

Zubereitungszeit: 50 Minuten

Zwiebeln schälen, in feine Ringe schneiden, Knoblauch schälen und pressen. Paprika waschen, in Streifen schneiden, Zucchini waschen, in dünne Scheiben schneiden, Basilikum waschen und klein hacken. Schweinslungenbraten in 1 cm starke Scheiben schneiden. In einer Pfanne 2 EL Öl erhitzen, Knoblauch anschwitzen, dann die geschälten Paradeiser dazugeben, gut durchrühren, so lange dünsten, bis die Flüssigkeit verdampft ist, mit Pfeffer, Salz und dem Basilikum würzen. In einer zweiten Pfanne das restliche Öl erhitzen, Zwiebeln glasig dünsten, dann die Paprikastreifen und die Zucchini zugeben, alles so lange dünsten, bis auch hier wieder die Flüssigkeit verdampft ist, mit Pfeffer und Salz würzen. Nun die Medaillons pfeffern und salzen, die Butter erhitzen und das Fleisch kurz anbraten. In eine flache, feuerfeste Form das Gemüse legen, darauf kommen dann die Medaillons, zum Schluss das Paradeispüree. Das Backrohr auf 200 °C vorheizen, Sauerrahm mit Käse gut versprudeln und gleichmäßig verteilen, Schweinsmedaillons mit Gemüse 20 Minuten überbacken.

Mostbraten

1 1/2 kg ausgelöster Schopfbraten
2 Knoblauchzehen
1 TL Majoran
1 TL Thymian
1 TL Kümmel
1 Lorbeerblatt
1 EL Schmalz
4 Zwiebeln
4 Gewürznelken
3/4 l Most
Pfeffer
Salz

Zubereitungszeit: 2 Stunden (ohne Kühlzeit)

Knoblauch schälen, pressen, das Lorbeerblatt zerbröseln, einen Tag vor der Zubereitung wird der Schopfbraten mit dem Knoblauch und den Gewürzen gut eingerieben und über Nacht in den Kühlschrank gestellt. Am nächsten Tag den Braten in eine Auflaufform legen, dazu kommen die geschälten, halbierten Zwiebeln, Schmalz und die Gewürznelken. Das Backrohr auf 200 °C vorheizen, Braten in 1 1/2 bis 2 Stunden, unter regelmäßigem Begießen mit dem Most, fertig braten. Vor dem Anrichten Braten in Scheiben schneiden und mit dem Saft servieren.

Paprikatopf

500 g Schweinefleisch (Schulter)
5 grüne Papika
5 große Paradeiser
1 Knoblauchzehe
1 TL Paprikapulver
1/4 l Sauerrahm
Salz

Zubereitungszeit: 1 Stunde 30 Minuten

Römertopf gut einwässern, Paprika waschen, in Streifen schneiden, Paradeiser kurz in kochendes Wasser tauchen, mit eiskaltem Wasser abschrecken, schälen und klein schneiden. Knoblauch schälen und pressen. Das Fleisch in 3 cm große Würfel schneiden, mit Paprika, Paradeisern und gepresstem Knoblauch gut vermischen, mit Salz würzen und alles in den Tontopf geben. Sauerrahm mit dem Paprikapulver vermischen, salzen und über das Fleisch verteilen. Geschlossenen Römertopf in das kalte Backrohr stellen und 1 Stunde 15 Minuten bei 220 °C fertig garen.

Pinzgauer Schweinsrouladen

4 Schweinsschnitzel (Nuss, Schale)
150 g Champignons
150 g Schinken
1 Zwiebel
2 Eier
2 EL gehackte Petersilie
1/8 l Rindsuppe
1 MS Muskatnuss
Mehl zum Wenden
Butter zum Anbraten
Pfeffer
Salz

Zubereitungszeit: 45 Minuten

Für die Fülle Zwiebel schälen, fein hacken, Champignons putzen, sparsam waschen, klein hacken, den Schinken ebenfalls klein hacken. In einer Pfanne etwas Butter erhitzen, Zwiebel glasig rösten, Schinken und Champignons dazugeben, alles gut durchrösten. Mit Salz, Pfeffer und Muskatnuss würzen, die gehackte Petersilie einrühren, die Eier versprudeln und unterrühren, am Schluss etwas Rindsuppe dazugießen. Die Schnitzel klopfen, salzen und pfeffern, die Fülle aufstreichen, zusammenrollen und mit einem Zahnstocher fixieren. Rouladen in Mehl wenden, in einer Pfanne etwas Butter erhitzen, das Fleisch von beiden Seiten gut anbraten, die restliche Rindsuppe langsam zugießen und die Rouladen weich dünsten.

Rahmschnitzel

4 Schweinsschnitzel (Nuss, Schale)
4 Zwiebeln
2 EL Butter
1/4 l Obers
1/4 l Sauerrahm
2 Knoblauchzehen
Butter zum Anbraten
Pfeffer
Salz

Zubereitungszeit: 45 Minuten (ohne Kühlzeit)

Zwiebeln schälen, in Ringe schneiden, Knoblauchzehen schälen und fein hacken. Die Schnitzel klopfen, mit Pfeffer und Salz würzen. In einer Pfanne etwas Butter erhitzen, Schnitzel beidseitig anbraten, aus der Pfanne nehmen und in eine Auflaufform legen. Im Bratenrückstand 2 EL Butter aufschäumen, Zwiebelringe darin anschwitzen lassen, Sauerrahm und Obers dazugeben, dann den Knoblauch, pfeffern, salzen und alles aufkochen lassen. Die Sauce über die Schnitzel gießen, Auflaufform zudecken und 24 Stunden im Kühlschrank ziehen lassen. Das Backrohr auf 220 °C vorheizen, die Rahmschnitzel in der geöffneten Auflaufform 45 Minuten backen.

Salzburger Braten

1 kg Schweinsbrust
1/2 l Rindsuppe
100 g gemischtes Faschiertes
2 Semmeln
1/8 l Milch zum Einweichen
3 Knoblauchzehen
200 g Schinken
50 g Speck
1 TL Kümmel
1 TL Majoran
Pfeffer
Salz

Zubereitungszeit: 2 Stunden

Knoblauchzehen schälen, pressen, Speck und Schinken kleinwürfelig schneiden. Die Semmeln ebenfalls in kleine Würfel schneiden, mit etwas Milch befeuchten. Das Faschierte mit den Semmelwürfeln, Schinken und Speck gut verrühren, mit Pfeffer, Salz, Knoblauch und Majoran würzen. Die vom Fleischhauer vorbereitete Schweinsbrust innen und außen mit Kümmel, Pfeffer und Salz gut einreiben, die Fülle in die Tasche geben und die Öffnung zunähen. Das Backrohr auf 200 °C vorheizen, die Hälfte der Rindsuppe in die Bratpfanne gießen, das Fleisch mit der Schwartenseite nach unten einlegen, zudecken und 30 Minuten dünsten lassen. Den Braten umdrehen, offen unter mehrmaligem Begießen mit dem Eigensaft fertig braten. Nach dem Ende der Bratzeit das Fleisch herausheben und warm stellen. Bratenrückstand mit restlicher Rindsuppe aufgießen, gut verkochen lassen, mit Pfeffer und Salz abschmecken. Vor dem Anrichten den Braten in Scheiben schneiden und mit der Sauce servieren.

Sauschädel gekocht

1 Sauschädel
3 l Wasser
1/16 l Essig
3 Knoblauchzehen
5 Wacholderbeeren
9 Pfefferkörner
2 Bund Suppengrün
1 Zwiebel
Kren
Salz

Zubereitungszeit: 2 Stunden

Knoblauch schälen, klein hacken, das Wasser mit Essig, Salz, Knoblauch und den Gewürzen aufkochen, Sauschädel gut waschen und dann ungefähr 2 Stunden kochen. In dieser Zeit Suppengrün putzen, waschen und feinstreifig schneiden, die Zwiebel schälen, kleinwürfelig schneiden. 15 Minuten vor Ende der Kochzeit Suppengrün und Zwiebel in die Suppe geben und mitkochen. Ist das Fleisch weich, Sauschädel aus der Suppe heben und das Fleisch von den Knochen lösen. Vor dem Anrichten das Fleisch in 1 cm starke Stücke schneiden, mit gekochtem Suppengrün, geriebenem Kren und Suppe servieren.

Schindelbraten

800 g Schweinslungenbraten
3 grüne Paprika
3 rote Paprika
2 gelbe Paprika
100 g Hamburger Speck in Scheiben
100 g Emmentaler in Scheiben
Öl zum Abbraten und Einfetten
1 TL Oregano
Pfeffer
Salz

Zubereitungszeit: 40 Minuten

Lungenbraten enthäuten, in 2 cm starke Scheiben schneiden, mit etwas Öl bestreichen, salzen und würzen. Eine Pfanne erhitzen, Lungenbraten beidseitig rasch abbraten, herausheben und warm stellen. Paprika waschen, halbieren, Stengel und Kerne entfernen, mit Öl bestreichen, im Bratenrückstand ebenfalls rasch abbraten. Eine Auflaufform mit etwas Öl einfetten, abwechselnd Fleisch, Speckstreifen und Paprikaschoten schindelartig schlichten. Vor und nach dem Lungenbraten immer eine Speckscheibe legen. Die Käsescheiben obenauf legen. Das Backrohr auf 220 °C vorheizen, den Schindelbraten 15 Minuten im Rohr überbacken.

Schinkenbein glaciert

1 1/2 kg Schinkenbein
3 EL Honig
1 EL Wasser
Gewürznelken zum Spicken

Zubereitungszeit: 1 Stunde 30 Minuten

Die Schwarte des Schinkens mit Gewürznelken spicken. Das Backrohr auf 80 °C vorheizen, Schinken darin 1 Stunde und 15 Minuten mehr erwärmen als braten. Durch die niedrige Temperatur bleibt der Schinken sehr saftig. Honig mit Wasser gut verrühren und damit den Schinken mehrmals bestreichen.

Tipp: Um den Schinken mit den Gewürznelken leichter spicken zu können, stechen Sie mit einer Spicknadel kleine Löcher vor.

Schweinsbraten mit Kruste

750 g ausgelöstes Schweinskarree (mit der Schwarte)
8 Knoblauchzehen
Öl zum Anbraten
2 TL Kümmel
Pfeffer
Salz

Zubereitungszeit: 1 Stunde 30 Minuten

Knoblauchzehen schälen und pressen. In einer Pfanne 3 cm hoch Wasser einfüllen, aufkochen lassen, das Fleisch mit der Schwarte nach unten einlegen und 1 Minute kochen lassen. Mit kaltem Wasser abspülen und trockentupfen. Dann das Karree mit Kümmel, Knoblauch, Pfeffer und Salz würzen. Das Backrohr auf 200 °C vorheizen, in einer Bratform etwas Öl erhitzen, die Schwarte darin kurz anbraten, dann das Karree wenden und im Rohr 1 Stunde fertig braten, öfters mit Wasser untergießen. Am Ende der Bratzeit das Fleisch 10 Minuten rasten lassen, vor dem Servieren den Braten in Scheiben schneiden.

Tipp: Lassen Sie das Schweinskarree mit der Schwarte von Ihrem Fleischhauer schröpfen, das heißt, die Schwarte wird 1/2 cm tief kreuzweise eingeschnitten, so entstehen kleine Quadrate.

Schweinsbrust gerollt mit Kräutern

1 kg Schweinsbrust
3 Knoblauchzehen
1 TL Senf
1 EL Petersilie
1 EL Schnittlauch
1 EL Kerbel
1 EL Oregano
1 EL Kresse
1 Zwiebel
1 EL Mehl
Wasser zum Aufgießen
Pfeffer
Salz

Zubereitungszeit: 2 Stunden 30 Minuten

Zwiebel schälen, grob hacken, Knoblauchzehen schälen und pressen, die Kräuter waschen, fein hacken, den Schnittlauch in feine Röllchen schneiden. Die Schweinsbrust auslösen, die Schwarte abziehen. Die so vorbereitete Brust mit Senf und Knoblauch einreiben, mit den gehackten Kräutern belegen und zu einer festen Rolle zusammenbinden, dann mit Pfeffer und Salz würzen. Das Backrohr auf 220 °C vorheizen, in einer Bratpfanne die grob gehackten Zwiebel, Knochen und die Schwarte als Unterlage anrichten, dann das Fleisch darauf legen, mit etwas Wasser untergießen und im Rohr 45 Minuten braten. Das Fleisch wenden und unter mehrmaligem Begießen 1 Stunde 45 Minuten fertig braten. Nach dem Ende der Bratzeit das Fleisch herausnehmen und warm stellen. Knochen und Schwarte bemehlen, kurz durchrösten und mit Wasser aufgießen. Den Saft gut verkochen lassen und anschließend passieren. Vor dem Anrichten die Schweinsbrustrolle in Scheiben schneiden und mit dem Saft servieren.

Schweinsgeschnetzeltes

750 g Schweinslungenbraten
1/8 l Rindsuppe
1/4 l Bratensaft
1/8 l Sauerrahm
1 Zwiebel
3 Karotten
1 Stange Lauch
100 g Sellerieknolle
2 EL Butter
1 EL Mehl
Öl zum Anbraten
1 TL Majoran
Pfeffer
Salz

Zubereitungszeit: 40 Minuten

Zwiebel schälen, kleinwürfelig schneiden, vom Lauch die Wurzeln und die grünen Blattenden wegschneiden, längs aufschneiden und waschen. Karotten und Sellerieknollen schälen, waschen, das Gemüse in gleich große Stücke schneiden und in Salzwasser bissfest kochen. Mit kaltem Wasser abschrecken und gut abtropfen lassen. Schweinslungenbraten in 3 cm dicke Scheiben schneiden, mit Pfeffer uns Salz würzen. In einer Pfanne etwas Öl stark erhitzen, das Fleisch darin kurz anbraten, aus der Pfanne heben und abtropfen lassen, warm stellen, für die Zubereitung der Sauce den austretenden Saft auffangen. 2 EL Butter im Bratenrückstand erhitzen, Zwiebel und

Gemüse kurz durchschwenken, mit Bratensaft, Fleischsaft und der Suppe aufgießen, aufkochen und mit Majoran, Pfeffer und Salz würzen. 1 EL Mehl mit dem Sauerrahm gut verrühren, in die Sauce einrühren und bei geringer Hitze ein paar Minuten kochen lassen. Vor dem Servieren die Filets in die Sauce legen und auf kleiner Flamme erwärmen.

Schweinsgulasch

800 g Schweinsschulter
400 g Zwiebeln
80 g Schmalz
2 EL Papikapulver
2 Knoblauchzehen
1 TL Kümmel
4 Paradeiser
1 EL Mehl
1/4 l Sauerrahm
Wasser zum Ablöschen
Rindsuppe zum Nachgießen
Salz

Zubereitungszeit: 50 Minuten

Zwiebeln schälen, kleinwürfelig schneiden, Knoblauchzehen schälen und pressen. Die Paradeiser kurz in kochendes Wasser legen, mit kaltem Wasser abschrecken, schälen, vierteln und entkernen. Das Fleisch in 2 cm große Würfel schneiden. In einem Topf das Schmalz erhitzen, Zwiebel darin goldgelb rösten, Paprikapulver darüber streuen und sofort mit etwas Wasser ablöschen. Fleischwürfel und Paradeiser dazugeben, gut durchrühren, mit Kümmel, Knoblauch und Salz würzen, zugedeckt auf kleiner Flamme dünsten. Falls es notwendig ist, etwas Rindsuppe nachgießen. Kurz bevor das Fleisch gar ist, das Mehl mit dem Sauerrahm gut verrühren und in das Gulasch einrühren, dann fertig dünsten.

Tipp: Damit Sie beim Schneiden der Zwiebeln nicht weinen müssen, legen Sie die geschälten Zwiebeln 5–10 Minuten in den Kühlschrank oder in eiskaltes Wasser.

Schweinskarree gefüllt

1 1/2 kg Schweinskarre ausgelöst
1 Bund Suppengrün
2 Zwiebeln
1/2 l dunkles Bier
200 g Blattspinat
200 g Semmelwürfel
3 Eier
1/8 l Milch
80 g Mehl
5 Knoblauchzehen
1 Paar Debreziner
1 EL Butter
1 EL Senf
Öl zum Anbraten
1 MS Muskatnuss
1 MS Majoran
Pfeffer
Salz

Zubereitungszeit: 1 Stunde 45 Minuten

Zwiebeln schälen, kleinwürfelig schneiden. Knoblauchzehen schälen und pressen. Suppengrün putzen, waschen, klein schneiden. Spinat überkochen, kalt abschrecken, gut ausdrücken. In einer Pfanne die Butter erhitzen, die Hälfte der Zwiebeln anschwitzen lassen, mit Salz, Pfeffer und Muskatnuss würzen. Milch, Eier und Spinat gut verrühren, gemeinsam mit den Zwiebeln über die Semmelwürfel gießen, das Mehl einrühren, alles gut durchmischen und 15 Minuten lang ziehen lassen. In dieser Zeit das Schweinskarree längs einmal von oben und einmal von unten einschneiden, flach auflegen und vorsichtig klopfen. Mit Senf, Knoblauch, Majoran, Pfeffer und Salz würzen. Das Backrohr auf 180 °C vorheizen. Nun die Fülle auf das vorbereitete Fleisch streichen, die Würstel auf den unteren Rand legen und das Karree darüber einrollen. Mit Spagat binden und salzen. In einer Pfanne etwas Öl erhitzen, das Karree darin rundherum gut anbraten, herausheben und zur Seite stellen. Im Bratenrückstand Suppengrün und restliche Zwiebel anschwitzen lassen, das Fleisch darauf legen und mit 1/4 l Bier untergießen. Das Schweinskarree im Rohr 1 Stunde fertig braten, mehrmals mit dem restlichen Bier aufgießen. Nach dem Ende der Bratzeit Fleisch aus der Pfanne heben und warm stellen. Den Saft durch ein feines Sieb gießen, vor dem Anrichten das Fleisch in Scheiben schneiden und mit dem Saft servieren.

Tipp: Bleibt Ihnen von diesem köstlichen Schweinsbraten etwas übrig, können Sie ihn entweder in 1/2-cm-Scheiben schneiden, diese dann halbieren. Mit wenig Öl kurz anbraten, mit Majoran und Knoblauch würzen, mit einem versprudelten Ei übergießen und so lange erhitzen, bis das Ei fest geworden ist. Eine andere Möglichkeit ist: Sie schneiden den Braten in dünne Scheiben, übergießen ihn mit einer Marinade aus Pfeffer, Salz, Essig, Öl und Kräutern und lassen ihn vor dem Servieren 45 Minuten ziehen.

Schweinslungenbraten im Blätterteig

800 g Schweinslungenbraten
1 Pkg. Blätterteig
8 Schinkenscheiben
8 Scheiben Emmentaler
100 g Butter
500 g Blattspinat
2 Knoblauchzehen
1 Ei
Öl zum Anbraten
Pfeffer
Salz

Zubereitungszeit: 1 Stunde

Knoblauchzehen schälen und pressen. Spinat kurz überkochen, abschrecken und kräftig ausdrücken. Mit Pfeffer, Salz und Knoblauch würzen. Den Schweinslungenbraten zuputzen und in vier gleich große Stücke schneiden. Durch jedes Stück mit einem Kochlöffelstiel eine Öffnung bohren und mit Spinat füllen, die Filets salzen und pfeffern. In einer Pfanne etwas Öl erhitzen und das Fleisch rundherum anbraten, dann herausheben und überkühlen lassen. Das Backrohr auf 160 °C vorheizen, jedes Filet mit 2 Scheiben Käse und Schinken umwickeln. Den Blätterteig auflegen, quer halbieren, das Fleisch auflegen und fest einrollen, mit dem verquirlten Ei bestreichen. Backpapier auf ein Blech legen, Filets aufsetzen und im vorgeheizten Rohr 30 Minuten lang backen. Nach dem Ende der Backzeit die Filets 5 Minuten rasten lassen, vor dem Servieren in Scheiben schneiden.

Schweinsmedaillons mit Käsekruste

800 g Schweinslungenbraten
200 g geriebener Käse
3 Eier
2 EL Butter
Pfeffer
Salz

Zubereitungszeit: 40 Minuten

Schweinslungenbraten in 2 cm starke Medaillons schneiden, mit Pfeffer und Salz würzen. In einer Pfanne die Butter erhitzen, Fleischstücke darin beidseitig kurz anbraten, herausnehmen und warm stellen. Die Eier trennen, Dotter mit dem Käse gut verrühren, Eiklar steif schlagen und unter die Käse-Dotter-Masse unterziehen. Die Medaillons mit der Käsemasse bestreichen, das Rohr auf 220 °C vorheizen, die Medaillons knusprig überbacken.

Tipp: Sehr gut passt dazu ein Kräuterobers. Mixen Sie 1/4 l Milch mit einem 1/8 l Schlagobers und Kräutern Ihrer Wahl, lassen Sie alles auf kleiner Flamme einkochen. Mit Salz und Zitronensaft abschmecken, zum Verfeinern dieser Sauce wird ein 1/8 l Schlagobers geschlagen und kurz vor dem Anrichten unter die Sauce gezogen.

Schweinsnuss mit Grammelfülle

1 1/2 kg Schweinsnuss
300 g Erdäpfel
1 Zwiebel
1 EL gehackte Petersilie
50 g grob gehackte Grammeln
2 Eidotter
4 Knoblauchzehen
3 EL Butter
Majoran
Pfeffer
Salz

Zubereitungszeit: 1 Stunde 45 Minuten

Zwiebel schälen, klein hacken, Knoblauchzehen schälen, pressen, die Erdäpfel waschen und mit Schale weich kochen. In einer Pfanne 1 EL Butter erhitzen, Zwiebel und Grammeln anschwitzen, mit Majoran, Pfeffer, Salz und Knoblauch würzen. Gekochte Erdäpfel schälen und heiß durch eine Erdäpfelpresse drücken. Petersilie und Zwiebel-Grammel-Mischung mit den Erdäpfeln vermischen. Mit einem scharfen Messer in die Mitte der Schweinsnuss eine durchgehende Öffnung schneiden, das Fleisch mit der Masse füllen und mit Spagat binden. Das Backrohr auf 180 °C vorheizen, in einer Bratpfanne 2 EL Butter erhitzen, das Fleisch von allen Seiten anbraten, dann in Rohr 1 Stunde 15 Minuten, unter mehrmaligem Begießen mit dem Eigensaft, fertig braten.

Tipp: Wickeln Sie den Braten vor dem Binden in ein Schweinsnetz, so kann die Fülle während des Bratens nicht austreten.

Schweinsschnitzel mit Käse-Schinken-Fülle

4 Schweinsschnitzel (Schale, Nuss)
4 Schinkenscheiben
120 g Blauschimmelkäse
2 TL Zitronensaft
1 Bund Petersilie
2 verquirlte Eier
150 g Semmelbrösel
100 g Mehl
Öl zum Ausbacken
Pfeffer
Salz

Zubereitungszeit: 30 Minuten

Petersilie waschen, fein hacken und mit den verquirlten Eiern gut vermischen. Den Käse in vier Stücke teilen, Schnitzel vorsichtig klopfen, mit Salz, Pfeffer und Zitronensaft würzen. Jedes Schnitzel mit einer Schinkenscheibe und einem Stück Käse belegen, zusammenklappen, die Ränder fest andrücken und mit Zahnstochern zusammenstecken. Die Schnitzel nun in Mehl, Ei und Bröseln panieren. In einer Pfanne das Öl erhitzen, die Schnitzel darin goldgelb ausbacken, herausheben und auf einem Küchenpapier abtropfen lassen.

Schweinsschnitzel mit Knoblauch

4 Schweinsschnitzel (Schale, Nuss)
2 Zwiebeln
20 Knoblauchzehen
100 g Rohschinken
1/4 l Rindsuppe
1 EL gehackte Petersilie
4 EL Sauerrahm
Öl zum Braten
Pfeffer
Salz

Zubereitungszeit: 45 Minuten

Zwiebeln schälen, klein hacken, den Rohschinken in Streifen schneiden. In einer Pfanne etwas Öl erhitzen, die ungeschälten Knoblauchzehen darin 15 Minuten, zugedeckt, langsam braten. Das Backrohr auf 70 °C vorheizen, die Schnitzel vorsichtig klopfen, mit Salz würzen. In einer Pfanne etwas Öl erhitzen, die Schnitzel auf beiden Seiten gut anbraten, herausheben und mit den Knoblauchzehen im Backrohr warm stellen. Im Bratenrückstand die Zwiebeln und die Hälfte der Schinkenstreifen anbraten, mit der Rindsuppe ablöschen und einkochen lassen. Sauerrahm und Petersilie gut verrühren, in die Sauce einrühren und alles mit Pfeffer und Salz abschmecken. Vor dem Anrichten die Schnitzel mit den restlichen Schinkenstreifen bestreuen und mit der Sauce und den Knoblauchzehen servieren.

Selchkarree gebraten

1 1/4 kg Selchkarree
1 Bund Petersilie
2 EL Senf
Alufolie
Pfeffer

Zubereitungszeit: 50 Minuten

Petersilie waschen, klein hacken, Senf mit der Petersilie abrühren, mit Pfeffer abschmecken. Das Selchkarree damit rundherum einstreichen. Das Backrohr auf 200 °C vorheizen, das vorbereitete Fleisch in Alufolie, mit der matten Seite nach außen, wickeln und im Rohr 40 Minuten braten. Vor dem Anrichten das Karree in Scheiben schneiden und mit dem ausgetretenen Saft servieren.

Tipp: Die Alufolie hat zwei Seiten, die glänzende schirmt die Hitze ab, ist also ein Warmhalter, die matte Seite lässt die Hitze durch und wird daher für das Garen nach außen gekehrt. Beim Braten in der Alufolie kann kein Saft austreten, das Karree bleibt daher sehr saftig, kann aber etwas zu salzig schmecken. Wenn Sie einen milden Geschmack bevorzugen, legen Sie das Fleisch vor der Zubereitung kurz in kochendes Wasser und lassen es 15 Minuten ziehen. Trocknen Sie es dann ab und verfahren Sie so, wie es im Rezept beschrieben ist.

Senfbraten

1 kg Schopfbraten
80 g Senf
1 Zwiebel
4 Gewürznelken
1/4 l Weißwein
1/8 l Rindsuppe
2 EL gehackte Petersilie
1/2 TL Mehl zum Binden
Öl zum Anbraten
Pfeffer
Salz

Zubereitungszeit: 1 Stunde 45 Minuten

Zwiebel halbieren und schälen, mit den Nelken spicken. Schopfbraten mit Salz und Pfeffer würzen, in einer Pfanne etwas Öl erhitzen, das Fleisch darin von allen Seiten anbraten und mit dem Wein ablöschen. Erst jetzt mit dem Senf bestreichen und mit Rindsuppe aufgießen, die gespickten Zwiebelhälften dazugeben. Das Backrohr auf 200 °C vorheizen, den Schopfbraten darin 1 Stunde 30 Minuten fertig braten, dabei mehrmals mit dem Eigensaft begießen. Am Ende der Bratzeit das Fleisch aus der Pfanne heben, warm stellen, die Sauce passieren, mit dem Mehl binden, die gehackte Petersilie unterrühren. Vor dem Anrichten den Braten in Scheiben schneiden und mit der Sauce servieren.

Szegediner Gulasch

500 g Schweinsschulter
1 kg Sauerkraut
150 g Zwiebel
1 Knoblauchzehe
60 g Butter
1/4 l Sauerrahm
30 g Mehl
2 TL Kümmel
2 EL Paprikapulver
Salz

Zubereitungszeit: 1 Stunde 15 Minuten

Zwiebel und Knoblauchzehe schälen, fein hacken, die Schweinsschulter in 2 cm große Würfel schneiden. In einem Topf die Butter erhitzen, Zwiebel darin kurz anrösten, Kümmel, Knoblauch und Paprikapulver einrühren, sofort mit etwas Wasser aufgießen und kurz aufkochen lassen, die Fleischwürfel dazugeben, salzen und zugedeckt 40 Minuten dünsten lassen. Dann das gewaschene Sauerkraut zufügen, Wasser zugießen, bis alles bedeckt ist, und unter mehrmaligem Rühren weich dünsten. Den Sauerrahm mit dem Mehl verquirlen, zufügen und noch 5 Minuten kochen lassen.

Wurzelfleisch

4 Schopfbratenschnitzel
1 Zwiebel
3 Karotten
1/2 Sellerieknolle
1 Petersilienwurzel
40 g Butter
1 KL Paprikapulver
1 KL Majoran
1/2 Kl Kümmel
1/2 EL Mehl
1/8 l Sauerrahm
Zitronensaft
Pfeffer
Salz

Zubereitungszeit: 1 Stunde

Zwiebel schälen, klein hacken, Karotten, Sellerieknolle und Petersilienwurzel schälen, waschen, feinblättrig schneiden. Die Schopfbratenschnitzel klopfen und mit Salz würzen, in einer Pfanne die Butter erhitzen, Schnitzel von allen Seiten scharf anbraten, herausheben und warm stellen. Im Bratenrückstand Zwiebel und geschnittenes Wurzelwerk anrösten, mit Majoran, Kümmel und Paprikapulver würzen, sofort mit einer Tasse heißem Wasser aufgießen. Die Schnitzel dazugeben, alles zugedeckt weich dünsten. Am Ende der Garzeit das Fleisch herausheben und zur Seite stellen. Den Sauerrahm mit dem Mehl und dem Zitronensaft versprudeln, zum Saft geben, aufkochen und dann passieren. Die Schopfbratenschnitzel in die Sauce legen und nochmals heiß machen.

Kaninchen, Kitz, Lamm

Bauernschöpsernes

1 kg Lammfleisch (Schlegel, Schulter)
2 Bund Wurzelwerk
750 g Erdäpfel
1 Zwiebel
1 Lorbeerblatt
6 Knoblauchzehen
10 Wacholderbeeren
1 KL Thymian
1 TL Kümmel
1 TL Mehl
Öl zum Anbraten
Pfeffer
Salz

Zubereitungszeit: 1 Stunde 45 Minuten

Zwiebel und Knoblauchzehen schälen, grob hacken, Wurzelwerk schälen, waschen und ebenfalls grob hacken, Wacholderbeeren klein stoßen. Das Lammfleisch mit Pfeffer, Salz und Kümmel gut einreiben. In einer Pfanne etwas Öl erhitzen, das Fleisch von allen Seiten anbraten, Wurzelwerk, Zwiebel, Thymian, Knoblauch, Wacholderbeeren und das Lorbeerblatt dazugeben. Das Backrohr auf 200 °C vorheizen, das Lammfleisch zudecken und 1 Stunde 30 Minuten fertig braten, mehrmals mit dem Eigensaft begießen, falls es notwendig ist, etwas Rindsuppe zugießen. Damit das Fleisch knusprig wird, den Deckel nach einiger Zeit entfernen, die Erdäpfel schälen, waschen, halbieren und 45 Minuten vor dem Ende der Bratzeit in die Pfanne zum Mitbraten legen. Ist das Lammfleisch fertig gebraten, mit den Erdäpfeln aus der Pfanne heben, warm stellen. Den Saft mit Mehl stauben, das Lorbeerblatt entfernen, passieren und mit Salz und Pfeffer abschmecken. Vor dem Anrichten Fleisch in Scheiben schneiden und mit dem Saft servieren.

Kaninchen auf Jägerart

1 kleines Kaninchen, zerteilt
100 g Schinkenspeck
1/8 l Rindsuppe
1/16 l Olivenöl
3 Knoblauchzehen
Saft einer Zitrone
Olivenöl zum Anbraten
3 EL Weinbrand
Pfeffer
Salz

Zubereitungszeit: 1 Stunde 15 Minuten (ohne Marinierzeit)

Knoblauchzehen schälen, pressen, mit dem Öl und Zitronensaft gut verrühren und mit Pfeffer würzen. Kaninchenteile in diese Marinade legen, im Kühlschrank 5 Stunden ziehen lassen. Vor der Zubereitung den Speck in Streifen schneiden. Kaninchenstücke aus der Marinade nehmen, abtropfen lassen und mit Küchenpapier trockentupfen, die Marinade zur Seite stellen. In einer Pfanne das Olivenöl erhitzen, Speck einlegen und bei geringer Hitze anbraten, bis er knusprig ist. Das Fleisch einlegen und 30 Minuten bei wenig Hitze, unter mehrmaligem Wenden, braten. Dann mit dem Weinbrand ablöschen, einkochen lassen, mit der Rindsuppe und der Marinade aufgießen, das Kaninchen 40 Minuten, bei geringer Hitze fertig dünsten. Vor dem Servieren mit Pfeffer und Salz abschmecken.

Kaninchengröstl

600 g Kaninchenrücken
2 Zwiebeln
150 g Eierschwammerln
1/8 l Weißwein
1/8 l Rindsuppe
2 EL Öl
100 g kalte Butter
Pfeffer
Salz

Zubereitungszeit: 40 Minuten

Zwiebeln schälen, fein hacken, Eierschwammerln putzen, sparsam waschen und klein schneiden. Das Kaninchenfleisch in dünne Scheiben schneiden und mit Pfeffer und Salz würzen. In einer Pfanne Öl erhitzen, das Kaninchenfleisch rasch von allen Seiten durchrösten, aus der Pfanne heben und warm stellen. Im Bratenrückstand Zwiebeln anschwitzen, Eierschwammerln dazugeben und weiterrösten. Mit Rindsuppe und Weißwein ablöschen, aufkochen lassen, mit Pfeffer und Salz abschmecken. Zum Binden der Sauce kalte Butter in Würfel schneiden und einrühren. Das Kaninchen wieder in die Sauce legen und gut durchziehen lassen.

Kaninchenragout

1 kg Kaninchen ausgelöst
50 g Butter
50 g Mehl
1 TL Weinbrand
3 Knoblauchzehen
1 Zwiebel
2 Karotten
150 g Kohlsprossen
1 Kohlrabi
1/2 kleine Karfiolrose
1/4 l Rindsuppe
1/4 l Weißwein
1 Bund Petersilie
Pfeffer
Salz

Zubereitungszeit: 1 Stunde

Das ausgelöste Kaninchenfleisch in 2 cm große Würfel schneiden, mit Pfeffer und Salz würzen und mit dem Weinbrand beträufeln, zur Seite stellen. Zwiebeln schälen, fein hacken, Knoblauchzehen schälen, in dünne Scheiben schneiden. Karotten schälen, waschen, in Scheiben schneiden, die Kohlsprossen putzen und waschen. Karfiol putzen, in Röschen teilen und waschen, den Kohlrabi schälen, waschen und kleinwürfelig schneiden. Petersilie waschen, klein hacken. In einer Pfanne die Butter erhitzen, das marinierte Kaninchenfleisch darin hell anrösten, mit Mehl stauben und gut durchrösten. Zwiebel und Knoblauch dazugeben, weiterrösten, mit Rindsuppe und Weißwein aufgießen und verkochen lassen. Dann das vorbereitete Gemüse einlegen und alles zugedeckt, bei geringer Hitze, 20 Minuten weich dünsten. Kurz vor dem Ende der Garzeit die Petersilie beifügen und mit Pfeffer und Salz abschmecken.

Kitz eingemacht

800 g Kitzfleisch
(Schulter, Karree, Brust)
50 g Butter
1 Zwiebel
1 l Rindsuppe
40 g Butter
30 g Mehl
2 Eidotter
Saft einer Zitrone
Pfeffer
Salz

Zubereitungszeit: 40 Minuten

Zwiebel schälen, fein hacken, das Fleisch in 3 cm große Würfel schneiden. In einem Topf 50 g Butter erhitzen, Zwiebel und Fleisch darin anrösten, mit der Rindsuppe aufgießen, salzen und langsam weich dünsten. Nach dem Ende der Garzeit das Kitzfleisch abseihen und warm stellen. Aus dem Mehl und der Butter eine helle Einmach zubereiten, mit der Fleischsuppe zu einer cremigen Sauce aufgießen und 10 Minuten kochen lassen. Dann mit Pfeffer würzen, Eidotter mit dem Zitronensaft gut versprudeln und einrühren. Das Fleisch in die Sauce legen und weitere 10 Minuten ziehen lassen, aber ohne zu kochen. Vor dem Servieren mit Pfeffer und Salz abschmecken.

Kitzbraten gefüllt

1 Kitz
60 g Butter
1/8 l Sauerrahm
1 EL gehackte Kresse
Saft einer Zitrone
3 Semmeln
Milch zum Einweichen
2 Eier
1 Kitzleber
1 Kitzherz
1 Bund Petersilie
Pfeffer
Salz

Zubereitunszeit: 1 Stunde 30 Minuten

Für die Fülle die Semmeln in Milch einweichen, Kitzleber fein hacken, Kitzherz kochen und ebenfalls fein hacken. Petersilie waschen, klein hacken, Semmeln ausdrücken und passieren. Mit allen Zutaten gut vermischen, mit Salz und Pfeffer würzen. Das Kitz innen mit Pfeffer und Salz würzen, außen nur mit Salz, dann füllen. Das Backrohr auf 220 °C vorheizen, in einer Pfanne die Butter erhitzen, das Kitz darin von allen Seiten anbraten, im Rohr 1 Stunde, unter oftmaligem Begießen, fertig braten.

Lammbrust gefüllt

2 kg Lammbrust
250 g faschierte Lammschulter
50 g Butter
3 Eidotter
2 Semmeln
Milch zum Einweichen
1 EL gehackte Pistazien
1 EL gehackte Petersilie
1/16 l Rindsuppe
Öl zum Anbraten
Pfeffer
Salz

Zubereitungszeit: 2 Stunden

Für die Fülle die Semmeln in Milch einweichen, Butter schaumig rühren, Eidotter, Pistazien und das Faschierte dazugeben, alles gut vermischen. Die eingeweichten Semmeln gut ausdrücken, passieren und unter die Masse mischen, gehackt Petersilie einrühren und mit Pfeffer und Salz würzen. Die untergriffene Lammbrust, lassen Sie sich das am besten von Ihrem Fleischhauer vorbereiten, waschen, abtrocknen und außen und innen gut mit Salz einreiben. Die Fülle in die vorbereitete Tasche geben, die Öffnung zunähen oder feststecken. Das Backrohr auf 200 °C vorheizen, in einer Pfanne etwas Öl erhitzen, die Lammbrust von allen Seiten anbraten, im Rohr, unter mehrmaligem Begießen mit Rindsuppe, 1 Stunde 30 Minuten braten. Vor dem Anrichten das Fett abschöpfen und die Lammbrust in Scheiben schneiden.

Lammeintopf

1 kg Lammschulter
500 g Karotten
500 g Zwiebeln
500 g Erdäpfel
1/2 l Gemüsesuppe
1 Bund Thymian
1 Bund Petersilie
Pfeffer
Salz

Zubereitungszeit: 1 Stunde 20 Minuten

Zwiebeln schälen, in feine Ringe schneiden, Karotten schälen, waschen, in Scheiben schneiden, die Erdäpfel schälen, waschen und ebenfalls in Scheiben schneiden. Sind die Erdäpfel sehr groß, sollten Sie sie vorher halbieren oder vierteln. Petersilie waschen, fein hacken, Thymian waschen und die Blätter abzupfen. Das Fleisch in 2 cm große Würfel schneiden. In einem großen Topf das Fleisch, Erdäpfel, Karotten und Zwiebeln schichten, jede Schicht mit Pfeffer, Salz und Thymian würzen. Dann über alles die Gemüsesuppe gießen, den Eintopf bei geringer Hitze 1 Stunde kochen lassen. Vor dem Anrichten den Eintopf mit Pfeffer und Salz abschmecken und mit der Petersilie bestreuen.

Tipp: Geben Sie die Petersilie erst ganz am Schluss in den Eintopf, ein Mitkochen würde das Aroma zerstören.

Lammkarree mit einer Kräuterkruste

1 kg ausgelöstes Lammkarree
3 EL Öl
1 EL Senf
1 TL Thymian (für die Kruste und das Kareee)
1 TL Rosmarin (für die Kruste und das Karree)
70 g Butter
60 g Semmelbrösel
1 EL gehackte Kräuter (Petersilie, Thymian, Estragon)
3 Knoblauchzehen
1 Eidotter
Pfeffer
Salz

Zubereitungszeit: 45 Minuten

Für die Kruste Knoblauchzehen schälen, pressen, die Butter schaumig rühren, Gewürze, Kräuter und den Eidotter unterrühren, die Semmelbrösel einkneten. Dann mit der Hand ein längliches Rechteck formen. Das Lammkarree mit Thymian, Rosmarin, Pfeffer und Salz würzen. Das Backrohr auf 220 °C vorheizen, in einer Pfanne das Öl erhitzen, Karree von allen Seiten kräftig anbraten und im Rohr unter mehrmaligem Begießen in 20 Minuten fertig braten. Das Karree unbedingt einmal wenden. Nach dem Ende der Bratzeit das Karree aus der Pfanne heben, warm stellen. Den Bratenrückstand mit etwas Wasser lösen, einkochen lassen und abseihen. Im Backrohr starke Oberhitze einstellen, das Karree mit Senf bestreichen, die Kräuterkruste fest andrücken und im Rohr kurz überbacken. Vor dem Anrichten in Scheiben schneiden und mit dem Bratensaft servieren.

Lammkeule gebraten

1 kg ausgelöste Lammkeule
1 EL Rosmarin
5 Knoblauchzehen
50 g Öl
Pfeffer
Salz

Zubereitungszeit: 1 Stunde

Knoblauch schälen und pressen. Die Lammkeule mit Rosmarin, Knoblauch, Pfeffer und Salz gut würzen. Das Backrohr auf 180 °C vorheizen, in einer Pfanne Öl erhitzen, Lammkeule von allen Seiten gut anbraten, im Rohr unter mehrmaligem Begießen 45 Minuten fertig braten. Vor dem Servieren das Fleisch kurz rasten lassen, dann in Scheiben schneiden.

Tipp: Zu dieser Lammkeule schmeckt eine Minzsauce sehr gut. Kochen Sie 1/4 l Wasser mit 1 EL Zucker, geben Sie dann 1/8 l Weinessig und 1 TL gehackte Minze dazu, 5 Minuten kochen lassen, abseihen. Anschließend wird diese Sauce mit 1 EL Obers und nochmals mit 1 TL gehackter Minze abgeschmeckt.

Lammkoteletts mit Erdäpfeln und Speck

8 Lammkoteletts
500 g große längliche Erdäpfel
200 g Schinkenspeck
50 g Butter
1 EL Thymian
Pfeffer
Salz

Zubereitungszeit: 30 Minuten

Schinkenspeck in dünne Scheiben schneiden, die Erdäpfel schälen, waschen und längs in 1 mm dünne Scheiben schneiden. Die Koteletts mit Pfeffer, Salz und Thymian gut würzen, zuerst mit den Erdäpfelscheiben kreuzweise, umwickeln, dann mit den Speckscheiben, fest andrücken. In einer Pfanne die Butter erhitzen, die Koteletts beidseitig abbraten und dann zugedeckt 5 Minuten ziehen lassen.

Tipp: Damit die rohen, geschälten Erdäpfel nicht braun werden, legen Sie sie nach dem Schälen in kaltes Wasser.

Lammmedaillons mit Gemüse

750 g Lammrückenfilets
1/16 l Rotwein
1/4 l Bratensaft
8 Knoblauchzehen
1 EL Senfkörner
1 Zwiebel
1 grüner Paprika
100 g Fisolen
200 g Melanzani
300 g Zucchini
1 TL Paradeismark
1/4 l passierte Paradeiser (aus der Dose)
1 TL Butter
Öl zum Anbraten
1 TL Thymian
1/2 TL Salbei
1 TL Rosmarin
Pfeffer
Salz

Zubereitungszeit: 45 Minuten

Zwiebel schälen, fein hacken, Knoblauchzehen schälen und pressen. Von den Zucchini und den Melanzani die Enden abschneiden, waschen, kleinwürfelig schneiden. Paprika putzen, waschen und ebenfalls in kleine Würfel schneiden. Die Fisolen putzen, waschen, in kleine Stücke schneiden. Die Lammrückenfilets in 4 cm breite Medaillons schneiden, mit dem Handrücken etwas flach drücken, mit Pfeffer, Salz, Thymian, Rosmarin und 1/4 von dem gepressten Knoblauch würzen. Senfkörner und Fisolen in Salzwasser 3 Minuten weich kochen, abseihen, mit kaltem Wasser abschrecken und gut abtropfen lassen. Die Senfkörner werden für die Sauce zur Seite gelegt. In einer Pfanne etwas Öl erhitzen, Melanzani, Zucchini und Paprikawürfel darin anbraten, herausheben und gut abtropfen lassen. In einem Topf Paradeismark und passierte Paradeiser aufkochen lassen, das Gemüse dazugeben und bei geringer Hitze 15 Minuten leicht kochen, mit Thymian, Salbei, Rosmarin, Pfeffer, Salz und dem restlichen Knoblauch würzen. In einer Pfanne wenig Öl erhitzen und die Lammrückenfilets auf beiden Seiten abbraten. Nach 3 Minuten 1 EL Butter zugeben und weitere 3 Minuten fertig braten, aus der Pfanne heben und warm stellen. Den Bratenrückstand mit Rotwein ablöschen, einkochen lassen, dann den Bratensaft zugießen, alles aufkochen lassen, anschließend die Senfkörner beifügen. Vor dem Anrichten das Fleisch in der Sauce erwärmen und mit dem Gemüse anrichten.

Lammragout

750 g Lammfleisch
(Brust, Schulter)
100 g Speck
2 Zwiebeln
1 Knoblauchzehe
2 Paprika
2 Paradeiser
1/2 l Rindsuppe
1 EL Mehl
1 EL Paprikapulver
etwas geriebene Zitronenschale
Pfeffer
Salz

Zubereitungszeit: 45 Minuten

Zwiebeln schälen, fein hacken, Knoblauchzehe schälen, pressen. Parprika putzen, waschen, kleinwürfelig schneiden, die Paradeiser kurz in kochendes Wasser tauchen, kalt abschrecken, schälen, entkernen und grob würfeln. Speck kleinwürfelig schneiden, Lammfleisch auslösen und in Würfel schneiden. In einem Bratentopf Speck auslassen, darin Zwiebeln, Knoblauch und Paprika andünsten, das Fleisch dazugeben und unter Rühren kurz anrösten, mit Pfeffer und Salz würzen, Paradeiswürfel beifügen und mitdünsten. Mit etwas Suppe aufgießen. Suppe und Saft verdunsten lassen, vom Feuer nehmen und mit Paprikapulver und Mehl stauben, gut durchrühren und mit der restlichen Suppe angießen. Danach bei geringer Hitze weich kochen. Vor dem Servieren mit Pfeffer, Salz und mit Zitronenschale abschmecken.

Tipp: Wenn Sie Paprikapulver rösten, löschen Sie gleich mit der Suppe ab, da das Gewürz schnell bitter werden kann.

Lammrücken glaciert

1 1/2 kg Lammrücken
4 Knoblauchzehen
1 Zwiebel
1 Bund Suppengrün
3/8 l Rindsuppe
1/8 l Weißwein
50 g Räucherspeck
60 g Butter
100 g Mehl
1 TL Thymian
Pfeffer
Salz

Zubereitungszeit: 1 Stunde 30 Minuten

Zwiebel schälen, fein hacken, Knoblauchzehen schälen, vierteln. Speck in Streifen schneiden, Suppengrün putzen, waschen, kleinwürfelig schneiden. Lammrücken zuputzen, mit Speckstreifen und Knoblauchzehen spicken, mit Thymian, Pfeffer und Salz würzen. Das Backrohr auf 200 °C vorheizen, in eine Bratpfanne die Zwiebeln und das Suppengrün legen, Lammrücken darauf legen, mit der Hälfte des Weißweins und 30 g flüssiger Butter übergießen. Unter mehrmaligem Begießen 30 Minuten braten, dann umdrehen und unter Begießen mit dem Eigensaft weitere 30 Minuten fertig braten. Nach dem Ende der Garzeit das Fleisch herausheben und warm stellen. Im Bratenrückstand restliche Butter aufschäumen lassen, mit Mehl stauben, anrösten, dann mit der Suppe und Weißwein ablöschen, verkochen lassen und abseihen. Vor dem Anrichten die Filets vom Knochen lösen, in Scheiben schneiden und mit etwas Saft übergießen, mit dem restlichen Saft extra servieren.

Tipp: Bevor Sie den Lammrücken mit Speck spicken, legen Sie die Speckstreifen einige Zeit in das Tiefkühlfach. Stechen Sie dann mit dem Messer in das Fleisch, und schieben Sie die festen Streifen entlang der Klinge in das Fleisch.

Lammschlegel

1 ausgelöster Lammschlegel
60 g Öl
5 Knoblauchzehen
1 EL Thymian
1 Bund Petersilie
1 EL Mehl
20 g Butter
1/8 l Rotwein
Pfeffer
Salz

Zubereitungszeit: 1 Stunde 20 Minuten

Den ausgelösten Schlegel mit Knoblauch, Petersilie, Thymian, Pfeffer und Salz würzen, zusammenrollen und mit einem Spagat binden. Das Backrohr auf 200 °C vorheizen, Fleischrolle, mit der schönen Seite nach unten, in die Bratpfanne legen mit dem Öl begießen und unter mehrmaligem Begießen mit dem Eigensaft 1 Stunde 15 Minuten fertig braten, nach 30 Minuten wenden. Nach Ende der Bratzeit, Fleisch aus der Pfanne heben und warm stellen. Überschüssiges Bratenfett abgießen, Bratenrückstand mit Mehl stauben, dann die Butter aufschäumen und mit dem Rotwein aufgießen, aufkochen. Die fertige Sauce abseihen, mit Pfeffer und Salz abschmecken. Vor dem Anrichten das Fleisch in Scheiben schneiden und mit dem Saft extra servieren.

Lammschnitzel gebacken

8 kleine Lammschnitzel (Schlögel)
4 Knoblauchzehen
2 Eier
Mehl und Semmelbrösel zum Panieren
Öl zum Ausbacken
Pfeffer

Knoblauch schälen, pressen. Die Lammschnitzel mit dem Handballen etwas durchdrücken, mit Salz, Pfeffer und Knoblauch würzen und 1 Stunde im Kühlschrank ziehen lassen. Die Schnitzel nun in Mehl, versprudelten Eiern und Semmelbröseln wenden, Öl erhitzen, das Fleisch

Salz

Zubereitungszeit: 1 Stunde 30 Minuten

darin goldbraun backen, herausheben und auf einem Küchenpapier gut abtropfen lassen.

Schöpsernes steirisch

800 g Lammschulter
1 Bund Suppengrün
1 Stange Porree
1 Zwiebel
2 Knoblauchzehen
5 Pfefferkörner
1 Lorbeerblatt
1/2 TL Thymian
1/2 TL Majoran
300 g Erdäpfel
2 EL Essig
1/2 l Wasser
Pfeffer
Salz

Zubereitungszeit: 1 Stunde

Zwiebel schälen, nudelig schneiden, Suppengrün putzen, waschen und ebenfalls nudelig schneiden, Knoblauchzehen schälen, pressen. Die Lammschulter in 1-cm-Würfel schneiden. Wasser mit Salz, Gewürzen und Essig aufkochen lassen, dann Suppengrün und das Fleisch lageweise einschichten, zugedeckt, bei geringer Hitze weich dünsten. In dieser Zeit die Erdäpfel schälen und in Würfel schneiden, kurz vor dem Ende der Garzeit die Erdäpfel dazugeben und alles fertig dünsten, mit Pfeffer und Salz abschmecken. Serviert wird das Schöpserne mit frisch gerissenem Kren.

Schöpsengulasch

1 kg Lammschulter
500 g Zwiebel
3 EL Olivenöl
50 g Paprikapulver
1 EL Paradeismark
2 Knoblauchzehen
50 g Mehl
1 TL Majoran
Pfeffer
Salz

Zubereitungszeit: 1 Stunde

Zwiebeln schälen, grob hacken, Knoblauchzehen schälen, pressen. Das Lammfleisch würfelig schneiden. In einem Topf das Olivenöl erhitzen, Zwiebeln anschwitzen lassen, mit Paprikapulver bestreuen und sofort mit der heißen Rindsuppe aufgießen. Das Lammfleisch beifügen, Knoblauch, Majoran, Pfeffer und Salz dazugeben und zugedeckt weich dünsten. Am Ende der Garzeit das Gulasch mit dem Mehl stauben und mit Pfeffer und Salz abschmecken.

Faschiertes

Beefsteakauflauf mit Kren

250 g faschiertes Rindfleisch
1/2 Zwiebel
1 Ei
1 Semmel
Milch nach Bedarf
1 kg gekochte Erdäpfel
40 g Butter
40 g Mehl
1/2 l Milch
1 TL Zitronensaft
1 Prise Zucker
3 EL geriebener Kren
Pfeffer
Salz

Zubereitungszeit: 1 Stunde

Die Zwiebel schälen, fein hacken, die Semmel in Milch einweichen. Erdäpfel schälen, in Scheiben schneiden. Das Faschierte mit der Zwiebel, gut ausgedrückten Semmel und dem Ei verrühren, mit Pfeffer und Salz würzen. In eine gut gefettete Auflaufform die Erdäpfelscheiben und das Faschierte abwechselnd schichten. Aus Butter, Mehl und Milch eine Béchamel zubereiten, mit Zitronensaft, Zucker und Kren würzen und damit das Faschierte und die Erdäpfel übergießen. Das Backrohr auf 180 °C vorheizen, den Auflauf 45 Minuten backen.

Butterschnitzel

500 g Kalbfleisch (Schulter)
2 Semmeln
Milch nach Bedarf
2 Eier
4 EL Rindsuppe
80 g Butter
Semmelbrösel nach Bedarf
Pfeffer
Salz

Zubereitungszeit: 40 Minuten

Semmeln in Milch einweichen, das Kalbfleisch mit den ausgedrückten Semmeln faschieren, mit Salz und Pfeffer würzen. Nun die Eier und ein wenig der Milch dazugeben und alles gut vermischen, falls es notwendig ist, Semmelbrösel unterrühren. Die Masse sollte weich, aber fest genug sein, um Schnitzel zu formen. In einer Pfanne 40 g Butter erhitzen, die Schnitzel darin von beiden Seiten goldbraun braten. Herausheben und in eine feuerfeste Form legen, die restliche Butter darüber verteilen, mit der Rindsuppe beträufeln. Das Backrohr auf 180 °C vorheizen, die Schnitzel für 15 Minuten in das Rohr stellen, so kann sich ein Saft bilden.

Erdäpfel-Fleisch-Laibchen

300 g gemischtes Faschiertes
300 g gekochte Erdäpfel
1 Bund Petersilie
1 Ei
1 KL Paprikapulver
1 KL Majoran
1 KL Senf
2 Knoblauchzehen
1 TL Suppenwürze
40 g Butter
Mehl zum Wenden
Pfeffer
Salz

Zubereitungszeit: 40 Minuten

Knoblauchzehen schälen, pressen, die gekochten Erdäpfel schälen, in dünne Scheiben schneiden. Petersilie waschen und fein hacken. Das Faschierte mit Ei, Paprikapulver, Senf, Majoran, Knoblauch und der Suppenwürze gut verrühren. Die Erdäpfelscheiben untermengen, kräftig pfeffern und salzen. Aus dieser Masse Laibchen formen, in etwas Mehl wenden. In einer Pfanne die Butter erhitzen, die Laibchen von allen Seiten goldgelb braten.

Tipp: Haben Sie Käsereste im Haus, dann reiben Sie sie und mischen sie unter das Faschierte, das ergibt einen sehr guten und interessanten Beigschmack.

Falsches Cordon bleu

500 g gemischtes Faschiertes
3 Eier
2 Semmeln
Milch zum Einweichen
1 Zwiebel
4 Scheiben Schinken
4 Scheiben Käse
1 TL Majoran
Mehl und Brösel zum Panieren
Öl zum Ausbacken
Pfeffer
Salz

Zubereitungszeit: 40 Minuten

Zwiebel schälen, fein hacken, die Semmeln in Milch einweichen. Das Faschierte mit 1 Ei, Majoran, Pfeffer, Salz, gehackter Zwiebel und den ausgedrückten Semmeln gut vermischen und durchkneten. Aus dieser Masse 8 Laibchen formen, auf die Hälfte Schinken- und Käsescheiben legen, jeweils ein zweites Laibchen aufsetzen. Das falsche Cordon bleu in Mehl, den versprudelten Eiern und Semmelbröseln wenden. In einer Pfanne Öl erhitzen und das Fleisch beidseitig herausbacken, auf einem Küchenpapier gut abtropfen lassen.

Tipp: Besonders gleichmäßig werden die Laibchen, wenn man sie mit einem nassen Schöpflöffel aus der Masse sticht und dann nur mehr flach drückt.

Faschierter Braten in Rahmsauce

800 g faschiertes Rindfleisch
2 Semmeln
Milch nach Bedarf
2 Eier
1 Knoblauchzehe
2 Zwiebeln
10 g Butter
50 g Öl
1 Bund Suppengrün
50 g Speck
5 Pfefferkörner
1 Lorbeerblatt
1/4 l Sauerrahm
Suppe zum Angießen
Pfeffer
Salz

Zubereitungszeit: 1 Stunde

Zwiebeln schälen, klein hacken, Knoblauchzehe schälen und pressen. Suppengrün putzen, waschen, nudelig schneiden, Speck kleinwürfelig schneiden, Semmeln in Milch einweichen. In einer Pfanne die Butter erhitzen, die Hälfte der Zwiebeln kurz andünsten lassen. Das Faschierte mit Eiern, gut ausgedrückten Semmeln, gedünsteten Zwiebeln und Knoblauch vermengen, mit Pfeffer und Salz würzen. Nun einen länglichen Braten formen, in einer Pfanne das Öl erhitzen und den Braten einlegen. Speck, Suppengrün und die restlichen Zwiebeln über und neben den Braten verteilen, kurz anbraten, dann mit etwas Suppe aufgießen und die Gewürze dazugeben. Das Backrohr auf 180 °C vorheizen, das Fleisch 45 Minuten darin braten lassen. Nach Ende der Garzeit Braten herausheben und warm stellen. Die Sauce passieren und den verquirlten Sauerrahm unterrühren. Den Braten wieder einlegen und 5 Minuten ziehen lassen. Vor dem Servieren das Fleisch in Scheiben schneiden.

Tipp: Eine schöne Kruste, die nicht aufplatzt, erhält der Braten, wenn Sie den Fleischteig nach dem Formen mehrmals mit nassen Händen glatt streichen.

Faschiertes im Blätterteig

500 g gemischtes Faschiertes
1 Pkg. Blätterteig
2 Eier
300 g tiefgekühltes Gemüse
2 Semmeln
Milch zum Einweichen
1 TL Majoran
Pfeffer
Salz

Zubereitungszeit: 1 Stunde 15 Minuten

Das Gemüse in Salzwasser bissfest kochen, erkalten lassen. Das Faschierte mit den ausgedrückten Semmeln vermengen, mit 1 Ei, Pfeffer, Salz, Majoran würzen und das Gemüse untermischen. Den Blätterteig ausrollen, mit einem versprudelten Ei bestreichen und die Fleischmasse darauf verteilen, einrollen und mit dem restlichen Ei bepinseln. Das Backrohr auf 180 °C vorheizen, Faschiertes darin 1 Stunde backen. Vor dem Servieren in Scheiben schneiden.

Faschiertes mit Kohlsprossen

500 g gemischtes Faschiertes
300 g Kohlsprossen
1 große Zwiebel
50 g Paradeismark
3 EL Wasser
30 g Butter
Paprikapulver
Pfeffer
Salz

Zubereitungszeit: 40 Minuten

Zwiebel schälen, fein hacken, die Kohlsprossen putzen, waschen und in Salzwasser halb weich kochen. In einer Pfanne die Butter erhitzen, die Zwiebel glasig dünsten, inzwischen das Faschierte mit Pfeffer, Salz und Paprikapulver würzen. Das Fleisch zu dem Zwiebel in die Pfanne geben und kräftig anrösten. Paradeis-mark mit Wasser verrühren und damit das Fleisch aufgießen. Die Kohlsprossen in die Pfanne geben, zudecken und bei geringer Hitze 20 Minuten dünsten lassen.

Tipp: Besonders pikant schmeckt dieses Gericht, wenn Sie es kurz vor dem Garwerden mit in dünnen Scheiben geschnittenen Käse belegen und wieder zudecken. Beim Servieren sollte der Käse gerade zu zerfließen beginnen.

Gefüllte Paprika

8 grüne Paprika
500 g gemischtes Faschiertes
200 g gekochter Reis
1 kleine Zwiebel
1 Knoblauchzehe
1 EL gehackte Petersilie
3 EL Öl
750 g geschälte Paradeiser
30 g Butter
30 g Mehl
2 EL Obers
1 TL Majoran
Zucker
Pfeffer
Salz

Zubereitungszeit: 1 Stunde

Aus der Butter und Mehl eine helle Einmach zubereiten, mit den passierten Paradeisern aufgießen, 10 Minuten leicht kochen lassen. Mit Zucker und Salz abschmecken, dann das Obers unterrühren. Zwiebel schälen, fein hacken, die Knoblauchzehe schälen und pressen. Von den Paprika die Stielenden herausschneiden, Kerne und die hellen Rippen entfernen, waschen. In einer Pfanne das Öl erhitzen, Zwiebel anrösten, Faschiertes mit dem Reis vermischen, Zwiebel, Knoblauch, Petersilie mit dem Fleisch vermengen und mit Majoran, Pfeffer und Salz würzen. Mit dieser Masse die Paprika füllen, Stiel verkehrt als Verschluss auf die Paprika drücken. Eine Auflaufform ausfetten, Paprika hineinstellen und mit der Paradeissauce begießen. Das Backrohr auf 180 °C vorheizen, gefüllte Paprika darin 45 Minuten fertig dünsten.

Käselaibchen

750 g faschiertes Rindfleisch
100 g Emmentaler
2 EL gehackte Petersilie
2 Eier
100 g Semmelbrösel
Öl zum Braten
Pfeffer
Salz

Zubereitungszeit: 40 Minuten

Käse kleinwürfelig schneiden. Das Faschierte mit Käse, Eier, Bröseln und Petersilie gut vermengen, mit Pfeffer und Salz würzen, 8 Laibchen formen. In einer Pfanne wenig Öl erhitzen, Laibchen auf beiden Seiten langsam braten, auf einem Küchenpapier gut abtropfen lassen.

Tipp: Besonders gleichmäßig werden die Laibchen, wenn Sie sie mit einem nassen Schöpfer aus der Masse stechen und dann nur mehr flach drücken.

Stefaniebraten

600 g gemischtes Faschiertes
3 Semmeln
Milch zum Einweichen
50 g Speck
1 Zwiebel
1/2 Bund Petersilie
1 Ei
1 Knoblauchzehe
2 hart gekochte Eier
1 Paar Frankfurter
4 Essiggurken
1 TL Butter
1 TL Majoran
Pfeffer
Salz

Zubereitungszeit: 1 Stunde 45 Minuten

Semmeln in Milch einweichen, Zwiebel schälen, fein hacken, Knoblauchzehe schälen, pressen, Speck kleinwürfelig schneiden, Petersilie waschen und fein hacken. In einer Pfanne Butter erhitzen, Speck und Zwiebel anrösten, überkühlen. Die ausgedrückten Semmeln passieren, Faschiertes mit Speck, Zwiebeln, Petersilie und Semmeln gut vermengen, das Ei untermischen. Mit Pfeffer, Salz, Majoran und Knoblauch würzen. Das Fleisch zu einem flachen Rechteck formen, mit den geschälten Eiern, Frankfurtern und halbierten Essiggurken belegen und zu einer Rolle formen. Das Backrohr auf 150 °C vorheizen, den Braten in eine befettete Bratform legen und 1 1/2 Stunden braten, dabei immer wieder mit dem Eigensaft begießen. Nach dem Ende der Bratzeit Braten kurz rasten lassen, dann in Scheiben schneiden.

Innereien

Blunzengröstel

750 g Blutwurst
800 g gekochte Erdäpfel
2 Zwiebeln
3 EL Schmalz
1 TL Majoran
Pfeffer
Salz

Zubereitungszeit: 30 Minuten

Zwiebeln schälen, halbieren und in dünne Scheiben schneiden, Blutwurst enthäuten und in 1 cm dicke Scheiben schneiden. Erdäpfel schälen, in 3 mm dicke Scheiben schneiden. In einer Pfanne 2 EL Schmalz erhitzen, Erdäpfel darin gut anbraten, wenden und langsam fertig braten. In einer zweiten Pfanne das restliche Schmalz erhitzen, Blutwurstscheiben beidseitig kurz anbraten, aus der Pfanne heben und warm stellen. Im Bratenrückstand Zwiebeln anrösten, zuerst die Blutwurst, dann die Erdäpfel zugeben, mit Majoran, Pfeffer und Salz würzen und behutsam durchmischen. Sofort servieren.

Blunzenstrudel

800 g Blutwurst
1 EL Öl
1 Zwiebel
3 Erdäpfel
2 Eier
2 Knoblauchzehen
1/4 l Sauerrahm
1 Pkg. Strudelblätter
Ei zum Bestreichen
Pfeffer
Salz

Zubereitungszeit: 45 Minuten

Zwiebel schälen, fein hacken, Knoblauchzehen schälen und pressen. Erdäpfel schälen, waschen, kleinwürfelig schneiden und in Salzwasser weich kochen. Blutwurst enthäuten und in kleine Würfel schneiden. In einer Pfanne das Öl erhitzen, Zwiebel glasig anrösten, gekochte Erdäpfelwürfel und Blutwurststücke beifügen, so lange rühren, bis eine weiche Masse entsteht. Alles überkühlen lassen, dann versprudelten Sauerrahm unterrühren, Eier beifügen und mit Knoblauch, Pfeffer und Salz würzen. Auf einem befeuchteten Tuch ein Strudelblatt ausbreiten, mit etwas Öl bestreichen, dann das zweite Blatt darauf legen. 2/3 der Teigfläche mit der Fülle bestreichen, die Ränder einschlagen und zu einem Strudel einrollen. Das Backrohr auf 180 °C vorheizen, ein Backblech mit Backpapier auslegen, Strudel auflegen, mit versprudeltem Ei bestreichen und im Rohr 25 Minuten backen.

Bruckfleisch

1 1/2 kg Bruckfleisch (Herz, Herzröhren, Leber, Milz, Bries, Kronfleisch)
3 Zwiebeln
1 Knoblauchzehe
100 g Schmalz
1 Bund Wurzelwerk
1/8 l Rotwein
1 EL Essig
1/2 Lorbeerblatt
1 EL Mehl
1/16 l Suppe
Majoran
Pfeffer
Salz

Zubereitungszeit: 1 Stunde 45 Minuten

Zwiebeln schälen, klein schneiden, Knoblauchzehe schälen und pressen. Das Wurzelwerk putzen, waschen, reiben. Kronfleisch und Milz in Streifen schneiden, Herz und Leber blättrig schneiden, Herzröhren in Ringe schneiden und das Bries in Scheiben schneiden. In einer Pfanne das Schmalz erhitzen, Zwiebel darin anrösten, Wurzelwerk zugeben und mitrösten, mit Essig ablöschen. Dann das Fleisch, aber ohne der Briesscheiben, beifügen, mit Knoblauch, Majoran, Lorbeerblatt, Pfeffer und Salz würzen. Den Rotwein zugießen und alles zugedeckt eine Stunde dünsten lassen. Nun erst das Bries beifügen und fertig dünsten, am Ende der Garzeit, mit Mehl stauben und mit Suppe aufgießen, weitere 15 Minuten bei geringer Hitze fertig dünsten lassen.

Tipp: Der Name Bruckfleisch kommt vom Wort Schlachtbrücke, da das Fleisch direkt vom Schlachthof weg verwendet werden soll.

Herzgulasch

1 kg Rindsherz
3 Zwiebeln
2 EL Öl
1 EL Paprikapulver
1/4 l Rindsuppe
1/4 l Rotwein
1/8 l Sauerrahm
1 TL Mehl
Prise Zucker
Pfeffer
Salz

Zubereitungszeit: 1 Stunde

Zwiebeln schälen, klein schneiden, das Herz putzen und in 1-cm-Würfel schneiden. In einem Topf das Öl erhitzen, Zwiebeln goldbraun anrösten, Herzfleisch dazugeben und mitrösten, Paprikapulver beifügen, umrühren und sofort mit Suppe und Wein aufgießen, mit Pfeffer und Salz würzen. Zugedeckt weich dünsten lassen, vor dem Anrichten Sauerrahm mit dem Mehl versprudeln und damit das Gulasch binden.

Tipp: Wenn Sie Paprikapulver rösten, müssen Sie sofort ablöschen, da das Gewürz schnell bitter werden kann.

Hirn mit Ei

2 Kalbshirne
1/2 Zwiebel
2 Eier
30 g Butter
Salz

Zubereitungszeit: 25 Minuten

Zwiebel schälen, fein hacken, in lauwarmem Wasser die Kalbshirne abhäuten, abtropfen lassen und klein hacken, die Eier gut versprudeln. In einer Pfanne die Butter erhitzen, Zwiebel anschwitzen lassen, Hirn dazugeben, durchrösten, dann die Eier darüber schlagen, mit Salz würzen. Sind die Eier halb gestockt, Pfanne vom Herd nehmen und das Hirn mit Ei sofort servieren.

Hirnauflauf

300 g Kalbshirn
1 Zwiebel
1 Bund Petersilie
3 Semmeln
Milch zum Einweichen
100 g gekochtes Selchfleisch
50 g gekochte Erbsen
3 Eidotter
3 Eiklar
100 g Butter
Butter und Brösel für die Auflaufform
Salz

Zubereitungszeit: 1 Stunde 30 Minuten

Zwiebel schälen, fein hacken, Petersilie waschen, fein hacken, die Semmeln in Milch einweichen. Das Selchfleisch kleinwürfelig schneiden. Das Kalbshirn in lauwarmem Wasser enthäuten, klein hacken. In einer Pfanne 30 g Butter erhitzen, die Zwiebel goldgelb anrösten, dann das Hirn dazugeben und ebenfalls anrösten, mit Salz würzen und auskühlen lassen. Die Semmeln gut ausdrücken und passieren, aus der restlichen Butter, Eidottern und Salz einen Abtrieb zubereiten, das Hirn, passierte Semmeln, Erbsen, Selchfleisch und Petersilie unterrühren, Eiklar zu steifem Schnee schlagen und unter die Masse heben. Das Backrohr auf 200 °C vorheizen, eine Auflaufform bebuttern und bebröseln, die Masse einfüllen und im Rohr 1 Stunde backen.

Hühnerleber in Senfsauce

400 g Hühnerleber
1 EL Paprikapulver
3 EL Mehl
2 EL scharfer Senf
1/2 Zwiebel
4 EL Butter
1/8 l Sauerrahm
1/16 l Hühnersuppe
1 TL Majoran
Salz

Zwiebel schälen, fein hacken, Mehl mit dem Paprikapulver gut vermischen. Die Hühnerleber darin wenden. In einer Pfanne die Butter erhitzen, Zwiebel goldgelb anrösten, die Leber dazugeben und mitrösten. Dann die Leber herausheben und warm stellen. Senf und Sauerrahm gut versprudeln, mit dem Majoran zu der Zwiebel geben, umrühren und mit der Hühnersuppe aufgießen,

Zubereitungszeit: 30 Minuten

alles gut verkochen lassen. Die Leber wieder in die Sauce legen und nochmals aufkochen lassen, erst kurz vor dem Servieren mit Salz würzen.

Kalbsbeuschel

500 g Kalbsbeuschel
1 Bund Suppengrün
50 g Mehl
80 g Butter
1/4 KL Thymian
1/2 KL gehackte Petersilie
1 Lorbeerblatt
1/2 Zwiebel
1 KL Senf
etwas Zitronensaft
Pfeffer
Salz

Zubereitungszeit: 1 Stunde

Zwiebel schälen, fein hacken, das Suppengrün putzen, waschen, klein schneiden. Das Beuschel mit dem Suppengrün in Salzwasser weich kochen, herausnehmen, überkühlen lassen und dann nudelig schneiden, den Kochsud abseihen. Aus dem Mehl und der Butter eine Einmach zubereiten, Zwiebel, Lorbeerblatt und Thymian kurz mitrösten, mit dem Kochsud aufgießen und mit Pfeffer und Salz würzen, 15 Minuten lang kochen lassen. Dann das Lorbeerblatt entfernen, das Beuschel einlegen, mit Zitronensaft und Senf abschmecken.

Tipp: Stechen Sie die Lunge während des Kochens mehrmals an, dadurch wird sie fest und nicht schwammig.

Kalbsbries nach Wiener Art

600 g Kalbsbries
50 g Selchspeck
200 g Wurzelwerk
30 g Butter
1/16 l Weißwein
2 EL Sauerrahm
etwas Rindsuppe zum Begießen
Pfeffer
Salz

Zubereitungszeit: 45 Minuten

Wurzelwerk putzen, waschen, reiben, Speck nudelig schneiden. Das Kalbsbries kurz in kochendes Wasser legen, herausheben, mit kaltem Wasser abschrecken. Dann abhäuten, mit dem Speck spicken und mit Pfeffer und Salz würzen. Butter in einer Pfanne erhitzen, das Wurzelwerk darin anrösten, Bries dazugeben, kurz mitrösten, mit etwas Suppe begießen, zugedeckt 30 Minuten weich dünsten. Das Bries herausheben, in Scheiben schneiden und warm stellen. Den Saft passieren, mit Sauerrahm und Wein kurz aufkochen, vor dem Anrichten über die Briesscheiben gießen.

Tipp: Bevor Sie das Bries spicken, legen Sie die Speckstreifen einige Zeit in das Tiefkühlfach. Stechen Sie dann mit dem Messer in das Bries, und schieben Sie die festen Streifen entlang der Klinge in das Fleisch.

Kalbsleber in Rahm

600 g Kalbsleber
80 g Öl
120 g Zwiebeln
1/2 Bund Petersilie
1/2 EL scharfer Senf
1/8 l Sauerrahm
1 TL Zitronensaft
etwas Suppe zum Aufgießen
Mehl zum Stauben
Pfeffer
Salz

Zubereitungszeit: 40 Minuten

Zwiebeln schälen, fein hacken, Petersilie waschen, ebenfalls fein hacken. Die Leber in dünne Scheiben schneiden, pfeffern und leicht mit Mehl bestauben. In einer Pfanne das Öl erhitzen, die Leber darin beidseitig scharf anbraten, herausheben und warm stellen. Im Bratenrückstand die Zwiebel goldgelb anrösten, Senf, etwas Mehl und Zitronensaft einrühren, kurz anrösten und mit Sauerrahm aufgießen. Unter ständigem Rühren aufkochen lassen, mit etwas Suppe aufgießen und zu einer cremigen Sauce verkochen. Mit Salz und Pfeffer würzen, Petersilie einrühren, Leber wieder einlegen und einige Minuten auf kleiner Flamme dünsten.

Tipp: Geben Sie die Petersilie immer erst ganz am Schluss in die Speise, ein Mitkochen würde das Aroma zerstören.

Kalbslebermedaillons

5 Kalbsleberschnitzel
5 Scheiben Hamburger Speck
1 Schweinsnetz
1 Apfel
Butter zum Anbraten
1 MS Muskatnuss
1 TL Majoran
Pfeffer
Salz

Zubereitungszeit: 30 Minuten

Apfel schälen, fein hacken. Leberschnitzel mit Muskat, Majoran und Pfeffer würzen. Auf jedes Schnitzel eine Speckscheibe legen und mit dem Apfel bestreuen, dann vorsichtig einrollen. Das Schweinsnetz ausbreiten, Leberrouladen darin einschlagen. Backrohr auf 200 °C vorheizen, in einer Pfanne etwas Butter erhitzen, Kalbsleberroulade rundherum anbraten, dann 15 Minuten im Rohr fertig braten. Vor dem Servieren die Leberroulade in 1 cm dicke Scheiben schneiden.

Tipp: Beträufeln Sie den gehackten Apfel etwas mit Zitronensaft, so können Sie das Braunwerden verhindern.

Kalbsniere gebraten

3 Kalbsnieren
2 EL Öl
20 g kalte Butter in Flocken
1/8 l Suppe
1 KL Mehl
Pfeffer
Salz

Zubereitungszeit: 40 Minuten

Die Nieren waschen, auf Küchenpapier gut abtropfen lassen. Etwas Fett wegschneiden, so dass ein 1/2 cm breiter Fettrand bleibt, mit Salz und Pfeffer kräftig würzen. Das Backrohr auf 220 °C vorheizen, in einer Pfanne das Öl erhitzen, die Nieren rundherum kräftig anbraten, im Rohr unter mehrmaligen Begießen 15 Minuten braten, dann die Hitze auf 160 °C reduzieren und nochmals 20 Minuten braten. Nach dem Ende der Bratzeit die Nieren aus der Pfanne heben und warm stellen. Das überschüssige Fett abgießen, Bratenrückstand mit Mehl stauben, anrösten und mit der Suppe aufgießen. Den Saft mit den kalten Butterflocken binden. Vor dem Anrichten die Nieren in Scheiben schneiden und mit der Sauce servieren.

Tipp: Legen Sie die Nieren 2 Stunden vor der Zubereitung in Milch oder Paradeissaft, sie werden dann besonders zart und saftig.

Leber geröstet

400 g Schweinsleber
150 g Zwiebel
50 g Öl
1/8 l Rindsuppe
1 TL Majoran
1 TL Mehl
Pfeffer
Salz

Zubereitungszeit: 30 Minuten

Zwiebel schälen, halbieren und feinblättrig schneiden. Die Leber ebenfalls blättrig schneiden. In einer Pfanne Öl erhitzen, Zwiebel darin anrösten, die Leber zugeben und 10 Minuten durchrösten, mit Mehl stauben. Geröstete Leber mit Majoran würzen, mit der Rindsuppe aufgießen und nochmals aufkochen. Die Leber wird erst kurz vor dem Anrichten mit Pfeffer und Salz gewürzt.

Leberpudding

250 g faschierte Kalbsleber
1 Zwiebel
70 g Hamburger Speck
150 g Toastbrot
1/8 l Milch
6 Eidotter
6 Eiklar
80 g Mehl
120 g Butter
Öl zum Anbraten
Butter und Mehl für die Form
1 TL Majoran
Pfeffer
Salz

Zubereitungszeit: 1 Stunde 30 Minuten

Zwiebel schälen, fein hacken, den Speck kleinwürfelig schneiden. Das Toastbrot entrinden, kleinwürfelig schneiden, mit Milch übergießen. In einer Pfanne Öl erhitzen, Zwiebel, Speck und Petersilie kurz anschwitzen, gut durchrühren, abkühlen lassen. Die Butter cremig rühren, Dotter nach und nach unterrühren, dann die Leber, ausgedrücktes Toastbrot und die Speck-Zwiebel-Mischung dazugeben und alles gut vermischen. Das Eiklar zu steifem Schnee schlagen und unter die Masse heben. Eine große Terrinenform bebuttern und bemehlen, die Masse einfüllen. Das Backrohr auf 150 °C vorheizen, die Terrine auf ein Backblech mit hohem Rand stellen, so viel heißes Wasser in das Blech gießen, dass die Form bis zur Hälfte im Wasserbad steht. In das Rohr schieben und 1 Stunde gar ziehen lassen. Nach Ende der Garzeit den Leberpudding aus dem Rohr nehmen, kurz rasten lassen und vorsichtig stürzen. Vor dem Anrichten in Scheiben schneiden.

Tipp: Sollte vom Leberpudding etwas übrig bleiben, kann man ihn am nächsten Tag, in Scheiben geschnitten, in einer klaren Rindsuppe servieren.

Leber-Speck-Roulade

1 Pkg. Blätterteig
300 g Kalbsleber
200 g Hamburger Speck
1 große Zwiebel
30 g Öl
1 KL gehackte Petersilie
1 Ei zum Bestreichen
Pfeffer
Salz

Zubereitungszeit: 1 Stunde 15 Minuten

Zwiebel schälen, fein hacken, Speck kleinwürfelig schneiden, Leber waschen, mit Küchenpapier abtrocknen, blättrig schneiden. In einer Pfanne das Öl erhitzen, Speck darin abbraten, Zwiebel dazugeben und mitrösten, dann die Leber in die Pfanne geben und ebenfalls mitrösten, am Schluss pfeffern und salzen, dann die Petersilie unterrühren. Blätterteig ausrollen, mit der Masse bestreichen, fest einrollen, die Ränder gut andrücken. Das Backrohr auf 200 °C vorheizen, Backblech mit Backpapier auslegen, Roulade darauf setzen, mit einem versprudelten Ei bestreichen und einige Male anstechen. In das Rohr schieben und 40 Minuten backen. Vor dem Servieren in Scheiben schneiden.

Lebersoufflé

400 g Hühnerleber
100 g Mehl
100 g Butter
1/2 l Milch
2 Eidotter
2 Eiklar
1/2 TL Rosmarin
1/2 TL Thymian
1 EL gehackte Petersilie
Pfeffer
Salz

Zubereitungszeit: 1 Stunde 15 Minuten

Aus Butter, Mehl und heißer Milch eine Béchamel zubereiten, überkühlen lassen. Die Leber klein schneiden. In die ausgekühlte Béchamel Leber, Petersilie und Dotter unterrühren, Eiklar zu steifem Schnee schlagen und vorsichtig unter die Masse ziehen, mit Rosmarin, Thymian, Pfeffer und Salz würzen. Das Backrohr auf 180 °C vorheizen, Lebersoufflé in eine befettete Backform füllen, 45 Minuten backen. Nach 20 Minuten mit Backpapier abdecken.

Nieren geröstet

2 Kalbsnieren
1 Zwiebel
50 g Butter
Salz

Zubereitungszeit: 30 Minuten

Zwiebel schälen, klein schneiden, Nieren waschen, gut abtrocknen, blättrig schneiden. In einer Pfanne Butter erhitzen, Zwiebel goldgelb anrösten, Nieren dazugeben und kurz durchrösten, mit Salz würzen und sofort servieren.

Nierenragout

4 Kalbsnieren
1 große Zwiebel
1 EL Mehl
1/8 l Rotwein
1 Bund Petersilie
4 Paradeiser
Pfeffer
Salz

Zubereitungszeit: 40 Minuten

Zwiebel schälen, in feine Ringe schneiden, die Paradeiser kurz in kochendes Wasser legen, mit kaltem Wasser abschrecken, schälen, entkernen und würfelig schneiden. Petersilie waschen, fein hacken. Von den Nieren das Fett abschneiden, enthäuten, halbieren und grob würfelig schneiden, mit Pfeffer und Salz würzen. Die Hälfte des Nierenfettes kleinwürfelig schneiden, in einer Pfanne auslassen und dann abseihen. Das abgeseihte Nierenfett erhitzen, Nieren darin braten, herausnehmen und warm stellen. Im Bratenrückstand die Zwiebel anrösten, mit dem Mehl stauben und mit Rotwein aufgießen, kurz dünsten lassen. Paradeiser und Petersilie zu der Zwiebel geben, etwas dünsten lassen, mit Salz würzen. Nieren auf einer vorgewärmten Platte anrichten, mit der Sauce übergießen und sofort servieren.

Rindsherz in Rahmsauce

800 g Rindsherz
1 Zwiebel
1 Wurzelwerk
80 g Butter
1/8 l Rotwein
3 Wacholderbeeren
5 Pfefferkörner
1/2 TL Thymian
1 Lorbeerblatt
1/4 l Sauerrahm
1 KL Mehl
Salz

Zubereitungszeit: 1 Stunde

Zwiebel schälen, grob hacken, das Wurzelwerk putzen, waschen, grob hacken. Rindsherz putzen, waschen, gut abtrocknen, pfeffern. In einem Topf die Butter erhitzen, Zwiebel darin anrösten, das Wurzelwerk zugeben und mitrösten. Rindsherz einlegen und von allen Seiten gut anrösten, mit Rotwein ablöschen, mit den Gewürzen und Salz würzen, zugedeckt weich dünsten. Am Ende der Garzeit das Rindsherz herausheben und warm stellen. Das Lorbeerblatt entfernen und den Saft passieren, Sauerrahm mit Mehl versprudeln, unterrühren, aufkochen lassen. Rindsherz in Scheiben schneiden, mit dem Saft servieren.

Schweinsnieren sauer

500 g Schweinsnieren
40 g Butter
1 Zwiebel
1 EL Mehl
1/4 l Rindsuppe
2 EL Essig
1 EL Zitronensaft
3 EL Obers
1 Prise Majoran
Pfeffer
Salz

Zubereitungszeit: 20 Minuten

Zwiebel schälen, kleinwürfelig schneiden, die Nieren gut ausspülen, das Weiße entfernen, klein schneiden, mit Pfeffer und Majoran würzen. In einer Pfanne die Butter erhitzen, die Zwiebel darin andünsten, die Nieren dazugeben und leicht anrösten. Mit Mehl stauben, kurz durchbraten und mit der Rindsuppe aufgießen. Etwa 5–8 Minuten lang garen lassen. Mit Essig, Zitronensaft und Obers abschmecken, dann erst salzen, sofort servieren.

Tipp: Nachdem Sie die Nieren gesalzen haben, müssen Sie sie sofort servieren, denn Nieren können sehr leicht hart werden.

Schweinszungen gekocht

4 Schweinszungen
300 g Wurzelwerk
2 EL Essig
1 TL Salz
1 EL gehackte Petersilie
30 g Butter

Zubereitungszeit: 1 Stunde

Wurzelwerk putzen, waschen, nudelig schneiden. Die Schweinszungen mit dem Wurzelwerk im Salz-Essig-Wasser 45 Minuten weich kochen, herausheben, mit kaltem Wasser abschrecken, schälen. Vor dem Anrichten in Scheiben schneiden, in einer Pfanne die Butter erhitzen, Petersilie einmal aufschäumen lassen, dann über die Schweinszungen gießen, mit dem Wurzelwerk servieren.

Tiroler Leber

4 Kalbsleberschnitzel
100 g Selchspeck
1 Zwiebel
40 g Butter
1/8 l Sauerrahm
1/16 l Rotwein
40 g Mehl
10 g gehackte Kapern
Pfeffer
Salz

Zubereitungszeit: 30 Minuten

Zwiebel schälen, fein hacken, Speck in Streifen schneiden. Die Leberschnitzel mit den Speckstreifen spicken, eine Seite in Mehl wenden. In einer Pfanne die Butter erhitzen, Leber beidseitig rasch abbraten, herausheben und warm stellen. Im Bratenrückstand die Zwiebel goldgelb rösten, das Mehl mit Sauerrahm gut versprudeln, über die Zwiebel gießen, gut verkochen lassen. Mit Pfeffer, Essig, Kapern, Salz und dem Rotwein abschmecken. Die Leber wieder einlegen, nochmals aufkochen und sofort servieren.

Zunge geselcht

1 geselchte Rindszunge
50 g geriebener Kren
1 Bund Petersilie

Zubereitungszeit: 3 Stunden 30 Minuten

Die geselchte Rindszunge 3 Stunden 15 Minuten in Wasser weich kochen. Nach 2 Stunden Kochzeit die Zunge herausheben, mit kaltem Wasser abschrecken, schälen. Dann nochmals eine Stunde kochen lassen. Petersilie waschen, fein hacken. Vor dem Anrichten die Zunge in schräge Scheiben schneiden, mit geriebenem Kren und Petersilie servieren.

Geflügel

Backhuhn

1 Huhn (800 g bis 1 kg)
3 Eier
Mehl und Semmelbrösel zum Panieren
Öl zum Ausbacken
Salz

Zubereitungszeit: 45 Minuten

Das Huhn innen und außen sehr gut mit heißem Wasser abspülen, mit Küchenpapier trockentupfen. Danach das Huhn vierteln, damit es gleichmäßig gebacken werden kann, an den Gelenken etwas einschneiden. Die Hühnerteile kräftig salzen, in Mehl, versprudelten Eiern und Semmelbröseln wenden. In einer Pfanne reichlich Öl erhitzen, paniertes Huhn darin langsam goldgelb backen. Herausheben, auf einem Küchenpapier gut abtropfen lassen. Auf vorgewärmten Tellern anrichten und mit Zitronenspalten garnieren.

Tipp: Sie können auch vor dem Panieren die Haut abziehen, je nach Geschmack. Wollen Sie Ihr Backhuhn pikant haben, würzen Sie es vor dem Panieren mit gehackter Petersilie, Zitronensaft und etwas Worcestersauce. Man kann die Hühnerteile vor dem Panieren auch kurz überkochen, die Haut lässt sich besser abziehen und das Huhn ist schon vorgegart.

Brathuhn Weinviertler Art

1 Huhn
2 Zwiebeln
1/8 l Weißwein
6 Paradeiser
100 g Butterschmalz
2 Knoblauchzehen
1 TL gehackte Petersilie
4 hart gekochte Eier
Pfeffer
Salz

Zubereitungszeit: 1 Stunde

Zwiebeln schälen, fein hacken, Knoblauchzehen schälen, klein hacken. Das Huhn in 4 bis 6 Stücke teilen, mit heißem Wasser sehr gut waschen, abtrocknen, salzen und pfeffern. Die Paradeiser kurz in kochendes Wasser legen, mit Eiswasser abschrecken, schälen, entkernen, vierteln. In einer Pfanne Butterschmalz erhitzen, Hühnerteile darin von allen Seiten gut anbraten. Die gehackten Zwiebeln und Knoblauchzehen dazugeben und mitbraten. Nach und nach mit Weißwein begießen. Die Pardeiser beifügen, mit Pfeffer und Salz würzen und 45 Minuten dünsten. Hart gekochte Eier schälen und halbieren. Vor dem Anrichten die Hühnerteile mit Sauce in eine vorgewärmte Schüssel geben und mit den Eihälften garnieren.

Ente gebraten

1 Ente
1/4 l Wasser
falls notwendig 1–2 EL Öl
1 EL Majoran
Pfeffer
Salz

Zubereitungszeit: 1 Stunde 15 Minuten

Ente innen und außen sehr gut waschen, trockentupfen, mit Majoran, Pfeffer und Salz kräftig würzen. Das Backrohr auf 180 °C vorheizen, Flügel und Schenkel der Ente festbinden, mit der Brustseite nach unten in eine Bratform legen und mit kochendem Wasser übergießen. Ist die Ente sehr jung oder sehr mager, 1–2 EL Öl gleichzeitig mit dem Wasser zugeben. Im Rohr unter mehrmaligem Begießen 1/2 Stunde braten, dann umdrehen und fertig braten. Nach Ende der Bratzeit Ente herausheben, warm stellen, überschüssiges Fett abgießen, Bratenrückstand mit heißem Wasser lösen, aufkochen. Vor dem Anrichten die Ente teilen und extra mit dem Saft servieren.

Entenbrust mit Rotkrautsaft

4 Entenbrüste mit Knochen
100 g Rotkraut
2 EL Butter
1 EL gehackte Zwiebel
1 EL Zucker
1 EL Essig
1/8 l Rotwein
1/2 Apfel
1 TL Preiselbeerkompott
1 EL Majoran
1 TL Kümmel
Salz

Zubereitungszeit: 45 Minuten

Apfel schälen, raffeln, Rotkraut waschen, feinstreifig schneiden. Entenbrüste waschen, trockentupfen, mit Salz und Majoran kräftig würzen. Das Backrohr auf 200 °C vorheizen, in einer beschichteten Bratform die Brüste mit der Haut nach oben 15 Minuten im Rohr braten, herausheben und warm stellen. In einer Pfanne die Butter erhitzen, Zucker karamellisieren lassen, Zwiebel und Rotkraut beifügen, kurz umrühren und mit Essig ablöschen. Mit Rotwein aufgießen, Apfel und Preiselbeeren dazugeben und mit Kümmel und Salz würzen, weich dünsten lassen. Nach dem Ende der Garzeit Sauce durch ein feines Sieb abseihen. Entenbrüste auslösen, aufschneiden und mit dem Rotkrautsaft servieren.

Fasan im Speckhemd

2 Fasane
1/4 l Rotwein
200 g Selchspeckscheiben
100 g Butter
1 EL Preiselbeerkompott
Salz

Zubereitungszeit: 1 Stunde 50 Minuten

Fasane mit heißem Wasser außen und innen gut waschen, abtrocknen und kräftig salzen. Beine mit einem Spagat zusammenbinden, Fasane mit den Speckscheiben umwickeln und diese ebenfalls binden. Das Backrohr auf 180 °C vorheizen, in einer Pfanne Butter erhitzen, Fasane darin von allen Seiten gut anbraten, mit etwas Rotwein begießen und im Rohr 1 1/2 Stunden unter mehrmaligem Begießen braten. Dann die Speckscheiben entfernen, Brust kräftig salzen und nochmals 15 Minuten braten. Fasane aus der Pfanne heben, warm stellen, den Bratenrückstand mit restlichem Rotwein lösen, Preiselbeeren einrühren und alles aufkochen lassen. Vor dem Anrichten die Fasane auf eine vorgewärmte Platte legen, erst bei Tisch teilen und mit der Sauce extra servieren.

Gans gebraten

1 junge Gans
1 Sellerieknolle
2 Karotten
1 kleine Staude Sellerie
1 Stange Lauch
1 Zwiebel
1/4 l Rindsuppe
2 Lorbeerblätter
1 EL Majoran
Pfeffer
Salz

Zubereitungszeit: 2 Stunden

Gänsehals und Flügel grob hacken. Die Gans mit heißem Wasser waschen, trocknen, außen und innen gut mit Salz, Pfeffer und Majoran würzen. Das Backrohr auf 180 °C vorheizen, die Gans mit Gänseklein in eine Bratform legen, mit Wasser übergießen, im Rohr 2 Stunden braten. Karotten und Sellerie schälen, waschen, Lauch und Selleriestauden putzen, waschen, Zwiebel schälen, alles kleinwürfelig schneiden. Nach einer Stunde Bratzeit geschnittenes Gemüse und die Lorbeerblätter beigeben und weiterbraten. Es muss immer etwas Flüssigkeit in der Pfanne sein. In den letzten 10 Minuten der Bratzeit Suppe zugießen. Sollte die Haut zu lasch sein, Oberhitze erhöhen. Fertig gebratene Gans herausheben und warm stellen. Bratensaft am Herd aufkochen und durch eine feines Sieb seihen. Etwas stehen lassen, dann das Fett abschöpfen. Vor dem Anrichten die Gans teilen und mit der Sauce extra servieren.

Gans gefüllt

1 bratfertige Gans (4 kg)
1/2 l Geflügelsuppe
750 g gemischtes Faschiertes
300 g Toastbrot
Milch zum Einweichen
2 Zwiebeln
2 Eier
1/2 Bund Petersilie
1 EL Butter
1 EL Majoran
Pfeffer
Salz

Zubereitungszeit: 4 Stunden

Toastbrot entrinden, kleinwürfelig schneiden, mit der Milch beträufeln. Zwiebeln schälen, klein hacken, Petersilie waschen, fein hacken. In einer Pfanne Butter erhitzen, Zwiebeln und Petersilie anschwitzen lassen, überkühlen. Das Faschierte mit Eiern, ausgedrücktem Toastbrot, Zwiebelmischung gut vermengen, mit Salz, Pfeffer und Majoran würzen, die Fülle 15 Minuten rasten lassen. Das Backrohr auf 180 °C vorheizen, Gans gut mit heißem Wasser waschen, abtrocknen, außen und innen mit Pfeffer und Salz würzen. Masse einfüllen und die Bauchfüllung zunähen. Bratform 3 cm hoch mit Wasser füllen, die Gans mit der Brust nach unten hineinsetzen. 3 Stunden 30 Minuten braten, immer wieder mit dem austretenden Fett übergießen. Nach der Hälfte der Bratzeit die Gans umdrehen, Fett abschöpfen und die Suppe zugießen. Nach dem Ende der Bratzeit die Gans herausheben, den Spagat entfernen, mit Alufolie abdecken und warm stellen. Bratensaft abseihen, mit Salz, Majoran und Pfeffer abschmecken. Vor dem Anrichten die Gans teilen und mit dem Saft servieren.

Tipp: Lassen Sie sich die Gans von Ihrem Geflügelhändler bratfertig vorbereiten. Be-sonders knusprig wird die Gans, wenn Sie 20 Minuten vor dem Ende der Bratzeit die Hitze auf 200 Grad erhöhen, aus Honig, Wasser und Essig eine Honigmarinade zubereiten und die Gans damit einstreichen. Sie dürfen die Gans allerdings jetzt nicht mehr übergießen, falls es notwendig ist, nur mit Suppe untergießen.

Huhn eingemacht

1 Huhn
1 Bund Suppengrün
1/2 Zwiebel
4 Pfefferkörner
40 g Mehl
60 g Butter
1/8 l Weißwein
1/8 l Obers
1 Eidotter
2 EL Zitronensaft
1 MS Muskatnuss
Salz

Zubereitungszeit: 1 Stunde

Zwiebel schälen, fein hacken, Suppengrün putzen, waschen und kleinwürfelig schneiden. Das Huhn außen und innen gründlich mit heißem Wasser waschen, abtrocknen, mit dem Suppengrün, Pfefferkörnern, Zwiebel und Salz in wenig Wasser aufstellen und fast weich kochen. Nach dem Ende der Garzeit das Huhn aus der Suppe heben, auslösen, enthäuten und in kleine Stücke schneiden. In einem Topf Butter erhitzen, Mehl darin anlaufen lassen, mit Hühnersuppe aufgießen, 10 Minuten kochen lassen. Dann den Weißwein zugießen, mit Salz, Muskatnuss und Zitronensaft abschmecken. Das geschnittene Hühnerfleisch einlegen und nochmals 5 Minuten kochen lassen. Obers mit dem Eidotter gut verquirlen und in die fertige Sauce gießen, die jetzt nicht mehr kochen darf.

Hühnerbrust in Krensauce

4 Hühnerbrüste
100 g gehackte Walnüsse
1/8 l Walnussöl
30 g Butter
30 g Mehl
3/8 l Milch
50 g Kren
1 EL Zucker
1 TL Rosmarin
Pfeffer
Salz

Zubereitungszeit: 30 Minuten (ohne Beizzeit)

Hühnerbrüste gut waschen, abtrocknen, mit Salz, Pfeffer und Rosmarin würzen. Über Nacht im Kühlschrank mit dem Öl beizen. Am nächsten Tag aus dem Öl nehmen, abtrocknen und in den geriebenen Nüssen wälzen. In einer Pfanne etwas Nussöl erhitzen, Hühnerbrüste bei geringer Hitze beidseitig abbraten, herausheben und warm stellen. Für die Sauce Butter erhitzen, Mehl darin anschwitzen lassen, mit der warmen Milch aufgießen, kurz kochen lassen. Mit Salz, Zucker und Kren abschmecken, die Sauce dann nicht mehr kochen lassen.

Foto: Foto Liesl Biber

Fasan im Speckhemd

(siehe Rezept Seite 222)

Foto: Foto Liesl Biber

Gans gebraten

(siehe Rezept Seite 222)

Foto: Foto Liesl Biber

Paprikahuhn

(siehe Rezept Seite 227)

Foto: Foto Liesl Biber

Rehbraten gespickt

(siehe Rezept Seite 237)

Foto: Foto Liesl Biber

Rehmedaillons in Pfeffersauce

(siehe Rezept Seite 239)

Foto: Foto Liesl Biber

Forelle blau

(siehe Rezept Seite 247)

Foto: Foto Liesl Biber

Karpfen

(siehe Rezept Seite 248)

Foto: Foto Liesl Biber

Käsespätzle

(siehe Rezept Seite 256)

Hühnerbrust nach Vorarlberger Art

4 ausgelöste Hühnerbrüste
100 g Speck
50 g Butter
100 g Zwiebel
1/4 l Weißwein
1/8 l Wasser
1/8 l Obers
30 g Mehl
100 g Schmelzkäse
1 Bund Petersilie
1 MS Muskatnuss
Pfeffer
Salz

Zubereitungszeit: 45 Minuten

Zwiebel schälen, fein hacken, Speck in Streifen schneiden. Hühnerbrüste gut waschen, mit Salz würzen. In einer Pfanne die Butter erhitzen, Fleisch beidseitig gut anbraten, herausheben und in einen Topf legen. Im Bratenrückstand den Speck auslassen, Zwiebel dazugeben, anrösten, mit Wasser und Weißwein aufgießen, gut verkochen lassen und über die Hühnerbrüste gießen. Das Backrohr auf 180 °C vorheizen, zugedeckt im Rohr 30 Minuten weich dünsten. In dieser Zeit den Schmelzkäse kleinwürfelig schneiden, Petersilie waschen und klein hacken. Am Ende der Garzeit die Hühnerbrüste herausheben, warm stellen. Obers und Mehl gut versprudeln, in den Saft gießen, den Schmelzkäse beifügen und so lange kochen, bis der Käse sich aufgelöst hat. Mit Muskatnuss, Pfeffer und Salz würzen, die Petersilie unterrühren. Hühnerbrüste auf eine vorgewärmte Platte anrichten und mit der Sauce servieren.

Hühnereintopf mit Gemüse

1 kg Huhn
2 Zwiebeln
2 EL Öl
3 Thymianzweige
1/8 l Weißwein
600 g Erdäpfel
1 Salatgurke
2 Paradeiser
5 Basilikumblätter
Pfeffer
Salz

Zubereitungszeit: 1 Stunde

Zwiebeln schälen, klein hacken, Thymianzweige waschen, Blätter abzupfen. Das Huhn auslösen und enthäuten, in mittelgroße Stücke teilen, mit Pfeffer und Salz würzen. In einem Topf das Öl erhitzen, Zwiebel kurz anschwitzen lassen, Hühnerfleisch dazugeben und scharf anbraten, mit dem Wein ablöschen, Thymian beifügen und alles 30 Minuten dünsten lassen. Währenddessen die Erdäpfel schälen, waschen und in große Würfel schneiden, zum Fleisch geben und 15 Minuten mitdünsten. Salatgurke schälen, kleinwürfelig schneiden, Paradeiser kurz in kochendes Wasser legen, mit kaltem Wasser abschrecken, schälen und ebenfalls kleinwürfelig schneiden.

Basilikumblätter waschen, in feine Streifen schneiden. Nun alles in den Eintopf geben, weitere 8 Minuten dünsten lassen, mit Pfeffer und Salz abschmecken.

Hühnergeschnetzeltes

500 g ausgelöste Hühnerbrüste
1/8 l Obers
1/4 l Bratensaft
1 Karotte
1 Gelbe Rübe
100 g Stangensellerie
1 Zwiebel
1 EL Butter
1 MS Senf
Öl zum Anbraten
Pfeffer
Salz

Zubereitungszeit: 30 Minuten

Zwiebel schälen, fein hacken, Gelbe Rübe, Karotte und Sellerie putzen, schälen, waschen und in 1 cm große Würfel schneiden. In Salzwasser weich kochen, abseihen, abschrecken und gut abtropfen. Hühnerbrüste in 2-cm-Würfel schneiden, mit Pfeffer und Salz würzen, in einer Pfanne wenig Öl erhitzen, Hühnerfleisch darin von allen Seiten anbraten. Herausheben und warm stellen. Im Bratenrückstand die Butter erhitzen, Zwiebel darin anschwitzen lassen, mit Obers und Bratensaft aufgießen, alles cremig einkochen lassen, mit Senf, Pfeffer und Salz würzen. Das Gemüse und die Hühnerbrüste in der Sauce erwärmen und sofort servieren.

Tipp: Frisches Gemüse sollten Sie in möglichst wenig Wasser kochen, damit es die Spurenelemente und die Vitamine nicht verliert.

Paprikahuhn

1 Huhn
40 g Öl
2 Zwiebeln
1 KL Paprikapulver
1/4 l Hühnersuppe
1 EL Mehl
1/4 l Sauerrahm
Pfeffer
Salz

Zubereitungszeit: 50 Minuten

Zwiebeln schälen, klein hacken, ausgelöstes Huhn mit heißem Wasser waschen, abtrocknen und je nach Größe in 4, 6 oder 8 Teile schneiden, mit Salz kräftig würzen. In einem Topf das Öl erhitzen, Zwiebel darin anrösten, Hühnerteile einlegen und mitrösten, dann Paprikapulver dazugeben, kurz umrühren und sofort mit der Hühnersuppe aufgießen, zugedeckt 30 Minuten dünsten. Nach dem Ende der Garzeit Fleischstücke herausheben, warm stellen. Mehl mit dem Sauerrahm versprudeln und in die Sauce geben, alles nochmals aufkochen lassen und mit Pfeffer und Salz abschmecken. Vor dem Anrichten Hühnerteile auf eine vorgewärmte Platte legen und mit der Sauce übergießen.

Tipp: Wenn Sie Paprika rösten, löschen Sie gleich mit einer Flüssigkeit ab, da das Gewürz schnell bitter werden kann.

Rebhühner im Kräuternetz gebraten

4 Rebhühner
200 g Schweinsnetz
1/2 KL Thymian
1/2 KL Rosmarin
1/2 KL Majoran
4 zerdrückte Wacholderbeeren
50 g Butter
Öl zum Anbraten
Pfeffer
Salz

Zubereitungszeit: 1 Stunde

Das Schweinsnetz kalt spülen, vorsichtig ausdrücken, auflegen. Rebhühner mit heißem Wasser waschen, abtrocknen, mit Salz, Pfeffer, Thymian, Majoran, Rosmarin und Wacholderbeeren innen und außen würzen. Das Backrohr auf 180 °C vorheizen, die Rebhühner in das Schweinsnetz einwickeln und mit Spagat binden. In einer Pfanne wenig Öl erhitzen, Rebhühner rundherum anbraten, im Rohr 30 Minuten fertig braten. Nach dem Ende der Bratzeit die Rebhühner herausheben, mit Alufolie abdecken und 15 Minuten rasten lassen. Im Bratenrückstand die Butter aufschäumen lassen, Thymian und Salz dazugeben. Vor dem Anrichten die Rebhühner zerteilen, die Stücke mit der Butter beträufeln.

Truthahn gefüllt

1 Truthahn (3 kg)
5 Semmeln
500 g Schwarzbrot
1 Zwiebel
3 Äpfel
4 Eier
1/8 l Milch
1 EL Grieß
1 Bund Petersilie
1 EL Butter
1/2 KL Rosmarin
1/2 KL Majoran
1/2 KL Thymian
Öl zum Anbraten
Pfeffer
Salz

Zubereitungszeit: 2 Stunden 30 Minuten

Truthahn waschen, abtrocknen, außen mit Pfeffer und Salz würzen. Zwiebel schälen, fein hacken, Petersilie waschen, fein hacken. Äpfel schälen, würfelig schneiden, Semmeln und Brot entrinden, würfelig schneiden. In einer Pfanne die Butter erhitzen, Zwiebel und Petersilie kurz anschwitzen, Brot und Semmelwürfel kurz mitrösten. Milch und Eier versprudeln, über die Masse gießen, durchrühren und ziehen lassen. Äpfel dazugeben, den Grieß und die Gewürze beimischen, alles gut vermengen. Nun die Fülle vorsichtig von hinten unter die Haut des Truthahns schieben. Das Backrohr auf 180 °C vorheizen, in einer Pfanne etwas Öl erhitzen, Truthahn von allen Seiten anbraten, dann im Rohr, unter mehrmaligem Begießen mit dem Eigensaft, 2 Stunden fertig braten. Nach dem Ende der Bratzeit kurz rasten lassen und dann in Scheiben schneiden.

Truthahnbrust mit Käsefülle

800 g Truthahnbrust
1 Schweinsnetz
2 EL Butter
1/2 l klare Geflügelsuppe
250 g Käse
4 Knoblauchzehen
1 Zwiebel
100 g Semmelbrösel
3 EL gehackte Kräuter (Petersilie, Dille, Kerbel, Schnittlauch, Estragon)
3 EL Öl
1 TL Thymian
Pfeffer
Salz

Zubereitungszeit: 1 Stunde 30 Minuten

Zwiebel schälen, fein hacken, Knoblauchzehen schälen und pressen. Käse reiben, in einer Pfanne 1 EL Butter erhitzen, Zwiebel anschwitzen lassen, Knoblauchzehen dazugeben, umrühren, überkühlen lassen. Käse, Kräuter und die Semmelbrösel untermischen, mit Thymian, Pfeffer und Salz würzen. Truthahnbrust waschen, gut abtrocknen, längs zweimal zu 2/3 tief einschneiden. Mit Salz und Pfeffer würzen, auch die Einschnitte, nun die Käsemasse in die Einschnitte füllen. Das Schweinsnetz waschen, ausdrücken und auflegen. Gefüllte Truthahnbrust darin einwickeln. Das Backrohr auf 180 °C vorheizen, Bratpfanne mit Öl ausstreichen, Truthahnbrust in die Pfanne setzen, mit etwas Öl beträufeln und 1 Stunde braten. Nach dem Ende der Bratzeit Truthahnbrust herausheben, mit Alufolie abdecken und warm stellen. Bratensaft aufkochen, abseihen, mit der restlichen kalten Butter binden. Vor dem Anrichten Truthahnbrust in Scheiben schneiden und mit der Sauce servieren.

Truthahnauflauf

300 g Truthahnbrust
100 g Schinken
200 g Käse
200 g Erbsen
200 g Karotten
200 g Karfiolröschen
500 g Blattspinat
250 g Rundkornreis
3/4 l Milch
4 Eidotter
60 g Butter
3 EL gehackte Kräuter (Petersilie, Kerbel, Dille, Schnittlauch)
1 MS Muskatnuss
Semmelbrösel zum Bestreuen
Pfeffer
Salz

Zubereitungszeit: 1 Stunde 45 Minuten

Karotten schälen, waschen, würfelig schneiden, Karfiolröschen waschen, halbieren, Spinat putzen, waschen. Käse in Scheiben schneiden und den Schinken in Streifen. Truthahnbrust in 1/2 cm dicke Scheiben schneiden, vorsichtig klopfen, salzen und pfeffern. Karotten, Erbsen und Karfiolröschen in leicht gesalzenem Wasser kurz überkochen, abseihen und abschrecken. Blattspinat kurz überbrühen bis er zusammenfällt und abseihen. 1/2 l Wasser erhitzen, Reis darin 3 Minuten kochen, abseihen, abschrecken und gut abtropfen lassen. Milch mit der Butter, Salz, Pfeffer und geriebener Muskatnuss aufkochen, Reis zugeben und auf kleiner Flamme unter ständigem Rühren 20 Minuten weich kochen. In die überkühlte Masse zuerst Eidotter, dann Gemüse und Kräuter mischen. Das Backrohr auf 170 °C vorheizen. Eine Auflaufform mit Butter ausstreichen und mit Bröseln ausstreuen. Den Boden der Form mit der Truthahnbrust auslegen. Nacheinander Spinat, die Hälfte des Reises und den Käse darauf legen. Restlichen Reis mit den Schinkenstreifen vermischen und gleichmäßig auf dem Käse verstreichen. Auflauf in das vorgeheizte Rohr schieben und 50 Minuten backen. Vor dem Anschneiden 10 Minuten rasten lassen.

Tipp: Geben Sie die 4 Eiklar, welche Ihnen übrigbleiben, in einen Eiswürfelbehälter. Pinseln Sie die Eiswürfelbehälter vorher mit einem geschmacksneutralen Öl aus, geben dann das Eiklar hinein und stellen sei in den Tiefkühler. Aufgetautes Eiklar lässt sich am besten steif schlagen, wenn Sie eine Prise Salz hinzufügen.

Truthahnroulade mit Schinken und Käse

2 Truthahnschnitzel
1 Pkg. Blätterteig
4 Scheiben Emmentaler
8 Scheiben Rohschinken
1 Ei
Pfeffer
Salz

Zubereitungszeit: 50 Minuten

Truthahnschnitzel vorsichtig klopfen, mit Pfeffer und Salz würzen. Auf jedes Schnitzel 1 Scheibe Emmentaler und 2 Scheiben Rohschinken legen, fest einrollen. Blätterteig aufrollen, beide Rouladen auf das obere Drittel legen und mit dem Teig einrollen. Das Backrohr auf 200 °C vorheizen, Backblech mit Backpapier belegen, Rouladen darauf setzen, mit versprudeltem Ei bestreichen und 30 Minuten im Rohr goldgelb backen. Vor dem Aufschneiden kurz rasten lassen.

Tipp: Besonders appetitlich sehen die Truthahnrouladen aus, wenn Sie den Schinken zusätzlich noch mit kurz überkochten Spinat- oder Kohlblättern belegen.

Truthahnschnitzel mit Kräutern

4 Truthahnschnitzel
50 g Butter
1/8 l Rindsuppe
4 EL Weißwein
1/8 l Crème fraîche
5 EL gehackte Kräuter (Petersilie, Dille, Basilikum, Kerbel, Estragon)
Pfeffer
Salz

Zubereitungszeit: 40 Minuten

Truthahnschnitzel vorsichtig klopfen, mit Pfeffer und Salz würzen. In einer Pfanne die Butter erhitzen, Schnitzel auf beiden Seiten gut abbraten, herausheben und warm stellen. Bratenrückstand mit Wein und Suppe aufgießen, aufkochen, Kräuter unterrühren. Truthahnschnitzel wieder einlegen, Crème fraîche unterrühren, nochmals aufkochen lassen.

Wild

Hasenbraten gespickt

1 Feldhase (Läufe und Rücken)
100 g Selchspeck
300 g Wurzelwerk
3 Wacholderbeeren
50 g Öl
1/2 Zwiebel
10 Pfefferkörner
1 Lorbeerblatt
5 Neugewürzkörner
20 g Mehl
1/16 l Rotwein
1/16 l Rindsuppe
1/8 l Sauerrahm
1 EL Preiselbeerkompott
Saft einer Zitrone
1 MS Muskatnuss
1 TL Thymian
Pfeffer
Salz

Zubereitungszeit: 1 Stunde 30 Minuten

Zwiebel schälen, in Ringe schneiden, Wurzelwerk schälen, waschen, blättrig schneiden, Speck in Streifen schneiden, salzen und pfeffern. Hasen spicken, mit Pfeffer und Salz würzen, mit zerdrückten Wacholderbeeren einreiben. In einer Pfanne Öl erhitzen, Zwiebel und Wurzelwerk anbraten, Hasen dazugeben kurz mitbraten. Das Backrohr auf 200 °C vorheizen, Hasen zugedeckt, unter mehrmaligem Begießen mit dem Eigensaft und Rindsuppe 50 Minuten braten. Hasen herausheben, Saft stauben, mit Rotwein und etwas Rindsuppe aufgießen. Pfefferkörner, Neugewürzkörner, Lorbeerblatt, Thymian und Muskatnuss beifügen, Zitronensaft und Preiselbeeren ebenfalls dazugeben. Hasen wieder einlegen und nochmals 25 Minuten braten. Am Ende der Garzeit Hasen herausheben, warm stellen, versprudelten Sauerrahm in die Sauce einrühren, diese dann passieren und mit Pfeffer und Salz abschmecken. Vor dem Anrichten Hasen in Stücke teilen und mit der Sauce servieren.

Hasengulasch

1 kg Hasenfleisch (Rücken, Läufe)
2 Zwiebeln
100 g Butter
1/2 TL Paprikapulver
1 EL Mehl
1/8 l Rotwein
1/8 l Rindsuppe
4 Karotten
Pfeffer
Salz

Zubereitungszeit: 1 Stunde 15 Minuten

Zwiebeln schälen, klein hacken, Hasenfleisch von den Knochen lösen, in 3-cm-Würfel schneiden. Karotten schälen, waschen, in Stäbchen schneiden. In einer Pfanne die Butter erhitzen, Zwiebel anschwitzen lassen, das Fleisch dazugeben, gut durchrühren, Paprikapulver dazugeben, kurz umrühren, sofort mit etwas Rindsuppe ablöschen, 15 Minuten dünsten. Dann mit Pfeffer und Salz würzen, weitere 15 Minuten dünsten. Nun mit dem Mehl stauben und mit Rotwein und Rindsuppe aufgießen, alles aufkochen lassen. Die Karotten beifügen und nochmals 20 Minuten fertig dünsten. Vor dem Anrichten mit Pfeffer und Salz abschmecken.

Hasenrücken gebraten

2 Hasenrücken
200 g tiefgekühltes Maronipüree
Saft einer viertel Orange
3 EL Rotwein
1/8 l Suppe
1/16 l Obers
Öl zum Anbraten
Pfeffer
Salz

Zubereitungszeit: 45 Minuten

Rücken auslösen und entsehnen. In einer Pfanne Öl erhitzen, Filets anbraten, wenden, dann erst salzen und pfeffern, langsam rosa braten, herausheben und warm stellen. Den Bratenrückstand mit Rotwein ablöschen, Maronipüree, Orangensaft und Suppe dazugeben, umrühren, auf eine cremige Konsistenz einkochen lassen, mit dem Obers verfeinern, mit Pfeffer und Salz abschmecken. Vor dem Anrichten Hasenfilets schräg aufschneiden und mit der Sauce servieren.

Hirschbraten

750 g Hirschschulter
150 g Fleischabschnitte
1 Zwiebel
1 Bund Suppengrün
1/8 l Bratensaft
1/8 l Rotwein
1/4 l Suppe
1 TL Paradeismark
1/8 l Crème fraîche
5 Pfefferkörner
1 EL grüne Pfefferkörner
1 Lorbeerblatt
1 Rosmarinzweig
1 Thymianzweig
1 EL Wildgewürz
Öl zum Anbraten
Pfeffer
Salz
Zubereitungszeit: 1 Stunde

Zwiebel schälen, klein hacken, Suppengrün putzen, waschen und kleinwürfelig schneiden. Rosmarinzweig und Thymianzweig waschen, gut abtropfen lassen. Hirschschulter mit Spagat binden, damit sie die Form behält, mit Wildgewürz, Salz und Pfeffer gut einreiben. In einer Pfanne etwas Öl erhitzen, Fleisch von allen Seiten gut anbraten, herausheben und warm stellen. Im Bratenrückstand die Fleischabschnitte anrösten, Suppengrün und Zwiebel dazugeben, weiterrösten. Paradeismark einrühren, durchrösten und dann mit Rotwein ablöschen, kochen lassen, bis der Wein verdampft ist. Bratensaft und Suppe zugießen, aufkochen, nun die schwarzen Pfefferkörner, Thymian- und Rosmarinzweige und das Lorbeerblatt zugeben, und nochmals aufkochen. Das Backrohr auf 200 °C vorheizen, Fleisch in den Bratensaft legen, im Rohr 50 Minuten braten, immer wieder mit dem Eigensaft begießen. Am Ende der Bratzeit die Hirschschulter aus der Pfanne heben, warm stellen. Den Saft abseihen, Crème fraîche einrühren und so lange kochen, bis der Saft cremig ist. Vor dem Anrichten das Fleisch in Scheiben schneiden, den Saft mit dem

Stabmixer aufschlagen, grüne Pfefferkörner einrühren, mit Salz abschmecken. Hirschbraten mit der Sauce servieren.

Tipp: Legen Sie Wild über Nacht in Buttermilch, dann wird es zart und schmackhaft.

Hirschfilet gebraten

750 g Hirschlungenbraten
8 EL Butter
1 Zwiebel
300 g Kürbisfleisch
1/8 l Weißwein
2 EL Crème fraîche
1 TL Rosmarin
1 TL Kümmel
Pfeffer
Salz

Zubereitungszeit: 50 Minuten

Zwiebel schälen, klein schneiden, Kürbisfleisch kleinwürfelig schneiden. Hirschlungenbraten mit Rosmarin, Pfeffer und Salz würzen. In einer Pfanne 4 EL Butter erhitzen, Lungenbraten darin rundherum kräftig anbraten und dann beiseite stellen. In einer zweiten Pfanne die restliche Butter erhitzen, Zwiebel und Kürbis darin anschwitzen lassen, mit Kümmel, Pfeffer und Salz würzen, mit Wein ablöschen. Mit geschlossenem Deckel weich dünsten, dann Crème fraîche unterrühren und abschmecken. Das Backrohr auf 180 °C vorheizen, den Hirschlungenbraten 15 Minuten in das Rohr schieben, herausnehmen, mit Alufolie abdecken und 10 Minuten rasten lassen. Vor dem Anrichten den Hirschlungenbraten in Scheiben schneiden und mit dem Kürbis servieren.

Hirschragout

1 kg Hirschschulter
1 Zwiebel
100 g Hamburger Speck
3/4 l Rindsuppe
1/8 l Rotwein
2 EL Preiselbeerkompott
1 EL Zitronensaft
1 EL Paradeismark
2 EL Mehl
1 EL Butter
200 g Eierschwammerln
Öl zum Anbraten
2 TL Thymian
2 TL Rosmarin
Pfeffer
Salz

Zubereitungszeit: 1 Stunde 45 Minuten

Zwiebel schälen, grobwürfelig schneiden, Speck in 1 cm große Würfel schneiden. Hirschschulter in 3 cm große Würfel schneiden, mit Pfeffer, Salz, Hälfte des Thymians und Rosmarin würzen. In einer Pfanne wenig Öl erhitzen, das Fleisch von allen Seiten kräftig anbraten, herausheben und in einem Topf geben. Im Bratenrückstand Speck und Zwiebel rösten, Paradeismark und Mehl einrühren, weiterrösten, mit dem Wein ablöschen, kurz einkochen lassen, dann mit der Suppe aufgießen. Nun die Preiselbeeren, Zitronensaft, restlichen Rosmarin und Thymian dazugeben, die Sauce einmal aufkochen und dann über das Fleisch gießen. Hirschragout zugedeckt 1 Stunde weich dünsten. In dieser Zeit die Eierschwammerln putzen, sehr sparsam waschen, große Schwammerl halbieren. In einer Pfanne die Butter erhitzen, die Eierschwammerln darin anschwitzen lassen, mit Salz und Pfeffer würzen. Vor dem Anrichten die Eierschwammerln in das Ragout einrühren.

Hirschvögerln mit Schinken-Kohl-Fülle

1 kg ausgelöste Hirschvögerln
100 g Schinken geschnitten
1/4 l Rotwein
1/4 l Suppe
1/8 l Sauerrahm
1/4 l Bratensaft
150 g Kohlblätter
1/8 l Obers
1/2 Zwiebel
2 Knoblauchzehen
100 g Hamburger Speck
1 TL Mehl
1 MS Senf
1 TL Thymian
1 TL Majoran
Öl zum Anbraten
Pfeffer
Salz

Zwiebel schälen, fein hacken, Knoblauchzehen schälen und pressen. Kohlblätter waschen, abtrocknen und in feine Streifen schneiden. Den Speck kleinwürfelig schneiden. In einer Pfanne wenig Öl erhitzen, Speck und Zwiebel darin anschwitzen lassen, den Kohl dazugeben und alles gut vermengen. Das Obers zugießen und die Masse so lange kochen, bis sie cremig ist, mit Salz, Pfeffer, Knoblauch und Thymian würzen. Im Kühlschrank erkalten lassen. Die ausgelösten Hirschvögerln mit Pfeffer, Salz, Thymian und Majoran würzen. Mit den Schinkenblättern belegen und mit der Kohlmasse bestreichen. Das Fleisch einrollen und mit Spagat binden. In einer Pfanne wenig Öl erhitzen, das Fleisch rundherum

Zubereitungszeit: 2 Stunden 30 Minuten

gut anbraten, mit Rotwein ablöschen, dann Suppe und Bratensaft zugießen. Nicht ganz zugedeckt 1 Stunde 30 Minuten weich dünsten. Nach dem Ende der Garzeit das Fleisch herausheben und warm stellen. Saft etwas einkochen lassen, Sauerrahm mit dem Mehl versprudeln und in den Saft gießen, kurz leicht kochen lassen, mit Pfeffer, Salz und Senf würzen. Vor dem Anrichten den Spagat von den Hirschvögerln entfernen, das Fleisch aufschneiden und mit der Sauce servieren.

Tipp: Vögerln nennt man das Fleisch der ausgelösten, hinteren Stelze. Lassen Sie die Vögerln am besten von Ihrem Fleischhauer so einschneiden, dass man das Fleisch flach auflegen kann.

Kuenringer Wildkessel

800 g Wildfleisch (Hirschschulter, Rehschulter)
500 g Wurzelwerk
2 Zwiebeln
100 g Hamburger Speck
30 g Paradeismark
300 g Eierschwammerln
20 g Butter
40 g Öl
3 EL Senf
50 g Linsen
1/8 l Rotwein
1/8 l Sauerrahm
1 l Suppe
70 g Mehl
Saft einer halben Zitrone
1 Lorbeerblatt
3 Wacholderbeeren
1 MS Thymian
1 MS Rosmarin
Pfeffer
Salz

Zubereitungszeit: 2 Stunden

Linsen über Nacht einweichen, Zwiebeln schälen, klein hacken, Wurzelwerk putzen, waschen und klein schneiden. Speck kleinwürfelig schneiden. Wildfleisch in 2-cm-Würfel schneiden, mit Mehl stauben. In einer Pfanne Öl erhitzen, Wildfleischwürfel darin scharf anbraten, herausheben und beiseite stellen. Im Bratenrückstand Speckwürfel anrösten, Zwiebel, Wurzelwerk und Paradeismark dazugeben, gut durchrühren, Fleischwürfel einlegen, mit Rotwein ablöschen, etwas einkochen lassen. Dann mit 1/2 l Suppe aufgießen, mit Pfeffer, Salz, Wacholderbeeren, Senf, Thymian, Rosmarin und dem Zitronensaft würzen. Unter mehrmaligem Rühren 1 Stunde 30 Minuten weich dünsten. Wird die Flüssigkeit zu wenig, mit Suppe aufgießen. Die Fleischstücke sollten knapp bedeckt sein. In dieser Zeit Eierschwammerln putzen, sparsam waschen, in eine Pfanne die Butter erhitzen, Eierschwammerln anschwitzen lassen, mit Pfeffer und Salz würzen. Die eingeweichten Linsen weich kochen. Vor dem Anrichten Linsen und Eierschwammerln unter den Kuenringer Wildkessel rühren.

Tipp: Speck können Sie ganz leicht schneiden, wenn Sie vorher das Messer in heißes Wasser eintauchen.

Rehbraten gespickt

1 kg Rehrücken
150 g Selchspeck
2 EL Öl
5 Wacholderbeeren zerdrückt
1/8 l Sauerrahm
1 EL Mehl
Rindsuppe zum Aufgießen
Pfeffer
Salz

Zubereitungszeit: 2 Stunden

Den Speck in Streifen schneiden, salzen und pfeffern und kalt stellen. Rehrücken zuputzen, mit dem Speck spicken, mit Salz, Pfeffer und den zerkleinerten Wacholderbeeren gut einreiben. Backrohr auf 130 °C vorheizen, in einer Pfanne das Öl erhitzen, Rehrücken zuerst mit der Filetseite kurz anbraten, dann wenden und nochmals kurz braten, mit heißer Suppe aufgießen. Rehrücken im vorgeheizten Rohr 1 Stunde 30 Minuten langsam braten, dabei immer wieder mit dem Eigensaft begießen. Nach dem Ende der Bratzeit Rehrücken herausheben und warm stellen. Sauerrahm und Mehl gut versprudeln, den Saft damit binden und gut verkochen lassen. Vor dem Anrichten die beiden Rückenfilets mit einem scharfen Messer der Länge nach vom Mittelknochen lösen und abschneiden. Die Filets quer in nicht zu dünne Scheiben schneiden, mit der Sauce servieren.

Tipp: Die Wacholderbeeren können Sie am einfachsten mit einem Fleischklopfer zerkleinern. Um das Fleisch zu spicken, legen Sie die Speckstreifen einige Zeit in das Tiefkühlfach. Stechen Sie dann mit dem Messer in das Fleisch, und schieben Sie die festen Streifen entlang der Klinge in das Fleisch.

Rehfilets im Strudelteig

1 ausgelöster Rehlungenbraten
1 kleines Filet
250 g Blattspinat
1 Pkg. Strudelblätter
200 g Rehfleischabschnitte
1 Eiklar
1/8 l Obers
1 EL Wildgewürz
Öl zum Anbraten
2 EL flüssige Butter
Pfeffer
Salz

Zubereitungszeit: 1 Stunde 30 Minuten (Kühlzeit für Mus 1 Stunde)

Fleischabschnitte mit dem Eiklar im elektrischen Zerkleinerer feinst pürieren, das Obers langsam zugießen, das Mus mit Pfeffer, Salz und Wildgewürz 1 Stunde in das Tiefkühlfach legen. Spinat putzen, waschen, kurz mit heißem Wasser überkochen, mit kaltem Wasser abschrecken, ausdrücken. Ein Strudelblatt auf einem feuchten Tuch aufbreiten, mit der Hälfte der flüssigen Butter bestreichen, zweites Blatt darauf legen. Spinatblätter auflegen, mit der Hälfte des Fleischmuses bestreichen. Den großen Lungenbraten quer halbieren, Hälften und das kleine Filet mit Pfeffer und Salz würzen, nebeneinander auf das Fleischmus legen, Hohlräume mit dem Mus ausfüllen. Auf der Oberfläche das restliche Mus verteilen. Seitenränder einklappen, Strudelteig fest einrollen, die Filets müssen von Spinatblättern und Mus umhüllt sein. Backrohr auf 180 °C vorheizen, Backblech mit Backpapier auslegen, den Strudel auflegen und mit der restlichen Butter bestreichen, 1 Stunde backen. Nach dem Ende der Garzeit Strudel einige Minuten rasten lassen, dann in Scheiben schneiden.

Rehgulasch

700 g Rehschulter
200 g Zwiebeln
200 g Speck
1 EL Essig
1 EL Paprikapulver
1 EL Mehl
1/4 l Sauerrahm
Suppe nach Bedarf
Salz

Zubereitungszeit: 1 Stunde

Zwiebeln schälen, klein hacken, Speck kleinwürfelig schneiden, Rehschulter in Würfel schneiden. In einer Pfanne Zwiebel und Speck so lange rösten, bis der Speck glasig ist, Paprikapulver dazugeben, kurz umrühren und sofort mit dem Essig ablöschen. Das Rehfleisch einlegen und von allen Seiten scharf anbraten, mit Salz würzen. Gulasch im Eigensaft dünsten, falls dieser zu wenig ist, mit etwas Suppe aufgießen. Nach dem Ende der Garzeit Sauerrahm mit dem Mehl gut versprudeln, in den Saft einrühren und alles noch 5 Minuten kochen lassen.

Rehkoteletts im Blätterteig

8 Rehkoteletts
2 Pkg. Blätterteig
3 EL Öl
60 g Butter
250 g Steinpilze
50 g Jungzwiebeln
2 EL gehackte Petersilie
3 Eidotter
1 MS Muskatnuss
Pfeffer
Salz

Zubereitungszeit: 45 Minuten

Jungzwiebeln schälen, fein hacken, Steinpilze putzen, sparsam waschen, blättrig schneiden. Von den Koteletts die Sehnen entfernen, die Knochen sauber putzen, mit Pfeffer und Salz würzen. In einer Pfanne Öl erhitzen, das Fleisch rasch von beiden Seiten abraten, dann zur Seite stellen. In einer zweiten Pfanne die Butter erhitzen, Zwiebeln anrösten, Steinpilze beifügen und weiterrösten. Mit Petersilie, Muskatnuss, Pfeffer und Salz würzen, nach dem Auskühlen mit 1 Eidotter binden. Blätterteig ausrollen, die Pilzmasse auf 8 Blätterteigrechtecke verteilen. Rehkoteletts darauf setzen und in Teig einschlagen, mit Eidotter bestreichen, die Knochen mit Alufolie umwickeln. Das Backrohr auf 250 °C vorheizen, Koteletts darin 12 Minuten rosa backen.

Rehmedaillons in Pfeffersauce

750 g Rehrückenfilet
2 EL bunte Pfefferkörner
3 EL Weinbrand
1/4 l Bratensaft
4 EL Obers
4 EL Öl
2 EL Butter
Salz

Zubereitungszeit: 35 Minuten

Pfefferkörner etwas zerdrücken, das Backrohr auf 50 °C vorheizen. Rehfilet in Medaillons schneiden, flach drücken und mit Salz würzen. In einer Pfanne das Öl erhitzen, Medaillons von beiden Seiten 3 Minuten anbraten, dabei öfters mit dem Bratenfett übergießen. Das Fleisch aus der Pfanne heben und im Rohr warm stellen. Im Bratenrückstand die Butter erhitzen, Pfefferkörner darin anschwitzen. Mit Weinbrand ablöschen und diesen fast zur Gänze einkochen lassen. Obers und Bratensaft zugießen, cremig einkochen, mit Salz abschmecken. Vor dem Anrichten Medaillons auf eine vorgewärmte Platte legen und mit der Sauce servieren.

Rehschlögel gebraten

800 g Rehschlögel ohne Knochen
100 g Hamburger Speck geschnitten
2 EL Öl
1 Bund Suppengrün
1 Zwiebel
1 EL Butter
5 Wacholderbeeren
10 Pfefferkörner
1 Lorbeerblatt
2 EL Preiselbeerkompott
1 TL Paradeismark
1 EL Mehl
1/4 l Rotwein
1/4 l Obers
1 MS Muskatnuss
1 MS Thymian
Pfeffer
Salz

Zubereitungszeit: 2 Stunden

Zwiebel schälen, kleinwürfelig schneiden, Suppengrün putzen, waschen, kleinwürfelig schneiden. Das Rehfleisch zuputzen, mit Salz und Pfeffer würzen, mit Speckscheiben umwickeln und mit Spagat binden. Das Backrohr auf 180 °C vorheizen, in einer Pfanne Öl und Butter erhitzen, Zwiebel und Suppengrün gut durchrösten. Rehschlögel auf das geröstete Gemüse legen, mit etwas Wasser untergießen und im Rohr, unter mehrmaligem Begießen mit dem Eigensaft, 1 Stunde fertig braten. Nach dem Ende der Bratzeit Fleisch aus der Pfanne heben und warm stellen. Gebratenes Gemüse mit Paradeismark und Mehl rösten, mit Rotwein aufgießen, Pfefferkörner, Wacholderbeeren, Thymian, Muskatnuss, Lorbeerblatt und das Preiselbeerkompott dazugeben, 30 Minuten kochen lassen. Dann die Sauce passieren und mit dem Obers verfeinern. Vor dem Anrichten den Spagat entfernen und das Rehfleisch in Scheiben schneiden, mit der Sauce servieren.

Wildgulasch

800 g Wildfleisch (Reh, Hirsch, Wildschwein)
50 g Frühstücksspeck
200 g Zwiebeln
2 EL Öl
1 Knoblauchzehe
1/4 Suppe
1/4 l Rotwein
5 Wacholderbeeren
2 Lorbeerblätter
200 g Champignons
200 g Steinpilze
1 EL Speisestärke
1 EL gehackte Petersilie
1 MS Thymian
Pfeffer
Salz

Zwiebeln schälen, klein schneiden, Knoblauch schälen und pressen. Das Wildfleisch in 2-cm-Würfel schneiden. In einem Topf Öl erhitzen, Speck darin anlaufen lassen, das gewürfelte Fleisch dazugeben und von allen Seiten anbraten. Zwiebeln und Knoblauch beifügen und mitrösten, mit heißer Suppe und Rotwein aufgießen, mit Lorbeerblättern, Wacholderbeeren, Thymian, Pfeffer und Salz würzen. Zugedeckt 1 Stunde 15 Minuten dünsten lassen. In dieser Zeit Champignons und Steinpilze putzen, sparsam waschen, blättrig schneiden. Petersilie waschen und fein hacken. 20 Minuten vor dem Ende der Garzeit die Pilze zum Fleisch geben. Vor dem Anrichten den Saft mit der Speisestärke binden,

Zubereitungszeit: 1 Stunde 30 Minuten

mit Pfeffer und Salz abschmecken und mit Petersilie bestreut servieren.

Wildragout

600 g Wildfleisch (Hirsch, Reh)
1 Zwiebel
250 g Wurzelwerk
2 EL Butter
2 Wacholderbeeren
3 Pfefferkörner
2 Neugewürzkörner
1 KL Wildgewürz
40 g Butter
40 g Mehl
1/8 l Rotwein
1/8 l Sauerrahm
1 KL Zitronensaft
2 EL Preiselbeerkompott
Salz

Zubereitungszeit: 1 Stunde

Zwiebel schälen, klein hacken, Wurzelwerk putzen, waschen, grob schneiden. In einem Topf 2 EL Butter erhitzen. Zwiebel, Wurzelwerk und das Wildfleisch darin anrösten, die Gewürze beifügen und mit Wasser aufgießen dann alles weich kochen. Fleisch herausnehmen und warm stellen, Wurzelwerk mit dem Sud passieren. Aus der Butter und dem Mehl eine Einmach zubereiten, mit dem passierten Sud aufkochen, gut verkochen lassen. Das Fleisch in 2 cm große Würfel schneiden, in die Sauce einlegen und für 10 Minuten dünsten lassen. Rotwein, Sauerrahm, Zitronensaft und Preiselbeerkompott dazugeben, umrühren und mit Salz abschmecken.

Wildrouladen

4 Rehschnitzel
100 g Champignons
100 g Hamburger Speck
4 Essiggurken
1/16 l Rotwein
1/16 l Sauerrahm
Mehl zum Stauben
2 EL Butter
Pfeffer
Salz

Zubereitungszeit: 30 Minuten

Champinons putzen, sparsam waschen, kleinwürfelig schneiden. Speck und Essiggurken ebenfalls in kleine Würfel schneiden. Champignons, Speck und Gurken gut vermischen, mit Pfeffer und Salz würzen. Rehschnitzel vorsichtig klopfen, mit der Fülle bestreichen, einrollen und mit Zahnstochern fixieren, pfeffern und salzen, Rouladen mit Mehl bestauben. In einer Pfanne die Butter erhitzen, Rehrouladen darin 5–7 Minuten von allen Seiten abbraten, aus der Pfanne heben und warm stellen. Bratenrückstand mit Rotwein aufkochen, Sauerrahm unterrühren, Saft mit Pfeffer und Salz abschmecken. Wildrouladen mit der Sauce servieren.

Wildschweinkoteletts gebraten

4 Wildschweinkoteletts
1 Zwiebel
200 g Hamburger Speck
1 Dose Linsen
1/16 l Obers
1/16 l Suppe
2 EL Butter
Kümmel
1 TL Pfeffer
Salz

Zubereitungszeit: 30 Minuten

Zwiebel schälen, fein hacken, Speck in Streifen schneiden. Die Koteletts mit Kümmel, Pfeffer und Salz würzen. In einer Pfanne 1 EL Butter erhitzen, Koteletts von beiden Seiten scharf anbraten, in Alufolie wickeln und warm stellen. In einer zweiten Pfanne die restliche Butter erhitzen, Speckstreifen anschwitzen lassen, Zwiebel dazugeben und gut durchrösten. Die Linsen abseihen, in die Pfanne geben, mit Obers und Suppe aufgießen, 5 Minuten leicht kochen lassen, am Schluss mit Kümmel, Pfeffer und Salz abschmecken. Vor dem Anrichten die Koteletts in eine vorgewärmten Schüssel legen und mit der Sauce servieren.

Wildschweinrückenfilet im Blätterteig

500 g Wildschweinrückenfilet
1 Pkg. Blätterteig
1 TL Thymian
1 TL Majoran
1 TL Basilikum
1 TL Wacholder
1 TL Wildgewürzmischung
3 EL Öl
1 Ei
30 g Hamburger Speck
1 Zwiebel
200 g Champignons
3 EL Crème fraîche
1 EL gehackte Kräuter (Kerbel, Estragon, Petersilie, Dille)
Pfeffer
Salz

Zubereitungszeit: 1 Stunde 30 Minuten

Wildschweinfilet mit Pfeffer, Salz und Wildgewürzmischung gut einreiben, 30 Minuten zugedeckt stehen lassen. In dieser Zeit Zwiebel schälen, fein hacken, Speck kleinwürfelig schneiden. Champignons putzen, sparsam waschen, klein hacken. In einer Pfanne das Öl erhitzen, Fleisch von allen Seiten rasch braun anbraten. Herausnehmen und abkühlen lassen. Im Bratenrückstand Speck, Zwiebel und Champignons dünsten, bis die Flüssigkeit verdampft ist, überkühlen lassen. Dann mit Crème fraîche und den Kräutern vermischen und mit Pfeffer und Salz abschmecken. Das Backrohr auf 180 °C vorheizen, Blätterteig ausrollen. Das Fleisch in die Mitte legen und die Farce darauf verteilen. Teigränder mit Eiklar bestreichen, einrollen und festdrücken. Ein Backblech mit Backpapier auslegen, Blätterteig mit der Naht nach unten darauf setzen, mit Eidotter bestreichen. Das eingerollte Wildschweinfilet 40-50 Minuten backen. Vor dem Servieren 5 Minuten rasten lassen, dann in Scheiben schneiden.

Wildschweinbraten

800 g ausgelöste Wildschweinkeule
400 g Wurzelwerk
2 Zwiebeln
1/2 l Rotwein
1/2 l Suppe
2 Knoblauchzehen
3 EL Butter
Mehl zum Stauben
1 TL Kümmel
Salz

Zubereitungszeit: 1 Stunde 30 Minuten (ohne Einlegezeit)

2 Tage vor der Zubereitung 200 g Wurzelwerk putzen, waschen, kleinwürfelig schneiden mit 1/4 l Rotwein aufkochen, erkalten lassen. Die Wildschweinkeule einlegen, in den Kühlschrank stellen. Am Tag der Zubereitung Keule herausnehmen, abtrocknen. Zwiebeln schälen, fein hacken, Knoblauchzehen schälen und pressen. Das restliche Wurzelgemüse putzen, waschen, klein schneiden. Das Fleisch mit Salz, Knoblauch und Kümmel gut einreiben. In einer Pfanne die Butter erhitzen, Wildschweinkeule darin gut anbraten, Wurzelwerk und Zwiebeln dazugeben und mitrösten, bis das Gemüse Farbe angenommen hat. Das Fett aus der Pfanne abgießen und das Ganze mit einem Schuss Rotwein ablöschen. Das Backrohr auf 180 °C vorheizen, Wildschweinbraten darin 50 Minuten braten, zwischendurch immer wieder mit Rotwein aufgießen. Am Ende der Bratzeit Fleisch aus der Pfanne heben und warm stellen. Den Saft einkochen lassen, mit Mehl stauben und mit der Suppe aufgießen, aufkochen lassen, abseihen und mit Pfeffer und Salz abschmecken. Vor dem Anrichten das Fleisch in Scheiben schneiden und mit dem Saft servieren.

Wildschweingeschnetzeltes

600 g Wildschweinschulter
3 EL Öl
120 g Eierschwammerl
1 EL Butter
1 Zwiebel
1 Knoblauchzehe
3/8 l Bratensaft
1/8 l Crème fraîche
1/2 Bund Schnittlauch
1 TL Thymian
Pfeffer
Salz

Zwiebel schälen, fein hacken, Knoblauchzehe schälen und ebenfalls klein hacken. Eierschwammerl putzen, vorsichtig waschen und blättrig schneiden, Schnittlauch waschen, in feine Röllchen schneiden. Wildschweinschulter zuputzen, in 1/2-cm-Streifen schneiden, mit Pfeffer, Salz und Thymian würzen. In einer Pfanne das Öl erhitzen, Fleisch von allen Seiten rasch anbraten, herausheben und warm stellen. Im Bratenrückstand die Butter erhitzen, Eierschwammerl, Zwiebel und Knoblauch darin anschwitzen las-

Zubereitungszeit: 30 Minuten

sen, mit dem Bratensaft aufgießen, aufkochen lassen, Crème fraîche einrühren und alles zu einer cremigen Konsistenz einkochen, mit Salz und Pfeffer abschmecken. Nun das Fleisch mit dem ausgetretenen Saft in die Sauce einlegen, erwärmen, Schnittlauch unterrühren, alles nochmals 5 Minuten ziehen lassen, dann anrichten.

Tipp: Statt den Eierschwammerln können Sie auch Champignons oder Steinpilze verwenden.

Wildschweinstrudel

1 Pkg. Blätterteig
1 Ei
500 g faschiertes Wildschweinfleisch
3 Zwiebeln
100 g Champignons
1 TL Butter
2 EL gehackte Petersilie
6 EL Obers
5 EL Madeirawein
6 EL Semmelbrösel
4 Eier
100 g Pressschinken
1 KL Paprikapulver
Pfeffer
Salz

Zubereitungszeit: 1 Stunde 15 Minuten

Zwiebel schälen, in Ringe schneiden, Schinken kleinwürfelig schneiden, Champignons putzen, sparsam waschen, blättrig schneiden. In einer Pfanne die Butter erhitzen, Zwiebel und Champignons anbraten, dünsten bis die Flüssigkeit verdampft ist. Faschiertes mit Zwiebel, Champignons, den Gewürzen, Schinken, Obers, Madeira, Eiern und Semmelbröseln gut vermischen. Das Backrohr auf 220 °C vorheizen, Blätterteig ausrollen, mit der Fülle bestreichen, fest einrollen. Ein Backblech mit Backpapier auslegen, Blätterteigstrudel mit der Naht nach unten aufsetzen, mit einem versprudelten Ei bestreichen und 40 Minuten backen. Kurz rasten lassen und dann in Scheiben schneiden.

Fisch

Barschfilet in Spinatblättern

500 g Barschfilets enthäutet und entgrätet
8 Spinatblätter
1/4 l Suppe
50 g Karotten
2 EL Maisstärke
1 EL geschnittener Schnittlauch
Zitronensaft
Butter zum Ausstreichen
Pfeffer
Salz

Zubereitungszeit: 45 Minuten

Spinatblätter putzen, waschen, kurz in kochendes Wasser legen, mit kaltem Wasser abschrecken und behutsam abtrocknen. Barschfilets in vier gleich große Stücke teilen, pfeffern und mit Zitronensaft beträufeln, in Alufolie wickeln und im Kühlschrank kurz ziehen lassen. Das Backrohr auf 180 °C vorheizen, eine Auflaufform bebuttern. Jedes Filetstück mit 2 Spinatblättern umwickeln, mit Pfeffer und Salz würzen und in die Form setzen, die Suppe zugießen. 10 Minuten im Rohr ziehen lassen, dann wenden und nochmals 10 Minuten im Rohr belassen. Währenddessen die Karotten schälen, waschen und klein schneiden. Im Salzwasser weich kochen, abschrecken und gut abtropfen lassen. Nach dem Ende der Garzeit den Fisch aus der Form heben und zugedeckt warm stellen. 2 EL Maisstärke mit kaltem Wasser anrühren, Kochfond aufkochen und die Maisstärke einrühren, mit Pfeffer, Salz und Zitronensaft würzen. Karotten und Schnittlauch unterrühren, die Barschfilets mit der Sauce servieren.

Tipp: Jeder Fisch muss zuerst unter fließendem kaltem Wasser gesäubert werden. Anschließend mit Zitronensaft einreiben und erst zum Schluss salzen.

Fischgulasch

750 g Zanderfilets
50 g Butter
1 Zwiebel
2 Knoblauchzehen
50 g Selchspeck
2 rote Paprika
1 EL Paprikapulver
2 EL Paradeismark
1/8 l Weißwein
1/2 l Suppe
1/4 l Sauerrahm
1 EL Mehl
Zitronensaft
Öl zum Anbraten
1 Spritzer Essig
Pfeffer
Salz

Zubereitungszeit: 45 Minuten

Zwiebel schälen, kleinwürfelig schneiden, Knoblauchzehen schälen und pressen. Speck ebenfalls kleinwürfelig schneiden. Paprika waschen, entkernen und in kleine Würfel schneiden. Fischfilets unter fließendem kaltem Wasser waschen, enthäuten, eventuell Gräten entfernen. Filets in gleich große Stücke schneiden, mit Zitronensaft, der Hälfte des Knoblauchs, Pfeffer und Salz würzen, in Mehl wenden. In einer Pfanne etwas Öl erhitzen, Fisch beidseitig anbraten, herausheben und warm stellen. Im Bratenrückstand die Butter erhitzen, Zwiebel und Speck darin anschwitzen, Paprikawürfel zugeben und kurz mitrösten. Paradeismark und Paprikapulver einrühren, sofort mit Weißwein ablöschen und mit der Suppe aufgießen. Mit Salz, Pfeffer, restlichem Knoblauch und etwas Essig würzen. Sauce 10 Minuten kochen lassen, dann fein pürieren, abseihen und aufkochen. Sauerrahm mit dem Mehl gut verquirlen und in die Paprikasauce rühren. Fischstücke einlegen und bei geringer Hitze zugedeckt 5 Minuten ziehen lassen.

Tipp: Wenn Sie Salz auf die Arbeitsfläche streuen, kann Ihnen der Fisch während des Schneidens nicht entgleiten.

Forelle blau

4 Forellen
Essig
Salz

Zubereitungszeit: 25 Minuten

Die Forellen ausnehmen, mit kaltem Wasser waschen und mit etwas warmem Essig beträufeln. Die Forellen nun in kochendes Salzwasser, mit Essig gesäuert, legen und 15 Minuten ziehen lassen. Nach dem Ende der Garzeit vorsichtig herausheben, auf eine vorgewärmte Platte legen und mit Petersilie garnieren.

Tipp: Zum Ausnehmen schneiden Sie dem Fisch mit einem scharfen Messer den Bauch vom Schwanz bis zum Kopf auf.

Forelle Müllerin

4 Forellen
120 g Butter
2 EL Öl
1 TL Mehl
Saft einer Zitrone
Salz

Zubereitungszeit: 35 Minuten

Forellen ausnehmen, mit kaltem Wasser waschen, innen und außen mit Salz würzen und bemehlen. In einer Pfanne Öl und 80 g Butter erhitzen, Forellen einlegen und beidseitig langsam knusprig braten. Vor dem Anrichten die restliche Butter schmelzen, Zitronensaft einrühren. Die Sauce extra zu den Forellen servieren.

Forellenfilets im Backteig

4 Forellen
1 EL gehackte Petersilie
Saft einer Zitrone
250 g Mehl
2 Eidotter
2 Eiklar
3/8 l Bier
Öl zum Ausbacken
Salz

Zubereitungszeit: 40 Minuten

Mehl, Salz, Eidotter und Bier zu einem glatten Teig verrühren, das Eiklar steif schlagen und vorsichtig unterziehen, den Teig 10 Minuten rasten lassen. Die Forellen gründlich waschen, an der Längsseite und der Kiemen entlang einschneiden, Filets ablösen. Mit einer Pinzette verbliebene Gräten entfernen. Forellenfilets in schräge Stücke schneiden. Mit Zitronensaft beträufeln, salzen und mit der Petersilie bestreuen. In einer Pfanne Öl erhitzen, Filets durch den Backteig ziehen, im heißen Fett goldgelb backen. Auf einem Küchenpapier gut abtropfen lassen.

Karpfen gebacken

4 Karpfenschnitten
3 Eier
5 EL Mehl
8 EL Semmelbrösel
Petersilie
Zitronenspalten
Öl zum Ausbacken
Salz

Zubereitungszeit: 30 Minuten

Karpfenstücke mit kaltem Wasser waschen, abtrocknen, mit Salz einreiben. Eier gut versprudeln, Fischstücke in Mehl wenden, durch die Eier ziehen und mit den Semmelbröseln panieren. In einer Pfanne Öl erhitzen, Karpfen von beiden Seiten bei nicht zu großer Hitze goldbraun ausbacken. Herausheben und gut abtropfen lassen, mit Petersilie und Zitronenspalten garniert servieren.

Lachsbraten

2 Lachsfilets (je 400 g)
100 g Champignons
1 Porree
1 Karotte
1 Zucchini
1 Stangensellerie
1 EL Mehl
4 EL Obers
1 Zwiebel
2 Lorbeerblätter
1/8 l Weißwein
1/4 l Wasser
5 EL Öl
20 g Butter
1 EL roter Pfeffer
Salz

Zubereitungszeit: 45 Minuten

Zwiebel schälen, in Ringe schneiden, das Gemüse putzen, waschen kleinwürfelig schneiden. Haut von den Lachsfilets lösen. Gemüse mit Wasser und Butter zugedeckt 5 Minuten kochen, Mehl und Obers unter das Gemüse heben und weitere 5 Minuten kochen lassen, mit Salz würzen. Das Backrohr auf 200 °C vorheizen. Gemüsemischung auf ein Lachsfilet streichen, zweites Filet darauf setzen und mit Spagat zusammenbinden. Eine feuerfeste Form mit Öl ausstreichen, Lachsbraten hineinlegen, Zwiebel und Pfefferkörner dazugeben. Braten mit Weißwein übergießen und mit einer Prise Salz würzen. Form mit Alufolie abdecken und Lachs 25 Minuten lang kochen, herausheben, den Spagat entfernen und in Scheiben schneiden.

Reinanken

4 Reinanken
80 g Butter
Saft einer Zitrone
Salz

Zubereitungszeit: 30 Minuten

Die Reinanken ausnehmen, mit kaltem Wasser waschen, abtrocknen. Mit Zitronensaft beträufeln und mit Salz würzen. In einer Pfanne die Butter erhitzen, Fische von beiden Seiten langsam braun braten. Mit Zitronenspalten garniert servieren.

Tipp: Zum Ausnehmen den Fisch auf der Bauchseite vom Schwanz bis zum Kopf aufschneiden, unter fließendem Wasser auswaschen. Die Innereien mit Hilfe von Daumen und Zeigefinger entfernen, Bauchhöhle gut auswaschen.

Wurzelkarpfen

8 Karpfenstücke
1 Bund Wurzelwerk
1 Zwiebel
1 Lorbeerblatt
5 Pfefferkörner
1/2 TL Thymian
3 EL Weinessig
1 Prise Zucker
2 EL frisch geriebener Kren
Salz

Zubereitungszeit: 40 Minuten

Zwiebel schälen, kleinwürfelig schneiden, Wurzelwerk putzen, waschen und ebenfalls kleinwürfelig schneiden. Karpfenstücke mit kaltem Wasser abspülen, abtropfen lassen, in einem Topf legen, Salz, Lorbeerblatt, Thymian, zerstoßene Pfefferkörner, Essig und Zucker dazugeben. Mit so viel Wasser auffüllen, dass die Fischstücke bedeckt sind. Bei geringer Hitze, zugedeckt 20 Minuten gar ziehen lassen. Karpfenstücke vorsichtig herausheben. Das Wurzelwerk auf vorgewärmten Tellern anrichten, die Fischstücke darauf legen und mit frisch geriebenem Kren bestreuen.

Tipp: Wenn Sie einen Fisch kochen, lassen Sie ihn nur im Kochwasser ziehen. In kochendem Wasser würde er zerfallen.

Zander im Blätterteig

600 g Zanderfilets
12 Kohlblätter
1 Pkg. Blätterteig
2 Eier
1/4 l Obers
Pfeffer
Salz

Zubereitungszeit: 50 Minuten

Zwei Drittel der Zanderfilets in rechteckige Stücke schneiden, mit Zitronensaft und Salz würzen. Kohlblätter kurz in kochendes Wasser legen, kalt abschrecken und abtropfen lassen. Das restliche Drittel des Zanders passieren, Obers einrühren, salzen und pfeffern. Je drei Kohlblätter übereinander legen, mit Fischfülle, Zanderfilet und nochmals mit Fischfülle belegen. Kohlblätter zusammenklappen. Blätterteig ausrollen, in vier gleich große Quadrate teilen, auf jedes Teigstück ein eingewickeltes Zanderfilet setzen. Backrohr auf 220 °C vorheizen, ein Backblech mit Backpapier belegen, Blätterteig darauf setzen, mit verquirltem Ei bestreichen und im Rohr 30 Minuten backen.

Tipp: Sehr gut passt dazu folgende Sauce: 1 Eidotter mit etwas Fischsud und Weißwein über Dampf steif schlagen. Dann vom Feuer nehmen und geschmolzene Butter langsam einrühren. Mit Pfeffer und Salz würzen und mit gehacktem Estragon und gehackter Petersilie vollenden.

Zanderfilets mit Erdäpfelkruste

600 g Zanderfilets
2 große Erdäpfel
4 rote Paprika
1 Zwiebel
1 Knoblauchzehe
1/4 l Suppe
1/8 l Obers
3 EL Butter
1 Lorbeerblatt
1 EL Senf
2 EL Weißwein
Öl zum Anbraten
Pfeffer
Salz

Zubereitungszeit: 1 Stunde

Zwiebel und Knoblauchzehe schälen, klein schneiden. Paprika waschen, entkernen und kleinwürfelig schneiden. In einer Pfanne die Butter erhitzen, Zwiebel anschwitzen, Knoblauch, Paprikawürfel und Lorbeerblatt beifügen, kurz mitbraten, dann mit dem Weißwein ablöschen, einkochen lassen. Mit der Suppe aufgießen und alles weich dünsten, am Schluss mit dem Obers verfeinern. Sauce mit dem Stabmixer pürieren, abseihen, nochmals aufkochen lassen und mit Pfeffer und Salz abschmecken. Erdäpfel schälen, waschen und reiben, in einem Tuch die überschüssige Flüssigkeit ausdrücken. Zanderfilets mit Pfeffer und Salz würzen, eine Seite mit Senf bestreichen, diese mit den geriebenen Erdäpfeln belegen. In einer Pfanne etwas Öl erhitzen, Zanderfilets darin goldgelb braten. Zanderfilets mit der Paprikasauce servieren.

Zanderfilets überbacken

8 Zanderfilets
2 EL Zitronensaft
50 g Butter
3 EL Öl
3 Zwiebeln
1 Knoblauchzehe
500 g Paradeiser
1 TL Paprikapulver
1/8 l Obers
100 g geriebener Käse
2 EL Weißwein
Pfeffer
Salz

Zubereitungszeit: 50 Minuten

Zwiebeln schälen, in Ringe schneiden, Knoblauchzehe schälen und pressen. Die Paradeiser kurz in kochendes Wasser legen, abschrecken, schälen, entkernen und vierteln. Zanderfilets mit kaltem Wasser abspülen, abtrocknen, mit Zitronensaft beträufeln und mit Pfeffer und Salz würzen. In einer feuerfesten Form die Butter schmelzen, Zanderfilets einlegen. In einem Topf Öl erhitzen, Zwiebeln und Knoblauch darin dünsten, Paradeiser dazugeben, mit Paprikapulver, Pfeffer und Salz würzen. Das Backrohr auf 220 °C vorheizen. Das Gemüse über die Fischfilets verteilen, 20 Minuten im Rohr braten. In dieser Zeit das Obers erhitzen, aber nicht kochen, und den Käse darin schmelzen. Mit Wein, Pfeffer und Salz abschmecken. Über den Fisch gießen und 15 Minuten im Rohr überbacken.

Vegetarische Kost

Brennsterz

400 g dunkles Weizenmehl
1/2 l Wasser
50 g Butter
Salz

Zubereitungszeit: 25 Minuten

Das Mehl mit kochendem Salzwasser übergießen, rasch durchrühren. In einer Pfanne die Butter erhitzen, Teig hineingießen, etwas anbraten, mit einer Schmarrenschaufel zerteilen und gut durchrösten.

Tipp: Dazu trinkt man Kaffee oder eine saure Milchsuppe, Sie können diesen Sterz auch aus Gerstenmehl zubereiten.

Eiernockerln

300 g Mehl
1/4 l Milch
1 Ei
3 EL Öl
3 Eier
50 g Butter
Salz

Zubereitungszeit: 25 Minuten

Milch mit einem Ei versprudeln, mit dem Mehl verrühren, Öl und Salz dazugeben und alles zu einem Teig verarbeiten. Mit einem Teelöffel kleine Nockerln ausstechen, sofort in kochendes Salzwasser geben. 5 Minuten kochen lassen, die Nockerln müssen auf der Oberfläche schwimmen, abseihen, kalt abschrecken. In einer Pfanne die Butter erhitzen, Nockerln darin schwenken. Die versprudelten Eier darüber gießen und unter Rühren die Eier stocken lassen.

Tipp: Bevor Sie mit dem Teelöffel den Teig ausstechen, tauchen Sie ihn kurz in das kochende Wasser, der Teig bleibt dann nicht kleben.

Eierschwammerlgulasch

700 g Eierschwammerl
1 Zwiebel
60 g Butter
1/2 KL Paprikapulver
1 EL Mehl
1/8 l Sauerrahm
1/2 Bund Petersilie
Salz

Zubereitungszeit: 30 Minuten

Zwiebel schälen, fein hacken, Eierschwammerl putzen, vorsichtig waschen. Petersilie waschen, fein hacken. In einer Pfanne die Butter erhitzen, Zwiebel darin goldgelb anrösten, die Eierschwammerl dazugeben und so lange dünsten, bis die Schwammerl weich sind. Paprikapulver einstreuen, umrühren und sofort mit etwas Wasser aufgießen, mit Mehl stauben und mit Salz würzen. Versprudelten Sauerrahm einrühren, kurz verkochen lassen und sofort servieren.

Erdäpfelgulasch

750 g mehlige Erdäpfel
3 Zwiebeln
50 g Butter
2 Karotten
1 Lauchstange
1 TL Paprikapulver
1/2 Kl Essig
1 l Wasser
1 TL Majoran
1 TL Kümmel
Salz

Zubereitungszeit: 1 Stunde

Zwiebeln schälen, fein hacken, Essig mit etwas Wasser verrühren. Die Erdäpfel schälen, waschen und grobwürfelig schneiden. Karotten putzen, waschen, klein schneiden, Lauch putzen, waschen und ebenfalls klein schneiden. In einem Topf die Butter erhitzen, Zwiebeln darin anrösten, Paprikapulver dazugeben, umrühren und sofort mit dem Essigwasser ablöschen. Erdäpfelwürfel und das Gemüse dazugeben, gut verrühren, mit Kümmel, Majoran und Salz würzen, mit Wasser aufgießen und weich kochen lassen. Vor dem Servieren nochmals abschmecken.

Erdäpfelpuffer

1 1/2 kg Erdäpfel
1 Zwiebel
2 Eier
4 EL Mehl
3 Knoblauchzehen
Öl zum Braten
Pfeffer
Salz

Zubereitungszeit: 45 Minuten

Zwiebel schälen, reiben, Knoblauchzehen schälen, pressen. Die rohen Erdäpfel schälen, waschen und in kaltes Wasser reiben, damit sie nicht dunkel werden. Durch ein Tuch über eine Schüssel abseihen und gut ausdrücken. In einer Schüssel mit Mehl vermischen, Presswasser abgießen, die am Boden abgesetzte Stärke zu den Erdäpfeln geben. Zwiebel, Knoblauch, Pfeffer, Salz und die versprudelten Eier zu den Erdäpfeln geben, alles gut vermischen. In einer Pfanne das Öl erhitzen, dünne Fladen knusprig herausbacken.

Tipp: Als Beilage serviert man Salat oder Apfelkren. Wollen Sie ein Apfelmus dazu reichen, müssen Sie den Knoblauch weglassen.

Erdäpfelsterz

500 g Erdäpfel
1/4 l Wasser
100 g Mehl
50 g Butter
Salz

Zubereitungszeit: 45 Minuten

Erdäpfel schälen, waschen, würfelig schneiden. Im Salzwasser weich kochen, dann die Hälfte des Kochwassers abseihen, aber aufbewahren. Das Mehl über die Erdäpfel geben, gut durchrühren, bei geringer Hitze noch 10 Minuten dünsten lassen. Mit einer Gabel gut durchrühren, eventuell noch etwas von dem Kochwasser zugeben. Vor dem Servieren in einer Pfanne die Butter bräunen und über den Sterz gießen.

Tipp: Noch besser schmeckt der Erdäpfelsterz mit gerösteten Zwiebeln und geriebenem Käse, oder Sie bestreuen ihn mit Mohn und Zucker.

Grenadiermarsch

500 g Erdäpfel
300 g Bandnudeln
2 Zwiebeln
1 TL Majoran
1 EL Schmalz
1/2 TL Paprikapulver
Salz

Zubereitungszeit: 1 Stunde

Erdäpfel waschen, kochen, schälen und in Scheiben schneiden. Die Nudeln kochen, abseihen und mit kaltem Wasser abschrecken. Die Zwiebeln schälen, klein hacken. In einer Pfanne das Schmalz erhitzen, Zwiebeln darin goldgelb rösten, mit Paprikapulver, Salz und Majoran würzen. Nun die Erdäpfel und die Nudeln dazugeben. Immer wieder umrühren, bis der Grenadiermarsch gut durchgeröstet ist. Sehr heiß servieren.

Kaisererdäpfel

500 g gekochte Erdäpfel
120 g Butter
2 Eier
6 EL Sauerrahm
Salz

Zubereitungszeit: 1 Stunde

Die Erdäpfel schälen, reiben, die Eier trennen. Butter mit den Dottern schaumig rühren, Erdäpfel, Salz und Rahm untermischen, Eiklar zu steifem Schnee schlagen und vorsichtig unterheben. Eine Auflaufform bebuttern und bebröseln, Masse in die Form füllen. Das Backrohr auf 200 °C vorheizen, Kaisererdäpfel 45 Minuten im Rohr backen. Vor dem Servieren aus der Form stürzen.

Käsespätzle

500 g Mehl
250 g geriebener Emmentaler
5 Eier
1 Zwiebel
1 EL Butter
Salz

Zubereitungszeit: 30 Minuten

Zwiebel schälen, kleinwürfelig schneiden. Mehl mit Eiern, Salz und etwas Wasser zu einem zähflüssigen Teig verarbeiten. Salzwasser aufkochen lassen, mit einer Spätzlehobel den Teig in das Wasser streichen, kurz aufkochen lassen. Spätzle herausheben und abtropfen lassen. In einer Pfanne die Butter erhitzen, Zwiebel kurz anschwitzen. Spätzle mit Zwiebel und Käse vermengen, in eine Schüssel geben. Vor dem Anrichten Backrohr auf 200 °C vorheizen, Spätzle kurz darin ziehen lassen.

Tipp: Haben Sie keinen Spätzlehobel, können Sie auch mit einer umgedrehten Reibe den Teig in das Wasser streichen.

Kasnudeln

250 g Mehl
1 Ei
8 EL Milch
1 TL Salz
500 g Erdäpfel
500 g Topfen
50 g Butter
50 g Zwiebel
1 Knoblauchzehe
1/2 TL Minze
1/2 TL Kerbel
1/2 TL gehackte Petersilie
1/2 TL Majoran
Salz
Butterschmalz zum Übergießen

Zubereitungszeit: 1 Stunde

Mehl, Salz, Milch und Ei gut vermischen und zu einem Nudelteig kneten. 1 Stunde rasten lassen. Dann 1 mm dick auswalken, Kreise von 14 cm Durchmesser ausstechen, mit der Erdäpfelfülle belegen, zusammenklappen, Teigränder fest zusammendrücken. In fast kochendem Salzwasser 10 Minuten ziehen lassen, mit heißem Butterschmalz servieren. Für die Fülle Zwiebel und Knoblauch schälen und fein hacken. Erdäpfel weich kochen, schälen und pressen. In einer Pfanne Butter erhitzen, Zwiebel und Knoblauch darin rösten, gehackte Kräuter, Topfen, Erdäpfel und Salz dazugeben, gut durchmischen. Kleine Kugeln formen, damit die Kasnudeln füllen.

Foto: Foto Liesl Biber

Äpfel im Schlafrock

(siehe Rezept Seite 264)

Foto: Foto Liesl Biber

Apfelstrudel

(siehe Rezept Seite 266)

Foto: Foto Liesl Biber

Erdbeerknödel

(siehe Rezept Seite 270)

Foto: GUSTO / Stefan Liewehr

Millirahm-Strudel

(siehe Rezept Seite 283)

Foto: Foto Liesl Biber

Nussstrudel

(siehe Rezept Seite 286)

Foto: GUSTO / Stefan Liewehr

Salzburger Nockerln

(siehe Rezept Seite 289)

Foto: Foto Liesl Biber

Topfenknödel

(siehe Rezept Seite 292)

Foto: Foto Liesl Biber

Topfennockerln

(siehe Rezept Seite 293)

Kräutererdäpfel gratiniert

1 1/4 kg Erdäpfel
40 g Butter
40 g Mehl
1/8 l Weißwein
1/8 l Milch
1/4 l Hühnersuppe
1 TL Majoran
1 TL Thymian
1 TL Basilikum
20 g Butterflocken
1 MS Muskatnuss
Pfeffer
Salz

Zubereitungszeit: 1 Stunde 20 Minuten

Erdäpfel schälen, waschen in 1/2 cm dicke Scheiben schneiden. Scheiben im Salzwasser einmal aufkochen lassen, abseihen, abtropfen lassen. Aus Butter, Mehl, Weißwein, Milch und Hühnersuppe eine Einmach zubereiten. Mit Basilikum, Thymian, Pfeffer, Salz, Majoran und Muskatnuss würzen. Eine Auflaufform befetten, Erdäpfel einlegen, die Sauce darüber gießen und mit den Butterflocken belegen. Das Backrohr auf 200 °C vorheizen, Auflauf darin 1 Stunde backen.

Krautfleckerln

350 g Fleckerln
500 g Weißkraut
80 g Öl
1 EL Zucker
1 Zwiebel
1 KL Kümmel
Pfeffer
Salz

Zubereitungszeit: 45 Minuten

Fleckerln in Salzwasser kernig weich kochen, abseihen, abschrecken und zur Seite stellen. Zwiebel schälen, fein hacken. Das Kraut putzen, vom Strunk befreien und klein hacken. In einer Pfanne das Öl erhitzen, den Zucker kurz anbräunen, dann die Zwiebel dazugeben, durchrösten. Das Kraut dazugeben, mit Salz würzen, bei geringer Hitze zugedeckt weich dünsten. Es darf nur immer so viel Wasser zugegeben werden, dass das Kraut nicht anbrennt. Am Ende der Garzeit das Kraut mit Pfeffer, Salz und Kümmel abschmecken, die Fleckerln unterrühren. Alles kurz erhitzen und sofort servieren.

Schlutzkrapfen

200 g Roggenmehl
200 g Weizenmehl
2 Eier
2 EL Öl
1 Semmel
1/8 l Milch
3 Zwiebeln
1 Knoblauchzehe
70 g Butter
400 g Blattspinat
70 g geriebener Käse
Mehl zum Ausrollen
Salz

Zubereitungszeit: 1 Stunde

Das Mehl auf die Arbeitsfläche sieben, in die Mitte eine Vertiefung drücken, die Eier darin mit etwas Mehl verrühren. Öl und 1/2 TL Salz dazugeben und alles zu einem glatten Nudelteig kneten. Mit einem Tuch bedecken und 30 Minuten rasten lassen. Zwiebeln und Knoblauch schälen, fein hacken, die Semmeln würfeln, mit kochender Milch übergießen, Spinat waschen. In einem Topf 20 g Butter erhitzen, Zwiebeln und Knoblauch darin glasig braten, Spinat dazugeben und unter Rühren zusammenfallen lassen. Spinat grob hacken, mit der Semmelmasse verrühren und mit Salz und Muskatnuss würzen. Teig 3 mm dick ausrollen, Kreise von 7 cm Durchmesser ausstechen, etwas Fülle aufstreichen, zusammenklappen und die Ränder mit einer Gabel festdrücken. Schlutzkrapfen in reichlich kochendes Salzwasser einlegen, steigen sie an die Oberfläche, mit einem Schaumlöffel herausheben. Restliche Butter zerlassen, Krapfen damit übergießen, mit Käse bestreut servieren.

Spinatauflauf

500 g Blattspinat
750 g Erdäpfel
150 g Erbsen
8 Knoblauchzehen
3 EL Crème fraîche
100 g geriebener Emmentaler
4 Eier
Butter zum Ausstreichen
1 MS Muskatnuss
Pfeffer
Salz

Zubereitungszeit: 1 Stunde

Knoblauchzehen schälen, pressen. Spinat putzen, waschen, kurz überkochen, kalt abschrecken, abtropfen lassen. Dann ausdrücken und feinst pürieren. Mit Knoblauch, Pfeffer, Salz und Muskatnuss würzen, zur Seite stellen. Erbsen kurz überkochen. Erdäpfel schälen, waschen, weich kochen, noch heiß pressen. Zuerst die Eier, dann die Hälfte des Käses, Crème fraîche, Erbsen und das Spinatpüree unter die Erdäpfelmasse rühren und mit Salz abschmecken. Das Backrohr auf 180 °C vorheizen, eine Auflaufform mit Butter bestreichen, Erdäpfelmasse einfüllen, glatt streichen, mit dem restlichen Käse bestreichen und 25 Minuten im Rohr backen.

Spinatknödel

400 g Semmelwürfel
1/4 l Milch
200 g Blattspinat
100 g Mehl
1 Zwiebel
3 Knoblauchzehen
80 g Butter
3 Eier
1 MS Muskatnuss
Salz

Zubereitungszeit: 45 Minuten

Zwiebel schälen, fein hacken, Knoblauchzehen schälen und pressen. Semmelwürfel mit heißer Milch übergießen und ziehen lassen. Spinat putzen und waschen. In einer Pfanne 50 g Butter erhitzen, Zwiebel und Knoblauch andünsten, Spinat dazugeben und mitdünsten, bis er zusammenfällt. Spinat, versprudelte Eier, Muskatnuss und Salz zu den Semmelwürfeln geben, zuletzt das Mehl einarbeiten, alles gut zu einem Knödelteig mischen. Knödel formen und im Salzwasser bei geringer Hitze 20 Minuten kochen. Vor dem Servieren in einer Pfanne 30 g Butter bräunen und über die Knödel gießen.

Spinatstrudel

300 g Blattspinat
1 Pkg. Strudelblätter
150 g geriebener Käse
2 Eier
1 Zwiebel
20 g Butter
2 EL gehackte Dille
2 EL gehackte Petersilie
Butter zum Bestreichen
Pfeffer
Salz

Zubereitungszeit: 1 Stunde

Spinat putzen, waschen, überkochen, mit kaltem Wasser abschrecken, gut abtropfen lassen. Zwiebel schälen, fein hacken. In einer Pfanne die Butter erhitzen, Zwiebel darin goldgelb anrösten. In einer Schüssel Spinat mit Zwiebel, geriebenem Käse, Dille und Petersilie gut vermengen, mit Salz und Pfeffer abschmecken. Eier trennen, Eiklar zu steifem Schnee schlagen und mit den Eidottern unter die Masse heben. Ein Strudelblatt auflegen, mit flüssiger Butter bestreichen, das zweite Blatt darauf legen, Spinatmasse gleichmäßig verteilen, der Länge nach zu einem Strudel rollen. Das Backrohr auf 180 °C vorheizen, ein Backblech mit Backpapier auslegen, darauf den Strudel, mit der Naht nach unten, setzen, wieder mit flüssiger Butter bestreichen, im Rohr 30 Minuten goldgelb backen.

Steinpilzknödel

500 g Erdäpfel
90 g Butter
60 g Weizengrieß
60 g Mehl
1 Eidotter

Erdäpfel waschen, weich kochen, schälen und pressen. Mit 60 g Butter, Eidotter, Grieß, Mehl und Salz mit den Händen zu einem Teig verkneten, etwas rasten lassen. Für die Fülle Zwiebel schälen,

600 g Steinpilze
1 Zwiebel
2 Knoblauchzehen
1/2 Bund Petersilie
1/2 Bund Schnittlauch
1/4 l Obers
1/8 l Milch
1 TL Thymian
Salz

Zubereitungszeit: 1 Stunde

fein hacken, Knoblauchzehen schälen und pressen. Petersilie waschen, fein hacken, Schnittlauch waschen, in Röllchen schneiden. Steinpilze putzen, sparsam waschen, klein schneiden. In einer Pfanne die restliche Butter erhitzen, Zwiebel darin anrösten, Steinpilze dazugeben, rösten, bis die Flüssigkeit verkocht ist, dann mit Knoblauch, Thymian und Petersilie würzen. Den Teig in acht Teile teilen, flach drücken, je 1 EL Fülle darauf setzen und zu Knödel formen. In kochendes Salzwasser einlegen und 15 Minuten ziehen lassen. Restliche Fülle mit Obers und Milch aufgießen, mit Knoblauch und Salz würzen und zu einer cremigen Sauce verkochen. Knödel mit der Sauce anrichten und mit Schnittlauch und Petersilie bestreut servieren.

Zucchinitorte

600 g Zucchini
1 Pkg. Blätterteig
6 Paradeiser
3 Zwiebeln
5 Knoblauchzehen
100 g geriebenen Emmentaler
4 Eier
1/8 l Milch
1/2 Bund Petersilie
1/2 TL Oregano
Öl zum Anbraten
1 MS Muskatnuss
Pfeffer
Salz

Zubereitungszeit: 1 Stunde 15 Minuten

Zwiebeln schälen, fein hacken, Knoblauchzehen schälen und pressen. Paradeiser kurz in kochendes Wasser legen, kalt abschrecken, schälen, entkernen, kleinwürfelig schneiden. Zucchini waschen, Enden abschneiden und in 2 mm dicke Scheiben schneiden. Petersilie waschen, fein hacken. In einer Pfanne etwas Öl erhitzen, Zucchini mit Knoblauch und Oregano darin anschwitzen, herausheben und abtropfen lassen. Die Pfanne auswischen, wieder etwas Öl erhitzen und die Zwiebeln darin kurz dünsten. Blätterteig messerdick ausrollen, eine feuerfeste Form damit auslegen, der Teig sollte 2 cm über dem Rand stehen. Zucchini, Paradeiser und Zwiebeln auf den Teig verteilen. Milch, Eier, Petersilie und geriebenen Käse gut vermischen, mit Muskatnuss, Pfeffer und Salz würzen, über die Zucchini verteilen. Das Backrohr auf 200 °C vorheizen, Kuchen im Rohr 40 Minuten backen, nach der halben Backzeit die Hitze auf 170 °C reduzieren. Den Kuchen in der Form servieren.

Desserts
&
Bäckereien

Warme Mehlspeisen
Kuchen und Torten
Kalte Desserts
Kleine Bäckereien

Warme Mehlspeisen

Alt-Wiener Weintraubenstrudel

4 Strudelblätter
4 Eier
120 g Staubzucker
80 g Mehl
1 Pkg. Vanillezucker
abgeriebene Schale einer halben Zitrone
800 g Weintrauben
50 g flüssige Butter
Mehl zum Bestauben
Staubzucker zum Bestreuen

Zubereitungszeit: 1 Stunde 30 Minuten

Weintrauben rebeln, waschen und gut abtrocknen. Eier mit dem Zucker sehr steif schlagen, anschließend mit Mehl, Vanillezucker und Zitronenschale verrühren. Die Strudelblätter auflegen, die Masse auf den Strudelteig streichen, Weintrauben darüber streuen, Strudelteig einrollen. Das Backrohr auf 180 °C vorheizen, ein Backblech mit Backpapier auslegen. Den Strudel mit der Verschlussseite nach unten auf das Backblech legen, mit der flüssigen Butter bestreichen und 50 Minuten im Rohr backen. Vor dem Servieren mit Staubzucker bestreuen.

Äpfel im Schlafrock

4 mittelgroße Äpfel
1 Pkg. Blätterteig
1 Ei
1 Eidotter
4 TL Butter
4 Gewürznelken
4 KL Preiselbeermarmelade
100 g Zucker
100 g Rosinen
Vanillezucker

Zubereitungszeit: 1 Stunde

Das Backrohr auf 220 °C vorheizen, Backblech mit Backpapier belegen. Zucker, Zimt und Rosinen gut vermischen. Die Äpfel mit einem Kerngehäuseausstecher von der Stängelseite aus vom Kernhaus befreien. Dann erst die Äpfel schälen. Den Kanal jedes Apfels mit der Zucker-Zimt-Rosinen-Mischung füllen, nach unten drücken, darauf kommt die Preiselbeermarmelade, zum Schluss nochmals einen Löffel der Zucker-Zimt-Rosinen-Mischung. Obendrauf ein Stück frische Butter. Den Blätterteig ausrollen, auflegen, in gleich große viereckige Stücke schneiden. Auf jedes Teigviereck einen gefüllten Apfel setzen, die vier Teigecken mit Eidotter bestreichen und nach oben schlagen. Obenauf ein kleines Teigviereck mit einer Gewürznelke befestigen. Die „Schlafröcke" mit versprudeltem Ei bestreichen und auf ein mit Backpapier belegtes Backblech setzen. Die Äpfel nun 10 Minuten rasten lassen, danach 10 Minuten anbacken, das Rohr auf 180 °C zurückdrehen und weitere 20 Minuten goldgelb backen. Vor dem Servieren mit Vanillezucker bestreuen.

Apfel-Mandel-Gratin

4 Äpfel
1 Vanilleschote
300 g Staubzucker
1 Ei
80 g Butter
80 g gehackte Mandeln
20 g Mehl
4 EL Rum
Saft einer Zitrone
1 l Wasser

Zubereitungszeit: 40 Minuten

Äpfel schälen, das Kerngehäuse ausschneiden, in Scheiben schneiden. Das Backrohr auf 200 °C vorheizen, das Ei mit 20 g Zucker, Butter und Mehl mit einem Schneebesen schaumig schlagen, bis eine cremige Masse entsteht. Dann den Rum und die Mandeln unterheben. Das Wasser mit der halbierten Vanilleschote, dem restlichen Zucker und dem Zitronensaft zum Kochen bringen. Apfelscheiben für drei Minuten in das kochende Wasser geben, herausheben und gut abtropfen lassen. Eine Backform befetten, die Äpfelscheiben auflegen und danach die zubereitete Creme darüber gießen. Die Backform 20 Minuten in das Rohr schieben, bis die Oberfläche schön goldgelb ist. Das Gratin in Bechern servieren.

Apfelnockerln gebacken

200 g Äpfel
100 g Weißbrot
8 EL Milch
1 Ei
1/2 Pkg. Vanillezucker
30 g Zucker
20 g Mandelblättchen
100 g Semmelbrösel
2 Eier
1 Prise Zimt
Öl zum Ausbacken

Zubereitungszeit: 30 Minuten
(Kühlzeit 1 Stunde)

Äpfel schälen, vierteln, vom Kerngehäuse befreien, kleinwürfelig schneiden. Das Weißbrot entrinden und ebenfalls kleinwürfelig schneiden, die Mandelblättchen goldgelb rösten. Apfelwürfel, Brotwürfel mit dem Ei, Zucker, lauwarmer Milch, Vanillezucker, Mandelblättchen und Zimt gut vermischen. 1 Stunde im Kühlschrank rasten lassen. Nach dem Ende der Kühlzeit aus der Masse zwölf Nockerln ausstechen, diese dann in verquirlten Eiern und Semmelbröseln wenden. In einer Pfanne Öl erhitzen und die Nockerln darin schwimmend goldgelb backen. Herausheben und auf einem Küchenpapier gut abtropfen lassen.

Tipp: Damit Sie die Nockerln besser panieren können, stellen Sie sie nach dem Formen 15 Minuten in das Tiefkühlfach.

Apfelspalten gebacken

4 Äpfel
100 g Mehl
2 Eier
6 EL Milch
1 Prise Staubzucker
1 Prise Salz
Zimtzucker zum Bestreuen
Öl zum Ausbacken

Zubereitungszeit: 30 Minuten

Die Äpfel schälen, das Kerngehäuse ausstechen und in fingerdicke Scheiben schneiden. Die Eier trennen, Eidotter mit Salz, Mehl und Milch glatt versprudeln. Das Eiklar mit dem Zucker steif schlagen und unterheben. In einer Pfanne ausreichend Öl erhitzen, Apfelscheiben in den Backteig tauchen, etwas abtropfen lassen und dann im Öl goldbraun backen. Herausheben, auf einem Küchenpapier gut abtropfen lassen und mit Zimtzucker bestreut servieren.

Apfelstrudel

1 Pkg. Strudelteig
750 g Äpfel
50 g Rosinen
30 g gehackte Walnüsse
Saft einer halben Zitrone
abgeriebene Schale einer halben Zitrone
2 TL Vanillezucker
1 MS Zimt
60 g Butter
80 g Semmelbrösel
2 EL Zucker
5 EL flüssige Butter

Zubereitungszeit: 1 Stunde 15 Minuten

Rosinen mit heißem Wasser waschen, gut abtropfen lassen, Äpfel schälen, vierteln, das Kerngehäuse entfernen und in dünne Scheiben schneiden. Mit Nüssen, 1 EL Zucker, Zimt, 1 TL Vanillezucker, Zitronensaft, Zitronenschale und Rosinen gut vermischen. In einer Pfanne die Butter erhitzen, die Hälfte der Brösel mit dem restlichen Vanillezucker und Zucker darin rösten. Die restlichen Brösel mit den Äpfeln vermischen. Das Backrohr auf 180 °C vorheizen, auf ein befeuchtetes Tuch ein Strudelblatt auflegen, mit flüssiger Butter bestreichen, das zweite Blatt darauf legen. Auf dem oberen Drittel des Teiges zuerst die Hälfte der Brösel und dann die Apfelfülle verteilen. Freie Teigflächen mit flüssiger Butter bestreichen. Die Seitenränder einschlagen und mit Hilfe des Tuches Teig zu einem Strudel rollen. Ein Backblech mit Backpapier auslegen, Strudel darauf setzen, nochmals mit flüssiger Butter bestreichen und im Rohr 30 Minuten backen. Nach dem Ende der Backzeit Strudel aus dem Rohr nehmen, mit flüssiger Butter bestreichen, überkühlen lassen und dann in Stücke schneiden.

Aranzini-Birnen

4 reife Birnen
100 g Aranzini
Zitronensaft zum Beträufeln
60 g geriebene Haselnüsse
6 Biskotten
60 g Honig
1 EL Rum
1/16 l Milch
1 Prise Zimt
Preiselbeerkompott zum Garnieren

Zubereitungszeit: 40 Minuten

Birnen schälen, halbieren, entkernen, mit einem Löffel etwas aushöhlen, das Fruchtfleisch kleinwürfelig schneiden. Die Birnen mit Zitronensaft beträufeln und in den Nüssen wenden. Biskotten grob zerbröseln, Aranzini fein hacken. Aranzini, Honig, Rum, Zimt und das Fruchtfleisch gut vermischen und die Birnen füllen. Das Backrohr auf 220 °C vorheizen, die Birnen in eine Auflaufform setzen, mit den restlichen Haselnüssen bestreuen und die Milch in die Form gießen. 20 Minuten auf mittlerer Schiene backen, überkühlen lassen, noch warm mit Preiselbeerkompott garniert servieren.

Bananen im Schnee

3 Bananen
5 Biskotten
1 TL Rum
2 TL Wasser
2 EL Ribiselmarmelade
4 Eiklar
120 g Staubzucker
100 g geriebene Nüsse
Butter zum Ausfetten

Zubereitungszeit: 45 Minuten

Rum mit dem Wasser verdünnen, Bananen schälen, halbieren. Eine feuerfeste Form mit Butter befetten und mit den geriebenen Nüssen ausstreuen. Biskotten in die Form legen, mit dem verdünnten Rum beträufeln und mit der Marmelade bestreichen. Eiklar mit dem Zucker sehr steif schlagen, Bananenhälften auf die Biskotten legen und mit dem Eischnee garnieren. Das Backrohr auf 200 °C vorheizen, Bananen im Schnee darin 20 Minuten überbacken.

Tipp: Um wirklich schnittfesten Eischnee zu bekommen, müssen Geschirr und der Schneebesen völlig fettfrei sein und das Eiklar möglichst kalt.

Bananenkipferln

4 Bananen
1 Pkg. Blätterteig
Saft einer halben Zitrone
50 g Kristallzucker
2 Eidotter

Zubereitungszeit: 40 Minuten

Bananen schälen, sofort mit Zitronensaft beträufeln. Blätterteig ausrollen, in 2 cm breite Streifen schneiden. Die Bananen mit den Teigstreifen spiralförmig umwickeln, mit Eidotter bestreichen und mit Kristallzucker bestreuen. Das Backrohr auf 200 °C vorheizen, das Backblech mit Backpapier belegen, Bananen aufsetzen und 25 Minuten goldgelb backen.

Besoffener Kapuziner

3 altbackene Kipferln
3 EL Staubzucker
3 Eidotter
3 Eiklar
60 g geriebenen Schokolade
geriebene Schale einer 1/2 Zitrone
1/4 l Weißwein
1 KL Zimt
2 EL Staubzucker
2 Gewürznelken
Butter zum Befetten
Brösel zum Ausstreuen

Zubereitungszeit: 1 Stunde

Altbackene Kipferln reiben, das Eiklar steif schlagen, Dotter, Staubzucker, Zitronenschale schaumig rühren. Dann abwechselnd Schokolade, Kipferlbrösel und den Eischnee unterrühren. Das Backrohr auf 180 °C vorheizen, eine Gugelhupfform mit Butter bestreichen und mit Semmelbröseln ausstreuen, Masse einfüllen und 45 Minuten backen. Kurz vor dem Ende der Backzeit Wein mit Zucker und Gewürzen erhitzen, den fertig gebackenen Kapuziner auf einen tiefen Teller stürzen und mit dem heißen Wein übergießen, sofort servieren.

Biskottenauflauf

60 g Biskotten
60 g Biskottenbrösel
4 Eidotter
4 Eiklar
1 EL Staubzucker
100 g Butter
70 g Staubzucker
1 Pkg. Vanillezucker
2 EL Rum
Butter zum Befetten
Brösel zum Ausstreuen

Zubereitungszeit: 55 Minuten

Biskotten kleinwürfelig schneiden, Eidotter mit Butter, Vanillezucker und Zucker schaumig rühren, Rum und Biskottenbrösel unterrühren. Eiklar mit 1 EL Zucker zu steifem Schnee schlagen, vorsichtig unter die Masse ziehen. Das Backrohr auf 180 °C vorheizen, kleine Auflaufförmchen mit Butter bestreichen und mit Bröseln ausstreuen. Die Masse abwechselnd mit Biskottenwürfeln in die Förmchen füllen. Im Rohr, im Wasserbad 30 Minuten backen.

Blätterteigfächer mit Kirschen

400 g Kirschen
6 EL Kirschwasser
150 g Weichselmarmelade
1 Pkg. Blätterteig
1 Ei
1 Eidotter
80 g Staubzucker
1 Prise Zimtpulver

Zubereitungszeit: 50 Minuten

Die Kirschen entsteinen, mit 2 EL Kirschwasser, Zucker und Zimt gut vermischen. Die Weichselmarmelade mit dem restlichen Kirschwasser verrühren. Das Ei mit dem Eidotter gut versprudeln. Blätterteig 3 mm dünn ausrollen, in 12-cm-Quadrate schneiden, Teigränder mit dem Eidottergemisch bestreichen, auf jedes Teigstück 1 EL Marmelade und einige Kirschen legen, zusammenklappen, Ränder gut andrücken, zu einem Halbmond formen und in 1-cm-Abständen Ränder einschneiden. Das Backrohr auf 200 °C vorheizen, Backblech mit Backpapier auslegen, die Blätterteigfächer aufsetzen, mit dem restlichen Eigemisch bestreichen und 30 Minuten goldgelb backen.

Blätterteigstrudel mit Marillen und Mohn

1 Pkg. Blätterteig
250 g geriebener Mohn
100 g geriebene Nüsse
150 g geschnittene Biskuitwürfel
90 g Butter
80 g Honig
300 g Marillen
1/4 l Milch
1 EL flüssige Butter
geriebene Schale einer Zitrone
1 MS Zimt
1 Ei

Zubereitungszeit: 1 Stunde 30 Minuten

Marillen waschen, entkernen und vierteln. Milch, 50 g Butter und Honig aufkochen lassen, Mohn und Nüsse zugeben, Zitronenschale und Zimt einrühren, überkühlen lassen. Blätterteig aufrollen mit flüssiger Butter bestreichen. Auf zwei Drittel des Teiges die Mohnmasse aufstreichen, mit den Biskuitwürfeln bestreuen und die geschnittenen Marillen darauf legen, einrollen. Das Backrohr auf 180 °C vorheizen, Backblech mit Backpapier auslegen, Blätterteigstrudel mit dem Verschluss nach unten auflegen. Die restliche Butter zerlassen, überkühlen und anschließend mit dem Ei gut versprudeln. Strudel mit diesem Eigemisch bestreichen und 1 Stunde im Rohr backen.

Buchteln

400 g Mehl
3/16 l Milch
3 Eidotter
1 Ei
abgeriebene Schale einer Zitrone
50 g Staubzucker
30 g Germ
200 g Butter
200 g Powidl
Salz

Zubereitungszeit: 1 Stunde 30 Minuten

Aus 6 EL Milch, 1 EL Zucker, 2 KL Mehl und der Germ ein Dampfl anrühren, zugedeckt, auf warmem Platz bis zur doppelten Höhe gehen lassen. Das Mehl in eine Schüssel geben, salzen. Eidotter, Ei, Zitronenschale, 100 g Butter, Staubzucker und die restliche erwärmte Milch gut vermischen. Nun das Dampfl zum Mehl geben, das Milchgemisch einrühren und den Teig gut abschlagen, zugedeckt wieder bis zur doppelten Höhe aufgehen lassen. Dann den Teig zu einer Rolle formen, 2 cm dicke Stücke abschneiden, in der Hand flach drücken, Powidl in die Mitte setzen, die Ränder hochziehen und zusammendrücken. Die restliche Butter zerlassen, Buchteln darin wälzen. In eine Auflaufform, mit der Verschlussseite nach unten, schlichten, nochmals gehen lassen. Das Backrohr auf 200 °C vorheizen, Buchteln darin 30 Minuten backen. Noch heiß stürzen und auseinander ziehen.

Erdbeerknödel

16 Erdbeeren
1/4 l Milch
30 g Butter
200 g Mehl
2 Eier
120 g Semmelbrösel
140 g Butter
Mehl zum Ausrollen
Staubzucker zum Bestreuen
1 Prise Salz

Zubereitungszeit: 45 Minuten

Für den Brandteig Milch mit der Butter und Salz aufkochen, Mehl auf einmal hineinrieseln lassen, so lange rühren, bis ein dicker Ballen entsteht, der sich vom Kochlöffel und Geschirr löst. Den Teig in eine Schüssel geben, überkühlen lassen. Die Eier gut versprudeln und nach und nach in die Masse einarbeiten, bis der Teig glatt ist. 20 Minuten rasten lassen. In dieser Zeit Erdbeeren waschen, entstielen und vorsichtig abtrocknen. Auf einer bemehlten Arbeitsfläche den Teig zu einer Rolle formen, Scheiben abschneiden, diese flach drücken, Erdbeeren in die Mitte setzen und einen Knödel formen. In einem Topf Salzwasser aufkochen lassen, Knödel einlegen, nach einem nochmaligen Aufwallen, Knödel bei geringer Hitze 10 Minuten leicht kochen lassen. In einer Pfanne die

Butter erhitzen, Semmelbrösel darin goldbraun rösten. Nach dem Ende der Kochzeit die Knödel gut abtropfen lassen, in den gerösteten Bröseln wenden, mit Staubzucker bestreut servieren.

Tipp: Verwenden Sie für Brandteig immer nur glattes Mehl, das Mehl immer auf einmal in die kochende Milch geben.

Erdbeerstrudel

1 kg Erdbeeren
4 Strudelblätter
3 Eier
90 g Mehl
90 g Staubzucker
1 Pkg. Vanillezucker
1 EL Öl
4 EL Erdbeermarmelade
4 EL flüssige Butter
Salz

Zubereitungszeit: 45 Minuten

Eier mit dem Zucker, Salz und Vanillezucker gut verrühren, über Wasserdampf cremig schlagen, dann vom Wasserdampf nehmen und so lange schlagen, bis die Masse abgekühlt ist. Mehl und das Öl unterziehen. Das Backrohr auf 200 °C vorheizen, das Backblech mit Backpapier auslegen, den Teig aufstreichen und 8 Minuten backen. Auf ein mit Zucker bestreutes Backpapier stürzen, mitgebackenes Papier abziehen, überkühlen lassen. Vom Biskuit zwei 6 cm breite Streifen abschneiden. Die Erdbeeren waschen, entstielen und vorsichtig abtrocknen. Auf ein befeuchtetes Tuch ein Strudelblatt legen, mit flüssiger Butter bestreichen, dann das zweite Blatt darauf legen. Am unteren Ende Biskuitstreifen auflegen, mit der Marmelade bestreichen und mit der Hälfte der Erdbeeren belegen. Mit Hilfe des Tuches Strudel straff einrollen. Genauso werden die restlichen Strudelblätter, Erdbeeren und Biskuitstreifen zu einem zweiten Strudel verarbeitet. Das Backrohr auf 250 °C vorheizen, Backblech mit Backpapier auslegen, die Strudel aufsetzen, mit flüssiger Butter bestreichen und 5 Minuten im Rohr backen. Vor dem Servieren 5 Minuten rasten lassen.

Gebackene Mäuse

300 g Mehl
3/16 l Milch
2 Eidotter
30 g Staubzucker
20 g Germ
60 g Butter
1 EL Rum
50 g Rosinen
Salz
Zucker und Zimt zum Bestreuen
Öl zum Ausbacken

Zubereitungszeit: 1 Stunde

Germ mit 1 KL Zucker gut verrühren, 3 EL Milch und 2 KL Mehl dazugeben und alles glatt verrühren, bis zur doppelten Höhe aufgehen lassen. Die restliche Milch mit Butter und Zucker erwärmen. Mehl in eine Schüssel geben, salzen, Dampfl, Milchgemisch, Dotter und Rum beifügen, alles gut vermischen und so lange rühren, bis sich der Teig von der Schüssel und dem Kochlöffel löst, dann die gewaschenen Rosinen einrühren. Alles zugedeckt 30 Minuten lang gehen lassen. In einer Pfanne Öl erhitzen, mit einem in Fett getauchten Esslöffel Nockerln ausstechen, im Öl goldbraun ausbacken. Herausnehmen und auf einem Küchenpapier gut abtropfen lassen. Vor dem Servieren mit Zimtzucker bestreuen.

Tipp: Für den Germteig muss die Germ immer frisch sein, immer eine halbe Menge griffiges und eine halbe Menge glattes Mehl verarbeiten, außer Eiern sollten alle Zutaten lauwarm sein.

Grießauflauf mit Anis und Lebkuchenobers

100 g Weizengrieß
1/2 l Milch
30 g Anis
4 Eier
1 Pkg. Vanillezucker
70 g Butter
70 g Zucker
50 g Rosinen
1/4 l Schlagobers
1 TL Lebkuchengewürz
1 Prise Salz
3 EL geriebene Haselnüsse
Butter zum Befetten

Zubereitungszeit: 1 Stunde 30 Minuten

Die Milch mit Salz, Vanillezucker und Anis aufkochen, den Grieß unter ständigem Rühren langsam einrieseln lassen, dann dickflüssig einkochen lassen. In eine Schüssel geben und zugedeckt 45 Minuten auskühlen lassen. Die Eier trennen, 30 g Zucker und Butter cremig rühren, Eiklar mit dem restlichen Zucker zu steifem Schnee schlagen. Nun die Grießmasse in den Butterabtrieb unterrühren, dann die Eidotter nach und nach einrühren. Das Backrohr auf 150 °C vorheizen, eine Auflaufform mit Butter bestreichen und mit den Haselnüssen bestreuen. Rosinen mit heißem Wasser abwaschen, abtropfen lassen und gut abtrocknen. Steifen Schnee und die Rosinen abwechselnd unter die Grießmasse heben. Dann die Masse in die Auflaufform füllen und im Rohr

40 Minuten backen. Vor dem Servieren Schlagobers mit dem Lebkuchengewürz verrühren und locker aufschlagen, mit dem Auflauf anrichten.

Haselnuss-Waffeln

150 g Mehl
3 Eier
1 TL Backpulver
1/4 l Milch
1 Pkg. Vanillezucker
150 g geriebene Haselnüsse
50 g Staubzucker
1/2 TL Zimt
1 Prise Salz
Butter zum Befetten
Staubzucker zum Bestreuen

Zubereitungszeit: 45 Minuten

Die Eier trennen, Milch mit Eidottern und Vanillezucker versprudeln, Mehl mit Backpulver, Salz und Zimt versieben und unter die Eiermilch rühren. Das Eiklar mit Zucker zu cremigem Schnee schlagen, abwechselnd mit den Nüssen unter die Masse heben. Das Waffelgerät erhitzen, mit Butter befetten, Teig eingießen und 5–6 Minuten backen. Die Backfläche sollte dünn bedeckt sein. Waffeln herausnehmen und warm stellen, so viele Waffeln backen, bis der Teig aufgebraucht ist. Mit dieser Zutatenmenge können Sie bis zu 40 Waffeln backen.

Tipp: Haben Sie ein Waffeleisen mit Antihaftbeschichtung, können Sie auf das Einfetten verzichten.

Heidelbeer-Honig-Nocken

300 g Heidelbeeren
6 Eiklar
2 Eidotter
2 EL Honig
1 EL Mehl
1/16 l Milch
1 EL Butter

Zubereitungszeit: 45 Minuten

Heidelbeeren waschen, gut abtropfen lassen, in eine ovale Auflaufform die Milch gießen und die Butter zugeben. Die Eiklar mit dem Honig zu steifem Schnee schlagen. Heidelbeeren, Dotter und Mehl vorsichtig unterheben. Aus dieser Masse Nocken formen und in die Auflaufform setzen. Das Backrohr auf 200 °C vorheizen, die Nocken darin 20 Minuten goldgelb backen.

Tipp: Sehr gut passt dazu eine Himbeersauce. Himbeeren pürieren und mit Honig süßen.

Heidelbeerschmarren

250 g Heidelbeeren
6 Eier
1/8 l Milch
1/8 l Sauerrahm
80 g Staubzucker
180 g Mehl
abgeriebene Schale einer halben Zitrone
2 EL Butter
1/2 Pkg. Vanillezucker

Zubereitungszeit: 45 Minuten

Heidelbeeren waschen, verlesen. Eier trennen, Milch mit Mehl, Sauerrahm, abgeriebener Zitronenschale, Vanillezucker und einer Prise Salz glatt verrühren. Zum Schluss die Eidotter einrühren. Eiklar mit Zucker zu cremigem Schnee schlagen, ein Drittel vom Schnee in den Teig einrühren, restlichen Schnee vorsichtig unterziehen. Das Backrohr auf 180 °C vorheizen. In einer Pfanne die Butter erhitzen, Teig einfüllen und gleichmäßig verteilen, mit den Heidelbeeren bestreuen. Masse bei mäßiger Hitze backen, bis die Unterseite goldbraun ist. Dann den Schmarren wenden und im vorgeheizten Rohr 5 Minuten fertig backen. Aus dem Rohr nehmen, den Schmarren zerpflücken und mit Staubzucker bestreut servieren.

Kaiserschmarren

5 Eier
200 g Mehl
4 EL Staubzucker
1/4 l Milch
50 g Butter
1 Prise Salz

Zubereitungszeit: 30 Minuten

Die Eier trennen, aus Eidotter, Mehl, Salz und Milch einen glatten Teig rühren, kurz rasten lassen. In dieser Zeit Eiklar steif schlagen und dann vorsichtig unter den Teig heben. In einer Pfanne die Hälfte der Butter erhitzen, den Teig auf einmal hineingießen, bei geringer Hitze anbraten lassen. Wenden und dabei die restliche Butter unter dem Teig zergehen lassen. Wird der Teig fest, mit 2 Gabeln in Stücke reißen, mit Staubzucker bestreuen und so lange braten, bis der Kaiserschmarren eine goldgelbe Farbe hat.

Kapuzinerknödel mit Nüssen

100 g Butter
150–200 g Semmelbrösel
100 g geriebene Walnüsse
geriebene Schale einer Zitrone
80 g Rosinen
1/4 l Milch
1 Vanilleschote
Öl zum Backen
Kakao und Staubzucker zum Bestreuen

Zubereitungszeit: 1 Stunde

Die Butter sehr schaumig rühren, dann die Eier einzeln unterrühren, Nüsse, Zitronenschale, Rosinen und Semmelbrösel beifügen und alles gut vermischen. Wenn der Teig zu weich ist, noch Semmelbrösel dazugeben. Aus dem Teig kleine Knödel formen, in einer Pfanne Öl erhitzen, darin die Knödel goldbraun backen. Herausheben und auf einem Küchenpapier gut abtropfen lassen. Vanilleschote auskratzen, den Inhalt mit der Milch einmal aufkochen. Das Backrohr auf 150 °C vorheizen, Knödel in eine Backform schlichten, mit der Vanillemilch übergießen, so lange im Rohr lassen, bis die Knödel die ganze Milch aufgesaugt haben. Vor dem Anrichten die Knödel mit Kakao und Staubzucker bestreuen.

Tipp: Da die meisten Zitronen chemisch vorbehandelt sind, müssen Sie sie vor dem Abreiben mit heißem Wasser gut abspülen und dann gut abtrocknen.

Kastanienauflauf

130 g Kastanienreis
1/4 l Sauerrahm
70 g Weizengrieß
1 Eidotter
3 Eier
1 EL Staubzucker
1 EL Rum
1 Prise Vanillezucker
1 MS Zimt
Butter zum Ausstreichen
Staubzucker zum Bestreuen

Zubereitungszeit: 1 Stunde 30 Minuten

Sauerrahm mit Zimt und Vanillezucker verrühren, bei geringer Hitze, unter ständigem Rühren zum Kochen bringen. Kastanienreis und Grieß beifügen und alles dick einkochen lassen. Topf vom Feuer nehmen und auskühlen lassen. Auflaufformen mit Butter ausstreichen und mit Zucker bestreuen. Die Eier trennen, Eidotter und Rum nach und nach in die Grießmasse einrühren. Das Eiklar mit dem Zucker cremig schlagen. Ein Drittel davon in die Masse einrühren den restlichen Schnee vorsichtig unterheben. Das Backrohr auf 180 °C vorheizen, Kastanienmasse in die Formen füllen und im Rohr 50 Minuten lang backen.

Kastanienpudding

120 g Kastanienreis
8 Eier
150 g Staubzucker
50 g Mehl
1/2 Pkt. Backpulver
10 g Semmelbrösel
2 EL Rum
Schlagobers zum Garnieren

Zubereitungszeit: 45 Minuten

Die Eier trennen, Eidotter mit der halben Zuckermenge schaumig schlagen, Kastanienreis mit dem Rum vermischen und unter die Eidotter rühren. Eiklar mit dem restlichen Zucker zu steifem Schnee schlagen. Mehl, Backpulver und Semmelbrösel vermischen, abwechselnd mit dem Schnee unter die Kastanien-Dotter-Masse heben. Puddingformen mit Butter bestreichen und mit Bröseln ausstreuen. Kastanienmasse zu drei Viertel in die Formen einfüllen. Das Backrohr auf 200 °C vorheizen, eine Backform 2 Fingerbreit mit Wasser anfüllen, Puddingformen mit Alufolie abdecken und in die Backform stellen. Im Backrohr 25 Minuten garen. Vor dem Servieren auf Teller stürzen, mit Schlagobers garnieren.

Tipp: Sie können den Kastanienpudding einfrieren und je nach Bedarf wieder auftauen.

Kirschenauflauf

500 g Kirschen
180 g Staubzucker
4 Eier
70 g geriebene Mandeln
50 g Semmelbrösel
geriebene Schale einer halben Zitrone
1 MS Zimt
1 Prise Salz
Butter und Semmelbrösel für die Auflaufform
Staubzucker zum Bestreuen

Zubereitungszeit: 1 Stunde

Kirschen waschen, entkernen. Die Eier trennen, Eidotter mit dem Zucker sehr schaumig rühren. Eiklar zu steifem Schnee schlagen, unter die Dotter heben. Dann die Mandeln, Zimt, Zitronenschale, Semmelbrösel und das Salz unterrühren. Das Backrohr auf 180 °C vorheizen, eine Auflaufform mit Butter ausstreichen und mit Bröseln ausstreuen. Die halbe Masse in die Form füllen, darauf die Kirschen legen und die restliche Masse darüber streichen. In das Rohr schieben und 40 Minuten backen. Vor dem Servieren mit Staubzucker bestreuen.

Kirschendalken

200 g Mehl
1/4 l Milch
1 EL Öl
2 Eier
1 MS Backpulver
250 g Kirschen
1 Prise Salz
Butter zum Ausbacken
Staubzucker zum Bestreuen

Zubereitungszeit: 30 Minuten

Kirschen waschen, gut abtrocknen und entkernen. Mehl mit Backpulver und Salz versieben. Die Eier trennen, Eidotter mit Milch und Öl gut vermischen, Mehl einrühren und alles zu einem glatten Teig rühren. Das Eiklar zu einem steifen Schnee schlagen und unter den Teig heben, die Kirschen vorsichtig unterrühren. In einer Pfanne die Butter erhitzen, Dalken darin von beiden Seiten goldgelb backen, herausnehmen, sofort mit Staubzucker bestreuen und heiß servieren.

Tipp: Sie können die Dalken (kleine Fladen) auch mit Weichseln oder Heidelbeeren zubereiten. Haben Sie die Früchte unter den Teig gerührt, darf dieser nicht stehen bleiben, verarbeiten Sie ihn sofort weiter.

Kokos-Grieß-Schmarren

1/4 l Kokosmilch
4 Eier
1 Pkg. Vanillezucker
50 g Butter
80 g Staubzucker
60 g Grieß
60 g Kokosette
1/8 l Crème fraîche
geriebene Schale einer halben Zitrone
1 Prise Salz
1 EL Butter
2 EL Kristallzucker

Zubereitungszeit: 45 Minuten

Kokosmilch mit 50 g Butter, Salz, Vanillezucker und der Zitronenschale aufkochen, Grieß unter Rühren dazugeben und alles dick einkochen, Kokosette untermischen. Die Eier trennen, Masse in eine Schüssel geben, Eidotter nach und nach einrühren, überkühlen lassen. Das Eiklar mit dem Zucker zu festem Schnee schlagen, das Backrohr auf 180 °C vorheizen. Crème fraîche unter die Masse rühren, den Schnee abwechselnd mit dem Mehl unterheben. In einer Pfanne 1 EL Butter erhitzen, Zucker karamellisieren, den Teig eingießen und bei geringer Hitze kurz anbacken. Im Rohr 6 Minuten backen, Pfanne herausnehmen, den Schmarren wenden, auf dem Herd so lange backen, bis die Unterseite goldgelb ist. Schmarren mit 2 Gabeln zerreißen, vor dem Servieren mit Staubzucker bestreuen.

Tipp: Wollen Sie die Kokosmilch selbst zubereiten, kochen Sie 1/2 l Milch mit 150 g Kokosett auf, lassen alles abkühlen und pressen die Milch dann durch ein Tuch.

Kürbisstrudel

1 Pkg. Strudelblätter
3 EL flüssige Butter
500 g Speisekürbis
80 g brauner Zucker
1/2 Pkg. Vanillezucker
60 g Semmelbrösel
50 g Butter
1 EL Staubzucker
1/2 TL Zimt
1 MS Ingwerpulver

Zubereitungszeit: 1 Stunde 15 Minuten

In einer Pfanne die Butter erhitzen, Semmelbrösel, Zimt und Zucker dazugeben und alles goldbraun rösten. Den Kürbis schälen, das Fruchtfleisch grob raspeln, mit Zucker, Vanillezucker, Ingwer und Zimt gut vermischen. Das Backrohr auf 180 °C vorheizen, ein Backblech mit Backpapier auslegen. Ein Strudelblatt auf ein befeuchtetes Tuch legen, mit flüssiger Butter bestreichen, das zweite Blatt auflegen. Zwei Drittel der Strudelblätter mit den Butterbröseln bestreuen, Kürbisfülle darauf setzen. Freie Teigstücke mit flüssiger Butter beträufeln. Seitenränder einschlagen, mit Hilfe des Tuches Strudel fest einrollen, mit Butter bestreichen, auf das Backblech setzen und 35 Minuten backen, aus dem Rohr nehmen und nochmals mit flüssiger Butter bestreichen.

Lebkuchenpudding

250 g Lebkuchenbrösel
50 g geriebene Schokolade
180 g Butter
3 EL Rum
6 Eier
60 g Zucker
60 g gemahlene Mandeln
1 MS Zimt
Butter und Zucker für die Form

Zubereitungszeit: 1 Stunde 20 Minuten

Eier trennen, Eidotter mit Butter und Zucker schaumig rühren, dann Zimt, Schokolade, Lebkuchenbrösel, Rum und Mandeln unterrühren. Das Eiklar sehr steif schlagen und vorsichtig unterheben. Das Backrohr auf 200 °C vorheizen. Eine Puddingform mit Butter ausstreichen und mit Staubzucker bestreuen, Lebkuchenmasse einfüllen und 1 Stunde im Wasserbad im Rohr garen. Nach dem Ende der Garzeit Pudding stürzen.

Tipp: Puddingform nur bis zu zwei Drittel mit der Lebkuchenmasse füllen. Haben Sie keine Puddingform für das Wasserbad nehmen Sie eine hohe feuerfeste Form, die Sie gut mit Alufolie oder einem gefetteten Pergamentpapier abdecken.

Mandelkoch mit Schokoladesauce

50 g Staubzucker
50 g Butter
3 Eidotter
3 Eiklar
30 g Schokolade
40 g gehackte Mandeln
1 EL Brösel
1 EL Rum
1/4 l Wasser
120 g Staubzucker
150 g Schokolade
50 g Butter
1/16 l Rum
1/16 l Obers
Butter zum Befetten
Brösel zum Bestreuen

Zubereitungszeit: 1 Stunde

Schokolade über Wasserdampf erweichen, Eier trennen. Butter mit der Hälfte des Zuckers und den Dottern schaumig rühren, dann die Schokolade dazugeben und alles gut verrühren. Eiklar mit dem restlichen Zucker zu steifem Schnee schlagen, Brösel mit Mandeln vermischen. Abwechselnd wird nun Schnee und die Brösel-Mandel-Mischung unter die Masse gerührt, am Schluss den Rum beifügen. Das Backrohr auf 170 °C vorheizen, Puddingformen oder Tassen mit Butter befetten und mit Bröseln ausstreuen. Die Masse zu zwei Drittel in die Formen füllen, in eine Auflaufform 1 cm Wasser einfüllen, Formen hineinstellen und 35 Minuten in das Rohr geben. In dieser Zeit die Schokosauce zubereiten. Wasser und Zucker aufkochen, so lange leise kochen lassen, bis der Zucker Fäden spinnt, dann die zerkleinerte Schokolade zufügen, bei geringer Hitze zergehen lassen. Butter und Rum beifügen, nochmals aufkochen und mit Obers vollenden. Nach Ende der Garzeit Mandelkoch auf Teller stürzen und mit der Schokoladesauce servieren.

Mandelschmarren

6 Eier
180 g Butter
1/2 l Milch
1 Pkg. Vanillezucker
100 g ungeschälte geriebene Mandeln
200 g Mehl
100 g Rosinen
100 g Zucker
3 EL Kristallzucker
1 MS Zimt
abgeriebene Schale einer Zitrone
Staubzucker zum Bestreuen

Zubereitungszeit: 50 Minuten

Eier trennen, 120 g Butter mit dem Vanillezucker schaumig rühren, Eidotter nach und nach unterrühren. Gesiebtes Mehl, Mandeln und die Milch gut versprudeln, in den Butterabtrieb geben und alles sehr gut vermengen. Die Eiklar mit dem Zucker zu steifem Schnee schlagen und mit der Zitronenschale vorsichtig unter den Teig heben. Das Backrohr auf 200 °C vorheizen. In einer Pfanne die restliche Butter erhitzen, den Teig eingießen und im Rohr 35 Minuten backen. In dieser Zeit die Rosinen mit heißem Wasser waschen, abtropfen lassen und gut abtrocknen. Nach dem Ende der Backzeit Pfanne aus dem Rohr nehmen,

Schmarren mit Hilfe von 2 Gabeln in Stücke reißen. Auf dem Herd nochmals gut durchrösten, am Schluss die Rosinen, Zimt und Zucker dazugeben. Kurz zum Ausdünsten in das abgedrehte Backrohr stellen. Vor dem Servieren mit Staubzucker bestreuen.

Tipp: Um wirklich steifen Schnee zu bekommen, müssen Geschirr und der Schneebesen völlig fettfrei und das Eiklar möglichst kalt sein. Bevor Sie die Zitronenschale abreiben, müssen Sie sie mit heißem Wasser abwaschen und sehr gut abtrocknen.

Marillenknödel aus Brandteig

250 g Mehl
1/8 l Wasser
1/8 l Milch
60 g Butter
2 Eidotter
750 g Marillen
kleiner Würfelzucker
80 g Butter
100 g Semmelbrösel
Salz
Staubzucker zum Bestreuen

Zubereitungszeit: 30 Minuten

Milch, Wasser, Butter zum Kochen bringen, etwas salzen. Das Mehl rasch einlaufen lassen, bei geringer Hitze so lange rühren, bis der Teig sich vom Boden und Kochlöffel löst, überkühlen lassen. In der Zeit die Marillen waschen, abtropfen, halbieren und entkernen. An Stelle des Kerns ein Stück Würfelzucker hineingeben. Die Eidotter nacheinander in den Teig rühren, so lange durcharbeiten, bis ein glatter Teig entsteht. Teig zu einer Rolle formen, 30 Scheiben abschneiden, in der Hand flach drücken, die Marille in die Mitte setzen und vollständig mit dem Teig umhüllen. Salzwasser aufkochen und Knödel darin 8–10 Minuten schwach kochen. In einer Pfanne Butter erhitzen, Semmelbrösel darin goldbraun rösten. Knödel aus dem Topf heben, abtropfen und in den gerösteten Bröseln wenden, vor dem Servieren mit Staubzucker bestreuen.

Tipp: Für Brandteig immer nur glattes Mehl verwenden. Das Mehl auf einmal in die kochende Flüssigkeit geben.

Marillen-Reis-Auflauf

500 g Marillen
150 g Reis
1/2 l Milch
60 g Butter
2 Eidotter
2 Eiklar
2 EL Staubzucker
abgeriebene Schale einer halben Zitrone
Butterflocken
Butter zum Befetten
1 Prise Salz

Zubereitungszeit: 1 Stunde 15 Minuten

Marillen waschen, halbieren und entkernen, gesalzene Milch mit Reis bei geringer Hitze 30 Minuten quellen lassen, kalt stellen. Butter mit Zucker und der Zitronenschale schaumig rühren, Eindotter einrühren. Eiklar zu steifem Schnee schlagen, Reis unter den Butterabtrieb heben, Schnee unterziehen. Das Backrohr auf 180 °C vorheizen, eine Auflaufform mit Butter ausstreichen. Die Hälfte des Reises in die Form füllen, Marillenhälften darauf verteilen, mit restlichem Reis bedecken. Butterflocken darauf setzen und im Rohr 30 Minuten backen.

Marillen-Topfen-Strudel

1 Pkg. Strudelblätter
150 g Marillen
50 g Butter
150 g passierten Topfen
2 Eier
abgeriebene Schale einer halben Zitrone
50 g Staubzucker
1 TL Vanillezucker
1/8 l Sauerrahm
30 g Mehl
1 Prise Salz
Butter zum Bestreichen
Staubzucker zum Bestreuen

Zubereitungszeit: 1 Stunde 15 Minuten

Marillen waschen, entkernen und vierteln. Eier trennen, Eiklar mit Zucker zu festem Schnee schlagen. Butter, Zitronenschale, Vanillezucker und Salz cremig rühren, Eidotter und Topfen abwechselnd unter den Abtrieb rühren. Sauerrahm und ein Drittel vom Schnee unter die Topfenmasse rühren, den restlichen Schnee abwechselnd mit dem Mehl unterheben. Das Backrohr auf 180 °C vorheizen, eine Backform mit Butter ausstreichen. Auf ein befeuchtetes Tuch ein Strudelblatt legen, mit flüssiger Butter bestreichen, dann das zweite Blatt drauflegen. Topfenfülle auf dem oberen Drittel des Teiges verstreichen, die Marillen darauf verteilen. Freie Teigflächen mit flüssiger Butter bestreichen. Die Seitenränder einschlagen und mit Hilfe des Tuches alles zu einem festen Strudel einrollen, wieder mit flüssiger Butter bestreichen. Strudel in die Backform legen und im Rohr 30 Minuten backen. Nach dem Ende der Backzeit aus dem Rohr nehmen, nochmals mit flüssiger Butter bestreichen und 15 Minuten rasten lassen. Vor dem Servieren mit Staubzucker bestreuen und in Stücke schneiden.

Marzipanauflauf

150 g geriebene Mandeln
150 g Rohmarzipan
6 Eier
100 g Butter
100 g Staubzucker
60 g Semmelbrösel
1 MS Zimt
4 Tropfen Bittermandelöl
Butter und Mehl für die Form
Staubzucker zum Bestreuen

Zubereitungszeit: 1 Stunde

Marzipan kleinwürfelig schneiden, Semmelbrösel und Mandeln gut vermischen. Butter, Marzipan, Zimt, Bittermandelöl und 1/3 vom Staubzucker cremig rühren. Eier trennen, Eidotter nach und nach unter den Abtrieb rühren. Eiklar mit restlichem Zucker zu steifem Schnee schlagen. Backrohr auf 180 °C vorheizen, Kuchenform mit Butter bestreichen und mit Mehl bestreuen. Ein Drittel vom Eischnee in die Marzipanmasse rühren, Bröselmischung und restlichen Schnee vorsichtig unterheben. Auflauf in die Form füllen und 20 Minuten backen. Vor dem Servieren mit Staubzucker bestreuen.

Tipp: Rohmarzipan hat einen geringen Zuckergehalt, ist weich und leicht formbar. Marzipan besteht aus Rohmarzipan welches mit Zucker verknetet wird. Es ist zum Backen nicht geeignet, da es zu fest wird und bröckelt.

Marzipan-Powidl-Pofesen

100 g Powidl
100 g Rohmarzipan
8 Scheiben Toastbrot
2 Eier
2 Eidotter
1/4 l Milch
4 EL Staubzucker
1/8 l Weißwein
1 TL Zimt
Öl zum Ausbacken

Zubereitungszeit: 30 Minuten

Die Hälfte der Toastscheiben mit Powidl bestreichen, das Marzipan in dünne Scheiben schneiden und auf die Toastscheiben legen. Mit dem restlichen Toastbrotscheiben abdecken. Milch mit den Eiern und Zucker gut vermischen. Das Toastbrot vierteln und die Stücke in das Milchgemisch tauchen. In einer Pfanne das Öl erhitzen, Pofesen darin goldgelb backen, herausheben und auf einem Küchenpapier gut abtropfen lassen. Für den Zimtschaum Dotter mit Wein, Zimt und Zucker über Wasserdampf zu einem festen Schaum schlagen. Pofesen mit dem Zimtschaum servieren.

Millirahm-Strudel

1 Pkg. Strudelblätter
250 g Toastbrot
1/8 l Milch
60 g Staubzucker
50 g Butter
50 g Topfen
6 Eier
1/16 l Sauerrahm
50 g Rosinen
60 g Staubzucker
3/8 l Milch
1 TL Vanillezucker
1 Prise Salz
abgeriebene Schale von 1/2 Zitrone
flüssige Butter zum Bestreichen
Staubzucker zum Bestreuen

Zubereitungszeit: 1 Stunde 30 Minuten

Rosinen heiß abwaschen, abtropfen lassen und gut abtrocknen. Das Toastbrot entrinden, kleinwürfelig schneiden und mit 1/8 l Milch beträufeln. Für den Überguss 3/8 l Milch, 3 Eier und 40 g Zucker gut versprudeln. Restliche Eier trennen, Butter mit Staubzucker, Salz, Vanillezucker und der Zitronenschale cremig rühren, Eidotter und Topfen abwechselnd einrühren. Sauerrahm und ausgedrücktes Toastbrot unter die Masse rühren. Eiklar mit 20 g Zucker zu steifem Schnee schlagen und unter die Fülle heben. Das Backrohr auf 180 °C vorheizen, eine Form mit Butter ausstreichen. Ein Strudelblatt auf ein befeuchtetes Tuch legen, ein Strudelblatt auflegen, mit flüssiger Butter bestreichen, das zweite Blatt auflegen. Die Fülle auf zwei Drittel des Teiges verteilen, mit den Rosinen bestreuen, freie Teile mit flüssiger Butter bestreichen. Seitenränder einschlagen und mit Hilfe des Tuches zu einem festen Strudel rollen. Strudel in die Form legen, mit flüssiger Butter bestreichen. Ein Drittel des Übergusses über den Strudel gießen, im Rohr 1 Stunde backen, dabei immer wieder mit dem Überguss begießen. Vor dem Servieren Strudel in Stücke schneiden und mit Staubzucker bestreuen.

Mohnkoch

4 Eidotter
2 Eiklar
50 g Butter
70 g Staubzucker
1 Pkg. Vanillezucker
2 Semmeln
etwas Milch zum Einweichen
50 g geriebene Mandeln
70 g geriebener Mohn
Butter und Zucker für die Puddingform

Zubereitungszeit: 40 Minuten

Semmeln feinblättrig schneiden, mit der Milch beträufeln, Eidotter, Butter, Vanillezucker und Staubzucker schaumig schlagen. Semmeln ausdrücken, passieren und unter den Abtrieb rühren. Das Eiklar zu steifem Schnee schlagen, abwechselnd mit dem Mohn und den Mandeln unter die Masse heben. Eine Puddingform mit Butter befetten und bezuckern, Masse einfüllen und 25 Minuten im Wasserbad kochen. Nach dem Ende der Kochzeit auf einen Teller stürzen, mit Zwetschkenröster servieren.

Mohnnudeln

500 g gekochte, mehlige Erdäpfel
50 g Grieß
100 g Mehl
50 g flüssige Butter
1 Eidotter
100 g Staubzucker
100 g gemahlener Mohn
1 EL Butter
1 Prise Salz

Zubereitungszeit: 1 Stunde

Die Erdäpfel schälen, pressen, mit Eidotter, Mehl, Grieß, Butter und Salz zu einem glatten Teig verkneten. Auf einer bemehlten Arbeitsfläche zwei 2 cm dicke Rollen formen, diese in 1 1/2 cm starke Scheiben schneiden, mit der Hand Nudeln formen. Reichlich Salzwasser zum Kochen bringen, Nudeln einlegen und 5 Minuten schwach wallend kochen lassen. In dieser Zeit Mohn und Staubzucker gut vermischen, in einer Pfanne die Butter erhitzen und das Mohn-Zucker-Gemisch anrösten. Gekochte Nudeln aus dem Topf heben, abtropfen lassen und im Mohnzucker wälzen.

Mohr im Hemd

50 g Butter
30 g Staubzucker
50 g Schokolade
3 Eidotter
3 Eiklar
30 g Kristallzucker
1 TL Vanillezucker
50 g geriebene Mandeln
1/8 l Wasser
130 g Schokolade
50 g Zucker
1/8 l Schlagobers
Butter und Zucker für die Formen

Zubereitungszeit: 1 Stunde

Die Schokolade klein schneiden, im Wasserbad schmelzen, überkühlen lassen. Butter mit Zucker und Vanillezucker cremig rühren, die Eidotter nach und nach unterrühren, zuletzt die geschmolzene Schokolade dazugeben. Das Backrohr auf 200 °C vorheizen, vier kleine feuerfeste Formen mit Butter bestreichen und mit Zucker bestreuen. Eiklar mit dem Kristallzucker zu steifem Schnee schlagen. Schnee und die Mandeln abwechselnd unter den Butterabtrieb heben. Die Formen zu drei Viertel mit der Masse füllen, 1 cm hoch in ein Wasserbad stellen, im Rohr 40 Minuten garen. In dieser Zeit für die Schokosauce das Wasser mit der klein geschnittenen Schokolade und Kristallzucker unter ständigem Rühren aufkochen lassen. Am Ende der Garzeit Mohren aus der Form stürzen und mit der Schokosauce und steif geschlagenem Schlagobers servieren.

Mozartknödel

300 g Erdäpfel
1 Eidotter
30 g Butter
1 EL Staubzucker
80 g Mehl
50 g Grieß
12 Mozartkugeln
30 g Butter
300 g geriebene Haselnüsse
abgeriebene Zitronenschale einer viertel Zitrone
Staubzucker zum Bestreuen

Zubereitungszeit: 1 Stunde 15 Minuten

Die Erdäpfel waschen, kochen, mit kaltem Wasser abschrecken, schälen und noch heiß pressen. Butter, Zucker, Zitronenschale, Dotter, Mehl und Grieß zu den gepressten Erdäpfeln geben und alles zu einem glatten Teig verkneten, 10 Minuten rasten lassen. Auf einer bemehlten Arbeitsfläche den Teig zu einer Rolle formen und in 12 Scheiben teilen. Jede Scheibe mit der Hand flach drücken, in die Mitte eine Mozartkugel legen und diese mit dem Teig umhüllen, Knödel formen. Salzwasser zum Kochen bringen, Knödel einlegen und bei geringer Hitze 10 Minuten ziehen lassen. Inzwischen in einer Pfanne die Butter erhitzen, Haselnüsse darin anrösten. Nach dem Ende der Kochzeit, Knödel aus dem Wasser heben, abtropfen lassen und in den Nüssen wälzen. Zum Servieren mit Staubzucker bestreuen.

Tipp: Legen Sie die Mozartkugeln vor der Zubereitung kurze Zeit in das Tiefkühlfach, sie schmelzen dann nicht so schnell.

Nusskoch

30 g Staubzucker
30 g Butter
125 g Biskuitbrösel
4 Eier
1/8 l Milch
40 g geriebene Haselnüsse
50 g Staubzucker
20 g Mehl
1 MS Zimt
1/2 Pkg. Vanillezucker
1 Prise Salz
abgeriebene Schale einer halben Zitrone
Butter und Zucker für die Formen

Zubereitungszeit: 1 Stunde 30 Minuten

Brösel in Milch einweichen, die Eier trennen. Vier feuerfeste Formen mit Butter befetten und mit Zucker bestreuen, das Backrohr auf 180 °C vorheizen. Butter mit Vanillezucker, Staubzucker, Salz, Zimt und Zitronenschale cremig rühren. Die Eidotter nach und nach einrühren, Eiklar mit dem Zucker zu steifem Schnee schlagen, Mehl mit den Nüssen gut vermischen. Biskuitbrösel unter den Abtrieb rühren, dann den Schnee und zuletzt die Mehl-Nuss-Mischung unterheben. Formen mit der Nussmasse füllen, aber nur zu zwei Drittel, auf ein Backblech stellen und 40 Minuten backen. Vor dem Servieren aus der Form stürzen und mit Staubzucker bestreuen.

Nusspalatschinken

100 g Mehl
2 Eier
2 EL Öl
1/4 l Milch
200 g geriebene Walnüsse
1/8 l Obers
50 g Staubzucker
1 Pkg. Vanillezucker
abgeriebene Schale einer Orange
3 EL Orangenlikör
1 Prise Salz
1 Prise Zimt
1/8 l Schlagobers
Öl zum Ausbacken

Zubereitungszeit: 45 Minuten

Milch mit Eiern, Salz und Öl gut versprudeln, das Mehl einrieseln lassen und alles gut verrühren, bis ein glatter Teig entsteht, 15 Minuten rasten lassen. In dieser Zeit die Fülle zubereiten. Obers mit Vanillezucker, Orangenschale, Zimt und Zucker gut verrühren, aufkochen, dann die Nüsse einrühren, kurz rösten. Vom Herd nehmen und den Likör unterrühren. In einer Palatschinkenpfanne wenig Öl erhitzen, aus dem Teig acht Palatschinken backen. Diese dann mit der Fülle bestreichen, zusammenklappen, mit Staubzucker bestreuen und mit dem geschlagenen Obers servieren.

Nussstrudel

400 g Mehl
500 g Erdäpfel
1/2 Pkg. Backpulver
150 g Staubzucker
200 g Butter
2 Eier
Schale und Saft einer halben Zitrone
350 g geriebene Nüsse
3 EL Honig
1 MS Zimt
3/16 l Milch
50 g Rosinen

Zubereitungszeit: 1 Stunde 45 Minuten

Erdäpfel waschen, kochen, schälen und passieren, überkühlen lassen. Eier verquirlen, den Staubzucker sieben, Mehl mit dem Backpulver gut vermischen und mit der Butter abbröseln, dann mit Erdäpfeln, Zitronensaft, Zitronenschale, Zucker und ungefähr 1 1/2 Eiern zu einem Teig verkneten, 30 Minuten rasten lassen. In dieser Zeit die Fülle zubereiten, Milch aufkochen lassen, Nüsse, Honig, Zimt, Rosinen dazugeben und zu einer streichfähigen Masse verrühren. Das Backrohr auf 180 °C vorheizen, Teig zu einem Rechteck, 1/2 cm dick, ausrollen, mit der Fülle bestreichen. Dann einrollen, mit dem restlichen Ei bestreichen und mit einer Gabel anstechen. Ein Backblech mit Backpapier auslegen, Strudel darauf setzen und 40 Minuten goldbraun backen.

Ödenburger Auflauf

250 g Bandnudeln
100 g Staubzucker
90 g Butter
4 Eier
1/2 l Milch
1 Pkg. Vanillezucker
100 g geriebener Mohn
50 g Rosinen
1/2 TL Zimt
1 TL Salz
Butter und Semmelbrösel für die Form

Zubereitungszeit: 1 Stunde

Rosinen heiß waschen, gut abtropfen lassen und trocknen. Eine Auflaufform mit Butter bestreichen und mit Semmelbröseln bestreuen. Die Eier trennen, Bandnudeln mehrmals brechen. Die Milch mit Vanillezucker und dem Salz aufkochen, Nudeln darin bei geringer Hitze weich kochen. Dann abseihen und überkühlen lassen. Die Butter mit 30 g Zucker cremig rühren, nach und nach die Eidotter einrühren. Das Eiklar mit 30 g Zucker steif schlagen. Die Nudeln mit dem Abtrieb gut vermischen und den Eischnee vorsichtig unterheben. Das Backrohr auf 200 °C vorheizen, restlichen Zucker mit Zimt vermischen, die Hälfte der Nudelmasse in die Form geben, darauf den Mohn, Rosinen und Zimtzucker verteilen. Mit etwas flüssiger Butter beträufeln und darauf die restliche Nudelmasse füllen. Im Rohr 30 Minuten goldbraun backen.

Orangensalat

3 Orangen
1 großer Apfel
50 g Kristallzucker
Saft einer Orange
Saft einer Zitrone
5 EL Himbeeren

Zubereitungszeit: 30 Minuten

Orangen schälen, in Segmente teilen, Apfel schälen und in kleine Stücke schneiden. Mit Zitronensaft, Orangensaft und dem Zucker abschmecken und vorsichtig erhitzen. Die Himbeeren dazugeben und sofort servieren.

Tipp: Man kann den Orangensalat auch flambiert servieren. Dazu gibt man ein Glas Himbeergeist in einen Schöpfer, erhitzt ihn, zündet den Himbeergeist an und gießt ihn über den Salat.

Pfirsich-Reis-Auflauf

1 l Milch
200 g Reis
4 Eier
3 EL Staubzucker
50 g Butter
4 Pfirsiche
1 Tasse Milch
abgeriebene Schale einer Zitrone
1 Prise Salz

Zubereitungszeit: 1 Stunde 30 Minuten

Gesalzene Milch zum Kochen bringen, Reis auf kleiner Flamme darin aufquellen lassen. Inzwischen Butter mit 3 Eiern und Zucker schaumig rühren. Mit Zitronenschale unter den abgekühlten Reis rühren. Pfirsiche kurz in kochendes Wasser legen, mit kaltem Wasser abschrecken, die Haut abziehen, halbieren, entkernen und Fruchtfleisch in dicke Streifen schneiden. Das Backrohr auf 200 °C vorheizen, eine Auflaufform mit Butter ausstreichen, die Hälfte der Reismasse hineingeben, die Pfirsiche darauf verteilen und mit dem restlichen Reis abdecken. Ein Ei mit einer Tasse Milch verquirlen und über den Auflauf gießen, mit Butterflocken belegen und 50 Minuten im Rohr goldgelb überbacken.

Rahmauflauf

1/4 l Sauerrahm
4 Eier
60 g Staubzucker
1/2 Pkg. Vanillezucker
60 g Mehl
1 Prise Salz
Butter zum Ausstreichen
Mehl zum Ausstreuen

Zubereitungszeit: 1 Stunde

Eier trennen, Sauerrahm mit Staubzucker, Eidottern, Vanillezucker und Salz gut verrühren. Am Schluss das gesiebte Mehl beifügen und alles glatt verrühren. Die Eiklar steif schlagen, nach und nach Zucker einrieseln lassen und zu steifem Schnee ausschlagen, unter den Rahmabtrieb heben. Das Backrohr auf 180 °C vorheizen, eine Auflaufform mit Butter ausstreichen und mit Mehl ausstreuen. Rahmmasse in die Form füllen und 40 Minuten goldgelb backen.

Rhabarberauflauf

500 g Rhabarber
120 g Zucker
2 EL Himbeersirup
120 g Zwieback
3 Eidotter
3 Eiklar
1/8 l Schlagobers
1 Pkg. Vanillezucker
50 g gehackte Haselnüsse
50 g Zucker
1 EL Butter

Zubereitungszeit: 45 Minuten

Rhabarber putzen, allerdings nicht die Fäden abziehen, waschen und in 2-cm-Stücke schneiden, dickere Stücke halbieren. Mit Himbeersirup und Zucker verrühren, einige Zeit stehen lassen, damit sich der Saft bildet, dann 10 Minuten weich dünsten. Eidotter mit Obers und Vanillezucker aufschlagen. Das Backrohr auf 180 °C vorheizen, eine Auflaufform mit Butter ausstreichen. Den Boden der Form mit Zwieback auslegen, das Dotter-Obers-Gemisch darüber gießen, mit den Haselnüssen bestreuen und den Rhabarber darauf verteilen. Eiklar zu sehr festem Schnee schlagen, Zucker unterheben und auf den Rhabarber verteilen, aber nicht glatt streichen. Im Rohr 25 Minuten backen.

Tipp: Um wirklich schnittfesten Schnee zu bekommen, muss das Geschirr und der Schneebesen völlig fettfrei sein und das Eiklar möglichst kalt.

Salzburger Nockerln

10 Eiklar
6 Eidotter
1/8 l Milch
1 TL Butter
60 g Staubzucker
2 Pkg. Vanillezucker
50 g Mehl
abgeriebene Schale einer halben Zitrone
Staubzucker zum Bestreuen

Zubereitungszeit: 30 Minuten

Das Backrohr auf 220 °C vorheizen, die Milch mit der Hälfte des Vanillezuckers gut verrühren und die Butter beifügen. Milch in eine Auflaufform gießen und in das Rohr stellen. Eiklar mit 20 g Zucker zu Schnee schlagen, restlichen Vanillezucker, Zucker und die Zitronenschale unterrühren, den Schnee nun sehr steif schlagen. Eidotter verrühren und vorsichtig unter den Schnee ziehen, ebenso das Mehl vorsichtig unterheben. Aus der Schneemasse drei Nocken abstechen, diese in die vorgewärmte Auflaufform setzen, im Rohr 10 Minuten backen. Nach dem Ende der Backzeit die Salzburger Nockerln herausnehmen, mit Staubzucker bestreuen und sofort servieren.

Scheiterhaufen

500 g Milchbrot
4 Eier
3/8 l Milch
1 Pkg. Vanillezucker
100 g Staubzucker
500 g Äpfel
50 g Rosinen
1/2 Zimtstange
1/8 l Weißwein
Saft einer 1/2 Zitrone
1 Prise Salz
3 EL Rum
Butter und Semmelbrösel für die Form
Staubzucker zum Bestreuen

Zubereitungszeit: 1 Stunde 45 Minuten

Das Backrohr auf 180 °C vorheizen, eine Auflaufform mit Butter bestreichen und mit Semmelbröseln bestreuen. Rosinen mit heißem Wasser waschen, abtropfen und abtrocknen. Äpfel schälen, vierteln, Kerngehäuse entfernen und in Scheiben schneiden. Wein mit 3 EL Zucker und Zimtstange aufkochen, Apfelscheiben einlegen und weich dünsten. Herausheben und gut abtropfen. Das Milchbrot in fingerdicke Scheiben schneiden. Die Eier trennen, Milch mit Salz, Rum, Eidottern und Zitronensaft gut versprudeln. Eiermilch über Milchbrot gießen und 10 Minuten ziehen lassen. Das Eiklar mit 50 g Zucker zu Schnee schlagen, restlichen Zucker beifügen und steif ausschlagen. Rosinen, Milchbrot und Äpfel vorsichtig unter den Schnee heben. Masse in die Auflaufform füllen und im Rohr 1 Stunde backen. Scheiterhaufen vor dem Servieren mit Staubzucker bestreuen.

Schneenockerln mit Nougatcreme

4 Eier
1 l Milch
1/4 l Schlagobers
30 g Staubzucker
10 g Maizena
1 Prise Salz
100 g Nougatschokolade
80 g Staubzucker
3 EL Weinbrand

Zubereitungszeit: 30 Minuten

Die Eier trennen, Nougatschokolade kleinwürfelig schneiden. 1/4 l Milch mit Schlagobers, Salz und Zucker aufkochen, geschnittene Schokolade beifügen, mit dem Schneebesen unterrühren, so lange rühren, bis sie aufgelöst ist. 5 EL Milch mit Eidotter und Maizena gut verrühren und dann in die kochende Milch gießen, nochmals aufkochen lassen, dann überkühlen. Eiklar mit 30 g Staubzucker zu festem Schnee schlagen. Restliche Milch aufkochen lassen, aus dem Schnee mit Hilfe eines Löffels Nockerln ausstechen, in der Milch 3 Minuten kochen, herausnehmen und gut abtropfen lassen. Die Nougatsauce mit dem Weinbrand verfeinern, vor dem Servieren in kleine Schüsseln gießen, die Schneenockerln darauf setzen.

Schokoladeauflauf

1/4 l Milch
100 g Butter
1 Pkg. Vanillezucker
80 g Kochschokolade
5 Eier
1 Eidotter
150 g Mehl
100 g Staubzucker
1 MS Zimt
1 Prise Salz
Butter und Mehl für die Form
Staubzucker zum Bestreuen

Zubereitungszeit: 1 Stunde 15 Minuten

Eine Auflaufform mit Butter bestreichen und mit Mehl bestreuen. Das Backrohr auf 160 °C vorheizen. Die Eier trennen und die Schokolade grob hacken. Die Milch mit Vanillezucker, Zimt und Salz aufkochen lassen, das Mehl auf einmal in die kochende Milch geben, alles gut verrühren. So lange, bei geringer Hitze, kochen, bis der Teig sich vom Boden löst, in eine Schüssel geben und die Schokolade einrühren. Nun die Eidotter nach und nach im Teig einarbeiten, anschließend auskühlen lassen. Das Eiklar mit dem Zucker cremig schlagen und vorsichtig unter die Masse heben. Auflauf in die Form füllen und 50 Minuten im Rohr backen. Nach dem Ende der Backzeit Auflauf aus dem Rohr nehmen und mit Staubzucker bestreuen.

Süße Serviettenknödel

1/2 l Milch
200 g Grieß
4 Semmeln
1 EL Butter
2 Eier
3 EL Staubzucker
1 Pkg. Vanillezucker
1 TL Zimt
3–4 EL Semmelbrösel
500 g Zwetschken
abgeriebene Schale einer Zitrone
Salz

Zubereitungszeit: 1 Stunde 15 Minuten

Zwetschken waschen, entkernen und klein schneiden, die Semmeln kleinwürfelig schneiden. Die Milch aufkochen, Grieß einrühren, ziehen und abkühlen lassen. In einer Pfanne die Butter erhitzen, Semmelwürfel darin anrösten. In einer Schüssel die Eier, Salz, Zucker, Vanillezucker, Zimt und die Zitronenschale gut vermischen, Zwetschken, Grießmasse, Semmelwürfel und die Semmelbrösel einmengen und alles gut vermischen. Diese Masse zu einer Rolle formen, in eine Serviette einbinden und im Salzwasser 45 Minuten leicht kochen lassen. Vor dem Anrichten in Scheiben schneiden und mit einer Vanillesauce servieren.

Topfen-Grieß-Knödel mit Himbeeren gefüllt

500 g passierter Topfen
250 g Mehl
120 g Butter
100 g Grieß
2 Eier
250 g Himbeeren
1 Pkg. Vanillezucker
geriebene Schale einer
1/2 Zitrone
1 Prise Salz
Biskuitbrösel zum Wälzen
Kakaopulver und Staubzucker zum Bestreuen

Zubereitungszeit: 1 Stunde 15 Minuten

Auf einer bemehlten Arbeitsfläche Topfen, gesiebtes Mehl, die Eier, Butter in Stücke geschnitten, Grieß, Salz, Vanillezucker und die Zitronenschale zu einem glatten Teig verkneten. Teig zu einer Rolle formen, in Alufolie wickeln und 30 Minuten im Kühlschrank rasten lassen. Himbeeren vorsichtig waschen und gut abtropfen lassen. Teigrolle auf die Arbeitsfläche legen, in 2 cm breite Stücke schneiden, diese mit der Hand flach drücken, Himbeeren in die Mitte legen und Knödel formen. Knödel im Salzwasser 20 Minuten bei geringer Hitze kochen lassen. Die Knödel sollten mehr ziehen als kochen. Nach dem Ende der Kochzeit herausheben, gut abtropfen lassen und in den Biskuitbröseln wälzen. Vor dem Servieren Knödel mit Kakaopulver und Staubzucker bestreuen.

Topfenknödel mit Mohn

500 g Topfen
190 g Staubzucker
100 g Grieß
1/2 Pkg. Vanillezucker
40 g Butter
4 Eier
150 g gemahlener Mohn
2 EL Butter
1 Prise Salz
Staubzucker zum Bestreuen

Zubereitungszeit: 40 Minuten (ohne Kühlzeit)

Topfen mit den Eiern, 40 g Staubzucker, Salz, Butter und Grieß gut verrühren. Im Kühlschrank zugedeckt eine Stunde rasten lassen. Nach dem Ende der Kühlzeit aus der Topfenmasse Knödel formen, Salzwasser aufkochen, Knödel einlegen und bei geringer Hitze 15 Minuten gar ziehen lassen. Restlichen Staubzucker mit dem Mohn vermischen, in einer Pfanne die Butter erhitzen, Mohnzucker darin kurz anrösten. Knödel auf dem Wasser heben, gut abtropfen lassen und im Mohnzucker wälzen, mit Staubzucker bestreut servieren.

Topfennockerln

250 g Topfen
2 EL Mehl
2 EL Semmelbrösel
2 Eier
2 EL Butter
100 g Semmelbrösel zum Rösten
1 Prise Salz
Staubzucker zum Bestreuen

Zubereitungszeit: 20 Minuten

Topfen, Mehl, Brösel, Eier und Salz gut vermischen. Salzwasser aufkochen lassen, mit einem Löffel kleine Nockerln ausstechen, in das Wasser einlegen. Bei geringer Hitze schwach wallend 6 Minuten ziehen lassen. Inzwischen in einer Pfanne die Butter erhitzen, Semmelbrösel darin anrösten. Nach dem Ende der Garzeit Topfennockerl herausheben, gut abtropfen lassen, in den gerösteten Bröseln wälzen und mit Staubzucker bestreuen. Mit Zwetschkenröster servieren.

Tipp: Sie können die Nockerln statt mit Semmelbröseln mit heißen Himbeeren und Schlagobers servieren.

Topfenpalatschinken

150 g Mehl
1/4 l Milch
2–3 Eier
1 Prise Salz
1 TL Öl
250 g passierter Topfen
2 Eier
2 EL Butter
2 EL Zucker
1 Prise Salz
abgeriebene Schale einer halben Zitrone
3 EL Rosinen
4 EL Sauerrahm
Butter zum Braten und Befetten
1 EL Butterflocken
Staubzucker zum Bestreuen

Zubereitungszeit: 50 Minuten

In einer Schüssel die Milch mit den Eiern, Salz und dem Öl gut versprudeln, das gesiebte Mehl dazugeben und mit einem Schneebesen alles zu einem glatten Teig verrühren, 30 Minuten rasten lassen. In dieser Zeit die Fülle zubereiten, Rosinen heiß abwaschen und abtrocknen, Butter mit dem Zucker, Salz und Zitronenschalen schaumig rühren, Eier nach und nach einrühren und den Topfen löffelweise untermengen. Rosinen und Sauerrahm am Schluss dazugeben. In einer Pfanne Butter erhitzen, 6 Palatschinken von beiden Seiten hellgelb backen, herausheben und warm stellen. Das Backrohr auf 220 °C vorheizen, eine Auflaufform mit Butter ausstreichen. Palatschinken mit der Topfenmasse füllen, aufrollen und in die Form legen. Mit den Butterflocken belegen und im Rohr 15 Minuten überbacken. Vor dem Servieren mit Staubzucker bestreuen.

Topfenschmarren mit Himbeermark

250 g passierten Topfen
1/8 l Sauerrahm
1 Pkg. Vanillezucker
abgeriebene Schale einer halben Zitrone
1 Prise Salz
2 TL Maizena
3 EL Grieß
3 Eidotter
3 Eiklar
2 EL Staubzucker
1/2 KL Rum
4 EL Butter
250 g Himbeeren
4 TL Himbeergeist
Zucker nach Geschmack

Zubereitungszeit: 1 Stunde

Passierten Topfen mit Sauerrahm, Vanillezucker, Salz, Grieß, Maizena und Eidottern kurz verrühren, 30 Minuten rasten lassen. Eiklar zu steifem Schnee schlagen, mit dem Zucker ausschlagen. Den Schnee locker unter die Topfenmasse heben und mit Rum abschmecken. Das Backrohr auf 220 °C vorheizen, in einer Pfanne die Butter stark erhitzen, Schmarrenmasse eingießen und im Rohr 10 Minuten backen. Inzwischen die Himbeeren waschen, gut abtropfen und passieren, den Himbeergeist beimengen und mit Zucker abschmecken. Nach dem Ende der Garzeit Pfanne aus dem Rohr nehmen, Topfenschmarren mit zwei Gabeln zerreißen, mit etwas Zucker bestreuen und nochmals kurz durchrösten. Vor dem Anrichten auf vorgewärmte Teller legen und mit Himbeermark servieren.

Vanilleauflauf

1/4 l Milch
50 g Staubzucker
2 Pkg. Vanillezucker
Mark von 2 Vanilleschoten
5 Eier
40 g Butter
75 g Mehl
1 große Dose Marillen (Pfirsiche, Birnen)
2 EL Semmelbrösel
Butter zum Befetten

Zubereitungszeit: 1 Stunde 30 Minuten

Auflaufform mit hohem Rand mit Butter einfetten und mit Semmelbröseln bestreuen, Marillen aus der Dose nehmen und gut abtropfen lassen, in Spalten schneiden. Die Marillenspalten auf dem Boden der Form verteilen. In einem Topf Milch, Zucker, Vanillezucker, Vanillemark, Butter und Mehl gut versprudeln, bei geringer Hitze unter ständigem Rühren langsam zum Kochen bringen. So lange rühren, bis sich der Teig vom Topfboden löst, den Topf zur Seite stellen und etwas überkühlen lassen. Das Backrohr auf 180 °C vorheizen, die Eier trennen, Eidotter nach und nach in den Teig einrühren. Eiklar zu steifem Schnee schlagen, unter die Masse heben. Den Auflauf über die Marillenspalten verteilen und im Rohr 50 Minuten hellgelb backen, sofort servieren.

Weinchaudeau

1/4 l Weißwein
100 g Staubzucker
1 KL Zitronensaft
3 Eidotter

Zubereitungszeit: 20 Minuten

Wein, Zucker, Zitronensaft und Eidotter gut versprudeln, im Wasserbad so lange schlagen, bis die Masse vollkommen dickflüssig geworden ist. Vom Herd nehmen, kurz überkühlen lassen und sofort servieren.

Tipp: Das Chaudeau schmeckt besonders fein, wenn Sie der Masse 2 cl Grand Manier beimengen.

Zimtknödel

3/4 l Milch
2 EL flüssige Butter
90 g Grieß
1 Ei
1/2 Zimtstange
1 Gewürznelke
Zimt und Zucker zum Bestreuen

Zubereitungszeit: 40 Minuten

1/4 l Milch mit der Zimtstange und der Gewürznelke aufkochen und anschließend 2 Minuten ziehen lassen. Nelke und Zimtstange aus der Milch nehmen, Grieß einrieseln und mit der flüssigen Butter einkochen, kurz überkühlen lassen, dann das Ei einrühren. Die restliche Milch erhitzen, aus der Grießmasse kleine Knödel formen und diese darin 10 Minuten ziehen lassen. Herausheben, gut abtropfen lassen und mit Zimt und Zucker bestreut servieren.

Zwetschkenröster

1 kg Zwetschken
150 g Staubzucker
1/8 l Wasser
2 Gewürznelken
1 Zimtrinde
Saft und abgeriebene Schale einer Zitrone

Zubereitungszeit: 30 Minuten

Zwetschken waschen, entkernen und mit etwas Zucker bestreuen. Wasser mit Gewürznelken, Zimtrinde, Zitronenschale und Saft aufkochen lassen. Zwetschken einlegen und unter ständigem Rühren so lange dünsten, bis die Zwetschken halb zerfallen sind und die Schalen sich einrollen. Vor dem Servieren die Gewürze herausnehmen.

Kuchen und Torten

Ameisengugelhupf

250 g Butter
4 Eier
250 g Staubzucker
1/8 l Eierlikör
1/2 Pkg. Backpulver
1 Pkg. Vanillezucker
250 g Mehl
50 g Schokoladestreusel
Butter und Mehl für die Form
Staubzucker zum Bestreuen

Zubereitungszeit: 1 Stunde 15 Minuten

Das Backrohr auf 180 °C vorheizen, Gugelhupfform mit Butter befetten und mit Mehl bestreuen. Die Eier trennen, Butter, Staubzucker, Vanillezucker und Eidotter sehr schaumig rühren, dann den Eierlikör unterrühren. Mehl mit Backpulver und den Schokoladestreuseln sehr gut vermischen, das Eiklar zu steifem Schnee schlagen. Abwechselnd mit dem gemischten Mehl unter den Abtrieb heben. Die Masse in die Form füllen und 50 Minuten backen. Nach dem Ende der Backzeit Gugelhupf aus der Form stürzen und mit Staubzucker bestreuen.

Tipp: Damit sich Ihr Gugelhupf leicht aus der Form löst, stellen Sie die Form nach dem Einfetten und Bemehlen kurz in den Kühlschrank.

Aniskuchen

250 g Staubzucker
250 g Butter
5 Eier
2 TL Vanillezucker
300 g Mehl
20 g Anis
1 MS Backpulver
1 Prise Salz
Butter für die Form
gehobelte Mandeln zum Bestreuen der Form
Staubzucker zum Bestreuen

Zubereitungszeit: 1 Stunde 10 Minuten

Das Backrohr auf 170 °C vorheizen, eine Kastenform mit Butter befetten und den gehobelten Mandeln ausstreuen. Die Butter mit Staubzucker, Vanillezucker und Salz cremig rühren. Nun die Eier nach und nach unterrühren. Das Mehl mit Backpulver versieben, mit Anis gut vermischen. Anschließend das Mehl unter den Abtrieb rühren. In die Form füllen und 55 Minuten im Rohr backen. Aniskuchen aus der Form stürzen, abkühlen lassen und mit Staubzucker bestreuen.

Tipp: Stürzen Sie den Kuchen sofort aus der Form, stülpen Sie dann die Form wieder darüber und lassen Sie den Kuchen auskühlen, so bleibt er saftiger.

Apfelbiskuitkuchen

3 Äpfel
200 g Butter
200 g Staubzucker
150 g Mehl
4 Eier
1 TL Backpulver
1/2 TL Maizena
1 Pkg. Vanillezucker
1 TL Rum
Saft und abgeriebene Schale einer Zitrone
Butter und Mehl für die Form

Zubereitungszeit: 1 Stunde 15 Minuten

Das Backrohr auf 180 °C vorheizen, eine Springform mit Butter befetten und mit Mehl ausstreuen. Äpfel schälen, vierteln, Kerngehäuse ausschneiden, in Spalten schneiden, diese sofort mit Zitronensaft beträufeln. Mehl mit Backpulver versieben, Maizena unterrühren. Butter mit Zucker schaumig rühren, nach und nach Eier einrühren. Vanillezucker, Rum und Zitronenschalen dazugeben, am Schluss die Mehlmischung unterrühren. Masse in die Springform füllen und dicht mit den Apfelspalten belegen. Im vorgeheizten Rohr 45 Minuten backen.

Tipp: Statt den Äpfeln können Sie jedes andere Obst verwenden.

Apfelstrudeltorte

1 Pkg. Strudelblätter
7 Äpfel
50 g Butter
50 g Semmelbrösel
1 Pkg. Vanillezucker
70 g Kristallzucker
70 g gehackte Walnüsse
30 g Honig
50 g flüssige Butter
1 MS Zimt
Saft und abgeriebene Schale einer Zitrone
Butter für die Form
Staubzucker zum Bestreuen

Zubereitungszeit: 1 Stunde 15 Minuten

Das Backrohr auf 190 °C vorheizen, eine Springform mit Butter bestreichen, flüssige Butter mit dem Honig verrühren. In einer Pfanne die Butter erhitzen, Brösel darin anrösten, abkühlen lassen. Äpfel schälen, halbieren, Kerngehäuse ausschneiden, Äpfel in stärkere Spalten schneiden. Apfelspalten mit Nüssen, Zitronensaft, Zitronenschale, Zucker, Vanillezucker, Zimt und zwei Drittel der Brösel gut vermischen. Springform mit einem Strudelblatt belegen, dünn mit der Honigbutter bestreichen. Die restlichen Brösel auf den Teig streuen, dann die Apfelfülle darauf verteilen. Das zweite Strudelblatt mit den Händen vorsichtig zerknüllen und auf die Apfelspalten legen. Mit der Honigbutter bestreichen, überstehenden Teig zur Mitte schlagen und ebenfalls mit der Honigbutter bestreichen. Torte im Rohr 30 Minuten backen, nach dem Ende der Backzeit aus dem Rohr nehmen und kurz rasten lassen. Vor dem Servieren mit Staubzucker bestreuen.

Apfel-Nuss-Kuchen

300 g Mehl
200 g Butter
100 g Staubzucker
2 Eidotter
2 Pkg. Vanillezucker
750 g Äpfel
20 g Butter
60 g Staubzucker
40 g Rosinen
2 MS Zimt
4 EL Rum
250 g geriebene Walnüsse
20 g Butter
100 g Staubzucker
90 g Biskuitbrösel
1/8 l Milch
Saft und abgeriebene Schale einer Zitrone
1 Ei zum Bestreichen

Zubereitungszeit: 1 Stunde 30 Minuten (ohne Kühlzeit)

Aus dem Mehl, Staubzucker, Butter, Eidottern, Hälfte der Zitronenschalen und 1 Pkg. Vanillezucker rasch einen Mürbteig kneten, in Frischhaltefolie wickeln und 2 Stunden im Kühlschrank rasten lassen. Inzwischen die Apfel-Nuss-Fülle zubereiten. Rosinen mit heißem Wasser abwaschen, gut abtropfen lassen und abtrocknen. Äpfel schälen, vierteln und das Kerngehäuse ausschneiden, in dünne Scheiben schneiden. Mit 20 g Butter, 60 g Zucker, 1 MS Zimt, 2 EL Rum und Zitronensaft weich dünsten, abseihen und überkühlen lassen. Die Milch mit Vanillezucker, 2 EL Rum, 1 MS Zimt, 100 g Zucker, 20 g Butter und den restlichen Zitronenschalen aufkochen, Biskuitbrösel und Nüsse einrühren, gut vermischen und auskühlen lassen. Das Backrohr auf 180 °C vorheizen. Auf einer bemehlten Arbeitsfläche den Mürbteig 4 mm dick ausrollen. Von einer Springform Boden und Wand mit 3/4 des Teiges auslegen, mit einer Gabel mehrmals einstechen. Zuerst die Nussfülle auf den Teig verteilen, dann die Apfelfülle. Den restlichen Teig bis zur Größe der Springform auswalken, damit die Torte abdecken, Ränder fest zusammendrücken. Das Ei versprudeln und damit die Torte bestreichen, im Rohr 1 Stunde backen. Nach dem Ende der Backzeit die Torte in der Form erkalten lassen.

Tipp: Der Mürbteig schmeckt viel besser, wenn Sie ihn bereits am Vortag zubereiten. Da genügend Fett im Mürbteig ist, soll die Form nicht befettet und bemehlt werden.

Aranzinikuchen

120 g Mehl
100 g Aranzini
250 g Butter
250 g Staubzucker
2 TL Vanillezucker
1 MS Backpulver
5 Eier
200 g geriebene Mandeln
abgeriebene Schale einer Orange
1 Prise Salz
Butter und Mehl für die Form
Staubzucker zum Bestreuen

Zubereitungszeit: 1 Stunde 30 Minuten

Das Backrohr auf 170 °C vorheizen, eine runde Kuchenform mit Butter bestreichen und mit Mehl ausstreuen. 60 g Aranzini kleinwürfelig schneiden, restliche 40 g für die Garnierung in dünne Streifen schneiden. Butter mit Vanillezucker, Staubzucker, Orangenschale und Salz gut verrühren, die Eier nach und nach beimengen und sehr schaumig rühren. Mehl mit dem Backpulver versieben, abwechselnd mit Mandeln und Aranziniwürfeln unter die Masse rühren. Teig in die Form füllen und 1 Stunde backen. Nach Ende der Backzeit Kuchen aus dem Rohr nehmen, 10 Minuten rasten lassen und aus der Form stürzen. Vor dem Servieren mit Staubzucker bestreuen und mit den beiseite gelegten Aranzinistreifen garnieren.

Tipp: Wenn Sie wissen wollen, wann der Kuchen fertig ist, stechen Sie gegen Ende der Backzeit mit einer Stricknadel in den Kuchen. Bleibt kein Teig kleben, ist der Kuchen fertig gebacken.

Bischofsbrot

5 Eier
170 g Staubzucker
120 g flüssige Butter
350 g fein gehackte Feigen, Mandeln, Nüsse, Rosinen, kandierte Kirschen, Zitronat
120 g Mehl
Butter und Semmelbrösel für die Form

Zubereitungszeit: 1 Stunde

Das Backrohr auf 180 °C vorheizen, eine Kastenform mit Butter bestreichen und mit Semmelbröseln bestreuen. 4 Eier trennen, 1 Ei, 4 Eidotter mit 70 g Zucker schaumig rühren, die Hälfte des Mehls und die Früchte unterrühren. Eiklar schaumig schlagen, mit dem restlichen Zucker zu festem Schnee ausschlagen. Abwechselnd mit der zweiten Hälfte des Mehls vorsichtig unter die Masse heben. Die flüssige, nicht heiße Butter unterrühren. Teig in die Kastenform füllen und 45 Minuten backen.

Tipp: Rosinen und kandierte Früchte zuerst in Mehl wälzen, dann erst in den Teig geben, sie sinken dann nicht zu Boden. Schneiden Sie das Bischofsbrot erst am nächsten Tag in Scheiben.

Biskuitroulade

4 Eier
100 g Staubzucker
60 g Mehl
1 Pkg. Vanillezucker
abgeriebene Schale einer Zitrone
Marillenmarmelade zum Füllen
Staubzucker zum Bestreuen

Zubereitungszeit: 30 Minuten

Das Backrohr auf 200 °C vorheizen, ein Backblech mit Backpapier auslegen. Die Eier trennen, Eidotter mit der halben Zuckermenge und der Zitronenschale sehr schaumig rühren. Die Eiklar mit Vanillezucker und dem restlichen Zucker zu steifem Schnee schlagen. Abwechselnd mit dem Mehl langsam unter die Eidotter ziehen. Biskuitmasse auf das Backblech streichen, im heißen Rohr 10 Minuten backen. In dieser Zeit die Marmelade im Wasserbad erwärmen. Ein trockenes Geschirrtuch mit Zucker bestreuen, nach dem Ende der Backzeit das Biskuit sofort darauf stürzen. Backpapier abziehen und mit Marmelade bestreichen. Mit Hilfe des Tuches Biskuit zu einer festen Roulade zusammenrollen. Vor dem Servieren mit Staubzucker bestreuen.

Tipp: Sollte sich das Backpapier nicht lösen, tauchen Sie einen Pinsel in kaltes Wasser und bestreichen Sie das Papier vorsichtig damit.

Biskuittorte gerollt

180 g Staubzucker
6 Eier
120 g Mehl
1 Pkg. Vanillezucker
250 g Butter
150 g Staubzucker
100 g Schokolade
1 EL Rum
1 Eidotter
150 g Rohmarzipan
50 g Schokoladestreusel

Zubereitungszeit: 1 Stunde

Das Backrohr auf 200 °C vorheizen, ein Backblech mit Backpapier auslegen. Die Eier trennen, Eidotter mit der Hälfte des Staubzuckers und Vanillezucker sehr schaumig rühren, Eiklar mit dem restlichen Zucker zu steifem Schnee schlagen, abwechselnd mit dem gesiebten Mehl unter die Eidottermasse heben. Biskuitmasse auf das Backblech streichen, im Rohr 10 Minuten backen. Herausnehmen und abkühlen lassen. Für die Creme die Schokolade im Wasserbad erweichen, abkühlen lassen. Butter schaumig rühren, Staubzucker, Eidotter, Rum und Schokolade unterrühren, alles cremig verrühren. Das ausgekühlte Biskuit in 5 cm breite Streifen schneiden. Ersten Streifen mit der Creme bestreichen, einrollen, den nächsten Streifen bestreichen und um den ersten wickeln, mit den restlichen Streifen so lange fortfahren, bis die Größe einer Torte erreicht ist. Oberseite und Rand mit der Creme bestreichen, Rohmarzipan zur Größe der Torte ausrollen, den Rand mit Schokoladestreusel bestreuen, Marzipanplatte auf die Torte legen. Vor dem Servieren einige Zeit in den Kühlschrank stellen.

Blohbergerschnitten

150 g Butter
150 g Staubzucker
4 Eier
150 g geriebene Haselnüsse
150 g Schokolade
50 g Mehl
1 Pkg. Vanillezucker
1/2 Pkg. Backpulver
100 g Staubzucker
Saft einer halben Zitrone
1 MS Salz

Zubereitungszeit: 1 Stunde

Backblech mit Backpapier auslegen. 3 Eier trennen, Schokolade im Wasserbad erweichen. Butter schaumig rühren, Zucker, 1 Ei und 3 Eidotter langsam einrühren, Nüsse und Schokolade unterrühren. Mehl mit dem Backpulver versieben, Salz dazugeben. Eiklar mit Vanillezucker zu steifem Schnee schlagen, abwechselnd mit der Mehlmischung vorsichtig unterheben. Masse auf das Backblech streichen, in das kalte Rohr stellen, dann das Backrohr auf 180 °C aufheizen und die Blohbergerschnitten 35 Minuten backen. In dieser Zeit die Zitronenglasur zubereiten, Staubzucker mit dem Zitronensaft gut verrühren. Am Ende der Backzeit Schnitten aus dem Rohr nehmen und noch warm mit der Zitronenglasur bestreichen.

Tipp: Glasieren Sie den noch warmen Kuchen, so trocknet die Glasur schneller und bleibt glänzend.

Dobostorte

6 Eier
190 g Butter
130 g Kristallzucker
40 g Staubzucker
150 g Mehl
3/8 l Milch
220 g Kristallzucker
2 Eidotter
1/2 Pkg. Vanillepuddingpulver
150 g Kokosfett
300 g Butter
120 g Schokolade
100 g geriebene Haselnüsse
200 g Kristallzucker
1 TL Vanillezucker
1 EL Rum
1 Prise Salz

Zubereitungszeit: 2 Stunden

Das Backrohr auf 200 °C vorheizen, 4 Stück Backpapier in der Größe des Backblechs zuschneiden, auf jedes Papier zwei Kreise im Durchschnitt von 20 cm zeichnen. Die Eier trennen, Butter mit Staubzucker, Vanillezucker und Salz cremig rühren. Eidotter nach und nach in den Abtrieb rühren. Eiklar mit dem Kristallzucker zu einem steifen Schnee schlagen. Ein Drittel des Schnees in die Masse rühren, den restlichen Schnee abwechselnd mit dem Mehl unterheben. Die Biskuitmasse auf jeden Kreis streichen, sie sollte 1/2 cm hoch sein. Jedes der 4 Backpapiere nacheinander im Rohr 10 Minuten goldgelb backen. Am Ende der Backzeit jedes Blech herausnehmen, Biskuit wenden und das Papier abziehen. Biskuitscheiben auskühlen lassen, falls notwendig mit einem Tortenreifen ausstechen. Für die Creme 2/8 l Milch mit 110 g Zucker, Vanillezucker und etwas Salz aufkochen, restliche Milch mit dem Puddingpulver und den 2 Eidottern gut verrühren, anschließend in die kochende Milch gießen, bei geringer Hitze ganz kurz weiterkochen lassen. Dann in eine Schüssel geben, restlichen Zucker unterrühren, so lange rühren, bis die Creme nur mehr lauwarm ist. Zuerst das klein geschnittene Kokosfett dazugeben und weiterrühren, ist die Creme abgekühlt, die Butter unterrühren, dann kalt stellen. Die Schokolade im Wasserbad schmelzen, überkühlen lassen. Nüsse mit Rum gut verrühren, anschließend mit Schokolade und etwas Creme vermischen und dann in die restliche Creme einrühren. Den besten Biskuittortenboden zum Glasieren beiseite legen, restliche 7 Tortenböden mit der Buttercreme bestreichen und zu einer Torte zusammensetzen, Rand ebenfalls mit der Creme bestreichen, auf der Oberseite der Torte 12 Stücke markieren, im Kühlschrank erkalten lassen. Auf dem reservierten Tortenboden ebenfalls 12 Stücke markieren, Boden auf ein Backpapier legen. In einer Pfanne etwas Zucker schmelzen lassen, dann den restlichen Zucker nach und nach dazugeben. Unter ständigem Rühren goldgelb karamellisieren, über den Tortenboden gießen und mit einem Messer glatt streichen, Karamell kurz anziehen lassen. Mit einem bebutterten Messer an den markierten Stellen durchschneiden. Die fertig gekühlte Torte mit den Stücken belegen.

Tipp: Wenn Sie das Kokosfett und die Butter in die warme Creme rühren, wird diese zu weich. Ist das der Fall, stellen Sie die Creme kurz in den Kühlschrank. Damit das Karamell nicht an dem Messer kleben bleibt, bebuttern Sie dieses vor jedem Schnitt neu.

Cremeschnitten

2 Pkg. Blätterteig
1/4 l Milch
1 Eidotter
1/2 Pkg. Vanillepuddingpulver
60 g Zucker
8 Blatt Gelatine
3/4 l Schlagobers
4 TL Staubzucker
2 EL Rum
200 g Staubzucker
2 EL Zitronensaft
1 EL heißes Wasser
1 EL Rum
80 g Marillenmarmelade
4 TL Vanillezucker
1 Prise Salz

Zubereitungszeit: 2 Stunden (ohne Kühlzeit)

Das Backrohr auf 220 °C vorheizen, ein Backblech mit Backpapier belegen. Blätterteig aufrollen, auf das Back-papier legen, mit einer Gabel mehrmals einstechen. Im Rohr 10 Minuten backen, dann die Hitze auf 180 °C reduzieren und 30 Minuten fertig backen, herausnehmen und abkühlen lassen. In dieser Zeit die Creme zubereiten, 1/16 l Milch mit Puddingpulver und Eidotter gut verrühren, die restliche Milch mit Zucker, 1 TL Vanillezucker und Salz aufkochen, Puddingmilch in die kochende Milch gießen und einmal aufkochen lassen. Vanillecreme in eine Schüssel füllen und zugedeckt kühl stellen. Gelatine in kaltem Wasser einweichen, Schlagobers steif schlagen. Creme mit restlichem Vanillezucker, Staubzucker und Rum gut verrühren, Gelatine gut ausdrücken, über Wasserdampf schmelzen, mit etwas Creme verrühren, dann mit einem Drittel vom Obers rasch unter die Vanillecreme rühren. Restliches Schlagobers vorsichtig unter die Creme heben. Abgekühlten

Foto: GUSTO / Stefan Liewehr

Biskuitroulade

(siehe Rezept Seite 301)

Foto: GUSTO / Stefan Liewehr

Linzer Torte

(siehe Rezept Seite 314)

Foto: GUSTO / Stefan Liewehr

Marmorgugelhupf

(siehe Rezept Seite 317)

Foto: Foto Liesl Biber

Rehrücken

(siehe Rezept Seite 325)

Foto: Foto Liesl Biber

Sandkuchen

(siehe Rezept Seite 330)

Foto: Foto Liesl Biber

Schwarzwälder Kirschtorte

(siehe Rezept Seite 333)

Foto: Foto Liesl Biber

Erdbeercreme

(siehe Rezept Seite 348)

Foto: Foto Liesl Biber

Erdbeer-Topfen-Creme

(siehe Rezept Seite 348)

Blätterteig halbieren, auf ein Rechteck die Vanillecreme gleichmäßig streichen, dann im Kühlschrank erstarren lassen. Für die Zuckerglasur gesiebten Staubzucker, Zitronensaft, Rum und heißes Wasser 10 Minuten glatt rühren. Marmelade erhitzen, die zweite Blätterteighälfte damit bestreichen und mit der Zuckerglasur glasieren, überkühlen lassen. Mit einem scharfen Messer den glasierten Blätterteig in gleichmäßige Stücke teilen und diese dann auf die erstarrte Creme legen.

Tipp: Ist die Glasur zu dünn, etwas Staubzucker zugeben, ist sie zu dick, Flüssigkeit beifügen.

Ennser Schnitten

150 g Schokolade
150 g Staubzucker
4 Eier
150 g Butter
150 g geriebene Mandeln
150 g Staubzucker
1 EL Rum
Saft einer halben Zitrone
Butter und Mehl für das Backblech

Zubereitungszeit: 45 Minuten

Das Backrohr auf 180 °C vorheizen, ein Backblech mit Backpapier belegen. Die Schokolade im Wasserbad erweichen, überkühlen lassen. 3 Eier trennen, Butter mit Zucker cremig rühren, einzeln und langsam das ganze Ei und die Eidotter einrühren, dann die erweichte Schokolade unterrühren. Das Eiklar zu steifem Schnee schlagen, mit geriebenen Mandeln abwechselnd unter die Masse heben. Schokolademasse auf das vorbereitete Backblech streichen, 20 Minuten im Rohr backen. Inzwischen die Glasur zubereiten, Staubzucker, Rum und Zitronensaft 10 Minuten glatt rühren. Am Ende der Backzeit Kuchen aus dem Rohr nehmen, kurz überkühlen lassen und noch warm mit der Glasur überziehen. Vor dem Servieren in Schnitten teilen.

Tipp: Tauchen Sie vor jedem Schnitt das Messer in heißes Wasser, so verhindern Sie ein Brechen der Glasur.

Esterházytorte

260 g geriebene Haselnüsse
300 g Staubzucker
40 g Mehl
6 Eiklar
3/16 l Milch
1/2 Pkg. Vanillepuddingpulver
200 g Butter
100 g Kokosfett
1 Eidotter
2 EL Weinbrand
200 g Fondant
100 g Marillenmarmelade
1 TL Vanillezucker
1 Prise Salz
Kakao

Zubereitungszeit: 2 Stunden (ohne Kühlzeit)

Das Backrohr auf 200 °C vorheizen, 4 Stück Backpapier auf die Größe des Backblechs schneiden, auf jedes Papier 2 Kreise mit einem Durchmesser von 20 cm zeichnen. In einer Schüssel gesiebtes Mehl mit 180 g Haselnüssen gut vermischen. Eiklar mit 150 g Zucker zu einem steifen Schnee schlagen, die Mehl-Nuss-Mischung unterheben. Die Masse auf jeden Kreis 3 mm hoch aufstreichen, im Rohr 7 Minuten backen, nach dem Ende der Backzeit herausnehmen, Tortenscheiben wenden, das Backpapier abziehen und auskühlen lassen. 2/16 von der Milch mit Vanillezucker, 80 g Zucker und Salz aufkochen, restliche Milch mit dem Puddingpulver und Eidotter gut verrühren, in die kochende Milch gießen, aufkochen und bei geringer Hitze kurz schwach kochen lassen. Nun die Creme in eine Schüssel geben, den restlichen Zucker einrühren, so lange rühren, bis die Creme abgekühlt ist. Kokosfett klein schneiden und einrühren, hat die Creme Zimmertemperatur, die Butter in kleinen Stücken beifügen, alles gut verrühren und dann die Creme im Kühlschrank kalt stellen. Restliche Haselnüsse mit dem Weinbrand gut verrühren, mit der Buttercreme glatt rühren. Die schönste Teigscheibe beiseite legen, die anderen Scheiben mit Creme bestreichen und zu einer Torte zusammensetzen, die achte Scheibe als Oberteil darauf setzen, den Rand mit Creme bestreichen. Marmelade im Wasserbad erwärmen, auf die Torte streichen, Fondant mit wenig Wasser über Wasserdampf erwärmen, 3 EL davon mit etwas Kakao vermischen. Hellen Fondant auf die Torte gießen und glatt verstreichen. Dunklen Fondant in einen kleinen Spritzsack füllen und Kreise auf die Torte spritzen. Mit einem kleinen spitzen Messer Diagonalen auf der Torte ziehen, so entsteht das typische Esterházymuster.

Fruchtschnitten

4 Eier
280 g Staubzucker
280 g Mehl
200 g Walnüsse
200 g Aranzini
200 g Zitronat
200 g Rosinen
200 g Schokolade
1 Pkg. Backpulver
Butter und Mehl für das Backblech

Zubereitungszeit: 1 Stunde 30 Minuten

Das Backrohr auf 180 °C vorheizen, ein Backblech mit Butter befetten und mit Mehl bestauben. Rosinen mit heißem Wasser waschen, gut abtropfen lassen und abtrocknen. Nüsse, Aranzini und Zitronat grob hacken, die Schokolade grob raspeln. Eier und Zucker schaumig rühren, dann das Mehl einrühren und die Früchte einmengen. Teig auf das Backblech streichen und 1 Stunde im Rohr backen. Nach dem Auskühlen in Schnitten schneiden.

Früchtebrot

500 g Powidl
260 g Mehl
200 g Mandeln
100 g Rosinen
100 g Aranzini
5 Dörrzwetschken
3 Feigen
100 g Zucker
1/8 l Milch
2 EL Rum
1 Pkg. Vanillezucker
1 Pkg. Backpulver
Saft und Schale einer Orange
Butter und Mehl für die Form

Zubereitungszeit: 1 Stunde 30 Minuten

Das Backrohr auf 180 °C vorheizen, eine Kastenform mit Butter bestreichen und mit Mehl bestreuen. Rosinen mit heißem Wasser waschen, abtropfen lassen und abtrocknen. Nüsse und Aranzini grob hacken, Feigen und Dörrzwetschken kleinwürfelig schneiden. Das Mehl mit dem Backpulver versieben, alle restlichen Zutaten gut vermengen, in die Kastenform füllen und im Rohr 1 Stunde backen. Nach dem Auskühlen das Früchtebrot in dünne Scheiben schneiden.

Gervaistorte mit Früchten

30 g Mehl
30 g Maizena
2 Eier
60 g Staubzucker
20 g flüssige Butter
1 Prise Salz
250 g Gervais
3/8 l Schlagobers
90 g Staubzucker
5 Blatt Gelatine
Saft und abgeriebene Schale einer halben Zitrone
1/2 Pkg. Vanillezucker
100 g Erdbeeren
200 g Weintrauben
2 Marillen
1 Kiwi
3 EL Staubzucker
1/8 l Orangensaft
1/8 l Wasser
1 Pkg. Tortengelee
100 g Mandelblättchen
Butter und Mehl für die Form

Zubereitungszeit: 1 Stunde 30 Minuten (ohne Kühlzeit)

Backrohr auf 190 °C vorheizen, Springform mit Butter bestreichen und mit Mehl bestreuen. Eier trennen, Mehl mit Maizena versieben. Eidotter mit 20 g Zucker und Salz schaumig rühren, Eiklar mit restlichem Zucker zu steifem Schnee schlagen. Abwechselnd mit der Mehlmischung unter die Dottermasse heben, am Schluss flüssige Butter zugeben. Biskuitmasse in die Form füllen, 30 Minuten backen, dann auskühlen. Weintrauben und Marillen waschen, halbieren und entkernen, Erdbeeren waschen, entstielen, Kiwi schälen. Ungefähr 1/3 der Früchte klein schneiden, restlichen Früchte kalt stellen. Gelatine in kaltem Wasser einweichen, Schlagobers steif schlagen und zugedeckt in den Kühlschrank stellen. Gervais mit Vanillezucker, Zucker, Zitronensaft und Zitronenschale gut vermischen, in einer Schüssel etwas von dieser Masse über Wasserdampf erwärmen, gut ausgedrückte Gelatine darin auflösen. Restliche Masse einrühren, Fruchtstücke und am Schluss das Schlagobers unterheben. Ausgekühlten Biskuitboden in eine Springform geben, mit der Gervaisfülle bestreichen, Torte 3 Stunden in den Kühlschrank stellen. Von den zur Seite gelegten Früchten Kiwi und Erdbeeren in Scheiben schneiden, Marillen in Spalten schneiden. Gegen Ende der Kühlzeit 3 EL Zucker mit Tortengelee gut vermischen, mit Orangensaft und Wasser anrühren, zum Kochen bringen, 1 Minute schwach kochen, das Tortengelee 10 Minuten auskühlen lassen. Die Torte mit den Früchten belegen und mit dem Tortengelee bestreichen, weitere 30 Minuten in den Kühlschrank stellen. Mit einem Messer die Torte vom Rand lösen und die Springform öffnen. Vor dem Anrichten Tortenränder mit Mandelblättchen bestreuen.

Tipp: Damit Mandelblättchen besser halten, bestreichen Sie den Tortenrand mit Marmelade.

Grießtorte

4 Eier
50 g geriebene Mandeln
150 g Staubzucker
2 EL Staubzucker
1 Pkg. Vanillezucker
100 g Grieß
60 g Marillenmarmelade
3/8 l Schlagobers
4 Blatt Gelatine
3 EL Orangenlikör
Saft und abgeriebene Schale einer 1/2 Zitrone
Butter und Mehl für die Form

Zubereitungszeit: 1 Stunde

Backrohr auf 180 °C vorheizen, Springform mit Butter bestreichen und mit Mehl bestauben. Eier trennen, Eidotter mit 50 g Zucker schaumig rühren, Zitronensaft und Schale unterrühren. Eiklar mit restlichem Zucker zu steifem Schnee schlagen, vorsichtig unter die Eidottermasse haben. Am Schluss Mandeln und Grieß unter die Masse heben. Den Teig in die Form füllen und 35 Minuten goldbraun backen, auskühlen lassen, dann in der Mitte durchschneiden. Marillenmarmelade im Wasserbad erwärmen, mit 2/3 der Marmelade eine Tortenhälfte bestreichen, zweite Hälfte darauf setzen und mit restlicher Marmelade die Oberfläche bestreichen. Gelatine 5 Minuten in kaltem Wasser einweichen, Schlagobers steif schlagen, gut ausgedrückte Gelatine im Wasserbad schmelzen, mit Vanillezucker, Orangenlikör, Staubzucker und einem Teil des Schlagobers gut verrühren. Dann das restliche Obers unterheben. Schlagobers in einen Spritzsack füllen und die Torte damit verzieren.

Tipp: Den Spritzsack nicht zu voll füllen, es soll noch so viel Platz bleiben, dass der Sack oben eingedreht werden kann.

Haselnusslikörkuchen

5 Eier
250 g Staubzucker
1/4 l Öl
1/4 l Haselnusslikör
2 Pkg. Vanillezucker
125 g Kartoffelmehl
125 g Mehl
1 Pkg. Backpulver
Butter und gemahlene Haselnüsse für die Form

Zubereitungszeit: 1 Stunde 30 Minuten

Das Backrohr auf 170 °C vorheizen, eine Kranzform mit Butter bestreichen und mit gemahlenen Haselnüssen bestreuen. Eier, Staubzucker und Vanillezucker schaumig rühren. Das Öl und den Haselnusslikör langsam einarbeiten. Mehl mit Kartoffelmehl gut vermischen und dann mit dem Backpulver versieben, in die Masse einmengen. Alles gut verrühren bis ein glatter Teig entsteht. In die Form füllen und 1 Stunde 15 Minuten im Rohr backen.

Heidelbeerkuchen

300 g Butter
300 g Staubzucker
300 g Mehl
600 g Heidelbeeren
5 Eier
1 Pkg. Vanillezucker
abgeriebene Schale einer
1/2 Zitrone
1 Prise Salz
Butter und Mehl für das Backblech
Staubzucker zum Bestreuen

Zubereitungszeit: 1 Stunde 30 Minuten

Das Backrohr auf 170 °C vorheizen, Backblech mit Backpapier belegen. Heidelbeeren verlesen, sparsam waschen, gut abtropfen lassen. Butter mit Vanillezucker, Zucker, Zitronenschale und Salz cremig rühren, die Eier einzeln dazugeben und dann alles schaumig rühren. Gesiebtes Mehl untermischen, die Masse auf das Blech streichen und mit den Heidelbeeren bestreuen. Im Rohr 1 Stunde goldgelb backen. Nach dem Ende der Backzeit herausnehmen, auskühlen lassen und vor dem Servieren mit Staubzucker bestreuen.

Himbeerschnitten

100 g Mehl
120 g Staubzucker
4 Eier
250 g Topfen
80 g Staubzucker
1 EL Zitronensaft
200 g Himbeeren
6 Blatt Gelatine
3/8 l Schlagobers

Zubereitungszeit: 40 Minuten (ohne Kühlzeit)

Das Backrohr auf 220 °C vorheizen, eine rechteckige Backform mit Backpapier auslegen. Die Eier und Staubzucker schaumig schlagen, das gesiebte Mehl unterheben, Biskuitmasse in die Form füllen und 20 Minuten im Rohr backen. Nach dem Ende der Backzeit herausnehmen und auskühlen lassen. Inzwischen die Himbeeren verlesen, vorsichtig waschen und gut abtropfen lassen. Den Topfen mit Zucker, Zitronensaft und 1/8 l Schlagobers cremig rühren. Das restliche Schlagobers steif schlagen. Blattgelatine in kaltem Wasser einweichen, die Himbeeren mit einer Gabel zerdrücken und mit etwas Wasser aufkochen lassen. Die gut ausgedrückte Gelatine darin auflösen. Nun das Schlagobers und die Himbeeren unter die Topfenmasse rühren. Diese Creme auf das ausgekühlte Biskuit streichen und im Kühlschrank erstarren lassen. Vor dem Servieren in Schnitten schneiden.

Joghurtgugelhupf

1/4 l Joghurt
1/4 l Öl
200 g Staubzucker
1 Pkg. Vanillezucker
230 g Mehl
1/2 Pkg. Backpulver
abgeriebene Schale einer Zitrone
Butter und Mehl für die Form
Staubzucker zum Bestreuen

Zubereitungszeit: 1 Stunde 30 Minuten (ohne Ruhezeit)

Das Backrohr auf 180 °C vorheizen, eine Gugelhupfform mit Butter bestreichen und mit Mehl bestreuen. Die Eier trennen, Öl mit Joghurt, der Hälfte des Staubzuckers, Vanillezucker und Zitronenschalen schaumig rühren. Nach und nach die Eidotter einrühren. Mehl mit dem Backpulver versieben, das Eiklar mit dem restlichen Zucker zu steifem Schnee schlagen. Zuerst den Schnee und dann die Mehlmischung unter den Abtrieb heben. Die Masse in die Form füllen und im Rohr 1 Stunde 10 Minuten backen. Nach dem Ende der Backzeit Gugelhupf aus dem Rohr nehmen, überkühlen lassen, stürzen und dann 3 Stunden rasten lassen. Vor dem Servieren mit Staubzucker bestreuen.

Tipp: Bevor Sie den Gugelhupf aus dem Rohr nehmen, stechen Sie mit einer Stricknadel in das Backgut, bleibt kein Teig kleben, ist der Gugelhupf fertig.

Kardinalschnitten

5 Eiklar
180 g Staubzucker
1 TL Vanillezucker
3 Eidotter
2 Eier
55 g Mehl
55 g Staubzucker
3 EL Mocca
1/4 l Schlagobers
20 g Staubzucker
1 Prise Salz
abgeriebene Schale einer halben Zitrone
Staubzucker zum Bestreuen

Zubereitungszeit: 1 Stunde

Backrohr auf 200 °C vorheizen, auf das Backblech 2 Backpapierstreifen mit einer Breite von 15 cm und einer Länge von 40 cm legen. Das Eiklar mit Vanillezucker, Zucker und der Prise Salz zu einem sehr steifen Schnee schlagen. Eier und Eidotter mit dem Staubzucker und Zitronenschale sehr schaumig rühren, das Mehl vorsichtig unterheben. Den Eischnee in einen Dressiersack füllen, auf jeden Backpapierstreifen 3 Streifen mit einer Breite von 2 cm spritzen, der Zwischenraum soll ebenfalls 2 cm breit sein. Dann die Dottermasse mit einem Dressiersack in die Zwischenräume spritzen. Im Rohr 20 Minuten backen. Nach dem Ende der Backzeit herausnehmen, wenden, das Backpapier abziehen und auskühlen lassen. Inzwischen das Schlagobers steif schlagen und mit Staubzucker und Mocca glatt verrühren. Einen

Streifen mit der Creme bestreichen, den zweiten Streifen darauf legen, vor dem Servieren mit Staubzucker bestreuen.

Tipp: Zum Portionieren ist es einfacher, wenn Sie den Oberteil bereits vorgeschnitten auf die Creme legen.

Karottentorte

160 g Haselnüsse
160 g Karotten
4 Eier
100 g Staubzucker
2 EL Semmelbrösel
100 g Staubzucker
Saft von 2 Zitronen
Butter und Mehl für die Form

Zubereitungszeit: 1 Stunde 45 Minuten

Das Backrohr auf 180 °C vorheizen, eine Springform mit Butter bestreichen und mit Mehl bestreuen. Die Eier trennen, Karotten schälen und waschen. Nüsse und Karotten reiben. Eidotter mit dem Staubzucker schaumig rühren, die Karotten und Nüsse beimengen. Eiklar zu steifem Schnee schlagen und abwechselnd mit den Semmelbröseln unterheben. Die Masse in die Springform füllen und im Rohr 50 Minuten backen. Nach dem Ende der Backzeit Torte aus dem Rohr nehmen, stürzen und abkühlen lassen. Inzwischen die Zitronenglasur zubereiten, dafür den Staubzucker mit dem Zitronensaft 10 Minuten lang glatt verrühren. Die abgekühlte Torte mit der Zitronenglasur glasieren.

Tipp: Glasieren Sie die Torte, wenn sie noch warm ist, die Glasur bleibt dann glänzend. Stellen Sie die fertige Torte 2–3 Tage in den Kühlschrank, sie schmeckt dadurch viel aromatischer und wird saftiger.

Kastaniengugelhupf

100 g passierte Kastanien
80 g geriebene Haselnüsse
150 g Staubzucker
40 g Mehl
40 g flüssige Butter
7 Eier
1 TL Vanillezucker
Butter und Mehl für die Form
Staubzucker zum Bestreuen

Zubereitungszeit: 1 Stunde 10 Minuten

Das Backrohr auf 180 °C vorheizen, eine Gugelhupfform mit Butter bestreichen und mit Mehl bestreuen. Die Eier trennen, Eidotter mit der Hälfte des Zuckers und Vanillezucker schaumig rühren. Das Mehl mit den Haselnüssen und Kastanien gut vermischen. Eiklar mit dem restlichen Zucker zu steifem Schnee schlagen. Ein Drittel von dem Eischnee in die Dottermasse einrühren, restlichen Schnee abwechselnd mit der Mehl-Kastanien-Mischung unterheben. Die Masse in die Form füllen und 45 Minuten backen. Nach dem Ende der Backzeit Gugelhupf aus dem Rohr nehmen, kurz überkühlen lassen und dann stürzen. Vor dem Servieren mit Staubzucker bestreuen.

Tipp: Stellen Sie die Gugelhupfform nach dem Befetten und Bemehlen in den Kühlschrank, der Gugelhupf wird sich dann ganz leicht aus der Form lösen.

Kirschfleck

1 1/2 kg Kirschen
250 g Mehl
20 g Germ
40 g Butter
40 g Staubzucker
1 Ei
2 Eidotter
1/8 l Milch
1 EL Vanillezucker
1 KL Zimt
abgeriebene Schale einer Zitrone
Butter für das Backblech
Staubzucker zum Bestreuen

Zubereitungszeit: 1 Stunde 30 Minuten

Das Backrohr auf 180 °C vorheizen, ein Backblech mit Backpapier belegen. Die Germ in der erwärmten Milch auflösen, 50 g Mehl dazugeben und glatt rühren, mit etwas Mehl bestauben, bei Zimmertemperatur bis zur doppelten Höhe aufgehen lassen. In einer Pfanne die Butter schmelzen, dann in eine Schüssel gießen, Eidotter, Ei, Zucker, Vanillezucker, Salz und Zitronenschale dazugeben, gut verrühren. In eine andere Schüssel das Mehl geben, salzen, eine Grube drücken, das Dampfl hineinleeren und mit Mehl abdecken, nun die Eidottermischung dazugeben, alles gut vermengen. Den Teig mit einem Kochlöffel so lange abschlagen, bis er sich von der Schüssel und dem Kochlöffel löst und seidig glatt ist. Teig mit einem Tuch abdecken und nochmals 20 Minuten gehen lassen. Die Kirschen waschen, entstielen und entkernen. Auf einer bemehlten Arbeitsfläche den Teig ausrollen, auf das Backblech legen. Die Kirschen eng aneinander auf den Teig legen, den Teig nochmals gehen lassen. Mit Zimt bestreuen und im Rohr 40 Minuten backen. Vor dem Servieren mit Staubzucker bestreuen.

Tipp: Achten Sie darauf, dass die Germ immer frisch ist. Verwenden Sie prinzipiell immer mehr Eidotter als Eiklar, denn das Eiklar macht den Teig spröde.

Linzer Torte

250 g Mehl
250 g geröstete, geriebene Mandeln
250 g Butter
250 g Staubzucker
1 Ei
1 EL Kakao
1 TL Zimt
3 EL Kirschwasser
1 Prise Nelkenpulver
200 g Ribiselmarmelade
1 Eidotter
1 EL Milch
1 Ei zum Bestreichen

Zubereitungszeit: 1 Stunde 30 Minuten (ohne Rastzeit)

Das Mehl mit den Mandeln vermischen und auf die Arbeitsfläche häufen. In die Mitte eine Mulde drücken, Butter in Würfel schneiden. Butter, Zucker, Ei, Kakao, Zimt, Kirschwasser und Nelkenpulver in die Mehlmulde geben und alles zusammen rasch zu einem weichen Mürbteig verarbeiten. Eine Kugel formen, in Alufolie wickeln und 1 Stunde in den Kühlschrank stellen. Backrohr auf 180 °C vorheizen, eine Springform mit Backpapier auslegen. Ribiselmarmelade mit Eidotter und Milch glatt rühren. Die Hälfte des Teiges ausrollen und in die Form legen. Aus restlichem Teig 1 cm dicke Stränge rollen. Daraus zuerst den Tortenrand formen, dann die Marmelade aufstreichen und aus den restlichen Strängen ein Gitter formen, mit versprudeltem Ei bestreichen. Linzer Torte im Rohr 1 Stunde 20 Minuten backen.

Tipp: Da genügend Fett im Mürbteig enthalten ist, darf die Form nicht befettet werden. Der Teig schmeckt auch viel besser, wenn Sie ihn bereits am Vortag zubereiten.

Malakofftorte

3 Eier
90 g Staubzucker
1 TL Vanillezucker
90 g Mehl
abgeriebene Schale einer halben Zitrone
1 Prise Salz
60 Biskotten
1/16 l Milch
1/16 l Mocca
50 g Staubzucker
1 Eidotter
4 Blatt Gelatine
3/8 l Schlagobers
3 EL Milch
3 EL Rum
50 g Staubzucker
1/8 l Schlagobers
verschiedene Kompottfrüchte
Butter und Mehl für die Form

Zubereitungszeit: 1 Stunde 20 Minuten (ohne Kühlzeit)

Das Backrohr auf 180 °C vorheizen, eine Springform mit Butter bestreichen und mit Mehl bestreuen. Die Eier trennen, Eidotter mit der Hälfte des Zuckers, Vanillezucker, Zitronenschale und Salz schaumig rühren. Eiklar mit dem restlichen Zucker zu steifem Schnee schlagen, abwechselnd mit dem Mehl unter die Dottermasse heben. In die Form füllen und im Rohr 20 Minuten backen. Nach dem Ende der Backzeit Biskuit aus dem Rohr nehmen, auf ein mit Zucker bestreutes Backpapier stürzen und auskühlen lassen. Die Gelatine in kaltem Wasser einweichen, Eidotter mit Zucker sehr schaumig rühren, die Milch mit dem Mocca und Salz aufkochen und dann unter die Dottermasse rühren. Bei geringer Hitze so lange rühren, bis die Flüssigkeit cremig ist. Etwas überkühlen lassen, die gut ausgedrückte Gelatine darin auflösen. Das Schlagobers steif schlagen, ein Drittel davon in die Creme einrühren, restliches Obers vorsichtig unterheben. Milch mit Rum und Staubzucker gut verrühren und die Biskotten damit tränken. Den Biskuitboden in eine Springform legen, ein Drittel der Creme aufstreichen, dann Biskotten dicht auf die Creme legen, etwas andrücken. Die Form weiter abwechselnd mit jeweils quer zur vorherigen Lage gelegten, beträufelten Biskotten und Creme füllen. Mit der Creme abschließen, mit Alufolie abdecken und zum Festwerden in den Kühlschrank stellen, mindestens 2 Stunden. Für die Garnierung das Schlagobers steif schlagen, die Kompottfrüchte gut abtropfen lassen. Die Torte aus dem Kühlschrank nehmen, mit einem Messer den Rand lösen, Springreifen öffnen und vorsichtig abheben. Die Torte mit Schlagobers bestreichen und mit den Kompottfrüchten garnieren.

Mandeltorte

140 g Butter
140 g Staubzucker
140 g geriebene Mandeln
70 g Mehl
4 Eiklar
2 Tropfen Bittermandelaroma
4 Eidotter
140 g Zucker
1 TL Zitronensaft
Butter und Mehl für die Form

Zubereitungszeit: 1 Stunde 20 Minuten

Das Backrohr auf 180 °C vorheizen, eine Tortenform mit Butter bestreichen und mit Mehl bestreuen. Butter mit Zucker schaumig rühren, das Bittermandelaroma unterrühren, Mandeln mit dem Mehl vermengen. Eiklar zu steifem Schnee schlagen, abwechselnd die Mandel-Mehl-Mischung vorsichtig unterheben. In die Form füllen und 1 Stunde im Rohr backen. Für die Glasur Dotter mit Zucker und Zitronensaft 10 Minuten glatt verrühren. Nach dem Ende der Backzeit Torte herausnehmen, stürzen, ganz kurz überkühlen lassen, die Glasur auf die noch heiße Torte streichen.

Marillentorte mit Marzipan

250 g Marillen
110 g Rohmarzipan
3 Eier
125 g Butter
20 g Staubzucker
110 g Mehl
20 g Maizena
70 g Staubzucker
50 g Marillenmarmelade
1 TL Vanillezucker
1/2 EL Marillenlikör
1 Prise Salz
abgeriebene Schale einer halben Zitrone
Butter und Semmelbrösel für die Form

Zubereitungszeit: 1 Stunde 15 Minuten

Das Backrohr auf 160 °C vorheizen, eine Springform mit Butter bestreichen und mit Semmelbröseln bestreuen. Die Marillen waschen, halbieren, entkernen und in Spalten schneiden. Einige Spalten für die Garnierung zur Seite legen. Marzipan kleinwürfelig schneiden, Eier trennen. Eidotter mit Marzipanwürfeln mit dem Mixer glatt verrühren. Butter mit Staubzucker, Vanillezucker, Marillenlikör, Salz und Zitronenschale cremig rühren. Marzipanmasse langsam beifügen und alles gut verrühren. Mehl mit dem Stärkemehl versieben, Eiklar mit Zucker zu steifem Schnee schlagen, drei Esslöffel vom Schnee unter die Dottermasse rühren. Restlichen Schnee abwechselnd mit der Mehlmischung und den Marillenspalten unter die Masse heben. Den Teig in die Form füllen und 45 Minuten backen. Nach dem Ende der Backzeit die Form aus dem Rohr nehmen, Kuchen auskühlen lassen. Marillenmarmelade vorsichtig erwärmen, Kuchen mit den reservierten Marillenspalten belegen und mit der Marmelade bestreichen.

Marmorgugelhupf

60 g Mehl
50 g Maizena
1/2 TL Backpulver
3 Eier
100 g Staubzucker
1 EL Vanillezucker
100 g flüssige Butter
1 TL Kakaopulver
1 EL Wasser
1/2 EL Öl
1 Prise Salz
Butter und Semmelbrösel für die Form

Zubereitungszeit: 1 Stunde 30 Minuten

Das Backrohr auf 180 °C vorheizen, eine Gugelhupfform mit Butter bestreichen und mit Semmelbröseln bestreuen. Mehl mit Maizena und Backpulver versieben, Kakaopulver mit Öl und Wasser gut verrühren. Die Eier mit Vanillezucker, Zucker und Salz schaumig rühren, erst die Mehlmischung und dann die flüssige Butter unterrühren. Die Kakaomischung mit einem Drittel des Teiges vermengen. Zuerst die Hälfte der hellen Masse in die Form füllen, dann die Kakaomasse und zum Abschluss die restliche helle Masse. Marmorgugelhupf 45 Minuten im Rohr backen. Nach dem Ende der Backzeit Gugelhupf aus dem Rohr nehmen und zugedeckt in der Form abkühlen lassen.

Marzipanschnitten

200 g Butter
300 g Mehl
100 g Staubzucker
1 Ei
1 Eidotter
9 Eier
500 g Rohmarzipan
160 g Staubzucker
1 Pkg. Vanillezucker
150 g geriebene Haselnüsse
1 EL Orangenlikör
50 g Mehl
50 g Maizena
180 g flüssige Butter
abgeriebene Schale einer 1/2 Orange
250 g Staubzucker
150 g Marillenmarmelade
5 TL Wasser
1 TL Öl
1 TL Rum

Zubereitungszeit: 2 Stunden

Mehl und kalte Butter auf einem Brett abbröseln, gesiebten Staubzucker untermischen, in die Mitte eine Grube drücken, Ei und Eidotter beigeben und alles schnell zu einem glatten Teig verkneten, 20 Minuten im Kühlschrank rasten lassen. Das Backrohr auf 160 °C vorheizen, auf einer bemehlten Arbeitsfläche den Teig ausrollen, ungefähr 3 mm dick. Teig auf ein mit Backpapier belegtes Backblech legen, er sollte über den Rand hinausstehen. Überschüssigen Teig abschneiden, mehrmals mit der Gabel einstechen, im Rohr 7 Minuten vorbacken, auskühlen lassen. Rohmarzipan kleinwürfelig schneiden, mit Eiern, Vanillezucker, Orangenlikör, Orangenschalen, Salz und Staubzucker cremig rühren. Maizena, Mehl und Haselnüsse gut vermengen, unter die Marzipanmasse heben und zuletzt die flüssige Butter dazugeben. Marzipanmasse auf dem Mürbteig gleichmäßig verstreichen und im Rohr 50 Minuten backen. Kurz vor dem Ende der Backzeit, die Marmelade im Wasserbad erwärmen, 250 g

Staubzucker, Öl, Wasser und Rum gut vermischen und für die Glasur 10 Minuten glatt rühren. Fertigen Kuchen aus dem Rohr nehmen, mit Marillenmarmelade bestreichen und mit der Glasur überziehen.

Mohntorte

180 g Butter
160 g Staubzucker
180 g gemahlener Mohn
6 Eier
50 g Schokolade
50 g geriebene Walnüsse
150 g Kochschokolade
90 g Butter
Butter und Mehl für die Form

Zubereitungszeit: 1 Stunde 10 Minuten

Das Backrohr auf 180 °C vorheizen, eine Springform mit Butter bestreichen und mit Mehl bestreuen. 50 g Schokolade im Wasserbad schmelzen lassen. Die Eier trennen, Butter mit 60 g Zucker schaumig rühren, die Eidotter nach und nach zugeben und cremig schlagen. Lauwarme Schokolade, Nüsse und Mohn unterrühren. Eiklar mit dem restlichen Zucker zu steifem Schnee schlagen und unterheben. Masse in die Form füllen und 40 Minuten backen. Nach dem Ende der Backzeit die Torte aus dem Rohr nehmen, stürzen und auf einem Kuchengitter auskühlen lassen. Für die Glasur Kochschokolade im Wasserbad schmelzen, Butter einrühren, vom Wasserbad nehmen, so lange rühren, bis die Glasur lauwarm ist, Torte damit überziehen.

Nusspotitze

250 g Mehl
50 g Butter
20 g Germ
50 g Staubzucker
2 Eidotter
1 Ei
1/4 l Milch
2 EL Vanillezucker
300 g geriebene Walnüsse
1 EL Honig
80 g Staubzucker
2 EL Rum
50 g Rosinen
1 MS Zimt
100 g Ribiselmarmelade
abgeriebene Schale einer Zitrone
1 Prise Salz
Butter zum Bestreichen
Staubzucker zum Bestreuen

Zubereitungszeit: 2 Stunden

Backrohr auf 180 °C vorheizen, eine Kastenform mit Butter bestreichen, Rosinen mit heißem Wasser waschen, abtropfen und abtrocknen. Etwas weniger als 1/8 l Milch erwärmen, Germ darin auflösen, etwas Mehl dazugeben, umrühren, mit Mehl bestauben und zugedeckt bis zur doppelten Höhe aufgehen lassen. Restliche Milch mit Zimt, 1 TL Vanillezucker, 80 g Zucker, Honig und Hälfte der Zitronenschale aufkochen, Nüsse unterrühren und quellend kochen. Den Rum und die Rosinen untermengen, die Füllmasse erkalten lassen. In einer Pfanne Butter erwärmen, dann Ei, Eidotter, Staubzucker, 1 TL Vanillezucker, restliche Zitronenschale und Salz beifügen, gut vermengen. Das Mehl in eine Schüssel geben, salzen und in der Mitte eine Grube drücken, das Dampfl hineinleeren, mit Mehl abdecken und dann das Milchgemisch beigeben. Mit einem Kochlöffel vermengen, den Teig so lange abschlagen, bis er sich von der Schüssel und dem Kochlöffel löst, zugedeckt 20 Minuten gehen lassen. Auf einer bemehlten Arbeitsfläche Teig ausrollen, mit Ribiselmarmelade bestreichen, die Fülle gleichmäßig verteilen. Den Teig nun von beiden Seiten zur Mitte hin einrollen. In die Kastenform legen, nochmals kurz gehen lassen, im Rohr 1 Stunde backen. Nach dem Ende der Backzeit aus dem Rohr nehmen, kurz überkühlen lassen, stürzen, vor dem Servieren mit Staubzucker bestreuen.

Tipp: Germteig wird besonders saftig, wenn Sie statt ganzen Eiern nur den Eidotter verwenden, dafür aber mehr Butter beimengen.

Nusstorte

400 g geriebene Haselnüsse
200 g Staubzucker
6 Eier
1 Pkg. Vanillezucker
150 g Butter
150 g Staubzucker
1 Ei
1 Pkg. Vanillezucker
2 EL Kakaopulver
Saft einer halben Zitrone
1 Prise Salz
Butter und Mehl für die Form

Zubereitungszeit: 1 Stunde 10 Minuten

Backrohr auf 180 °C vorheizen, Tortenform mit Butter bestreichen und mit Mehl bestreuen. Eier trennen, Eidotter mit 50 g Zucker, Vanillezucker und der Prise Salz schaumig schlagen. Eiklar mit restlichem Zucker zu steifem Schnee schlagen und unter die Dottermasse heben. Zuletzt Haselnüsse und Zitronensaft vorsichtig unter die Masse heben. Den Teig in die Form füllen, glatt streichen und 50 Minuten backen. Nach Ende der Backzeit Nusstorte aus dem Rohr nehmen, in der Form erkalten lassen, dann stürzen. Für die Buttercreme weiche Butter mit 150 g Staubzucker, Vanillezucker und Ei sehr cremig rühren, dann das Kakaopulver unterrühren. Die Torte in der Mitte durchschneiden, mit der Buttercreme füllen. Wieder zusammensetzen und die restliche Creme auf den Rand und die Oberseite streichen.

Tipp: Die Torte können Sie am besten mit einem Nylonfaden durchschneiden. Legen Sie diesen in der Mitte um die Torte und ziehen Sie ihn einfach zusammen.

Nuss-Schokolade-Kuchen

100 g Öl
200 g Mehl
200 g Staubzucker
4 Eier
1/8 l Wasser
100 g geriebene Haselnüsse
1/2 Pkg. Backpulver
3 Rippen Kochschokolade
1/16 l Rum
geriebene Schale, Saft einer halben Zitrone
1 Prise Salz
Butter, Semmelbrösel für die Form
Staubzucker zum Bestreuen

Zubereitungszeit: 1 Stunde 15 Minuten

Das Backrohr auf 200 °C vorheizen, eine Kastenform mit Butter bestreichen und mit Semmelbröseln bestreuen. Die Eier trennen, Mehl mit Backpulver versieben, Schokolade im Wasserbad schmelzen, überkühlen lassen. Öl, Zucker, Eidotter, Salz und Wasser schaumig rühren. Rum dazugeben, dann die Mehlmischung, Nüsse und Schokolade unterrühren. Das Eiklar zu festem Schnee schlagen und vorsichtig unter die Nussmasse heben. Teig in die Form gießen und 50 Minuten im Rohr backen. Nach dem Ende der Backzeit Kuchen aus dem Rohr nehmen, stürzen und erkalten lassen. Vor dem Servieren mit Staubzucker bestreuen.

Obersgugelhupf

4 Eier
250 g Staubzucker
1 Pkg. Vanillezucker
50 g Rosinen
4 EL Rum
80 g Kochschokolade
1/4 l Schlagobers
250 g Mehl
1/2 Pkg. Backpulver
Saft einer halben Zitrone
Butter und Semmelbrösel für die Form
Staubzucker zum Bestreuen

Zubereitungszeit: 1 Stunde 30 Minuten (ohne Einweichzeit)

Rosinen über Nacht in Rum einweichen. Am Tag der Zubereitung das Backrohr auf 180 °C vorheizen, Gugelhupfform mit Butter bestreichen und mit Semmelbröseln bestreuen. Mehl mit dem Backpulver versieben, Schokolade kleinwürfelig schneiden, Eier trennen, das Schlagobers steif schlagen. Eiklar zu Schnee schlagen, ein Drittel der Zuckermenge löffelweise einschlagen. Eidotter, restlichen Zucker und Vanillezucker dickschaumig rühren. Zitronensaft, Rosinen, etwas Rum, Schokolade und Mehlmischung zugeben und gut vermischen. Vorsichtig den Eischnee und Schlagobers untermengen. Masse in die Form füllen und 1 Stunde backen. Nach Ende der Backzeit Gugelhupf aus dem Rohr nehmen, stürzen, erkalten lassen, vor dem Servieren mit Staubzucker bestreuen.

Obstkuchen

250 g Butter
250 g Staubzucker
250 g Mehl
5 Eier
Saft einer halben Zitrone
1 kg Obst (Marillen, Zwetschken)
Butter für das Backblech
Staubzucker zum Bestreuen

Zubereitungszeit: 45 Minuten

Backrohr auf 180 °C vorheizen, ein Backblech mit Backpapier belegen. Obst waschen, halbieren und entkernen, Eier trennen. Die Butter flaumig rühren, Zucker und die Eidotter nach und nach unterrühren, dann den Zitronensaft beifügen. Eiklar zu steifem Schnee schlagen abwechselnd mit dem Mehl vorsichtig unter den Abtrieb heben. Teig auf das Backblech streichen und eng mit den Früchten belegen. Im Rohr 25 Minuten backen. Nach dem Ende der Backzeit Kuchen aus dem Rohr nehmen, erkalten lassen. Vor dem Servieren portionieren und mit Staubzucker bestreuen.

Tipp: Tauchen Sie die Früchte vor dem Belegen kurz in etwas Mehl, sie sinken dann nicht so stark zu Boden.

Öl-Biskuit

100 g Öl
100 g Wasser
250 g Staubzucker
250 g Mehl
7 Eier
1 MS Backpulver
Saft einer Zitrone
Butter und Mehl für die Formen
Staubzucker zum Bestreuen

Zubereitungszeit: 1 Stunde 15 Minuten

Das Backrohr auf 180 °C vorheizen, 2 Kastenformen mit Butter bestreichen und mit Mehl bestreuen. Mehl mit Backpulver versieben, Eier trennen. Das Öl, Wasser, Eidotter und Zucker mit dem Mixer 10 Minuten gut durchmischen. Eiklar zu steifem Schnee schlagen, Mehlmischung und Zitronensaft unter die Masse rühren, den Eischnee vorsichtig unterheben. Teig in die Formen füllen und 50 Minuten backen. Nach dem Ende der Backzeit Kuchen aus dem Rohr nehmen, stürzen und erkalten lassen. Vor dem Servieren mit Staubzucker bestreuen.

Tipp: Für einen Marmorkuchen lassen Sie einen Teil des Teiges zurück und vermischen diesen sehr gut mit 1 EL gesiebtem Kakaopul-ver. Dunklen Teig auf den hellen Teig geben und mit einem Kochlöffelstiel vorsichtig mischen.

Pariser Schnitten

280 g Butter
280 g Staubzucker
8 Eier
4 Rippen Kochschokolade
280 g geriebene Haselnüsse
30 g Mehl
Ribiselmarmelade zum Bestreichen
Schokostreusel zum Bestreuen

Zubereitungszeit: 45 Minuten

Das Backrohr auf 200 °C vorheizen, ein Backblech mit Backpapier belegen. Klein geschnittene Schokolade über Wasserdampf schmelzen, abkühlen lassen, Eier trennen. Butter, Staubzucker und Eidotter schaumig rühren. Lauwarme Schokolade, Nüsse und Mehl nacheinander unterrühren. Eiklar zu steifem Schnee schlagen, vorsichtig unterheben. Die Masse gleichmäßig auf das Backblech streichen und 30 Minuten backen. Nach dem Ende der Backzeit Kuchen aus dem Rohr nehmen und auskühlen lassen. Dünn mit der Marmelade bestreichen und dicht mit den Schokostreuseln bestreuen, vor dem Servieren in Schnitten schneiden.

Preiselbeerschnitten

300 g gemahlene Haselnüsse
300 g Mehl
150 g Staubzucker
250 g Butter
4 Eidotter
5 Eiklar
900 g Preiselbeermarmelade
150 g gemahlenen Haselnüsse
150 g Staubzucker
1 KL Zimt
1 Prise Nelkenpulver
abgeriebene Schale einer halben Zitrone
Butter für das Backblech

Zubereitungszeit: 1 Stunde 30 Minuten

Mehl, Eidotter, Haselnüsse, Butter und Zucker zu glattem Teig verkneten, 30 Minuten im Kühlschrank rasten lassen. Das Backrohr auf 180 °C vorheizen, Backblech mit Butter bestreichen. 2 Stück Backpapier in Größe des Backblechs ausschneiden, den Teig zwischen dem Papier ausrollen, oberstes Papier entfernen, Teigplatte auf das Backblech stürzen, Papier abziehen. Teig mit Preiselbeermarmelade einstreichen. Eiklar mit Zucker zu sehr festem Schnee schlagen, Haselnüsse, Zimt, Nelkenpulver und Zitronenschale vorsichtig unterheben, Schneemasse auf die Preiselbeeren verteilen und 20 Minuten backen. Nach Ende der Backzeit Kuchen aus dem Rohr nehmen, erkalten lassen, vor dem Servieren in Schnitten schneiden.

Tipp: Da die Schnitten sehr weich sind, sollten Sie sie vorsichtig vom Backblech lösen.

Punschtorte

120 g Staubzucker
4 Eier
80 g Mehl
4 EL Rum
80 g Ribiselmarmelade
80 g Schokolade
1 EL Staubzucker
Saft einer halben Zitrone
Saft einer halben Orange
200 g Zucker
2 EL Rum
5 Tropfen Himbeersaft
Butter und Mehl für die Form
Marillenmarmelade zum Bestreichen

Zubereitungszeit: 1 Stunde 30 Minuten

Backrohr auf 180 °C vorheizen, eine Tortenform mit Butter bestreichen und mit Mehl bestreuen. Die Eier trennen, Eidotter mit 80 g Zucker schaumig rühren, Schnee halbfest schlagen, dann restlichen Zucker löffelweise beifügen und zu festem Schnee ausschlagen. Ein Drittel der Schneemasse abwechselnd mit dem Mehl unter die Eidottermasse rühren, restlichen Schnee vorsichtig unterheben. Masse in die Form füllen, im Rohr, bei etwas geöffneter Türe, 10 Minuten backen, dann die Türe schließen, Hitze auf 160 °C reduzieren und weitere 50 Minuten backen. Nach dem Ende der Backzeit aus dem Rohr nehmen und auskühlen lassen. Schokolade im Wasserbad schmelzen, abgekühlte Torte zweimal durchschneiden. Den mittleren Teil zerbröseln. Diese Brösel mit Ribiselmarmelade, Rum, lauwarmer

Schokolade, Zucker, Zitronensaft und Orangensaft gut verrühren. Fülle auf den unteren Teil der Torte streichen und die Torte wieder zusammensetzen. Für die Glasur Staubzucker, Rum und Himbeersaft 10 Minuten lang glatt rühren. Torte mit der Marillenmarmelade bestreichen und mit der Glasur überziehen.

Quittentorte

150 g Mehl
50 g Staubzucker
100 g Butter
1 Eidotter
1 Prise Salz
800 g Quitten
100 g Butter
100 g Staubzucker
1/8 l Schlagobers
2 Eier
1 Eidotter
1 KL Zitronensaft
Linsen zum Blindbacken
Staubzucker zum Bestreuen

Zubereitungszeit: 1 Stunde 45 Minuten

Backrohr auf 200 °C vorheizen, Butter, Mehl, Staubzucker, Eidotter und Salz zu geschmeidigem Teig verkneten. Den Teig halbieren, mit einer Hälfte den Boden einer Springform auslegen, zweite Hälfte zu einer Rolle formen und als Rand in die Form legen. 20 Minuten in das Tiefkühlfach stellen, dann den Teigboden mit Backpapier abdecken, Linsen einfüllen und 15 Minuten im Rohr backen, herausnehmen und das Backrohr auf 160° zurückstellen. Mürbteig überkühlen lassen, Linsen wieder entfernen. Quitten schälen, in Spalten schneiden und entkernen. In einer Pfanne Butter schmelzen, Zucker zugeben und unter ständigem Rühren hellbraun karamellisieren. Mit Schlagobers aufgießen und einmal aufkochen lassen. Quitten dazugeben und bei geringer Hitze zugedeckt 25 Minuten dünsten lassen. Quitten herausnehmen, abtropfen und auf den Teigboden legen. Karamell mit Eiern, Eidotter und Zitronensaft verquirlen und die Quitten damit übergießen. Torte im Rohr 45 Minuten backen. Nach dem Ende der Backzeit aus dem Rohr nehmen, überkühlen lassen, aus der Form lösen. Vor dem Servieren mit Staubzucker bestreuen.

Rehrücken

100 g Schokolade
5 Eier
100 g Butter
140 g Staubzucker
140 g geriebene Mandeln
60 g Semmelbrösel
100 g Marillenmarmelade
150 g Kochschokolade
90 g Butter
Butter, Semmelbrösel für die Form

Zubereitungszeit: 1 Stunde 30 Minuten

Backrohr auf 150 °C vorheizen, Rehrückenform mit Butter bestreichen und mit Semmelbröseln bestreuen. 100 g Schokolade im Wasserbad schmelzen, vom Herd nehmen und so lange glatt rühren, bis sie lauwarm ist. Eier trennen, Butter, Schokolade und Staubzucker schaumig rühren, nach und nach die Eidotter unterrühren. Eiklar zu steifem Schnee schlagen, abwechselnd mit den geriebenen Mandeln und Semmelbröseln unter die Masse heben. Diese Masse in die Form füllen und ansteigend bis 180 °C langsam im Rohr 1 Stunde backen. Für die Glasur die Kochschokolade im Wasserbad schmelzen, mit der Butter glatt rühren, lauwarm verwenden. Nach dem Ende der Backzeit Kuchen aus dem Rohr nehmen, stürzen, überkühlen lassen. Im Wasserbad die Marillenmarmelade erwärmen, Rehrücken dünn damit bestreichen und dann mit der Schokoladeglasur überziehen.

Tipp: Man bestreicht einen Kuchen mit Marillenmarmelade, damit die Glasur glatt wird, besser hält und glänzend bleibt. Außerdem trocknet der Kuchen dadurch nicht aus.

Rharbarberkuchen

150 g Butter
150 g Staubzucker
1 Pkg. Vanillezucker
500 g Rhabarber
6 Eier
450 g Mehl
1 Pkg. Backpulver
1/8 l Milch
150 g Zucker
1 Prise Salz
abgeriebene Schale einer 1/2 Zitrone
Staubzucker zum Bestreuen

Das Backrohr auf 180 °C vorheizen, ein Backblech mit Backpapier belegen. Eier trennen, das Mehl mit Backpulver versieben. Rhabarber schälen, in 2-cm-Stücke schneiden und mit etwas Zucker vermischen. Butter mit Staubzucker, Vanillezucker, Salz und Zitronenschale cremig rühren. Eidotter einzeln in den Abtrieb rühren und anschließend Milch tropfenweise einrühren. Eiklar mit Zucker zu einem cremigen Schnee schlagen, davon ein Drittel unter den Abtrieb rühren. Restlichen Schnee abwechselnd mit der Mehlmischung vorsichtig unterheben. Masse auf

Zubereitungszeit: 1 Stunde 15 Minuten

das Backblech streichen, mit dem Rhabarber belegen und 45 Minuten im Rohr backen. Nach dem Ende der Backzeit aus dem Rohr nehmen, auskühlen lassen, vor dem Servieren mit Staubzucker bestreuen.

Ribiselschnitten mit Schaum

150 g Staubzucker
1 Pkg. Vanillezucker
250 g Mehl
1/2 Pkg. Backpulver
3 Eier
3 EL Wasser
50 g flüssige Butter
1/16 l Milch
200 g Staubzucker
200 g Ribisel
3 Eiklar
Butter und Mehl für das Backblech
Ribiselmarmelade

Zubereitungszeit: 1 Stunde

Das Backrohr auf 175 °C vorheizen, ein Backblech mit Backpapier belegen. Mehl mit dem Backpulver versieben, die Eier trennen. Eidotter mit Staubzucker, Vanillezucker, Wasser und flüssiger Butter cremig rühren. Milch löffelweise unterrühren, Eiklar zu steifem Schnee schlagen, abwechselnd mit der Mehlmischung unter den Abtrieb heben. Die Masse auf das Backblech streichen und 30 Minuten backen. Nach dem Ende der Backzeit Kuchen aus dem Rohr nehmen und abkühlen lassen. In dieser Zeit die Ribiseln abrebeln, waschen und gut abtropfen lassen. Ribiselmarmelade im Wasserbad erwärmen, damit dünn die Oberfläche des Kuchens bestreichen, Ribisel darauf verteilen. Eiklar mit Staubzucker zu sehr festem Schnee schlagen, auf den Ribiseln verteilen und bei 100 °C nochmals überbacken.

Tipp: Das Backpulver immer gut mit Mehl versieben, sonst entstehen Löcher im Teig. Den fertigen Teig sofort backen, wenn er länger steht, verliert das Backpulver seine Wirkung und der Teig wird speckig.

Ribiseltorte

100 g Butter
120 g Mehl
40 g geriebene Mandeln
40 g Staubzucker
3 EL Ribiselmarmelade
1 kg Ribiseln
1/4 l Ribiselwein
1 Pkg. rotes Tortengelee
2 EL Zucker

Zubereitungszeit: 45 Minuten

Das Backrohr auf 200 °C vorheizen. Mehl und Butter auf einem Brett abbröseln, Zucker und Mandeln einarbeiten, zu einem glatten Teig verkneten. Teig ausrollen, Boden und Rand einer Springform damit belegen, im Rohr 20 Minuten backen. Inzwischen die Ribiseln abrebeln, waschen, gut abtropfen lassen. Die Hälfte der Ribiseln passieren. Nach Ende der Backzeit den heißen Tortenboden mit der Ribiselmarmelade bestreichen, überkühlen lassen. Ribiselmark mit Ribiselwein verrühren und mit Zucker und Tortengelee gut verrühren. Diese Mischung zum Kochen bringen, 1 Minute schwach kochen lassen, dann das Gelee 10 Minuten abkühlen lassen. Ribisel auf der Torte verteilen und das Gelee über die Ribisel gießen, im Kühlschrank fest werden lassen.

Rosinenkuchen

6 Eier
40 g Rosinen
130 g Mehl
130 g Staubzucker
1 Pkg. Vanillezucker
30 g Butter
abgeriebene Schale einer 1/2 Zitrone
250 g Staubzucker
1 TL Öl
6 EL Rum
1 Prise Salz
Butter und Mehl für die Form

Zubereitungszeit: 1 Stunde 30 Minuten

Das Backrohr auf 170 °C vorheizen, eine Rehrückenform mit Butter bestreichen und mit Mehl bestreuen. Rosinen mit heißem Wasser waschen, gut abtropfen lassen, die Eier trennen. Eidotter mit 80 g Zucker, Zitronenschale, Vanillezucker und Salz cremig rühren. Eiklar mit dem restlichen Zucker zu steifem Schnee schlagen, ein Drittel davon in die Dottermasse einrühren, restlichen Schnee abwechselnd mit dem Mehl vorsichtig unterheben. In einer Pfanne die Butter zerlassen, mit den Rosinen unter den Teig ziehen. Die Masse in die Form füllen und 45 Minuten backen. Nach dem Ende der Backzeit Kuchen aus dem Rohr nehmen, 10 Minuten überkühlen lassen, dann stürzen und erkalten lassen. Für die Glasur Staubzucker, Öl und Rum mit dem Mixer 10 Minuten gut verrühren, über den noch warmen Kuchen gießen, 30 Minuten fest werden lassen.

Rotweinkuchen

200 g Staubzucker
200 g Butter
4 Eier
1 Pkg. Vanillezucker
1 TL Kakao
1 TL Zimt
1 Prise Salz
1/8 l Rotwein
200 g Mehl
1/2 Pkg. Backpulver
100 g Schokoladestreusel
Butter und Zucker für die Form

Zubereitungszeit: 1 Stunde

Das Backrohr auf 150 °C vorheizen, eine Kastenform mit Butter bestreichen und mit Mehl bestreuen. Mehl mit Backpulver versieben und mit den Schokoladestreuseln vermischen. Eier trennen, Butter mit 150 g Zucker schaumig rühren, Eidotter nach und nach unterrühren, zuletzt Rotwein, Zimt, Kakao und Salz einrühren. Eiklar mit restlichem Zucker und Vanillezucker zu steifem Schnee schlagen, mit der Mehlmischung abwechselnd unter die Masse heben. Den Teig in die Form füllen zuerst bei 150 °C ansteigend bis 180 °C 40 Minuten im Rohr backen. Nach dem Ende der Backzeit aus dem Rohr nehmen, stürzen und erkalten lassen.

Tipp: Der Butterabtrieb muss sehr schaumig gerührt werden, der Zucker soll sich vollständig auflösen. Das dauert mit dem Handmixer 10 Minuten, in der Küchenmaschine 5 Minuten.

Sachergugelhupf

100 g Butter
140 g Staubzucker
100 g Schokolade
4 Eier
70 g Mehl
1/4 Pkg. Backpulver
Butter und Mehl für die Form
Staubzucker zum Bestreuen

Zubereitungszeit: 1 Stunde 30 Minuten

Das Backrohr auf 180 °C vorheizen, eine Gugelhupfform mit Butter bestreichen und mit Mehl bestreuen. Die Eier trennen, Schokolade im Wasserbad schmelzen, durch ständiges Rühren abkühlen. Das Mehl mit dem Backpulver versieben. Butter und Zucker sehr schaumig rühren, Eidotter nach und nach unterrühren, dann die lauwarme Schokolade unterziehen. Eiklar zu steifem Schnee schlagen, abwechselnd mit der Mehlmischung unter den Abtrieb heben. Die Masse in die Form füllen und 1 Stunde im Rohr backen. Nach dem Ende der Backzeit Gugelhupf aus dem Rohr nehmen, stürzen und abkühlen lassen. Vor dem Servieren mit Staubzucker bestreuen.

Sachertorte

185 g Halbbitterschokolade
125 g Butter
8 Eidotter
10 Eiklar
1 TL Vanillezucker
100 g Zucker
100 g Mehl
1 Prise Salz
85 g Bitterschokolade
1/4 l Obers
1 Ei
1 TL Vanillezucker
Marillenmarmelade zum Füllen
Butter zum Bestreichen

Zubereitungszeit: 1 Stunde 45 Minuten

Backrohr auf 175 °C vorheizen, Boden einer Springform mit Butter bestreichen, Backpapier in Größe des Bodens ausschneiden, auflegen, mit Butter bestreichen. Halbbitterschokolade im Wasserbad schmelzen, unter ständigem Rühren abkühlen lassen. Eidotter sehr steif rühren, die lauwarme Schokolade untermischen. In einer Pfanne Butter zerlassen, lauwarm mit Vanillezucker unter die Masse rühren. Eiklar halb steif schlagen, Salz dazugeben, Zucker löffelweise einrühren, weiter schlagen, bis ein fester Eischnee entsteht. 1/3 des Eischnees unter die Schokolademasse mischen. Diesen Schokoladeeischnee unter restlichen Schnee heben, Mehl darüber sieben. Mit dem Schneebesen vorsichtig vermischen, bis eine gleichmäßig braune Masse entsteht. Diese in die Form füllen, glatt streichen, 1 Stunde 15 Minuten backen. Nach Ende der Backzeit kurz im offenen Rohr stehen lassen, aus der Form lösen, stürzen, das Backpapier abziehen. Dann nochmals stürzen, damit die Torte wieder in der Form liegt, erkalten lassen. Für die Glasur Schokolade kleinwürfelig schneiden, mit Obers und Zucker gut vermengen, bei geringer Hitze, unter ständigem Rühren Schokolade vollständig auflösen, ohne Rühren 5 Minuten schwach kochen. Ei in einer Tasse verquirlen, 3 EL von der Schokolade unterrühren, unter kräftigem Rühren zur Glasur in den Topf gießen, 3 Minuten kochen bis die Glasur dickflüssig ist. Vom Herd nehmen und Vanillezucker einrühren. Erkaltete Torte in der Mitte durchschneiden, mit Marillenmarmelade füllen, wieder zusammensetzen. Handwarme Glasur auf die Mitte der Torte gießen, durch Schwenken über die Oberfläche verteilen, Ränder mit dem Messer glatt streichen. Tropft die Glasur nicht mehr, Torte auf eine Platte setzen, 3 Stunden im Kühlschrank kühlen. Eine halbe Stunde vor dem Servieren aus dem Kühlschrank nehmen.

Sandkuchen

3 Eidotter
4 Eier
140 g Staubzucker
1/2 Pkg. Vanillezucker
90 g Maizena
120 g Mehl
125 g Butter
abgeriebene Schale einer halben Zitrone
1 Prise Salz
Butter und Mandelblättchen für die Form

Zubereitungszeit: 1 Stunde 30 Minuten

Backrohr auf 190 °C vorheizen, eine Kastenform mit Butter bestreichen und mit Mandelblättchen bestreuen. Mehl mit Maizena versieben, Eidotter, Eier, Zucker, Zitronenschale, Vanillezucker und Salz über Wasserdampf cremig schlagen. Vom Dampf nehmen und die Masse so lange rühren, bis sie abgekühlt ist. In einer Pfanne die Butter schmelzen, die Mehlmischung unter die Masse heben und dann die nicht mehr heiße Butter unterrühren. Den Teig in die Form füllen, glatt streichen und 45 Minuten im Rohr backen. Nach dem Ende der Backzeit Kuchen im offenen, abgeschalteten Rohr noch 5 Minuten rasten lassen und dann erst stürzen.

Tipp: Die Sandmasse muss so gut gerührt werden, dass sie ganz hell wird. Grundsätzlich wird kein Backpulver verwendet, das Auflockerungsmittel ist die eingerührte Luft.

Schneekuchen

8 Eiklar
240 g Staubzucker
140 g Mehl
80 g geriebene Schokolade
80 g geriebene Haselnüsse
120 g Butter
Butter und Mehl für die Form

Zubereitungszeit: 50 Minuten

Das Backrohr auf 180 °C vorheizen, eine Kastenform mit Butter bestreichen und mit Mehl bestreuen. Eiklar zu sehr steifem Schnee schlagen, in einer Pfanne die Butter zerlassen. Staubzucker in den Schnee einschlagen. Mehl mit den Haselnüssen und Schokolade gut vermengen, abwechselnd mit der lauwarmen Butter unter den Schnee heben. Die Masse in die Form füllen und 30 Minuten backen.

Schokoladebiskuittorte

6 Eier
150 g Staubzucker
100 g Mehl
50 g Kakao
80 g gemahlene Mandeln
80 g flüssige Butter
1 MS Zimt
130 g Butter
150 g Staubzucker
100 g Kakao
1 Ei
2 EL Rum

Zubereitungszeit: 1 Stunde 30 Minuten

Backrohr auf 180 °C vorheizen, eine Springform mit Backpapier auslegen. Eier trennen, Mehl mit Kakao versieben und mit Mandeln und Zimt gut vermischen. Eiklar zu steifem Schnee schlagen, Zucker unter ständigem Schlagen löffelweise beifügen, Eidotter einzeln locker unterziehen. Mehlmischung vorsichtig unter die Masse heben, in die Form füllen, glatt streichen und im Rohr 1 Stunde backen. Nach dem Ende der Backzeit Torte aus dem Rohr nehmen, stürzen und auskühlen lassen. Für die Creme Kakao sieben, mit Butter, Zucker und dem Ei schaumig rühren, mit dem Rum abschmecken. Torte in der Mitte durchschneiden, mit einem Teil der Creme füllen, wieder zusammensetzen und mit der restlichen Creme Seitenränder und Oberseite bestreichen.

Schokoladekuchen mit Nüssen

200 g Butter
200 g Staubzucker
100 g Mehl
200 g geriebene Walnüsse
200 g geriebene Kochschokolade
2 KL Backpulver
5 Eier
1 Pkg. Vanillezucker
Saft und abgeriebene Schale einer Orange
1 Prise Salz
150 g Kochschokolade
90 g Butter

Zubereitungszeit: 40 Minuten

Backrohr auf 175 °C vorheizen, ein Backblech mit Backpapier belegen. Mehl mit Backpulver versieben. Butter mit Zucker und Vanillezucker schaumig rühren, nach und nach die ganzen Eier unterrühren. Mehlmischung, Walnüsse, Schokolade, Saft und Schale der Orange unter den Teig mischen, Masse auf das Backblech streichen und 20 Minuten im Rohr backen. Schokolade im Wasserbad schmelzen, Butter dazugeben und glatt verrühren. Nach dem Ende der Backzeit Kuchen sofort aus dem Rohr nehmen, auf ein Backpapier stürzen, gebrauchtes Papier abziehen. Noch heiß mit der Schokoladeglasur überziehen.

Tipp: Damit das Backpapier beim Aufstreichen des Teiges nicht verrutscht, fixieren Sie es. In jede Ecke des Backblechs setzen Sie einen kleinen Teigtupfer, legen das Papier auf und drücken es fest.

Schokolademousse-Torte

150 g Schokolade
6 Eier
150 g Butter
150 g Staubzucker
Butter und Mehl für die Form

Zubereitungszeit: 50 Minuten (ohne Kühlzeit)

Backrohr auf 180 °C vorheizen, eine Springform mit Butter bestreichen und mit Mehl bestreuen. Schokolade kleinwürfelig schneiden, Eier trennen. Butter und Schokolade im Wasserbad schmelzen, vom Dampf nehmen, unter ständigem Rühren auskühlen lassen. Eidotter nach und nach untermengen, zuletzt den Staubzucker unterrühren. Eiklar zu steifem Schnee schlagen, unter die Schokoladeschaummasse heben. Die Hälfte der Masse in die Tortenform füllen, glatt streichen und 35 Minuten backen. Nach Ende der Backzeit die Torte aus dem Rohr nehmen, überkühlen lassen. Dann die restliche Schaummasse darauf streichen und im Kühlschrank eine Stunde kühlen lassen.

Schokoladetorte mit Kastaniencreme

120 g Butter
120 g Schokolade
180 g Staubzucker
250 g Mehl
4 Eier
1/2 Pkg. Backpulver
1/8 l Milch
400 g Kastanienreis
100 g Butter
1/8 l Schlagobers
1 Pkg. Vanillezucker
180 g Staubzucker
2 EL Rum
Butter und Mehl für die Form

Zubereitungszeit: 1 Stunde 30 Minuten

Das Backrohr auf 180 °C vorheizen, eine Springform mit Butter bestreichen und mit Mehl bestreuen. Schokolade im Wasserbad erweichen, vom Dampf nehmen und unter ständigem Rühren überkühlen lassen, Eier trennen. Butter flaumig rühren, Schokolade dazugeben und gut verrühren. Eidotter nach und nach unterrühren, mit Zucker und der Hälfte des Mehles die Masse gut abrühren. Restliches Mehl abwechselnd mit Milch einrühren. Eiklar zu steifem Schnee schlagen, vorsichtig unter den Teig heben, in die Form füllen, glatt streichen und im Rohr 1 Stunde backen. Am Ende der Backzeit die Torte aus dem Rohr nehmen, stürzen und auskühlen lassen. Für die Creme Schlagobers mit Vanillezucker steif schlagen, Kastanienreis, Butter und Staubzucker gut verrühren, Schlagobers unterheben und mit dem Rum abschmecken. Torte in der Mitte durchschneiden, mit einem Teil der Creme füllen, wieder zusammensetzen, mit der restlichen Creme die Seitenränder und die Oberseite bestreichen.

Tipp: Teigmassen mit Schnee immer sofort backen und nicht stehen lassen, das Gleiche gilt für Teige mit Backpulver, die Torte wird sonst speckig.

Schwarzwälder Kirschtorte

120 g Schokolade
120 g Butter
120 g Mehl
90 g Zucker
90 g Staubzucker
6 Eier
1 EL Vanillezucker
1 Prise Salz
1/8 l Kirschkompottsaft
300 g entkernte Kompottkirschen
20 g Vanillepuddingpulver
150 g Kochschokolade
3/16 l Schlagobers
1/4 l Schlagobers
3 Blatt Gelatine
30 g Staubzucker
1 EL Kirschwasser
1/4 l Schlagobers
14 Cocktailkirschen
Kirschmarmelade zum Bestreichen
Schokospäne zum Bestreuen
Butter und Mehl für die Form

Zubereitungszeit: 2 Stunden

Backrohr auf 180 °C vorheizen, Springform mit Butter bestreichen und mit Mehl bestreuen. Schokolade im Wasserbad schmelzen, unter ständigem Rühren abkühlen. Eier trennen, Staubzucker und Butter schaumig rühren, die Schokolade unterrühren. Eidotter nach und nach einrühren. Eiklar mit Vanillezucker, Zucker und Salz zu festem Schnee schlagen, abwechselnd mit Mehl unter den Abtrieb heben. Masse in die Form füllen, glatt streichen im Rohr 40 Minuten backen. Nach Ende der Backzeit die Torte aus dem Rohr nehmen, mit einem Messer vom Rand lösen und stürzen. Form aber nicht abheben, auskühlen lassen. Für die Pariser Creme Schokolade grob hacken, Schlagobers aufkochen, Schokolade einrühren, bei geringer Hitze 2 Minuten kochen, kalt stellen. Für die Kirschmasse 1/3 des Kompottsaftes mit Puddingpulver glatt verrühren. Restlichen Saft aufkochen, Puddingmischung einrühren und dick einkochen, Kirschen dazugeben und erkalten lassen. Für die Oberscreme Gelatine in kaltem Wasser einweichen, Schlagobers steif schlagen. Zucker, Kirschwasser und 2 EL Schlagobers gut verrühren, ausgedrückte Gelatine über Wasserdampf schmelzen, rasch in diese Masse einrühren, alles unter das geschlagene Obers rühren. Erkaltete Torte zweimal quer in gleichen Abständen durchschneiden. Tortenboden in eine Springform legen, Pariser Creme in einen

Dressiersack, mit einer glatten Tülle, füllen. Creme in drei Ringe spritzen. Zwischenräume mit der Kirschmasse füllen, zweite Tortenscheibe darauf setzen, etwas andrücken. Mit Kirschmarmelade bestreichen, Oberscreme einfüllen, glatt streichen. Dritten Boden auflegen, behutsam andrücken, mit Alufolie abdecken, 3 Stunden kalt stellen. Schlagobers steif schlagen. Springform öffnen und abheben. Mit Schlagobers zuerst die Seite und dann die Oberseite gut einstreichen, mit Schokospänen bestreuen und auf der Oberseite mit Cocktailkirschen garnieren.

Stachelbeerkuchen mit Ribiseln

5 Eier
250 g Butter
280 g Staubzucker
450 g Mehl
1/2 Pkg. Backpulver
1 Pkg. Vanillezucker
1/8 l Milch
abgeriebene Schale einer halben Zitrone
1 Prise Salz
1 kg Stachelbeeren
200 g Ribisel
1/4 l Wasser
4 EL Zucker
1 Pkg. Tortengelee

Zubereitungszeit: 1 Stunde 30 Minuten (ohne Kühlzeit)

Backrohr auf 170 °C vorheizen, ein Backblech mit Backpapier belegen. Das Mehl mit dem Backpulver versieben, die Stachelbeeren putzen, waschen, abtrocknen, die Eier verquirlen. Die Butter mit Vanillezucker, Staubzucker, Salz und Zitronenschale cremig rühren, die Eier langsam dazugeben, alles gut verrühren. Milch und Mehlmischung abwechselnd unter den Teig rühren. Masse auf das Backblech streichen, Stachelbeeren gleichmäßig darauf verteilen, Kuchen im Rohr 50 Minuten backen. Nach dem Ende der Backzeit Kuchen aus dem Rohr nehmen und 30 Minuten abkühlen lassen. Inzwischen die Ribisel waschen, abtropfen lassen und abrebeln, Tortengelee mit dem Zucker vermischen, in das Wasser einrühren, aufkochen, unter ständigem Rühren 1 Minute kochen, dann 10 Minuten abkühlen lassen. Ribisel auf dem Kuchen verteilen und den Kuchen mit Tortengelee bestreichen.

Tipp: Beim Einrühren von ganzen Eiern kann die Masse ausflocken, mit 1 EL Mehl kann die Bindung wieder hergestellt werden.

Stephanieroulade

8 Eier
140 g Staubzucker
70 g geriebene Mandeln
70 g Mehl
1 MS Zimt
1/4 l Schlagobers
70 g grob geriebene Schokolade
200 g Staubzucker
2 EL Rum
1 EL heißes Wasser

Zubereitungszeit: 45 Minuten

Backrohr auf 220 °C vorheizen, ein Backblech mit Backpapier belegen. Mehl mit den Mandeln und Zimt gut vermischen, die Eier trennen. Zucker und Eidotter schaumig rühren, das Eiklar zu steifem Schnee schlagen. Abwechselnd mit der Mehlmischung unter die Masse heben. Teig auf das Backblech 2 cm dick aufstreichen, im Rohr 7 Minuten backen. Auf ein gezuckertes Küchentuch stürzen, Backpapier abziehen und ein neues Papier auflegen, mit Hilfe des Tuches einrollen und auskühlen lassen. Für die Fülle das Schlagobers steif schlagen und mit der geriebenen Schokolade vermengen. Für die Glasur gesiebten Staubzucker mit Rum und heißem Wasser 10 Minuten rühren. Das Backrohr auf 90 °C vorheizen, ausgekühlte Roulade aufrollen, mit der Fülle bestreichen, wieder einrollen und mit der Glasur überziehen, einige Minuten zum Trocknen in das Rohr stellen.

Tipp: Ist die Glasur zu dünn, etwas Staubzucker beifügen, ist sie zu dick, etwas Flüssigkeit zugeben.

Streuselkuchen mit Marillen

300 g Mehl
2 EL Honig
30 g Germ
1/8 l Milch
50 g Butter
2 Eidotter
1 Prise Salz
600 g Marillen
250 g Mehl
5 EL Honig
200 g Butter
1 MS Zimt
Butter für das Backblech

Zubereitungszeit: 1 Stunde 30 Minuten

Germ mit 1 EL Honig abrühren, 2 KL Mehl und 3 EL Milch beifügen und glatt verrühren, Dampfl bis zur doppelten Höhe aufgehen lassen. In einer Pfanne Butter zergehen lassen, in eine Schüssel gießen mit restlichem Honig, Eidotter und Milch vermengen. Mehl in eine zweite Schüssel geben, salzen, in die Mitte eine Ver-tiefung drücken, das Dampfl hineinleeren und mit Mehl abdecken, das Milchgemisch beifügen und mit dem Kochlöffel vermengen. Teig so lange abschlagen, bis er sich von der Schüssel und dem Kochlöffel löst. Mit etwas Mehl bestauben, 20 Minuten gehen lassen. Backrohr auf 180 °C vorheizen, Backblech mit Backpapier belegen. Marillen waschen, halbieren, entkernen und abtrocknen. Für den Streusel Mehl und Butter in einer Schüssel abbröseln, Zimt und Honig dazugeben, gut vermengen, nochmals abbröseln und kalt stellen. Auf bemehlter Arbeitsfläche den Teig 4 mm dick ausrollen, auf das Backblech legen und dicht mit den vorbereiteten Marillen belegen, Streusel darauf streuen und im Rohr 35 Minuten backen. Nach dem Ende der Backzeit aus dem Rohr nehmen, auskühlen lassen und vor dem Servieren portionieren.

Tipp: Nur frische Germ verwenden, alle Zutaten außer den Eiern sollten lauwarm sein.

Topfenkuchen

150 g Topfen
150 g Butter
150 g Staubzucker
5 Eier
150 g geriebene Mandeln
abgeriebene Schale einer viertel Zitrone
Butter und Mehl für die Form
Staubzucker zum Bestreuen

Zubereitungszeit: 1 Stunde 10 Minuten

Backrohr auf 170 °C vorheizen, Kastenform mit Butter bestreichen, mit Mehl bestreuen. Eier trennen, Butter cremig rühren, nach und nach 2/3 des Zuckers unterrühren, Eidotter, Topfen, Mandeln, Zitronenschale einrühren. Eiklar mit restlichem Zucker zu steifem Schnee schlagen, vorsichtig unter den Teig heben. Masse in die Form füllen und 50 Minuten backen. Nach Ende der Backzeit aus dem Rohr nehmen, kurz überkühlen, stürzen und auskühlen lassen. Vor dem Servieren mit Staubzucker bestreuen.

Foto: Foto Liesl Biber

Fruchtsalat

(siehe Rezept Seite 350)

Foto: Foto Liesl Biber

Schokolademousse

(siehe Rezept Seite 360)

Foto: Foto Liesl Biber

Anisbögen

(siehe Rezept Seite 365)

Foto: Foto Liesl Biber

Florentiner

(siehe Rezept Seite 368)

Foto: Foto Liesl Biber

Husarenkrapfen

(siehe Rezept Seite 370)

Foto: Foto Liesl Biber

Linzer Spritzgebäck

(siehe Rezept Seite 374)

Foto: Foto Liesl Biber

Mandeltaler

(siehe Rezept Seite 376)

Foto: Foto Liesl Biber

Windbäckerei

(siehe Rezept Seite 384)

Vanillekuchen

6 Eier
150 g Staubzucker
150 g Rohmarzipan
2 Vanilleschoten
abgeriebene Schale einer Zitrone
200 g Kochschokolade
50 g Mandelsplitter
80 g Mehl
70 g Maizena
9 EL Marsalawein
1 Prise Salz
2 Eiklar
130 g Staubzucker
1 TL Zitronensaft
200 g gehackte Walnüsse
Marillenmarmelade zum Bestreichen
Butter und Mehl für die Form

Zubereitungszeit: 1 Stunde 15 Minuten

Backrohr auf 170 °C vorheizen, Kranzkuchenform mit Butter bestreichen und mit Mehl bestauben. Kochschokolade grob hacken, Mehl mit Maizena versieben, Rohmarzipan kleinwürfelig schneiden, Eier trennen. Eidotter mit 2/3 des Staubzuckers, Mark von 1 1/2 Vanilleschoten, Rohmarzipan, Salz, Zitronenschale und 1 EL Wasser schaumig rühren. Schokolade mit Mandeln vermengen und mit Marsalawein beträufeln, mit der Mehlmischung gut vermengen. Eiklar mit restlichem Staubzucker zu steifem Schnee schlagen, abwechselnd mit der Schokolade-Mandel-Mischung unter die Eidottermasse heben. Masse in die Form füllen, glatt streichen und im Rohr 45 Minuten backen. Nach dem Ende der Backzeit Kuchen aus dem Rohr nehmen, stürzen, kurz überkühlen lassen. Mit der Marillenmarmelade bestreichen. Für die Glasur Eiklar mit dem gesiebten Staubzucker zu steifem Schnee schlagen, Zitronensaft und das restliche Mark der Vanilleschoten unterziehen. Kuchen mit der Glasur einstreichen und mit den gehackten Walnüssen bestreuen.

Wachauer Torte

140 g Mandeln
140 g Schokolade
7 Eier
140 g Staubzucker
140 g Butter
2 Eier
2 Schokoladerippen
100 g Marillenmarmelade
140 g Staubzucker
50 g Mandelsplitter
Butter und Mehl für die Form

Zubereitungszeit: 1 Stunde 15 Minuten

Das Backrohr auf 180 °C vorheizen, eine Tortenform mit Butter bestreichen und mit Mehl bestreuen. Die Mandeln reiben, Schokolade im Wasserbad erweichen, lauwarm rühren, die Eier trennen. Eidotter mit 140 g Staubzucker und der Schokolade schaumig rühren. Eiklar zu steifem Schnee schlagen, abwechselnd mit den Mandeln unter die Masse heben. Teig in die Form füllen, glatt streichen und 45 Minuten im Rohr backen. Nach dem Ende der Backzeit Kuchen aus dem Rohr nehmen, stürzen und auskühlen lassen. In dieser Zeit die Creme zubereiten, Schokoladerippen klein schneiden, im Wasserbad erweichen, anschließend lauwarm rühren. Butter cremig rühren, abwechselnd Eier, Schokolade und Zucker einrühren. Die Torte dünn mit der Creme bestreichen, restliche Creme in einen Dressiersack füllen und auf die Torte ein Gitter spritzen, die Marillenmarmelade in die Zwischenräume spritzen. Die Seitenränder mit gehobelten Mandeln belegen.

Tipp: Beim Befüllen des Dressiersackes sollten Sie darauf achten, dass er nicht zu voll gemacht wird. Es soll noch so viel Platz bleiben, dass Sie ihn oben eindrehen können.

Weichseltorte

6 Eier
150 g Butter
200 g Mehl
1 TL Backpulver
450 g Staubzucker
50 g Mandelblättchen
1/2 l Weichselkompott
1/2 l Schlagobers
1 Pkg. Tortengelee
Mandelblättchen zum Bestreuen
Butter und Mehl für die Formen

Zubereitungszeit: 2 Stunden 30 Minuten

Backrohr auf 180 °C vorheizen, 2 Springformen mit Butter bestreichen, mit Mehl bestreuen. Mehl mit Backpulver versieben, Eier trennen. Butter mit 300 g Staubzucker cremig rühren, Eidotter einzeln nach und nach untermischen, die Mehlmischung vorsichtig unterziehen. In jede Springform die Hälfte der Masse füllen und glatt streichen. Eiklar mit dem restlichen Staubzucker zu cremigem Schnee schlagen. Schnee halbieren und auf jede Teigmasse streichen, mit den Mandelblättchen bestreuen und im Rohr 30 Minuten backen. Nach Ende der Backzeit die Torten aus dem Rohr nehmen, auskühlen lassen, eine Torte aus der Form lösen, anschließend diese Form reinigen. Das Weichselkompott abseihen, Tortengelee mit 1/4 l Kompottsaft glatt rühren, Weichseln einlegen und 1 Minute aufkochen, in die leere Springform füllen und 1 Stunde kalt stellen. Schlagobers steif schlagen, ein Viertel davon auf die Torte, die noch in der Form ist, streichen. Weichselmasse vorsichtig aus der Springform lösen, auf das Obers setzen, wieder mit Obers bestreichen, die zweite Torte darauf setzen und vorsichtig andrücken. Springform öffnen und die ganze Torte vorsichtig lösen, mit restlichem Schlagobers bestreichen, mit Mandelblättchen bestreuen.

Weingugelhupf

170 g Staubzucker
160 g Semmelbrösel
4 Eier
1 Pkg. Vanillezucker
Saft und abgeriebene Schale einer halben Zitrone
1/8 l Orangensaft
3/4 l Weißwein
100 g Zucker
1 Zimtstange
2 Gewürznelken
1 MS Zimt
1 Prise Nelkenpulver
Butter und Semmelbrösel für die Form

Zubereitungszeit: 1 Stunde 30 Minuten

Das Backrohr auf 170 °C vorheizen, eine Gugelhupfform mit Butter bestreichen und mit Semmelbröseln bestreuen. Semmelbrösel mit Zimt und Nelkenpulver gut vermischen, die Eier trennen. Eidotter mit Vanillezucker, 80 g Zucker und Zitronenschale cremig schlagen. Eiklar mit dem restlichen Zucker zu steifem Schnee schlagen. Ein Drittel des Schnees in die Dottermasse einrühren, restlichen Schnee abwechselnd mit der Bröselmischung vorsichtig unterheben. Die Masse in die Form füllen, glatt streichen und im Rohr 35 Minuten backen. Nach dem Ende der Backzeit Gugelhupf aus dem Rohr nehmen, kurz rasten lassen dann stürzen. Wein mit Zitronensaft, Orangensaft, Zucker, Zimtstange und Gewürznelken aufkochen lassen, damit dann den Gugelhupf langsam übergießen, kurz ziehen lassen.

Tipp: Wenn Kinder diesen Gugelhupf essen, verwenden Sie statt des Weines Traubensaft, in diesem Fall lassen Sie den Zucker weg.

Weintraubenkuchen

300 g grüne Weintrauben
300 g blaue Weintrauben
150 g Butter
180 g Staubzucker
200 g Mehl
1 Eidotter
3 Eier
1 TL Vanillezucker
1 TL Backpulver
1 EL Rum
Butter und Mehl für das Backblech
Staubzucker zum Bestreuen

Zubereitungszeit: 1 Stunde 20 Minuten

Das Backrohr auf 180 °C vorheizen, ein Backblech mit Butter bestreichen und mit Mehl bestreuen. Weintrauben waschen, gut abtropfen lassen, abrebeln und trockentupfen. Das Mehl mit dem Backpulver versieben. Butter mit dem Staubzucker schaumig rühren, die ganzen Eier einzeln einrühren, dann das Eidotter untermischen, Rum und Vanillezucker beifügen, alles gut verrühren. Zuletzt die Mehlmischung unterheben. Die Masse auf das Backblech streichen und mit den Weintrauben belegen, im Rohr 45 Minuten backen. Nach dem Ende der Backzeit Kuchen aus dem Rohr nehmen, erkalten lassen. Vor dem Servieren mit Staubzucker bestreuen und portionieren.

Windtorte

4 Eiklar
220 g Feinkristallzucker
1 TL Essig
1 EL Maizena
Früchte zum Belegen
Schlagobers zum Garnieren

Zubereitungszeit: 1 Stunde

Das Backrohr auf 100 °C vorheizen, Eiklar zu steifem Schnee schlagen, zwei Drittel des Zuckers löffelweise nach und nach einschlagen. Den restlichen Zucker unterheben, dann Essig und Maizena vorsichtig unterrühren. Windmasse auf einen hitzebeständigen Tortenteller streichen und 45 Minuten im Rohr trocknen. Nach dem Ende der Trockenzeit Torte aus dem Rohr nehmen, Windmasse auskühlen lassen. Vor dem Servieren mit Früchten belegen und mit Schlagobers garnieren.

Tipp: Damit die Windmasse gelingt, muss das Geschirr sauber und fettfrei sein. Der Schnee muss so steif sein, dass er sich ballt und schnittfest ist.

Zimtkuchen

250 g Staubzucker
250 g Butter
250 g Mehl
4 Eier
120 g geriebene Haselnüsse
1 TL Backpulver
1 TL Zimt
1/8 l Milch
Butter und Mehl für die Form
Staubzucker zum Bestreuen

Zubereitungszeit: 1 Stunde

Das Backrohr auf 180 °C vorheizen, eine Kastenform mit Butter bestreichen und mit Mehl bestreuen. Mehl mit Backpulver versieben, dann mit Nüssen und Zimt gut vermischen, die Eier trennen. Butter mit Staubzucker cremig rühren, Eidotter nach und nach unterrühren. Eiklar zu steifem Schnee schlagen, abwechselnd mit der Mehlmischung und der Milch unter den Abtrieb heben. Die Masse in die Form füllen und im Rohr 40 Minuten backen. Nach dem Ende der Backzeit aus dem Rohr nehmen, kurz rasten lassen und dann stürzen. Vor dem Servieren mit Staubzucker bestreuen.

Zitronenkuchen getränkt

250 g Butter
250 g Staubzucker
250 g Mehl
5 Eier
Saft und abgeriebene Schale von 2 Zitronen
2 TL Backpulver
1 Prise Salz
100 g Staubzucker
Saft von 3 Zitronen
Butter und Mehl für die Form

Zubereitungszeit: 1 Stunde 20 Minuten

Das Backrohr auf 175 °C vorheizen, eine Kastenform mit Butter bestreichen und mit Mehl bestreuen. Mehl mit Backpulver versieben. Butter mit Zucker schaumig rühren, Eier einzeln, nach und nach unterrühren, dann Zitronensaft und Schale beifügen, alles gut vermischen. Zuletzt die Mehlmischung und das Salz unterheben. Masse in die Form füllen, glatt streichen und im Rohr 1 Stunde backen. Nach dem Ende der Backzeit Kuchen aus dem Rohr nehmen, stürzen und etwas auskühlen lassen. Inzwischen den Staubzucker sieben und mit dem Zitronensaft 5 Minuten glatt verrühren. Kuchen mit einer Stricknadel mehrmals einstechen und den Zitronenguss darüber gießen.

Zitronentorte

4 Eier
80 g Mehl
60 g Maizena
120 g Staubzucker
60 g Butter
abgeriebene Schale einer halben Zitrone
1 Prise Salz
300 g Butter
200 g Staubzucker
Saft und abgeriebene Schale von 2 Zitronen
2 TL Staubzucker
2 Eier
Mandelblättchen zum Garnieren
Staubzucker zum Bestreuen
Butter und Mehl für die Form

Zubereitungszeit: 2 Stunden

Das Backrohr auf 180 °C vorheizen, eine Springform mit Butter bestreichen und mit Mehl bestreuen. Das Mehl mit Maizena versieben, die 4 Eier trennen. Eidotter mit Zitronenschale, 2 EL Zucker und Salz cremig rühren, Eiklar mit dem restlichen Zucker zu steifem Schnee schlagen, davon ein Drittel in die Eidottermasse einrühren, in einer Pfanne die Butter zergehen lassen, restlichen Schnee, Mehlmischung und die warme Butter unter die Masse heben. Den Teig in die Form füllen und im Rohr 40 Minuten backen. Nach dem Ende der Backzeit Biskuit aus dem Rohr nehmen, mit Zucker bestreuen und auf ein Backpapier stürzen, auskühlen lassen. In dieser Zeit die Creme zubereiten. Die Eier verquirlen, zwei Drittel der Butter mit Zucker und Saft und Schale der 2 Zitronen gut verrühren, aufkochen, Eier in diese Mischung schnell einrühren, unter ständigem Rühren aufkochen lassen, bei geringer Hitze weiterkochen, bis die Masse cremig wird.

Durch ein feines Sieb streichen und 1 Stunde kalt stellen. Dann die restliche Butter mit 2 TL Staubzucker cremig rühren und mit der Zitronencreme glatt verrühren. Beim erkalteten Biskuit jetzt erst die Springform öffnen und abheben. Die Torte in fünf gleich starke Böden schneiden, mit der Zitronencreme bestreichen und wieder zusammensetzen. Seitenränder und Oberseite mit der Creme bestreichen, Ränder mit Mandelblättchen belegen und die Oberseite mit Staubzucker bestreuen.

Tipp: Damit Sie gleichmäßige dünne Biskuitböden schneiden können, die Torte nach dem Erkalten 1 Stunde in das Tiefkühlfach legen.

Zwetschkenschlupfkuchen

120 g Staubzucker
4 Eier
120 g Mehl
120 g Butter
500 g Zwetschken
200 g Staubzucker
2 EL Zitronensaft
1 EL heißes Wasser
Butter und Mehl für die Form

Zubereitungszeit: 1 Stunde 10 Minuten

Das Backrohr auf 180 °C vorheizen, eine Kranzform mit Butter bestreichen und mit Mehl bestreuen. Die Zwetschken waschen, halbieren, entkernen und abtrocknen. Die Eier trennen, in einer Pfanne die Butter schmelzen lassen, dann beiseite stellen. Eidotter und Zucker schaumig rühren, nacheinander das Mehl und die geschmolzene Butter unterrühren. Das Eiklar schnittfest schlagen und vorsichtig unter die Masse heben. Den Teig in die Form füllen und mit den Zwetschken belegen, im Rohr 45 Minuten backen. Nach dem Ende der Backzeit Kuchen aus dem Rohr nehmen, kurz überkühlen lassen und stürzen. Für den Zuckerguss gesiebten Staubzucker mit Zitronesaft und Wasser 10 Minuten rühren. Zwetschkenkuchen mit dem Zuckerguss glasieren.

Tipp: Für diesen Kuchen eignen sich auch andere Früchte, wie Äpfel oder Birnen in Scheiben geschnitten, oder Kirschen, Bananen. Nicht geeignet sind Zitrusfrüchte.

Kalte Desserts

Apfelmus

1 kg Äpfel
100 g Zucker
1 Zimtrinde
4 Gewürznelken
abgeriebene Schale einer Zitrone

Zubereitungszeit: 30 Minuten

Die Äpfel waschen, vierteln und das Kerngehäuse entfernen. Mit wenig Wasser, Zucker, Zimtrinde, Gewürznelken und Zitronenschale weich kochen. Gewürze herausnehmen und die weichen Äpfel passieren.

Tipp: Wollen Sie ein weißes Apfelmus, müssen die Äpfel vorher geschält werden.

Apfelschaumcreme

500 g Äpfel
200 g Zucker
1/4 l Weißwein
4 Eiklar
Saft und abgeriebene Schale einer Zitrone
3 Blatt Gelatine
1/4 l Schlagobers

Zubereitungszeit: 1 Stunde (ohne Kühlzeit)

Äpfel waschen, achteln und das Kerngehäuse entfernen, mit Weißwein und Zucker weich kochen. Äpfel passieren und auskühlen lassen. Eiklar zu festem Schnee schlagen, Schlagobers steif schlagen. Die Gelatine in kaltem Wasser einweichen, gut ausgedrückt über Wasserdampf schmelzen lassen. Gelatine, Zitronensaft und Schale unter das abgekühlte Apfelmus rühren. Eischnee mit dem Schneebesen vorsichtig unterheben, das Schlagobers löffelweise unterziehen. Apfelschaumcreme in Portionsschalen oder in eine Schüssel füllen und 4 Stunden im Kühlschrank fest werden lassen.

Tipp: Sie können die Apfelschaumcreme bereits am Vortag zubereiten, gut gekühlt ist sie 2 Tage haltbar.

Beeren mit gewürztem Schlagobers

250 g Brombeeren
250 g Himbeeren
250 g Ribisel
3/8 l Schlagobers
30 g Zucker
2 EL Himbeergeist
2 EL Orangenlikör
2 EL Ribisellikör

Zubereitungszeit: 20 Minuten

Die Beeren waschen, abtropfen lassen, abtrocknen, Ribisel abrebeln. Beeren in einer Schüssel anrichten. Das Schlagobers mit dem Zucker halb steif schlagen und dritteln. Ein Drittel mit Himbeergeist, ein Drittel mit Orangenlikör und das letzte Drittel mit Ribisellikör verrühren, gewürztes Schlagobers extra in kleinen Schalen servieren.

Beerenterrine mit Himbeersauce

100 g Walderdbeeren
100 g Heidelbeeren
100 g Brombeeren
100 g Ribisel
100 g Himbeeren
1/2 l Buttermilch
4 EL Zucker
3 EL Orangensaft
7 Blatt Gelatine
1/4 l Schlagobers
400 g Himbeeren
4 EL Staubzucker
1 TL Zitronensaft

Zubereitungszeit: 45 Minuten (ohne Kühlzeit)

Eine Kastenform mit Frischhaltefolie auslegen, Beeren, außer den Himbeeren für die Sauce, waschen, abtropfen und abtrocknen. Ribiseln abrebeln, alle anderen Beeren verlesen. Gelatine in kaltem Wasser einweichen, Buttermilch mit Zucker und Orangensaft gut verrühren. Gelatine gut ausdrücken, über Wasserdampf auflösen lassen. 3 EL Buttermilch mit Gelatine verrühren, sofort unter die restliche Buttermilch mischen. Schüssel mit der Buttermilch in den Kühlschrank zum Festwerden stellen. Schlagobers steif schlagen, wenn die Buttermilchmasse zu gelieren anfängt, Schlagobers vorsichtig unterziehen, Beeren dazugeben, behutsam vermischen, in die Kastenform füllen, glatt streichen und mindestens 4 Stunden in den Kühlschrank stellen. Für die Himbeersauce, Himbeeren waschen, abtropfen lassen und abtrocknen, mit Staubzucker und Zitronensaft im Mixer pürieren. Anschließend durch ein Sieb streichen. Nach dem Ende der Kühlzeit die Terrine auf einen Teller stürzen, Frischhaltefolie abziehen und Terrine in Scheiben schneiden, mit der vorbereiteten Himbeersauce servieren.

Biskuittascherln mit Erdbeerschaum

80 g Staubzucker
1 Pkg. Vanillezucker
80 g Mehl
4 Eier
geriebene Schale einer viertel Zitrone
1/2 l Schlagobers
150 g Erdbeerpüree
80 g Staubzucker
2 Pkg. Vanillezucker
2 Pkg. Sahnesteif
Saft einer halben Zitrone
Staubzucker zum Bestreuen

Zubereitungszeit: 1 Stunde 15 Minuten

Das Backrohr auf 180 °C vorheizen, ein Backblech mit Backpapier belegen. Das Mehl versieben und die Eier trennen. Eidotter mit 30 g Zucker, Zitronenschale und Vanillezucker cremig rühren. Eiklar mit dem restlichen Zucker zu steifem Schnee schlagen. Davon ungefähr ein Viertel unter die Eidottermasse rühren, restlichen Schnee mit dem gesiebten Mehl abwechselnd unterheben. Die Biskuitmasse mit einem Dressiersack, in Spiralen auf das Backblech spritzen, so dass ein Kreis entsteht, im Rohr 10 Minuten backen. Nach dem Ende der Backzeit aus dem Rohr nehmen, mit Zucker bestreuen und auf ein Backpapier stürzen, gebrauchtes Papier abziehen. Das warme Biskuit vorsichtig mit Hilfe eines Kochlöffels quer eindrücken und zusammenklappen, auskühlen lassen. In dieser Zeit wird die Creme zubereitet. Erdbeerpüree mit Zitronensaft, Zucker, Vanillezucker und Sahnesteif gut vermengen. Schlagobers steif schlagen und unter das Püree heben. Die Creme in einen Dressiersack geben und die erkalteten Erdbeertascherln damit füllen. Vor dem Servieren mit Staubzucker bestreuen.

Tipp: Beim Befüllen des Dressiersackes achten Sie darauf, dass dieser nicht zu voll gemacht wird. Es soll noch so viel Platz bleiben, dass er oben ordentlich eingedreht werden kann. Das Backpapier lässt sich leichter vom Biskuit lösen, wenn Sie vorher ein feuchtes Tuch kurz auf das Papier legen.

Diplomatencreme mit Beerenröster

100 g Zucker
1 Pkg. Vanillezucker
1/2 l Milch
40 g Vanillepuddingpulver
2 Eidotter
1 EL Staubzucker
1/4 l Schlagobers
1 TL Butter
100 g Himbeeren
50 g Brombeeren
50 g Heidelbeeren
1/4 l Rotwein
1 TL Maizena
1 Pkg. Vanillezucker
1 EL Zucker

Zubereitungszeit: 45 Minuten (ohne Kühlzeit)

Ungefähr 1/3 der Milch mit Eidottern und Puddingpulver glatt verrühren. Die restliche Milch mit Butter, Vanillezucker und Zucker aufkochen lassen, die Eidottermischung einrühren und bei geringer Hitze 1/2 Minute kochen lassen. Creme in eine Schüssel gießen, mit 1 EL Staubzucker bestreuen und überkühlen lassen. Inzwischen das Schlagobers steif schlagen, vorsichtig unter die Creme heben und 3 Stunden im Kühlschrank kühl stellen. Für den Beerenröster die Beeren waschen, gut abtropfen lassen, verlesen und abtrocknen. 1 Esslöffel vom Rotwein gut mit der Maizena verrühren, den restlichen Wein mit Vanillezucker und Zucker aufkochen lassen, Maizena einrühren und alles bei geringer Hitze kurz kochen lassen. Beeren in eine Schüssel legen, mit der Sauce begießen und auskühlen lassen. Diplomatencreme mit dem Beerenröster servieren.

Eiercreme

1/4 l Milch
4 Blatt Gelatine
1 Vanilleschote
120 g Staubzucker
4 Eidotter
1/4 l Schlagobers
1 Prise Salz
4 EL Schokoladestreusel

Zubereitungszeit: 30 Minuten (ohne Kühlzeit)

Gelatine in kaltem Wasser einweichen, Milch mit 60 g Zucker, der Länge nach halbierten Vanilleschoten und mit Salz bei geringer Hitze zum Kochen bringen, kurz kochen. Eidotter mit restlichem Zucker in einer Schüssel schaumig rühren. Vanilleschote aus der Milch nehmen, diese mit dem Schneebesen unter die Eidottermasse rühren. Gelatine gut ausdrücken, in der heißen Creme auflösen, dann alles abkühlen lassen. Das Schlagobers steif schlagen, sobald die Creme zu gelieren beginnt, das Obers vorsichtig unterheben. Zum Festwerden 2 Stunden in den Kühlschrank stellen, vor dem Servieren mit dem Schokoladestreusel bestreuen.

Tipp: Wenn Sie die Creme in mit kaltem Wasser ausgespülte Formen füllen, können Sie sie nach der Kühlzeit gut stürzen.

Erdbeercreme

300 g Erdbeeren
100 g Zucker
1/8 l Rotwein
1/2 l Schlagobers
1/8 l Schlagobers
5 Blatt Gelatine
3 Tropfen Mandelaroma

Zubereitungszeit: 35 Minuten (ohne Kühlzeit)

Gelatine in kaltem Wasser einweichen, Erdbeeren waschen, abtropfen lassen und entstielen. Mit Rotwein und Zucker 15 Minuten kochen lassen, dann durch ein feines Sieb streichen. Gut ausgedrückte Gelatine in der heißen Sauce auflösen, Sauce abkühlen lassen. Inzwischen 1/2 l Schlagobers steif schlagen, wenn die Masse zu gelieren beginnt, das Obers vorsichtig unterheben, im Kühlschrank fest werden lassen. Vor dem Anrichten 1/8 l Schlagobers halb steif schlagen, mit dem Mandelaroma aromatisieren und mit der Erdbeercreme servieren.

Erdbeer-Topfen-Creme

500 g Erdbeeren
1 EL Orangenlikör
5 EL Staubzucker
Saft einer halben Zitrone
200 g Topfen
6 Blatt Gelatine
1/4 l Schlagobers
1 Pkg. Vanillezucker
90 g Staubzucker
frische Erdbeeren und Minzeblätter zum Garnieren

Zubereitungszeit: 30 Minuten (ohne Kühlzeit)

Gelatine in kaltem Wasser einweichen, die Erdbeeren waschen, gut abtropfen lassen, entstielen, klein schneiden. Erdbeerstücke mit Orangenlikör, Zitronensaft und 5 EL Staubzucker gut verrühren, im Mixer fein pürieren. Das Schlagobers steif schlagen, Topfen mit Vanillezucker, Zucker und Erdbeerpüree gut vermengen. Einen kleinen Teil der Masse über Wasserdampf erhitzen, gut ausgedrückte Gelatine darin auflösen. Mit der restlichen Masse rasch verrühren. Das Schlagobers unterheben, die Creme in eine Schüssel füllen und im Kühlschrank 2 Stunden fest werden lassen. Vor dem Servieren mit Hilfe eines Löffels kleine Nocken aus der Masse ausstechen, auf Tellern anrichten und mit frischen Erdbeeren und Minzeblättern garnieren.

Tipp: Bevor Sie die Nocken aus der Erdbeermasse ausstechen, tauchen Sie den Löffel in kaltes Wasser.

Erdbeertortelettes mit Gelatine

500 g Erdbeeren
4 Eier
80 g Zucker
120 g Mehl
30 g Butter
250 g Erdbeermarmelade
4 EL Zucker
1/4 l Wasser
1 Pkg. Tortengelee

Zubereitungszeit: 50 Minuten

Backrohr auf 200 °C vorheizen, ein Backblech mit Backpapier belegen. In einer Pfanne die Butter schmelzen lassen, die Eier trennen, das Mehl sieben. Eiklar mit Zucker zu steifem Schnee schlagen, Eidotter, Mehl und flüssige Butter vorsichtig unterheben. Masse auf das Backblech fingerdick aufstreichen, im Rohr 8 Minuten zu goldgelber Farbe backen. Nach dem Ende der Backzeit Biskuit aus dem Rohr nehmen und abkühlen lassen. Die Erdbeeren waschen, gut abtropfen lassen, entstielen und je nach Größe halbieren oder vierteln, das Schlagobers steif schlagen und kalt stellen. Runde Scheiben von 8 cm Durchmesser ausstechen und ausschneiden. Jeweils zwei Scheiben mit Marmelade zusammensetzen. Tortengelee mit Zucker und Wasser anrühren, aufkochen, bei geringer Hitze 1 Minute kochen, vom Herd nehmen und 10 Minuten abkühlen lassen. Die Tortelettes mit den Erdbeeren belegen, einen Dressiersack mit Schlagobers füllen und dieses rund um die Erdbeeren aufspritzen. Mit dem Tortengelee überglänzen und im Kühlschrank fest werden lassen.

Erdbeeren Romanow

600 g Erdbeeren
Saft von einer Orange
2 EL Zucker
2 EL Portwein
2 EL Orangenlikör
1/4 l Schlagobers

Zubereitungszeit: 45 Minuten (ohne Kühlzeit)

Die Erdbeeren waschen, gut abtropfen lassen, entstielen und halbieren, dann in eine Schüssel legen. Den Orangensaft mit Zucker, Orangenlikör und Portwein gut vermischen und über die Erdbeeren gießen. Erdbeeren 30 Minuten im Kühlschrank marinieren. In dieser Zeit das Schlagobers steif schlagen. Obers abwechselnd mit den Erdbeeren in Gläser schichten, nochmals 30 Minuten im Kühlschrank kühlen.

Fruchtsalat

1 Apfel
1 Birne
2 Bananen
100 g grüne Weintrauben
100 g blaue Weintrauben
3 Kiwis
200 g Erdbeeren
1/4 Zuckermelone
Saft einer Zitrone
Saft einer Orange
3 EL Orangenlikör
1/2 l Wasser
500 g Zucker
6 g gehackte Walnüsse

Zubereitungszeit: 40 Minuten (ohne Marinierzeit)

Wasser mit dem Zucker aufkochen lassen, Schaum abheben und erkalten lassen. Orangensaft, Zitronensaft und Orangenlikör gut vermengen und mit dem Zuckerwasser vermischen. Apfel und Birne schälen, vierteln, das Kerngehäuse entfernen und in Spalten schneiden. Kiwis und Bananen schälen und in Scheiben schneiden. Die Weintrauben waschen, gut abtropfen lassen, halbieren und entkernen. Die Erdbeeren waschen, gut abtropfen lassen, entstielen und halbieren. Melone schälen und entkernen, dann in kleine Stücke schneiden. Alle Früchte in der Marinade, im Kühlschrank, ziehen lassen. Vor dem Anrichten in kleine Schüsseln verteilen und mit den gehackten Nüssen bestreuen.

Tipp: Damit Apfel, Birne und Banane nicht braun werden, schneiden Sie sie direkt in die Marinade.

Himbeercreme

500 g Himbeeren
120 g Staubzucker
3 Blatt Gelatine
1/2 l Schlagobers
1/8 l Joghurt
Saft einer halben Zitrone
300 g Himbeeren zum Garnieren

Zubereitungszeit: 30 Minuten (ohne Kühlzeit)

Gelatine in kaltem Wasser einweichen, das Schlagobers steif schlagen, die Himbeeren sparsam waschen, gut abtropfen lassen. Himbeeren mit Zucker und Zitronensaft gut verrühren, im Mixer fein pürieren, anschließend durch ein feines Sieb streichen. Joghurt mit dem Püree vermengen, einen kleinen Teil der Masse über Wasserdampf erhitzen, gut ausgedrückte Gelatine darin auflösen. Sofort mit der restlichen Himbeer-Joghurt-Masse verrühren, Schlagobers unterheben. Creme in Gläser füllen und im Kühlschrank 3 Stunden fest werden lassen. Vor dem Anrichten Himbeeren für die Garnierung sparsam waschen und putzen, auf der Creme verteilt servieren.

Kaffeecreme mit Vanilleeis

2 Becher Crème fraîche
1/4 l kalter Mokka
80 g Staubzucker
3 EL Mandellikör
1 Pkg. Vanillezucker
1/2 l Vanilleeis
1/8 l Schlagobers
gemahlener Kaffee zum Bestreuen

Zubereitungszeit: 45 Minuten

Schlagobers steif schlagen, Mokka mit Zucker, Crème fraîche, Mandellikör und Vanillezucker gut vermischen, in 4 Gläser füllen. Vanilleeis darauf verteilen, mit dem Schlagobers garnieren und mit dem gemahlenen Kaffee bestreuen, vor dem Servieren 30 Minuten in den Tiefkühler stellen.

Karamellcreme

2 Eier
130 g Kristallzucker
1/8 l heißes Wasser
1/2 l Milch
20 g Maizena
Mark einer halben Vanilleschote

Zubereitungszeit: 30 Minuten

Eier trennen, in einer Pfanne 80 g Zucker unter ständigem Rühren anbräunen, mit heißem Wasser ablöschen, kochen, bis der Zucker sich gelöst hat. In einem Topf 2 Eidotter mit restlichem Zucker schaumig rühren, Milch, Maizena, Mark der Vanilleschote und karamellisierten Zucker dazugeben. Bei geringer Hitze so lange schlagen, bis Masse aufwallt, aber nicht kocht. Topf vom Herd nehmen, das Eiklar zu steifem Schnee schlagen und unter die warme Sauce heben. Karamellcreme gekühlt servieren.

Kastaniencremeterrine

600 g Kastanienpüree
4 EL Rum
70 g Staubzucker
5 Blatt Gelatine
1/2 l Schlagobers
40 g Staubzucker
1 TL Rum

Zubereitungszeit: 40 Minuten (ohne Kühlzeit)

Gelatine in kaltem Wasser einweichen, Schlagobers steif schlagen. 250 g Kastanienpüree, 40 g Staubzucker und 1 TL Rum gut vermischen, zu einer Rolle formen, im Kühlschrank kalt stellen. Restliches Kastanienpüree passieren, mit restlichem Staubzucker und Rum gut vermengen, Gelatine ausdrücken, über Wasserdampf auflösen, unter das Kastanienpüree rühren, Schlagobers unterheben. Kastenform mit Frischhaltefolie auslegen, mit der Hälfte der Masse füllen, die gekühlte Rolle darauf legen, mit der restlichen Masse abdecken. Mit einer Folie zugedeckt 3 Stunden im Kühlschrank kalt stellen.

Kastanienreis mit Schlagobers

1 kg Kastanien
120 g Staubzucker
1 Eidotter
1/2 l Milch
1/4 l Wasser
1 KL Weinbrand
1/4 l Schlagobers

Zubereitungszeit: 45 Minuten

Das Backrohr auf 180 °C vorheizen, Kastanien auf der gewölbten Seite kreuzweise einschneiden, auf einem nassen Backblech so lange im Rohr braten, bis sie aufspringen. Kastanien schälen, in der gewässerten Milch weich kochen und dann passieren. Püree mit dem Zucker, Weinbrand und Eidotter sehr gut verrühren. Das Schlagobers steif schlagen, Kastanienpüreemasse durch ein Sieb streichen, mit Schlagobers garnieren, vor dem Servieren eine Stunde kalt stellen.

Kirschenragout mit Vanilleeis

200 g dunkle Kirschen
1/16 l Wasser
1 EL Kirschwasser
1 EL Zucker
1 TL Maizena
4 Kugeln Vanilleeis
Minzeblätter zum Garnieren

Zubereitungszeit: 30 Minuten

Kirschen waschen, entkernen, in einem Topf mit Zucker und Wasser einmal aufkochen. Maizena mit etwas kaltem Wasser verrühren und zum Ragout geben, bei geringer Hitze leicht kochen, bis die Sauce eingedickt ist. Das Kirschwasser einrühren. Auf Tellern die Vanilleeiskugeln anrichten, das Kirschragout rundherum legen, mit Minzeblättern garnieren und sofort servieren.

Kiwi-Nuss-Topfen-Creme

1/2 Becher Joghurt
250 g Topfen
3 EL Honig
40 g Walnüsse grob gehackt
1 EL Zitronensaft
2 Kiwis

Zubereitungszeit: 20 Minuten (ohne Kühlzeit)

Topfen mit Joghurt, Honig und Zitronensaft gut verrühren. Eine Kiwi schälen, kleinwürfelig schneiden und mit den Nüssen unter die Topfencreme rühren, 1 Stunde im Kühlschrank kalt stellen. Vor dem Servieren zweite Kiwi schälen, in Scheiben schneiden und die Creme damit garnieren.

Tipp: Wollen Sie die Kiwis schön und gleichmäßig schneiden, verwenden Sie dafür einen Eierschneider.

Lebkuchenmousse

100 g Kochschokolade
1 Eidotter
1 Ei
40 g Staubzucker
1 Blatt Gelatine
3/8 l Schlagobers
100 g Lebkuchenbrösel
10 g Lebkuchengewürz
250 g Dörrzwetschken
1/4 l Wasser
1/8 l Weinbrand
50 g Zucker

Zubereitungszeit: 40 Minuten (ohne Kühlzeit)

Die Gelatine in kaltem Wasser einweichen, Schokolade im Wasserbad erweichen, vom Dampf nehmen und so lange rühren, bis sie lauwarm ist. Schlagobers steif schlagen. Eidotter und Ei mit Zucker schaumig rühren und unter die Schokolade ziehen. Gelatine gut ausdrücken über Wasserdampf auflösen, sofort unter die Schokolademasse rühren, Lebkuchenbrösel und Gewürz gut einrühren, zuletzt das Schlagobers vorsichtig unterheben. Eine Kastenform mit Frischhaltefolie auslegen, Masse einfüllen und 1 Stunde 30 Minuten in den Kühlschrank zum Festwerden stellen. 45 Minuten vor dem Anrichten Weinbrand, Zucker und Wasser aufkochen, Dörrzwetschken einlegen und ziehen lassen. Lebkuchenmousse aus der Form lösen, Folie abziehen und mit den Zwetschken servieren.

Marillencreme gestürzt

250 g Marillen
250 g Gervais
170 g Staubzucker
1/2 l Joghurt
1/4 l Schlagobers
14 Blatt Gelatine
Saft einer halben Zitrone

Zubereitungszeit: 35 Minuten (ohne Kühlzeit)

Marillen waschen, halbieren, entkernen und kleinwürfelig schneiden, im Mixer pürieren. Gelatine in kaltem Wasser einweichen, das Schlagobers steif schlagen und kalt stellen. Gervais, Zucker, Zitronensaft, Marillenpüree und Joghurt gut verrühren. Gelatine ausdrücken, mit einem kleinen Teil der Marillen-Joghurt-Masse verrühren, über Wasserdampf erwärmen, bis die Gelatine geschmolzen ist. Vom Dampf nehmen und rasch in die restliche Masse einrühren. Ein Drittel des Schlagobers in die Masse einrühren, restliches Obers unterheben. Kleine Formen mit glatten Boden mit kaltem Wasser ausspülen, Creme einfüllen. Mit Frischhaltefolie zugedeckt 3 Stunden in den Kühlschrank zum Festwerden stellen. Vor dem Servieren Formen kurz in heißes Wasser tauchen und die Creme auf Teller stürzen.

Marzipanschaum mit Himbeersauce

200 g Rohmarzipan
1/4 l Milch
4 Blatt Gelatine
2 Eidotter
80 g Staubzucker
1 Tropfen Bittermandelaroma
1/4 l Schlagobers
1/8 l Wasser
60 g Zucker
250 g Himbeeren
1/2 TL Zitronensaft
1 TL Himbeergeist

Zubereitungszeit: 1 Stunde

Die Gelatine in kaltem Wasser einweichen, das Schlagobers steif schlagen und kalt stellen. Rohmarzipan reiben, Eidotter mit Zucker sehr schaumig rühren, die Milch mit dem Marzipan aufkochen, so lange rühren, bis das Marzipan aufgelöst ist. Gelatine gut ausdrücken und in der heißen Marzipanmilch auflösen, mit der Dottermasse gut vermengen und kalt stellen. Sobald die Masse zu gelieren beginnt, das Schlagobers unterheben. Für die Himbeersauce Himbeeren verlesen, waschen, gut abtropfen lassen. Wasser und Zucker aufkochen lassen, Himbeeren mit Zuckerwasser pürieren, durch ein feines Sieb streichen. Mit Himbeergeist und Zitronensaft würzen.

Meraner Creme

150 g Kirschen
120 g Staubzucker
6 Eidotter
2 Pkg. Vanillezucker
4 EL Rum
1/4 l Schlagobers

Zubereitungszeit: 30 Minuten

Die Kirschen waschen, gut abtropfen lassen, entkernen und trockentupfen. Schlagobers steif schlagen. Eidotter mit Zucker, Vanillezucker und Rum schaumig rühren. Schlagobers unterheben, eine Schüssel mit der Hälfte der Kirschen auslegen, Creme darauf verteilen und mit restlichen Kirschen verzieren. Vor dem Servieren 15 Minuten in den Kühlschrank stellen.

Tipp: Sie können die Früchte auch weglassen und die Creme mit Cocktailkirschen verzieren.

Mohncreme

70 g gemahlener Mohn
6 Blatt Gelatine
4 Eidotter
1/4 l Milch
100 g Staubzucker
1/4 l Schlagobers
3 EL Rum

Zubereitungszeit: 1 Stunde (ohne Kühlzeit)

Gelatine in kaltem Wasser einweichen, das Schlagobers steif schlagen und kalt stellen. Eidotter mit Zucker cremig rühren, die Milch in einem Topf aufkochen lassen, unter ständigem Rühren mit der Dottermasse vermischen. Bei geringer Hitze so lange weiterrühren, bis die Masse cremig ist. Vom Feuer nehmen, in eine Schüssel umgießen und etwas abkühlen lassen. Gelatine gut ausdrücken und in der noch warmen Masse auflösen. Die Creme durch ein feines Sieb abseihen. Den Mohn unter die Creme rühren, kalt stellen. Wenn die Masse zu gelieren beginnt, zuerst den Rum und dann das Schlagobers unterziehen. Mohncreme in kalt ausgespülte Formen füllen, mit einer Frischhaltefolie abdecken und mindestens 4 Stunden zum Festwerden in den Kühlschrank stellen. Vor dem Servieren die Formen kurz in heißes Wasser tauchen und auf Teller stürzen.

Tipp: Besser ist es, wenn Sie die Mohncreme über Nacht, im Kühlschrank, fest werden lassen.

Orangen-Erdbeeren-Mousse

500 g Erdbeeren
Saft und abgeriebene Schale von 2 Orangen
3 EL Staubzucker
2 Eier
80 g Staubzucker
4 Blatt Gelatine
1/8 l Schlagobers

Zubereitungszeit: 40 Minuten

Gelatine in kaltem Wasser einweichen, Erdbeeren waschen, gut abtropfen lassen und entstielen. Einige Beeren als Garnitur reservieren, restliche Früchte zur Hälfte in Scheiben schneiden, in eine Schüssel legen. Die andere Hälfte der Erdbeeren im Mixer pürieren. Orangensaft und Schale mit Staubzucker unter das Erdbeerpüree rühren. Eier trennen, Eidotter mit Zucker schaumig rühren, Püree unterziehen. Gelatine gut ausdrücken und über Wasserdampf schmelzen, sofort in das Fruchtmus einrühren und mit den Erdbeerscheiben vermengen. Eiklar zu steifem Schnee schlagen und abwechselnd mit dem geschlagenem Schlagobers unter die Masse heben. Das Mousse in eine Schüssel füllen und 4 Stunden im Kühlschrank fest werden lassen. Vor dem Servieren mit den reservierten Erdbeeren garnieren.

Reis Trauttmansdorff

1/2 l Milch
100 g Rundkornreis
1/2 Vanilleschote
80 g Zucker
1 Prise Salz
5 Blatt Gelatine
120 g gemischte kandierte Früchte
2 EL Maraschino
1/4 l Schlagobers

Zubereitungszeit: 1 Stunde (ohne Kühlzeit)

Gelatine in kaltem Wasser einweichen, kandierte Früchte grob hacken und mit dem Maraschino beträufeln, das Schlagobers steif schlagen und kalt stellen. Die Milch mit Salz, aufgeschnittener Vanilleschote und Zucker aufkochen lassen. Den Reis dazugeben und 35 Minuten bei geringer Hitze ausquellen lassen. Dann die Vanilleschote entfernen, gut ausgedrückte Gelatine im heißen Milchreis vollständig auflösen und auskühlen lassen. Kandierte Früchte unter den kühlen Reis rühren und das Schlagobers unterheben. Eine Puddingform mit kaltem Wasser ausspülen, Reismasse einfüllen und 3 Stunden im Kühlschrank fest werden lassen. Vor dem Servieren die Puddingform kurz in heißes Wasser tauchen und auf eine Platte stürzen.

Rhabarberpudding mit Erdbeerpüree

150 g Rhabarber
50 g Zucker
Saft und abgeriebene Schale einer Zitrone
1 Vanilleschote
1/16 l Wasser
4 Blatt Gelatine
2 Eidotter
1/8 l Schlagobers
300 g Erdbeeren
30 g Staubzucker
3 EL Erdbeerlikör

Zubereitungszeit: 30 Minuten (ohne Kühlzeit)

Die Gelatine in kaltem Wasser einweichen, Schlagobers steif schlagen und kalt stellen. Rhabarber putzen, waschen und in 1-cm-Stücke schneiden. Mit Wasser, Zucker, Zitronensaft, Zitronenschale und dem Mark der Vanilleschote weich kochen. Durch ein feines Sieb streichen und die gut ausgedrückte Gelatine darin auflösen, etwas abkühlen lassen. Eidotter und Schlagobers nacheinander unterziehen. Masse in eine Schüssel füllen, glatt streichen und zum Festwerden 3 Stunden in den Kühlschrank stellen. Für das Erdbeerpüree die Erdbeeren waschen, gut abtropfen lassen und entstielen. Einige Früchte für die Garnierung zur Seite legen. Restliche Erdbeeren klein schneiden, mit dem Staubzucker bestreuen, den Likör zugießen und im Mixer pürieren. Erdbeerpüree mit dem Rhabarberpudding servieren.

Rahmnockerln mit marinierten Beeren

300 g Sauerrahm
2 Zimtstangen
4 Gewürznelken
1 Pkg. Vanillezucker
20 g Rosinen
1 Apfel
50 g Grieß
1/8 l Schlagobers
abgeriebene Schale einer Zitrone
1/2 l Rotwein
3/8 l Portwein
4 EL Staubzucker
1 Zimtstange
2 EL Maizena
100 g Himbeeren
100 g Brombeeren
100 g Heidelbeeren

Zubereitungszeit: 30 Minuten (ohne Kühlzeit)

Rosinen mit heißem Wasser waschen, gut abtrocknen, Apfel schälen, vierteln und das Kerngehäuse ausschneiden, kleinwürfelig schneiden. Schlagobers steif schlagen und kalt stellen. Sauerrahm, Zimtstangen, Nelken, Vanillezucker, Rosinen und Zitronenschale vermischen und bei geringer Hitze unter ständigem Rühren langsam zum Kochen bringen. Apfelstücke zum Rahm geben. Aufkochen, Zimtstangen entfernen und den Grieß unter ständigem Rühren langsam einrieseln lassen. So lange rühren, bis eine dickcremige Masse entsteht. Vom Feuer nehmen und abkühlen lassen. Die Hälfte des Schlagobers mit der Rahm-Grieß-Masse verrühren, restliches Obers unterheben. Mit Frischhaltefolie zudecken und im Kühlschrank 1 Stunde fest werden lassen. Mit einem Löffel Nockerln ausstechen und auf Tellern anrichten. Für die marinierten Beeren,

Himbeeren, Brombeeren und Heidelbeeren verlesen, waschen und gut abtropfen lassen. Rotwein und Portwein mit dem Zucker verrühren, die Zimtstange dazugeben und bei geringer Hitze so lange kochen, bis die Flüssigkeit auf 1/2 l eingekocht ist. Die Zimtstange entfernen, Maizena mit ein paar Tropfen Wasser anrühren. So viel davon in die Flüssigkeit einrühren, dass sich eine sämige Bindung ergibt. Die Beeren dazugeben, kurz aufkochen, vom Herd nehmen und abkühlen lassen.

Tipp: Wenn der Sauerrahm beim Erhitzen ausflockt, so lange weiterrühren, bis die Flüssigkeit wieder bindet.

Ribiseljoghurt

2 Becher Joghurt
2 EL Milch
4 Blatt Gelatine
Saft von 1 Zitrone
250 g Ribisel
2 EL Staubzucker
2 Eiklar
1/8 l Schlagobers

Zubereitungszeit: 30 Minuten (ohne Kühlzeit)

Gelatine in kaltem Wasser einweichen, Ribisel waschen, abtropfen lassen und abrebeln. Mit Zucker im Mixer pürieren, Schlagobers steif schlagen und kalt stellen. Joghurt mit Milch und Zitronensaft cremig rühren. Ausgedrückte Gelatine über Wasserdampf schmelzen und sofort in die Joghurtmasse einrühren. Ribiselpüree unter die Joghurtcreme rühren, das Eiklar zu steifem Schnee schlagen abwechselnd mit dem Schlagobers unter die Creme heben. Kleine Puddingformen kalt ausspülen, Masse einfüllen, mit Frischhaltefolie zugedeckt 2 Stunden im Kühlschrank fest werden lassen. Puddingformen kurz in heißes Wasser tauchen und die Joghurtcreme auf Teller stürzen.

Schneenockerln mit Schokoladecreme

2 Eiklar
1/2 l Milch
50 g Staubzucker
1 Pkg. Vanillezucker
120 g Schokolade
3 Eidotter

Zubereitungszeit: 30 Minuten

Staubzucker sieben, Eiklar zu steifem Schnee schlagen, Staubzucker löffelweise dazugeben und sehr steif ausschlagen. Milch mit Vanillezucker aufkochen, mit Hilfe eines Löffels Nockerln aus der Schneemasse ausstechen und in die kochende Milch legen, 5 Minuten leicht kochen lassen. Mit einem Schaumlöffel herausnehmen und gut abtropfen lassen. Schokolade mit einem Teil der Milch so lange kochen, bis sie aufgelöst ist, restliche Milch dazugießen. Die Eidotter schaumig schlagen, Schokolademilch unter ständigem Rühren dazugeben. Die Schneenockerl mit Schokoladecreme garniert servieren.

Schokoladereisringe

3/8 l Milch
70 g Langkornreis
1 TL Butter
70 g Zucker
1/2 Vanilleschote
100 g Schokolade
2 Blatt Gelatine
1/4 l Schlagobers
Öl und Zucker für die Formen
Schokoladespäne zum Garnieren

Zubereitungszeit: 45 Minuten (ohne Kühlzeit)

Kleine Puddingformen oder Kaffeetassen mit Öl ausstreichen und mit Zucker bestreuen. In einem Topf die Butter erhitzen, Reis darin glasig anschwitzen, mit der Milch aufgießen, aufkochen lassen. Vanilleschote beifügen und den Reis bei geringer Hitze 25 Minuten ausquellen lassen, Vanilleschote entfernen. Gelatine in kaltem Wasser einweichen, Schlagobers schlagen und kalt stellen, die Schokolade kleinwürfelig schneiden. Gut ausgedrückte Gelatine, Schokolade und Zucker unter den Reis rühren, kurz überkühlen lassen. Ein Drittel vom Schlagobers in die Reismasse rühren, restliches Obers unterheben. Masse in die Formen füllen, mit Frischhaltefolie abdecken und im Kühlschrank eine Stunde fest werden lassen. Vor dem Servieren Schokoladereis auf Teller stürzen und mit Schokoladespänen garnieren.

Tipp: Verwenden Sie für die Formen neutrales Öl statt Butter, der Reis lässt sich nach dem Kühlen besser stürzen.

Schokolademousse

4 Eier
4 EL Butter
2 EL Orangenlikör
125 g Schokolade

Zubereitungszeit: 30 Minuten

Die Schokolade im Wasserbad erweichen, anschließend so lange rühren, bis sie lauwarm ist. Die Eier trennen, Eidotter steif schlagen, dann die weiche Butter dazugeben und weiterschlagen. Schokolade unterrühren und den Orangenlikör einrühren. Das Eiklar zu sehr steifem Schnee schlagen und vorsichtig unter die Schokolademasse heben. In eine Schüssel füllen, glatt streichen und im Kühlschrank 3 Stunden fest werden lassen.

Topfenpudding mit Früchten

1/16 l Milch
2 EL Staubzucker
2 Blatt Gelatine
120 g Topfen
2 EL Sauerrahm
1 TL Zitronensaft
1 EL Rum
1/8 l Schlagobers
1 Pkg. Vanillezucker
150 g Himbeeren
100 g Heidelbeeren
100 g Marillen
100 g Staubzucker

Zubereitungszeit: 40 Minuten (ohne Kühlzeit)

Gelatine in kaltem Wasser einweichen, das Schlagobers steif schlagen und kalt stellen. Milch mit dem Staubzucker erhitzen, gut ausgedrückte Gelatine darin auflösen, dann auskühlen lassen. Topfen mit Zitronensaft, Rum, Sauerrahm und Vanillezucker glatt verrühren. Milch mit der Topfenmasse gut vermengen und das Schlagobers unterheben. In eine Schüssel füllen, glatt streichen und 2 Stunden im Kühlschrank fest werden lassen. Die Früchte waschen, Heidelbeeren und Himbeeren verlesen, Marillen halbieren, entkernen und in Spalten schneiden, mit dem Staubzucker bestreuen und zum Topfenpudding servieren.

Tipp: Sie können natürlich auch andere Früchte, je nach Saison, für den Topfenpudding zubereiten oder mit Vanillesauce servieren.

Topfen-Waldbeeren-Creme

1/4 l Milch
4 Eidotter
4 Blatt Gelatine
150 g Staubzucker
1/4 l Schlagobers
250 g Topfen
1 Pkg. Vanillezucker
2 TL Zitronensaft
1 Prise Salz
200 g Walderdbeeren
100 g Heidelbeeren

Zubereitungszeit: 30 Minuten (ohne Kühlzeit)

Gelatine in kaltem Wasser einweichen, Walderdbeeren, Heidelbeeren vorsichtig waschen und verlesen. Milch mit Eidottern und Zucker unter ständigem Rühren aufkochen, gut ausgedrückte Gelatine darin auflösen, aufkühlen lassen. Das Schlagobers steif schlagen und kalt stellen. Topfen mit Vanillezucker, Zitronensaft und Salz gut verrühren. Dottermilch mit Topfen gut vermengen und das Schlagobers unterheben. Hohe Gläser drei Finger breit mit Waldbeeren füllen, die Creme darüber gießen und 1 Stunde im Kühlschrank kühlen lassen.

Vanillecreme mit Erdbeeren

1/4 l Milch
1 Vanilleschote
1/2 Pkg. Vanillepuddingpulver
1 Eidotter
1/4 l Schlagobers
1 Blatt Gelatine
250 g Erdbeeren
40 g Staubzucker
1/8 l Schlagobers
1 TL Zitronensaft
1 Prise Salz

Zubereitungszeit: 1 Stunde

Gelatine in kaltem Wasser einweichen. 1/4 l Schlagobers steif schlagen und kalt stellen. 4 EL Milch mit Puddingpulver und Eidotter verrühren. Vanillemark ausschaben, mit der restlichen Milch und Salz aufkochen lassen. Die Puddingmischung langsam in die heiße Milch geben, nochmals aufkochen lassen und dann in eine Schüssel gießen. Darin die gut ausgedrückte Gelatine auflösen, die Creme überkühlen lassen. Die Hälfte vom Schlagobers in die Vanillecreme rühren, restliches Obers unterheben. In Glasschüssel füllen und im Kühlschrank 2 Stunden fest werden lassen. In dieser Zeit die Erdbeeren waschen, gut abtropfen lassen und entstielen. In kleine Stücke schneiden, mit Zitronensaft und Staubzucker im Mixer pürieren. Das 1/8 l Obers steif schlagen und kalt stellen. Vor dem Anrichten die Erdbeersauce auf die Vanillecreme verteilen und mit dem Obers garnieren.

Weincreme

1/4 l Schlagobers
4 Blatt Gelatine
100 g Staubzucker
4 Eier
50 g grüne Weintrauben
50 g blaue Weintrauben
1/4 l Weißwein

Zubereitungszeit: 30 Minuten (ohne Kühlzeit)

Gelatine in kaltem Wasser einweichen, das Schlagobers steif schlagen und kalt stellen. Wein, Eier und Staubzucker über Wasserdampf schaumig schlagen, vom Dampf nehmen, die gut ausgedrückte Gelatine darin auflösen. Creme so lange rühren, bis sie abgekühlt ist. Nun das Schlagobers unterheben und im Kühlschrank 1 Stunde fest werden lassen. Vor dem Servieren die Weintrauben waschen, halbieren und entkernen. Die Creme mit den Weintrauben verzieren.

Winterlicher Obstsalat

3 Äpfel
2 Birnen
4 Orangen
2 Mandarinen
2 Bananen
Saft einer halben Zitrone
50 g Haselnüsse
3 EL Staubzucker
2 EL weißer Rum

Zubereitungszeit: 30 Minuten

Äpfel schälen, vierteln, das Kerngehäuse entfernen, in Stifte schneiden, sofort mit Zitronensaft beträufeln. Bananen schälen, in Scheiben schneiden, ebenfalls mit Zitronensaft beträufeln. 2 Orangen und die Mandarinen schälen, Haut entfernen und in Würfel schneiden. Birnen schälen, vierteln, Kerngehäuse ausschneiden und in Scheiben schneiden. Das Obst in einer Schüssel vorsichtig vermengen, Nüsse grob hacken und unterheben. Die restlichen Orangen auspressen, Saft mit dem Zucker und Rum gut verrühren und über das Obst gießen, 30 Minuten im Kühlschrank rasten lassen.

Zitronencreme mit pochierten Marillen

160 g Staubzucker
3 Eidotter
Saft von 3 Zitronen
abgeriebene Schale von 1 Zitrone
1/16 l Weißwein
6 Blatt Gelatine
3/8 l Schlagobers
500 g Marillen
60 g Staubzucker
1 Zimtstange
1/8 l Wasser
Saft von 1 Zitrone
2 EL Marillenbrand

Zubereitungszeit: 45 Minuten

Gelatine in kaltem Wasser einweichen, das Schlagobers steif schlagen und kalt stellen. Zucker und Eidotter cremig rühren, Wein mit Zitronenschale, Zitronensaft und Zucker aufkochen. Mit der Dottermasse verrühren, die gut ausgedrückte Gelatine darin auflösen, abkühlen lassen. Schlagobers unterheben, Creme in eine Schüssel füllen und im Kühlschrank 3 Stunden fest werden lassen. Die Marillen waschen, halbieren und entkernen, dann vierteln. Wasser mit Zitronensaft und Zucker gut vermischen, die Zimtstange beifügen und alles aufkochen. Die Marillen und Marillenbrand dazugeben und bei geringer Hitze alles 1 Minute zugedeckt kochen lassen. Topf vom Herd nehmen und die Marillen in dem Fond auskühlen lassen. Zitronencreme mit den pochierten Marillen servieren.

Tipp: Für die Zubereitung der Creme können Sie auch Limetten verwenden.

Kleine Bäckereien

Anisbögen

80 g Butter
80 g Mehl
80 g Staubzucker
1 Eidotter
1 Ei
1 EL Vanillezucker
Anis zum Bestreuen

Zubereitungszeit: 30 Minuten

Das Backrohr auf 200 °C vorheizen, Backblech mit Backpapier belegen. Butter mit Vanillezucker und Zucker schaumig rühren, Eidotter und Ei nach und nach beifügen, alles gut durchrühren. Mehl unterheben. Mit dem Dressiersack kleine Krapfen auf das Backblech spritzen und mit Anis bestreuen, 10 Minuten backen. Nach dem Ende der Backzeit die Anisbögen noch warm vom Blech heben und mit Hilfe eines Kochlöffelstiels biegen, dann erkalten lassen.

Tipp: Spritzen Sie die Krapfen in größeren Abständen auf das Backblech.

Brandteigkrapfen mit Schlagobers

1/4 l Milch
30 g Butter
200 g Mehl
20 g Zucker
4 Eier
1 Prise Salz
1/4 l Schlagobers
1 Ei zum Bestreichen
Staubzucker zum Bestreuen

Zubereitungszeit: 1 Stunde

Das Backrohr auf 200 °C vorheizen, Backblech mit Backpapier belegen. Milch mit Butter, Zucker und Salz aufkochen lassen, das ganze Mehl auf einmal hineingeben und so lange rühren, bis ein dicker Ballen entsteht, der sich vom Topfboden und Kochlöffel löst. Kurz überkühlen lassen und dann die Eier nach und nach einarbeiten, rühren, bis der Teig glatt ist, den Teig 20 Minuten rasten lassen. Dann den Teig in einen Dressiersack füllen und Krapfen, mit einem Durchmesser von 3 cm, auf das Backblech spritzen und mit einem verquirlten Ei bestreichen. Im Rohr 20 Minuten zu goldbrauner Farbe backen. Nach dem Ende der Backzeit aus dem Rohr nehmen und erkalten lassen. In dieser Zeit das Schlagobers steif schlagen, Brandteigkrapfen in der Mitte durchschneiden und mit Schlagobers füllen, vor dem Servieren mit Staubzucker bestreuen.

Dattelkonfekt

500 g getrocknete Datteln
100 g Rohmarzipan
150 g Kochschokolade
90 g Butter

Zubereitungszeit: 30 Minuten

Die Datteln der Länge nach aufschneiden. Den Kern herausnehmen, aus Rohmarzipan einen Kern kneten und damit die Datteln füllen. Kochschokolade über Wasserdampf schmelzen, die Butter einrühren, so lange rühren, bis die Masse glatt ist. Datteln in die Schokolade bis zur Hälfte eintauchen und trocknen lassen.

Creme-Stanitzel

60 g Staubzucker
60 g Mehl
15 g Maizena
60 g Butter
60 g Zitronat
60 g Orangeat
2 Eiklar
30 g Zucker
30 g Mehl
2 Eidotter
1 Eiklar
1/8 l Milch
2 EL Obers
1 TL Vanillezucker

Zubereitungszeit: 45 Minuten (ohne Kühlzeit)

Für die Creme Mehl mit Maizena versieben, Eidotter mit 20 g Zucker schaumig rühren, bis eine dicke Creme entstanden ist. Mehlmischung vorsichtig unterrühren. In einem Topf die Milch mit Vanillezucker erhitzen, sodann langsam unter die Dottermasse rühren. Durch ein feines Sieb streichen und wieder in den Topf geben und langsam zum Kochen bringen, bei geringer Hitze unter ständigem Rühren 3 Minuten köcheln lassen, dann abkühlen. Masse aufschlagen und das geschlagene Obers unterrühren, ein Eiklar mit dem restlichen 10 g Zucker zu steifem Schnee schlagen und unter die Creme ziehen. Mit Frischhaltefolie abdecken und 1 Stunde kalt stellen. Das Backrohr auf 190 °C vorheizen, Backblech mit Backpapier belegen, in einer Pfanne die Butter zerlassen, Zitronat und Orangeat klein hacken. 2 Eiklar zu cremigem Schnee schlagen, 60 g Staubzucker löffelweise dazugeben und steif ausschlagen. Mehl über den Schnee sieben und mit der flüssigen, abgekühlten Butter vorsichtig unterheben. 1 TL Teig, mit ausreichendem Abstand auf das Backblech geben, mit dem Löffelrücken zu dünnen Scheiben streichen, 5 Minuten im Rohr backen. Die Ränder der Scheiben sollten leicht gebräunt sein. Anschließend aus dem Rohr nehmen, Scheiben vorsichtig abheben und mit Hilfe einer Stanitzelform eindrehen. Fest werden lassen und von der Form ziehen, dann erkalten lassen. Zitronat und Orangeat unter die Creme rühren, Stanitzel mit der Creme füllen und auf einen Teller anrichten.

Eclairs

1/4 l Milch
30 g Butter
200 g Mehl
4 Eier
1 Prise Salz
100 g Kokosfett
100 g Staubzucker
50 g Butter
3/8 l Milch
2 Eidotter
150 g Staubzucker
1 Pkg. Vanillepuddingpulver
200 g Staubzucker
5 EL Mokka

Zubereitungszeit: 1 Stunde

Das Backrohr auf 200 °C vorheizen, Backblech mit Backpapier belegen. Milch mit Butter und Salz aufkochen, das ganze Mehl auf einmal in die kochende Milch geben. So lange rühren, bis sich der Teig vom Topfboden und Kochlöffel löst. Teig kurz überkühlen lassen, Eier versprudeln und langsam in den Teig einarbeiten. Rühren, bis der Teig glatt ist, dann 20 Minuten rasten lassen. Den Teig in einen Dressiersack füllen, mit glatter Tülle, und in Biskottenform auf das Backblech spritzen. Im Rohr 25 Minuten backen. Nach dem Ende der Backzeit aus dem Rohr nehmen und erkalten lassen. Inzwischen die Creme zubereiten. Vanillepuddingpulver mit 3 EL Staubzucker und 5 EL Milch gut vermischen. Restliche Milch aufkochen, angerührtes Puddingpulver einrühren und einen dicken Vanillepudding kochen, auskühlen lassen. Das Kokosfett zerlassen, auskühlen lassen, dann die Butter und den restlichen Staubzucker einrühren. Den Vanillepudding löffelweise unter die Fettmasse rühren. Für die Glasur 200 g gesiebten Staubzucker mit Mokka 10 Minuten glatt rühren, die Wölbung eines Löffels muss überzogen bleiben. Erkaltetes Backwerk der Länge nach halbieren mit der Creme füllen und mit der Glasur überziehen.

Tipp: Streuen Sie auf den heißen Pudding etwas Zucker, dann wird sich keine Haut bilden.

Feine Keksschnitten

16 große Butterkekse
2 Eier
2 Oblaten
120 g Staubzucker
150 g Schokolade
100 g Rosinen
1 EL Rum
120 g Kokosfett

Zubereitungszeit: 45 Minuten (ohne Kühlzeit)

Rosinen mit heißem Wasser waschen, gut abtropfen lassen, abtrocknen, mit Rum beträufeln. Schokolade im Wasserbad erweichen, vom Dampf nehmen, glatt rühren und so lange rühren, bis sie abgekühlt ist. In einer Pfanne Kokosfett zerlassen und abkühlen. Butterkekse in kleine Stücke brechen. Eier mit dem Zucker schaumig rühren, Schokolade und Rosinen unterrühren, dann das ausgekühlte Kokosfett und die Kekse einrühren. Eine eckige Form mit einer Oblate auslegen. Masse hineinfüllen und glatt streichen. Mit der zweiten Oblate abschließen, gut andrücken. Im Kühlschrank 5 Stunden erstarren lassen. Vor dem Servieren in kleine Würfel oder Rhomben schneiden.

Florentiner

300 g Butter
300 g Zucker
3/16 l Schlagobers
200 g Honig
250 g Mandelblättchen
12 kandierte Kirschen
400 g Orangeat
Pistazien zum Belegen
flüssige Schokolade zum Bestreichen

Das Backrohr auf 180 °C vorheizen, Backblech mit Backpapier belegen. Orangeat und Kirschen fein hacken. Zucker mit Butter, Schlagobers und Honig aufkochen, unter ständigem Rühren 2 Minuten kochen lassen. Zuerst die Mandeln, dann das Orangeat und die kandierten Kirschen unterrühren. Aus der Masse mit einem Löffel kleine Häufchen auf das Backblech setzen und im Rohr 10 Minuten backen. Nach dem Ende der Backzeit Florentiner aus dem Rohr nehmen, noch heiß vom Papier lösen, auskühlen lassen. Die Unterseite des Backwerkes mit flüssiger Schokolade bestreichen, mit einer Gabel Wellen ziehen.

Gewürzsterne

140 g Staubzucker
140 g geriebene Haselnüsse
60 g Rosinen
1/2 TL Zimt
1/2 TL Nelkenpulver
1/2 TL Neugewürzpulver
2 Eidotter
100 g Staubzucker
1 Eiklar
1 EL Zitronensaft
Schokoladestreusel zum Bestreuen

Zubereitungszeit: 40 Minuten

Das Backrohr auf 150 °C vorheizen, Backblech mit Backpapier belegen. Die Rosinen mit heißem Wasser waschen, gut abtropfen lassen und fein hacken. Staubzucker, Haselnüsse, Rosinen, Gewürze und Eidotter auf einer Arbeitsfläche zusammenkneten, dann 2 Ziegel formen. Diese dann behutsam 3 mm dick ausrollen. Sterne ausstechen, auf das Backblech legen und 10 Minuten hellbraun backen. Nach dem Ende der Backzeit aus dem Rohr nehmen und auskühlen lassen. In dieser Zeit die Glasur zubereiten. Gesiebten Staubzucker mit Eiklar und Zitronensaft 10 Minuten glatt rühren. Abgekühlte Gewürzsterne mit Glasur überziehen und mit Schokoladestreusel bestreuen.

Haselnussmakronen

200 g Haselnüsse gerieben
300 g Staubzucker
4 Eiklar
Ribiselmarmelade zum Bestreichen

Zubereitungszeit: 45 Minuten

Das Backrohr auf 180 °C vorheizen, Backblech mit Backpapier belegen. Haselnüsse trocken rösten und abkühlen lassen. Nüsse mit Zucker und Eiklar über Wasserdampf rühren, bis die Masse eine Temperatur von 40 °C erreicht hat. Vom Dampf nehmen und kalt rühren. Masse in einen Dressiersack mit glatter Tülle füllen, kleine Busserln auf das Backblech spritzen. Im Rohr, mit spaltweit geöffneter Türe, 20 Minuten backen. Nach dem Ende der Backzeit aus dem Rohr nehmen und abkühlen lassen. Nach dem Abkühlen je zwei Haselnussmakronen mit Ribiselmarmelade zusammensetzen.

Tipp: Damit Sie die Makronen leichter vom Backpapier lösen können, drehen Sie sie mit dem Papier um, befeuchten es und legen die Makronen mit dem Papier sofort wieder auf das heiße Backblech. Statt Haselnüssen können Sie auch Mandeln oder Walnüsse verwenden.

Hausfreunde

300 g Mehl
200 g Staubzucker
200 g Mandeln
200 g Rosinen
100 g kandierte Früchte
4 Eier
3/4 Pkg. Backpulver
1 Ei zum Bestreichen

Zubereitungszeit: 50 Minuten

Backrohr auf 180 °C vorheizen, Backblech mit Backpapier belegen, Mehl mit Backpulver versieben. Rosinen mit heißem Wasser waschen, gut abtropfen lassen und abtrocknen. Mandeln und die kandierten Früchte grob schneiden, mit Mehlmischung, Rosinen und Zucker gut vermischen. Anschließend mit den verquirlten Eiern zu einem glatten Teig verkneten. Den Teig in 3 gleich große Stücke teilen. Daraus jeweils 25 cm lange Rollen formen. Rollen auf das Backblech setzen, mit verrührtem Ei bestreichen und im Rohr 25 Minuten goldgelb backen. Noch warm in 1 cm dicke Scheiben schneiden.

Tipp: Die Hausfreunde halten sich in einer gut verschlossenen Blechdose sehr lange frisch.

Husarenkrapfen

160 g Butter
100 g Honig
2 Eidotter
1/2 TL Vanillezucker
250 g Mehl
1 Eiklar zum Bestreichen
50 g Hagelzucker zum Wälzen
100 g Erdbeermarmelade

Zubereitungszeit: 40 Minuten (ohne Kühlzeit)

Butter mit Honig, Vanillezucker und Eidottern cremig rühren, Mehl unterheben, den Teig zugedeckt 1 Stunde im Kühlschrank rasten lassen. Backblech mit Backpapier belegen. Aus dem Teig 30 kleine Kugeln formen, mit den leicht verschlagenem Eiklar bestreichen und in Hagelzucker wälzen. Husarenkrapferln nicht zu dicht auf das Backblech setzen, mit dem Stielende eines Kochlöffels eine Vertiefung eindrücken und mit Erdbeermarmelade füllen. Krapferln in das kalte Backrohr schieben, bei 180 °C 20 Minuten backen. Nach Ende der Backzeit aus dem Rohr nehmen und erkalten lassen.

Ischler Törtchen

240 g Butter
280 g Mehl
150 g geriebene Mandeln
140 g Staubzucker
1 KL Zimt
150 g Marillenmarmelade
200 g Kokosfett
200 g Schokolade
50 g gehackte Pistazien

Zubereitungszeit: 1 Stunde

Mehl mit Butter auf einer Arbeitsfläche abbröseln, gesiebten Staubzucker, Mandeln und Zimt darunter mischen, alles rasch zu glattem Teig verkneten. Zugedeckt im Kühlschrank 30 Minuten rasten lassen. Backrohr auf 200 °C vorheizen, Backblech mit Backpapier belegen. Teig 2 mm dick ausrollen, Scheiben mit einem Durchmesser von 3 cm ausstechen, auf das Backblech setzen, 10 Minuten im Rohr backen. Nach dem Ende der Backzeit aus dem Rohr nehmen und erkalten lassen. Inzwischen die Glasur zubereiten. Schokolade und Kokosfett im Wasserbad zergehen lassen, glatt rühren, vom Dampf nehmen und etwas überkühlen lassen. Ausgekühlte Scheiben mit Marmelade zusammensetzen, mit der Glasur übergießen und mit den gehackten Pistazien bestreuen.

Tipp: Fertig gebackene Scheiben zum Auskühlen flach auflegen, da sie sich sonst verformen.

Kapuzinerkipferln

150 g Schokolade
150 g Butter
210 g geriebene Mandeln
210 g Staubzucker
120 g Kokosfett
150 g Schokolade

Zubereitungszeit: 1 Stunde

150 g Schokolade über Wasserdampf erweichen, so lange rühren, bis die Schokolade lauwarm ist. Butter mit Zucker und Schokolade gut verrühren, Mandeln unterrühren. Den Teig zugedeckt 30 Minuten kalt stellen. Backrohr auf 150 °C vorheizen, Backblech mit Backpapier belegen. Aus der Teigmasse eine 3 cm dicke Rolle formen, 2 cm große Stücke abschneiden und kleine Kipferln formen. Kipferln auf das Backblech setzen und im Rohr, bei etwas geöffneter Türe, 25 Minuten backen. Nach dem Ende der Backzeit Kipferln aus dem Rohr nehmen und auskühlen lassen. Inzwischen die Glasur zubereiten. Kokosfett und Schokolade im Wasserbad zergehen lassen, vom Dampf nehmen und glatt rühren. Erkaltete Kipferln mit der Glasur übergießen.

Kastanienwürfel

210 g Staubzucker
1 Pkg. Vanillezucker
3 Eier
2 Rippen Schokolade
280 g Kastanienpüree
1 EL Rum
1/2 Pkg. Backpulver
1/16 l Milch
120 g Kastanienpüree
100 g Butter
100 g Staubzucker
70 g Butter
100 g Schokolade
Marillenmarmelade zum Bestreichen

Zubereitungszeit: 2 Stunden

Backrohr auf 180 °C vorheizen, Backblech mit Backpapier belegen. Schokoladerippen im Wasserbad erweichen, vom Dampf nehmen und so lange rühren, bis die Schokolade glatt und handwarm ist, die Eier trennen. Eidotter mit Vanillezucker und 210 g Staubzucker schaumig rühren, zuerst die Schokolade, dann den Rum, Kastanienpüree und Backpulver unterrühren. Eiklar zu steifem Schnee schlagen und vorsichtig unterheben. Die Masse auf das Backblech streichen und im Rohr 35 Minuten backen. Nach dem Ende der Backzeit herausnehmen und auf ein Backpapier stürzen. Etwas überkühlen lassen, dann das gebrauchte Papier abziehen. Kuchen in 3 gleiche Streifen schneiden und erkalten lassen. Inzwischen die Fülle zubereiten. 120 g Kastanienpüree mit Staubzucker und Butter gut vermengen, Milch langsam dazugeben und verrühren. Für die Glasur Butter und Schokolade im Wasserbad schmelzen, vom Dampf nehmen und glatt rühren, etwas überkühlen. Einen Kuchenstreifen mit Marillenmarmelade dünn einstreichen und mit der Glasur übergießen. Die drei Streifen mit der Creme zusammensetzen, der glasierte Streifen ist der letzte. 2 Stunden im Kühlschrank kalt stellen. Vor dem Servieren in kleine Würfel schneiden und mit Kastanienreis verzieren.

Tipp: Wenn Sie das Kastanienpüree nicht selbst herstellen wollen, können Sie auch tiefgekühlten Kastanienreis verwenden.

Kokosschaumgebäck

150 g Staubzucker
2 Eiklar
100 g Staubzucker
100 g Kokosflocken
3/16 l Schlagobers
200 g Schokolade
3 EL Kokoslikör

Zubereitungszeit: 1 Stunde 45 Minuten

Das Backrohr auf 100 °C vorheizen, ein Backblech mit Backpapier belegen. Eiklar mit dem 150 g Zucker cremig schlagen, 100 g Staubzucker löffelweise einschlagen dann die Kokosflocken unterheben. Mit einem Dressiersack 3 cm lange und 1 cm breite Stangerln auf das Backblech spritzen. Im Rohr 1 Stunde 30 Minuten trocknen lassen. Inzwischen die Schokoladecreme zubereiten. Die Schokolade klein schneiden, das Schlagobers einmal aufkochen lassen, vom Herd nehmen. Die Schokolade darin auflösen, zuletzt den Kokoslikör unterrühren, die Creme abkühlen lassen. Nach dem Ende der Backzeit Schaumgebäck aus dem Rohr nehmen, überkühlen lassen. Je zwei Stangerln mit der Creme zusammensetzen.

Linzer Augen

200 g Butter
300 g Mehl
100 g Staubzucker
2 Eidotter
1 Prise Salz
1 Pkg. Vanillezucker
100 g passierte Ribiselmarmelade
Staubzucker zum Bestreuen

Zubereitungszeit: 1 Stunde 15 Minuten (ohne Kühlzeit)

Das Backrohr auf 180 °C vorheizen, 2 Backbleche mit Backpapier belegen. Mehl mit Butter abbröseln, mit Eidottern, Vanillezucker und Zucker zu einem glatten Teig verkneten. Den Teig 1 mm dick ausrollen, Scheiben mit einem Durchmesser von 4 cm ausstechen. In die Hälfte der Scheiben 3 Löcher stechen. Gelochte Teigscheiben auf ein Backblech setzen, die ungelochten auf das zweite Backblech. Die Bleche nacheinander im Rohr 12 Minuten backen. Nach dem Ende der Backzeit herausnehmen und 1 Stunde auskühlen lassen. Auf die ungelochten Kekse in die Mitte Marmelade streichen, die gelochten Kekse darauf setzen und mit Staubzucker bestreuen.

Tipp: Damit die Butterkekse zart und mürbe werden, darf beim Ausrollen kein zusätzliches Mehl verwendet werden. Legen Sie den Teig zwischen zwei ausreichend große Frischhaltefolien und walken Sie ihn so aus.

Linzer Schnitten

600 g Mehl
350 g Butter
2 Eier
8 EL Honig
250 g geriebene Walnüsse
1/2 Pkg. Backpulver
1 EL Zimt
1 KL Neugewürz
abgeriebene Schale einer ½
1/2 Zitrone
2 EL Rum
Marillenmarmelade zum Bestreichen
150 g Mandelblättchen zum Bestreuen

Zubereitungszeit: 1 Stunde 15 Minuten

Das Mehl mit dem Backpulver versieben, Butter mit Eiern schaumig rühren, den Honig einrühren, dann die Mehlmischung, Walnüsse, Zitronenschale, Rum, Zimt und Neugewürz unterrühren. Den Teig 30 Minuten im Kühlschrank rasten lassen. Das Backrohr auf 170 °C vorheizen, ein Backblech mit Backpapier belegen. Auf einer bemehlten Arbeitsfläche den Teig zu 2/3 des Backblechs ausrollen, auf das Blech legen und mit Marmelade bestreichen. Restlichen Teig gitterförmig darüber legen und mit Mandelblättchen bestreuen. Im Rohr 35 Minuten backen. Nach dem Ende der Backzeit herausnehmen und auskühlen lassen. Vor dem Servieren in 4 cm große Quadrate schneiden.

Linzer Spritzgebäck

200 g Staubzucker
200 g Butter
4 Eidotter
1 Pkg. Vanillezucker
2 EL Rum
300 g Mehl
100 g geriebene Mandeln
2 Eidotter zum Bestreichen

Zubereitungszeit: 1 Stunde 45 Minuten

Ein Backblech mit Backpapier belegen. Butter mit Staubzucker und Vanillezucker sehr schaumig rühren, die Eidotter nach und nach einrühren, dann den Rum beifügen und das Mehl abwechselnd mit den Mandeln untermengen. Masse in einen Dressiersack füllen und auf das Backblech verschiedene Formen spritzen, danach eine Stunde kühl stellen. 15 Minuten vor dem Backen das Backrohr auf 180 °C vorheizen. Das Backwerk mit Eidotter bestreichen und im Rohr 25 Minuten backen. Nach dem Ende der Backzeit herausnehmen und auskühlen lassen.

Mandelbögen

6 Eiklar
250 g Staubzucker
250 g gehobelte Mandeln
30 g Mehl
50 g Butter
Butter und Mehl für das Backblech

Zubereitungszeit: 1 Stunde 30 Minuten

In einer Pfanne die Butter zerlassen, etwas abkühlen lassen. Eiklar mit Zucker und Butter gut verrühren, dann die Mandeln und das Mehl unterrühren. Masse 1 Stunde rasten lassen. 15 Minuten vor dem Backen das Backrohr auf 200 °C vorheizen, ein Backblech mit Backpapier belegen. Mit einem Löffel kleine Häufchen der Masse auf das Blech verteilen, mit einer Gabel runde Scheiben drücken. Im Rohr 10 Minuten backen. Herausnehmen, vorsichtig vom Backblech lösen und noch heiß in eine Rehrückenform legen, damit sich die Scheiben zu Bögen formen. Abkühlen lassen und vorsichtig aus der Form nehmen.

Mandelstangen

7 Eiklar
100 g Staubzucker
200 g geriebene Mandeln
250 g Staubzucker
Mandelblättchen zum Bestreuen
Nougat zum Zusammensetzen

Zubereitungszeit: 40 Minuten

Das Backrohr auf 180 °C vorheizen, ein Backblech mit Backpapier belegen. Eiklar mit 100 g Zucker zu sehr festem Schnee schlagen, Mandeln und Staubzucker vorsichtig unterheben. Masse in einen Dressiersack füllen und auf das Backblech kleine Stangen spritzen, mit den gehobelten Mandeln bestreuen. Im Rohr 15 Minuten backen. Herausnehmen und abkühlen lassen. Jeweils 2 Stangen mit Nougat zusammensetzen.

Tipp: Beim Befüllen des Dressiersackes achten Sie darauf, dass dieser nicht zu voll gemacht wird. Es soll noch so viel Platz oben bleiben, dass der Sack ordentlich eingedreht werden kann.

Mandeltaler

250 g Butter
250 g Honig
1 Eidotter
100 g geriebene Mandeln
350 g Mehl
1 Eidotter zum Bestreichen
Mandelhälften zum Belegen

Zubereitungszeit: 35 Minuten (ohne Kühlzeit)

Die Butter flaumig rühren, zuerst den Honig dann den Eidotter einrühren. Dann die Mandeln und das Mehl unterheben. Den Teig 2 Stunden kühl rasten lassen. 15 Minuten vor dem Backen das Backrohr auf 180 °C vorheizen, ein Backblech mit Backpapier auslegen. Auf einer bemehlten Arbeitsfläche den Teig 2 mm dick ausrollen, kleine Taler mit einem Durchmesser von 3 cm ausstechen und auf das Backblech legen. Mit Eidotter bestreichen und mit je einer Mandelhälfte belegen. Im Rohr 15 Minuten backen. Herausnehmen und erkalten lassen.

Marzipangolatschen

1 Pkg. Blätterteig
125 g Rohmarzipan
1/8 l Milch
10 g Vanillepuddingpulver
1 Eidotter
2 TL Staubzucker
1 Pkg. Vanillezucker
1 Ei zum Bestreichen
Staubzucker zum Bestreuen

Zubereitungszeit: 1 Stunde

Das Backrohr auf 200 °C vorheizen, ein Backblech mit Backpapier belegen. Das Rohmarzipan klein schneiden. Die Milch mit Zucker, Vanillezucker, Puddingpulver und Eidotter gut vermischen. Unter ständigem Rühren, bei geringer Hitze, aufkochen. Masse vom Herd nehmen, das Marzipan zugeben und am besten mit dem Handmixer glatt rühren, dann die Creme abkühlen lassen. Den Teig 3 mm dick ausrollen, in 8 cm große Quadrate schneiden und die Teigränder mit verquirltem Ei bestreichen. Die Fülle in kleinen Häufchen in die Mitte der Teigstücke setzen. Die Ecken der Quadrate zur Mitte hin über die Fülle ziehen und fest drücken. Aus den Teigresten kleine Quadrate schneiden und auf die Golatschen setzen. Golatschen auf das Backblech legen und im Rohr 5 Minuten anbacken, dann die Hitze auf 180 °C reduzieren und 15 Minuten fertig backen. Vor dem Servieren mit Staubzucker bestreuen.

Marzipanstanitzel

100 g Rohmarzipan
100 g Mehl
1 MS Backpulver
100 g Staubzucker
1 Ei
1/8 l Milch
1 Prise Salz
1/2 l Schlagobers
6 EL Staubzucker
Saft von 2 Zitronen
Abgeriebene Schale von 1 Zitrone
100 g Preiselbeerkompott

Zubereitungszeit: 40 Minuten (ohne Rastzeit)

Rohmarzipan klein schneiden, das Mehl mit dem Backpulver versieben. Marzipan mit der Milch verrühren und mit dem Mixer zu einer glatten Masse verarbeiten. Dann die Marzipanmilch mit Salz, Mehl und Zucker gut vermengen, zuletzt das Ei unterrühren und die Masse 1 Stunde rasten lassen. 15 Minuten vor dem Backen das Backrohr auf 180 °C vorheizen, ein Backblech mit Backpapier belegen. Aus einem Karton Schablonen schneiden, ein Quadrat von 20 cm und aus der Mitte dieser Form einen Kreis im Durchmesser von 15 cm ausschneiden. Mit Hilfe der Schablone Teigscheiben auf das Backblech streichen. Die Scheiben dann im Rohr 8 Minuten backen. Herausnehmen, vom Blech vorsichtig abheben und noch heiß zu Stanitzel einrollen und auskühlen lassen. Für die Zitronencreme 4 EL Staubzucker mit Zitronensaft und Schale gut verrühren, 1/4 l Schlagobers steif schlagen, die Zitronenmischung vorsichtig unter das Obers heben. Für die Preiselbeercreme restliches Schlagobers mit 2 EL Staubzucker steif schlagen und dann das Preiselbeerkompott unterheben. Die ausgekühlten Stanitzel mit den Cremen füllen.

Tipp: Stellen Sie die heißen Stanitzel zum Auskühlen in Gläser.

Nussbeugerln

120 g Butter
250 g Mehl
20 g Germ
20 g Staubzucker
1/16 l Milch
1 Eidotter
1 Prise Salz
350 g geriebene Walnüsse
150 g Staubzucker
1/8 l Wasser
30 g Butter
1 MS Zimt
1 EL Rum
1 Ei zum Bestreichen

Zubereitungszeit: 1 Stunde 30 Minuten

Das Mehl auf die Arbeitsfläche sieben, mit der Butter verbröseln, salzen. Germ und Zucker in der Milch auflösen. Eine Vertiefung in das Mehl drücken, Eidotter und Germmilch hineingeben und alles zu einem glatten Teig verkneten, 45 Minuten, zugedeckt, rasten lassen. Inzwischen die Fülle zubereiten, Wasser und Zucker aufkochen lassen, Nüsse, Butter, Zimt und Rum unterrühren und auskühlen lassen. Das Backkrohr auf 200 °C vorheizen, ein Backblech mit Backpapier belegen. Den Teig 3 mm dick ausrollen, Rechtecke in der Größe von 10 x 7 cm schneiden, die Nussfülle auflegen, einrollen und Beugel formen. Die Beugel auf das Backblech setzen, mit verquirltem Ei bestreichen und nochmals aufgehen lassen. Bevor die Beugel gebacken werden etwas auseinander ziehen, die Oberfläche soll kleine Risse bekommen. Im Rohr 25 Minuten backen.

Tipp: Je kühler der Teig verarbeitet wird, desto besser wird die Mehlspeise.

Nussbusserln

280 g Staubzucker
280 g geriebene Haselnüsse
kleine Oblaten

Zubereitungszeit:40 Minuten

Das Backrohr auf 150 °C vorheizen, ein Backblech mit Backpapier belegen, die Oblaten darauf legen. Eiklar zu steifem Schnee schlagen, den Zucker löffelweise einschlagen, die Nüsse vorsichtig unterheben. Windmasse in einen Dressiersack, mit großer Tülle, füllen und auf die Oblaten kleine Häufchen spritzen. Im Rohr 20 Minuten mehr trocknen als backen.

Tipp: Der Eischnee muss so steif sein, dass er sich ballt und schnittfest ist.

Nusssterne

250 g Mehl
150 g Butter
120 g Staubzucker
1 Eidotter
70 g Kakaopulver
100 g geriebene Haselnüsse
3 EL Zitronensaft
200 g Staubzucker
kandierte Kirschen zum Garnieren

Zubereitungszeit: 30 Minuten (ohne Rastzeit)

Mehl und Butter auf einem Brett abbröseln, mit gesiebtem Staubzucker, Haselnüssen und Kakaopulver gut vermischen. In der Mitte eine Vertiefung drücken, Ei beigeben und rasch zu einem glatten Teig verkneten. Den Teig 2 Stunden rasten lassen. 20 Minuten vor dem Backen das Backrohr auf 190 °C vorheizen, ein Backblech mit Backpapier belegen. Den Teig 4 mm dick ausrollen und Sterne ausstechen, auf das Backblech legen und 10 Minuten im Rohr backen. Für die Glasur gesiebten Staubzucker mit dem Zitronensaft 10 Minuten glatt rühren. Nach dem Ende der Backzeit Sterne aus dem Rohr nehmen, überkühlen lassen. Dann mit der Glasur bestreichen und in die Mitte eine kandierte Kirsche drücken.

Orangen-Schoko-Taler

130 g Staubzucker
130 g Butter
abgeriebene Schale einer Orange
200 g Mehl
1 TL Backpulver
100 g geraspelte Schokolade
1 Ei
1 Prise Salz
100 g Staubzucker
3 EL Orangensaft

Zubereitungszeit: 30 Minuten (ohne Rastzeit)

Mehl mit Backpulver versieben, Butter mit Orangenschale und Zucker verkneten. Die Mehlmischung darüber geben, Schokolade, Salz und das Ei dazugeben und alles zu einem geschmeidigen Teig verkneten. Aus dem Teig eine Kugel formen und mit Alufolie zugedeckt 2 Stunden im Kühlschrank rasten lassen. 20 Minuten vor dem Backen das Backrohr auf 200 °C vorheizen, ein Backblech mit Backpapier belegen. Den Teig 5 mm dick ausrollen, kleine Scheiben, mit einem Durchmesser von 4 cm, ausstechen, auf das Backblech setzen und im Rohr 10 Minuten backen. Für die Glasur gesiebten Staubzucker mit dem frisch gepressten Orangensaft 10 Minuten glatt rühren. Nach dem Ende der Backzeit die Taler aus dem Rohr nehmen, kurz überkühlen lassen und mit der Glasur überziehen.

Pariser Spitze

60 g Butter
1 Ei
30 g Staubzucker
80 g Mehl
10 g Kakaopulver
250 g Schokolade
1/4 l Schlagobers
200 g Schokolade
1/8 l Schlagobers

Zubereitungszeit: 1 Stunde

Mehl mit der Butter auf einem Brett abbröseln, gesiebten Staubzucker und das Kakaopulver untermischen. In der Mitte eine Vertiefung drücken, das Ei beigeben und alles rasch zu einem glatten Teig verkneten, 30 Minuten im Kühlschrank rasten lassen. Inzwischen die Creme zubereiten, Schokolade klein schneiden, mit dem Schlagobers unter ständigem Rühren kochen lassen, bis die Schokolade aufgelöst ist, dann kalt stellen. Das Backrohr auf 170 °C vorheizen, ein Backblech mit Backpapier belegen. Den Teig 3 mm dick ausrollen und runde Scheiben, mit einem Durchmesser von 3 cm, ausstechen, auf das Backblech setzen und 25 Minuten im Rohr backen. Nach dem Ende der Backzeit herausnehmen und abkühlen lassen. Für die Glasur die Schokolade in kleine Stücke schneiden und mit dem Obers mischen, unter ständigem Rühren aufkochen lassen. Bei geringer Hitze so lange kochen, bis Schokolade geschmolzen ist. Die Creme schaumig rühren, einen Dressiersack mit der Creme füllen und auf den abgekühlten Mürbteig kegelförmige Spitze spritzen und mit der Schokoladeglasur überziehen.

Polsterzipfe

210 g Mehl
30 g Butter
3 Eidotter
1 EL Sauerrahm
1 EL Weißwein
100 g Staubzucker
1 Prise Salz
100 g Ribiselmarmelade
1 Ei zum Bestreichen
Staubzucker zum Bestreuen
Öl zum Ausbacken

Zubereitungszeit: 40 Minuten

Mehl und Butter abbröseln, Eidotter, Weißwein, Staubzucker, Salz und Rahm beifügen und alles zu einem glatten, geschmeidigen Teig kneten. Auf einer bemehlten Arbeitsfläche den Teig 3 mm dick ausrollen. 4 cm große Quadrate ausradeln, mit der Marmelade füllen, zusammenklappen und mit verquirltem Ei bestreichen. In einer großen Pfanne das Öl erhitzen und die Polsterzipfe schwimmend herausbacken. Auf einem Küchenpapier gut abtropfen lassen und vor dem Servieren mit Staubzucker bestreuen.

Rothschild-Biskotten

100 g Staubzucker
1 Pkg. Vanillezucker
5 Eier
150 g Mehl
100 g gehobelte Mandeln
100 g Kokosraspeln
250 g Kochschokolade
25 g Kokosfett
Ribiselmarmelade zum Bestreichen

Zubereitungszeit: 40 Minuten

Das Backrohr auf 190 °C vorheizen, ein Backblech mit Backpapier belegen. Die Eier trennen, Eidotter mit 50 g Zucker und Vanillezucker kurz verrühren. Eiklar mit restlichem Zucker zu steifem Schnee schlagen, mit der Dottermasse vermischen und das Mehl unterheben. Die Masse in einen Dressiersack füllen und Biskotten, 4 cm lang und 1 1/2 cm breit, auf das Backblech spritzen. Mit den Mandeln und Kokosraspeln bestreuen und im Rohr 10 Minuten backen. Nach dem Auskühlen die Biskotten vom Papier lösen, Ribiselmarmelade erwärmen, den Boden der Biskotten damit bestreichen, trocknen lassen. In dieser Zeit die Kochschokolade mit dem Kokosfett über Wasserdampf schmelzen. Wenn die Marmelade getrocknet ist die Biskotten mit der Schokolade glasieren.

Sacherwürfel

210 g Staubzucker
210 g Butter
210 g Schokolade
120 g Mehl
60 g Maizena
6 Eier
100 g Marillenmarmelade
150 g Kochschokolade
90 g Butter

Zubereitungszeit: 1 Stunde

Das Backrohr auf 160 °C vorheizen, ein Backblech mit Backpapier belegen. Das Mehl mit Maizena versieben, die Eier trennen. Die Schokolade im Wasserbad schmelzen lassen, vom Dampf nehmen und so lange rühren, bis sie handwarm ist. Die Butter mit dem Staubzucker cremig rühren, nach und nach die Eidotter einrühren, dann die Schokolade und die Mehlmischung untermengen. Das Eiklar zu steifem Schnee schlagen und vorsichtig unterheben. Die Masse auf das Backblech streichen, im Rohr 30 Minuten backen. Herausnehmen und auskühlen lassen. Inzwischen die Glasur zubereiten, Kochschokolade im Wasserbad schmelzen lassen, mit der Butter glatt rühren. Den Kuchen in Würfel schneiden, je zwei Würfel mit der Marillenmarmelade zusammensetzen und mit der Glasur überziehen.

Schmalzkrapferln

70 g Butter
70 g Schweineschmalz
250 g Mehl
100 g Staubzucker
1 Eidotter
1 TL Zitronensaft
1 Prise Salz
100 g passierte Marillenmarmelade

Zubereitungszeit: 1 Stunde 15 Minuten

Das Backrohr auf 150 °C vorheizen, 2 Backbleche mit Backpapier belegen. Das Mehl auf ein Brett sieben, in der Mitte eine Vertiefung drücken, geschnittene Butter, Schmalz, Zitronensaft, Zucker, Salz und Eidotter in diese Grube geben. Langsam mit dem Mehl vermischen und schnell zu einem glatten Teig verkneten. Auf einer bemehlten Arbeitsfläche den Teig zu zwei Stangen rollen. Von jeder Stange kleine Stücke abschneiden und zu glatten Kugeln formen. Die Kugeln auf das Backblech setzen, mit dem Kochlöffelstiel in jede Kugel eine kleine Vertiefung drücken. Mulde mit der Marillenmarmelade füllen und 10 Minuten im Rohr backen. Nach dem Ende der Backzeit Krapferln aus dem Rohr nehmen und erkalten lassen.

Tipp: Achten Sie darauf, dass das Schweineschmalz auch bei Zimmertemperatur fest ist, ist es zu weich ist der Teig nicht formbar.

Schoko-Nuss-Brot

100 g Kochschokolade
3 Eier
200 g Zucker
180 g gehackte Haselnüsse
10 g Rosinen
300 g Mehl
1/2 TL Backpulver
2 EL Rum
80 g Staubzucker

Zubereitungszeit: 1 Stunde

Das Backrohr auf 200 °C vorheizen, ein Backblech mit Backpapier belegen. Rosinen mit heißem Wasser waschen, abtropfen lassen, abtrocknen. Die Schokolade grob hacken, Mehl mit dem Backpulver versieben. Eier und Zucker schaumig rühren, Nüsse, Schokolade und Rosinen unterheben. Die Mehlmischung nach und nach einarbeiten. Aus dem Teig 3 Rollen formen, auf das Backblech setzen und 30 Minuten im Rohr backen. Inzwischen den Überguss zubereiten, gesiebten Staubzucker mit Rum 5 Minuten glatt verrühren. Nach dem Ende der Backzeit das Schoko-Nuss-Brot aus dem Rohr nehmen, überkühlen lassen und mit dem Überguss bestreichen.

Schokoladeaugen

180 g Staubzucker
200 g Butter
3 Eier
250 g Mehl
30 g Kakaopulver
100 g Marillenmarmelade
100 g Halbbitterkuvertüre

Zubereitungszeit: 40 Minuten

Das Backrohr auf 180 °C vorheizen, ein Backblech mit Backpapier belegen. Das Mehl mit dem Kakaopulver versieben. Butter mit dem Staubzucker schaumig rühren, die Eier nach und nach einrühren, zuletzt die Mehl-Kakao-Mischung unterheben. Die Masse in einen Dressiersack füllen und auf das Backblech „Augen" spritzen, im Rohr 10 Minuten backen. Herausnehmen und auskühlen lassen. Im Wasserbad die Kuvertüre bei 45 °C schmelzen lassen, auf 32 °C abkühlen. Jeweils 2 Augen mit der Marillenmarmelade zusammensetzen und zu einem Drittel in die Kuvertüre tauchen.

Tipp: Halten Sie relativ einen weiten Abstand zwischen den Augen, da die Masse flach auseinander läuft. In die Kuvertüre darf kein Wasser kommen, da sie sonst verklumpt.

Schokoladeschnitten

200 g Kochschokolade
200 g Butter
200 g Staubzucker
200 g Mehl
1 MS Backpulver
6 Eier
50 g Mandelblättchen
1 Prise Salz
Butter und Mehl für das Backblech

Zubereitungszeit: 1 Stunde

Das Backrohr auf 200 °C vorheizen, ein Backblech mit Butter bestreichen und mit Mehl bestreuen. Mehl mit Backpulver versieben, die Schokolade im Wasserbad schmelzen lassen, glatt rühren und überkühlen, die Eier trennen. Butter mit gesiebten Staubzucker und Salz cremig rühren, Eidotter langsam, einzeln einrühren, dann die Schokolade beifügen. Eiklar zu steifem Schnee schlagen und unter die Schokolademasse heben, zuletzt die Mehlmischung unterheben. Die Masse auf das Backblech streichen, mit den Mandelblättchen bestreuen und 15 Minuten im Rohr backen. Nach dem Ende der Backzeit aus dem Rohr nehmen, 1 Stunde auskühlen lassen und dann in Würfel oder Rauten schneiden.

Vanillekipferln

280 g Mehl
210 g Butter
100 g geriebene Haselnüsse
70 g Staubzucker
2 Pkg. Vanillezucker
100 g Staubzucker
1 Prise Salz

Zubereitungszeit: 1 Stunde

Mehl mit der Butter abbröseln, Zucker, Nüsse und Salz dazugeben, alles zu einem glatten Teig verkneten, 30 Minuten im Kühlschrank rasten lassen. Das Backrohr auf 180 °C vorheizen, ein Backblech mit Backpapier belegen. Den Teig halbieren und zwei Rollen formen, kleine Stücke abschneiden und Kipferln formen auf das Backblech setzen und 15 Minuten backen. Nach dem Ende der Backzeit Vanillezucker mit dem Staubzucker gut vermischen und die noch heißen Kipferln darin wälzen.

Windbäckerei

6 Eiklar
210 g Staubzucker
210 g Feinkristallzucker

Zubereitungszeit: 45 Minuten

Das Backrohr auf 120 °C vorheizen, ein Backblech mit Backpapier belegen, Staubzucker sieben. Das Eiklar zu steifem Schnee schlagen, 140 g Kristallzucker löffelweise einschlagen, den restlichen Zucker und den Staubzucker mit dem Kochlöffel unterheben. Die Windmasse in einen Dressiersack, mit gezackter Tülle, füllen. Auf das Backblech verschiedene Formen wie Ringe, Arabesken oder Stangerln spritzen. Im Rohr 30 Minuten mehr trocknen als backen, bis die Windbäckerei sich leicht vom Papier löst.

Tipp: Sie können die Windbäckerei vor dem Trocknen mit bunten Zuckerstreuseln bestreuen, oder die fertige Bäckerei in Schokoladeglasur tauchen. Die Windmasse kann auch mit Lebensmittelfarbe eingefärbt werden.

Register

Klare Suppen

Gebundene Suppen

Kalte Suppen

Suppeneinlagen

Kalte und warme Vorspeisen

Rindfleisch

Kalbfleisch

Schweinefleisch

Kaninchen, Kitz, Lamm

Faschiertes

Innereien

Geflügel

Wild

Fisch

Vegetarische Kost

Warme Mehlspeisen

Kuchen und Torten

Kalte Desserts

Kleine Bäckereien